D1870513

Hans-Dieter Otto

»Im Namen des Irrtums!«

Hans-Dieter Otto

»Im Namen des Irrtums!«

Fehlurteile in Mordprozessen

Ermittlungsskandale, unfähige Richter,
zweifelhafte Freisprüche,
skrupellose Staatsanwälte,
falsche Geständnisse,
Irrtümer der Sachverständigen

Herbig

Den Unglücklichen gewidmet, die Opfer
eines Justizirrtums geworden sind
und die uns immer wieder schmerzlich
daran erinnern, wie viel es schon ist,
nicht unglücklich und verzweifelt zu sein wie sie.
Und den Gerechten gewidmet,
die unentwegt weiter nach der Wahrheit suchen
und den Kampf um das Recht niemals aufgeben.

Besuchen Sie uns im Internet unter
http://www.herbig-verlag.de

© 2006 F. A. Herbig Verlagsbuchhandlung GmbH, München
Alle Rechte vorbehalten
Umschlaggestaltung: Wolfgang Heinzel
Herstellung und Satz: VerlagsService Dr. Helmut Neuberger
& Karl Schaumann GmbH, Heimstetten
Gesetzt aus der 11/14 Punkt Stempel-Garamond
Druck und Binden: GGP Media GmbH, Pößneck
Printed in Germany
ISBN 3-7766-2463-9
ab 1. 1. 2007:
ISBN 978-3-7766-2463-2

Inhalt

1 »In dubio pro reo!«

Im Zweifel für den Angeklagten!« Immer wieder wird dieser aus dem Römischen Recht stammende Grundsatz in Strafprozessen in aller Welt ignoriert. Ein Verstoß gegen diese wichtigste Beweisregel im Strafrecht ist sicherlich die häufigste Ursache für Fehlurteile. Zu allen Zeiten sind Menschen zu lebenslänglichen Haftstrafen oder sogar zum Tode verurteilt worden, weil sie vor Gericht ihre Unschuld nicht beweisen konnten, und nicht etwa, weil ihre Richter ihnen ihre Schuld bewiesen.

Als klassisches Beispiel ist aus der französischen Rechtsgeschichte das Verfahren gegen den Handlungsgehilfen Cauvin aus dem Jahre 1892 überliefert. Cauvin ist angeklagt, eine reiche Witwe aus Marseille ermordet zu haben. Die 15-jährige Hausangestellte Marie Michel hat ihn beschuldigt. Als Cauvin während der Verhandlung ausruft: »Dieses Mädchen lügt unverschämt! Ich bin unschuldig!«, unterbricht ihn der Gerichtspräsident mit den Worten: »Dann beweisen Sie es!« Er dreht die Beweisregel einfach um und verurteilt Cauvin zu lebenslänglicher Zwangsarbeit. Fünf Jahre später wird Cauvin von einem anderen Schwurgericht freigesprochen, nachdem Marie Michel gestanden hat, gelogen und Cauvin zu Unrecht beschuldigt zu haben.

Hélène Gillet und das Gottesurteil

(Frankreich, 1624–5. Juni 1625)

Dieser Fall liegt schon 400 Jahre zurück. Aber aus der Reihe der vielen Fälle, die in diesem Buch geschildert werden, steht er zurecht an erster Stelle, weil er das Herz zutiefst erschüttert. Er zählt zu den »causes célèbres«, zu den berühmten Rechtsfällen Frankreichs. Wir wissen etwas über ihn, weil er in einigen juristischen Texten des 17. und 18. Jahrhunderts, zum Beispiel in den Akten des Dijoner Parlaments, erwähnt wird. Insbesondere der Pariser Anwalt Richter hat 1770 in einem Buch über ihn berichtet. Die tragische Geschichte beginnt Ende des Jahres 1624 in der kleinen französischen Stadt Bourg-en-Bresse, anmutig zwischen Genf und Lyon an den Hängen des französischen Jura gelegen. Sie ereignet sich zu einem Zeitpunkt, da sich ganz Frankreich wegen der Heirat von Henriette, der Schwester des Königs Ludwig XIII., mit dem englischen König Karl I. in einem festlichen Freudentaumel befindet.

Der edle und strenge Schlossherr Pierre Gillet von Bourg-en-Bresse hat eine bildhübsche, liebenswürdige 22-jährige Tochter mit Namen Hélène. Sie ist fromm und tugendhaft und zudem noch klug und gebildet, der Schwarm aller jungen Männer der Stadt. Einer von ihnen geht sogar im Schloss ein und aus. Er gibt den jüngeren Schwestern Hélènes Unterricht im Schreiben und Rechnen. Er ist so verliebt in Hélène und besessen von der Begierde, sie besitzen zu wollen, dass er die Magd ihrer Eltern besticht, ihn in Hélènes Schlafkammer zu verbergen. In Hélènes Schlaftrunk wird ein narkotisches Betäubungsmittel getan. Dann vergewaltigt der Mann, dessen Name in den Aufzeichnungen nicht genannt wird, die Bewusstlose. Sie kann nicht um Hilfe rufen. Aus Angst und Scham erzählt Hélène ihren Eltern nichts von ihrem Unglück. Den Gedanken, sich ihrer Mutter anzuvertrauen, gibt sie wieder auf.

Im Oktober 1624 verbreitet sich in Bourg-en-Bresse das Gerücht, Hélène sei schwanger. Ihr Bauch hat in der Tat an Umfang zugenommen und ihre Brüste wirken noch voller als sonst. Die Leute tuscheln. Aber keiner spricht sie direkt an und fragt nach ihrer Schwangerschaft. Kurze Zeit später sind alle Anzeichen wieder verschwunden. Nun tuscheln die Nachbarn noch mehr und immer lauter. Auf den Festen und Feierlichkeiten gibt es in diesen Wochen kaum ein anderes Gesprächsthema. Auch das Kriminalgericht erfährt davon und beschließt, der Sache nachzugehen. Einige ehrwürdige alte Damen und Hebammen werden beauftragt, Hélène Gillet zu begutachten und zu untersuchen. Sie stellen fest, dass sie wahrscheinlich vor etwa 15 Tagen ein Kind zur Welt gebracht hat. Einige Anzeichen sprächen dafür.

Ein von Heinrich II. erlassenes Edikt aus dem Jahre 1556 besagt, dass jede Frau schon dann als Kindesmörderin bestraft werden kann, wenn sie Schwangerschaft und Niederkunft verheimlicht, selbst dann, wenn sie behauptet, das Kind sei tot geboren worden. Deshalb wird Hélène Gillet verhaftet und verhört. Sie berichtet nun von ihrer Vergewaltigung. Aber sie leugnet, davon schwanger geworden zu sein und ein Kind geboren zu haben. Die Aussagen der Hebammen sprechen zwar dafür. Doch letztlich sind es nur Annahmen, für eine Verurteilung reichen sie nicht aus. Es gibt keine Beweise und insbesondere kein corpus delicti, von dem entbundenen Kind fehlt jede Spur. Hélènes Freilassung steht unmittelbar bevor.

Das Schicksal hat jedoch etwas anderes für Hélène bestimmt. Es naht ihr in Gestalt eines Raben. Als ein Soldat an der Schlossmauer entlanggeht, beobachtet er, wie ein Rabe versucht, aus einer kleinen Grube unterhalb der Mauer etwas Weißes vorzuzerren. Er scheucht ihn weg, aber der Vogel kehrt immer wieder an die Stelle zurück und scharrt die lose Erde fort. Der Soldat untersucht die Grube und entdeckt ein Stück Leinen. Er legt es frei und findet darin die Gebeine eines Säuglings. Sofort unterrichtet er das Kriminalgericht, das weitere Feststellungen trifft. Die Leiche ist in ein Frauenhemd gewickelt. Es entspricht in Größe und Zuschnitt exakt den Hemden, die Hélène trägt. Wie alle ihre Hemden ist es mit den Initialen »H. G.« bestickt.

Nun wird der Prozess wegen Kindesmords gegen die verzweifelte junge Frau eröffnet. Zwischen dem Tag, den Hélène als den Tag ihrer Vergewaltigung angegeben hat, und dem von den Hebammen behaupteten Zeitpunkt der Niederkunft liegen genau neun Monate. Angesichts der erdrückenden Indizien gesteht Hélène, dass sie in ihrer entlegenen Kammer ohne jeden Beistand ein Kind zur Welt gebracht hat. Doch es sei kein Leben in ihm gewesen, es sei tot geboren worden. Nach der heimlichen Entbindung sei eben der Mann aus der Nachbarschaft, der sie gewaltsam entjungfert hatte, des nachts erneut in ihre Kammer gekommen. Er habe das tote Neugeborene aus dem Bett genommen, in eins ihrer Leinenhemden gewickelt und sei damit verschwunden.

Das ist eine der Versionen, von denen die alten Quellen berichten. Nach einer anderen Erzählung hat Hélène selbst die Kindesleiche an der Schlossmauer vergraben. Hélène beteuert vor Gericht, sie habe ihr Kind nicht umgebracht, sie schwöre das bei ihrem Leben und dem ihrer Mutter.

Ihr Vater, selbst Advokat, übernimmt ihre Verteidigung. Das tote, in der Grube gefundene Kind könne auch von einer anderen Mutter stammen, trägt er vor. Die wahre Mutter könne, um den Verdacht von sich abzulenken, das Hemd einer anderen Frau gestohlen haben, der man nachsagte, schwanger zu sein. Beweise für einen Mord gibt es in der Tat nicht. Deshalb hätte die ins französische Recht übernommene Beweisregel »im Zweifel für den Angeklagten« zu Gunsten von Hélène angewandt werden müssen.

Doch König Heinrichs Edikt aus dem Jahre 1556 gibt dem Gericht die Möglichkeit, Hélène Gillet trotzdem zu verurteilen, auch im Falle einer behaupteten Totgeburt. Hélènes Erklärung, sie habe dieses Gesetz nicht gekannt, nutzt ihr wenig. Denn auf königlichen Befehl wird das Edikt viermal im Jahr von allen Kanzeln verlesen.

Am 6. Februar 1625 wird Hélène Gillet vom Schwurgericht Bourg-en-Bresse wegen verheimlichter Schwangerschaft und Kindesmordes zum Tode durch das Schwert verurteilt. Das Parlament von Dijon bestätigt das Urteil am 12. Mai 1625 und ordnet gleichzeitig an, dass die Hinrichtung schon am nächsten Tag in Dijon vollzogen werden soll.

Das Schwurgerichtsurteil steht zumindest insoweit im Einklang mit der damaligen Rechtsauffassung, als allein der Tatbestand der Verheimlichung schon für eine Verurteilung ausreicht. Die Annahme des Mordes dagegen beruht auf Indizien, die keineswegs zwingend sind. Nach heutigen Maßstäben ist das Todesurteil allein schon wegen des Übermaßverbots als Fehlurteil anzusehen. Wahrscheinlich würde ein heutiges Gericht, gestützt auf gerichtsmedizinische Erkenntnisse, zu dem Ergebnis kommen, dass die Behauptung der Angeklagten, das Kind sei tot geboren worden, nicht zu widerlegen ist.

Die Bevölkerung von Bourg-en-Bresse hat großes Mitleid mit dem armen, bis dahin völlig unbescholtenen Mädchen, das das Opfer eines schlimmen Wüstlings geworden ist. Sie versteht, dass es geschwiegen hat, um seinen Ruf zu wahren und die Schande nicht publik werden zu lassen. Sie versteht nicht, dass dieses

Schweigen ein Verbrechen sein soll, das mit dem Tode bestraft wird. Das Volk hält Hélène für unschuldig.

Es kommt zu Missfallenskundgebungen, als der Tag der Hinrichtung bekannt gegeben wird und der Henker Simon Grandjean die Vorbereitungen dafür trifft. Eine große, unruhige Menschenmenge hat sich am 13. Mai um das Schafott versammelt. Hélène nähert sich ihm im weißen Kleid, blass und zitternd, begleitet von zwei Jesuitenpatern und zwei Kapuzinermönchen, die das Christusbild vor sich hertragen. Als sie gefasst das Schafott besteigt und Trompetensignale erschallen, schreckt sie zusammen. Ihre langen schwarzen Haare hat man ihr nicht abgeschnitten. Ein Raunen geht durch die aufgebrachte Menschenmenge. Nie zuvor hat man eine Verurteilte gesehen, die so hübsch, so lieblich ist.

Der Henker wird ebenfalls von der Unruhe ergriffen. Am Tag zuvor hat er gebeichtet und das Abendmahl eingenommen. Jetzt scheint es ihm angesichts des anmutigen, in ihr Schicksal ergebenen Mädchens, als verlange man von ihm, eine Mordtat zu begehen. Simon Grandjean fällt mit zum Himmel erhobenen Armen auf die Knie und fleht Hélène an, sie möge ihm vergeben, was er ihr nun antun müsse. »Tun Sie ihre Pflicht!«, ermahnt ihn der Ankläger des Königs. Hélène kniet auf dem Sandhaufen nieder und betet zum letzten Mal. »Ich verzeihe und vergebe Ihnen!«, sagt sie leise zu ihrem Henker. Er wünschte, an ihrer Stelle zu sein, erwidert er bewegt, hebt widerstrebend sein Schwert und schlägt zu. Aber die Klinge gleitet an den langen, wallenden Haaren ab und trifft statt den Hals nur die linke Schulter. Blutüberströmt fällt Hélène mit einem Aufschrei auf die rechte Seite. Entsetzt wirft der Scharfrichter das Schwert von sich und fleht die Umstehenden an, sie mögen ihn töten. »Jesus! Maria!« ruft das Volk und bewirft das Schafott mit Steinen.

Nun tritt die Frau des Henkers, besorgt um Ruf seiner Tüchtigkeit, ebenfalls in Aktion. Sie ermahnt ihren Mann und spricht ihm Mut zu. Dann hebt sie Hélène auf und bringt sie dazu, sich erneut auf dem Sandhaufen niederzuknien. Sie reicht ihrem Mann das Schwert und ruft ihm zu: »Tu deine Schuldigkeit!« Simon Grandjean holt erneut aus und fehlt zum zweiten Mal. Von Grauen gepackt, wirft er das Schwert auf den Boden, springt vor den

Augen der aufgebrachten Menge vom Schafott und flüchtet in eine nahe gelegene Kapelle.

Seine Frau fühlt sich berufen, das misslungene Werk ihres Mannes fortzuführen. Sie hat nicht genug Kraft, das lange Richtschwert zu schwingen. Sie löst die Fesseln, mit denen Hélènes Hände auf dem Rücken zusammengebunden sind, schlingt die Stricke um Hélènes Hals und versucht sie damit zu erdrosseln, ein Tod, der dem Urteil nicht entspricht. Er gilt als schändlicher als eine Hinrichtung mit dem Schwert.

Hélène ist verwundet und geschwächt, aber sie wehrt sich, so gut sie kann und versucht den Fausthieben auf ihren Nacken und ihre Brust auszuweichen. Die rasende Frau, die selbst aus einem Henkersgeschlecht stammt, bemüht sich einige Male vergebens, die Schlinge zuzuziehen. Die johlende Menschenmenge bewirft sie mit Steinen. Einige treffen sie am Kopf. Doch sie lässt nicht ab von dem halbtoten Mädchen. Schließlich zieht sie eine Schere aus der Tasche und sticht damit neun bis zehn Mal in die Kehle und das Gesicht der jungen Frau.

Das Volk ist außer sich. »Hélène ist unschuldig!«, schreien die Menschen erregt und stürmen von allen Seiten auf das Schafott. Mit Steinen und Knüppeln schlagen sie so lange auf die Frau des Henkers ein, bis sie tot ist. Dann holen sie auch Simon Grandjean aus der Kapelle und erschlagen ihn ebenfalls. Vorsichtig heben sie Hélène Gillet vom Schafott und bringen sie zu einem Arzt. Sie hat viele Wunden, aber keine ist tödlich. Als sie das Bewusstsein wiedererlangt, sagt sie lächelnd: »Etwas in meinem Herzen hat mir gesagt, dass Gott mir beistehen würde. Habt Mitleid mit mir!«

Nun wäre das Parlament von Dijon eigentlich verpflichtet gewesen, einen neuen Henker zu rufen und die Hinrichtung nach Hélènes Heilung zu wiederholen. Aber im Mittelalter gilt es als ein Gottesurteil, wenn der Delinquent nach zwei, drei Hieben des Henkers noch lebt. Ihm soll deshalb das Leben geschenkt werden. Zu einer solchen Begnadigung hat das Parlament kein Recht. Dieses Recht hat nur der König.

Ludwig XIII., der später den Beinamen »le Juste«, der »Gerechte«, erhält, hat von dem grausigen Geschehen in Dijon schon gehört. Es bewegt ihn sehr. Seiner Meinung nach haben die Todesangst, die Hélène erlitten hat, und die ihr zugefügten körperlichen Leiden die ihr zugedachte Strafe bereits übertroffen. Als Hélènes Familie sich an ihn wendet, begnadigt er am 5. Juni 1625 die Verurteilte nicht nur, sondern er hebt auch das gegen sie ergangene Urteil auf. Damit dokumentiert er zugleich, dass das Urteil des Schwurgerichts Bourg-en-Bresse in seinen Augen ein Fehlurteil war. Hélène Gillet wird vollkommen rehabilitiert, ihre Ehre ist wiederhergestellt.

Eliza Fenning und die verhängnisvollen Klöße

(England, 21. März–26. Juli 1815)

Auch über das folgende Justizdrama, das sich während nur weniger Wochen und Monate des Jahres 1815 in London ereignet, ist die Diskussion bis heute nicht verstummt. Es sind jene berühmten 100 Tage, in denen zur gleichen Zeit auf dem Kontinent Napoleon Bonaparte durch seinen Ausbruch von der Insel Elba und den Marsch auf Paris die Welt in Atem hält und die vereinten Armeen Blüchers und des Herzogs von Wellington im Juni 1815 auf dem Schlachtfeld von Waterloo die Träume des Usurpators beenden. Von diesem Ereignis spricht ganz Europa, von dem tragischen Fall der jungen Eliza Fenning nimmt damals über die Grenzen des Landes hinaus niemand Notiz.

Denn 1815 ist die Strafjustiz in England noch eine ziemlich einfache Sache: Finde jemand, der das Verbrechen begangen haben könnte und verurteile ihn möglichst rasch, ohne ihm die Chance zu geben, sich gegen die Anklage zu verteidigen. Über mögliche Fehlurteile machen sich die meisten Menschen in dieser Zeit kaum Gedanken. Der Fall Eliza Fenning macht da allerdings eine Ausnahme. Schon kurz nach der Urteilsverkündung werden in der Öffentlichkeit Proteste laut und der Fall sorgt für beträchtliche Unruhe und heftige Debatten.

Eliza Fenning ist ein hübsches, sehr attraktives Mädchen im Alter von 21 Jahren. Sie hat eine Anstellung im Haushalt von Robert und Charlotte Turner in der Londoner Chancery Lane gefunden und arbeitet dort als Köchin. Außerdem sind dort noch ein Hausmädchen und zwei Lehrlinge beschäftigt. Für den 21. März 1815 hat Robert Turners Vater sein Kommen angesagt. Er will zusammen mit seinem Sohn und seiner Schwiegertochter im Hause dinieren. Da er Steaks liebt, wird Eliza beauftragt, Steaks zu braten. Dazu bereitet sie Klöße und kocht sie in einer Kasserolle. Das Essen mundet, aber schon kurz danach bekommen alle heftige Magenschmerzen und müssen sich erbrechen. Auch Eliza selbst und Roger Gadsen, einer der Lehrlinge, haben in der Küche die Steaks und einige Knödel gegessen und leiden an den gleichen Symptomen. Der herbeigerufene Doktor behandelt sie und verabreicht ihnen Medizin, und nach kurzer Zeit sind alle Kranken wieder völlig gesund.

Damit könnte der Vorfall eigentlich auf sich beruhen bleiben, wenn Mr Turner senior nicht festgestellt hätte, dass ein kleines Päckchen Arsen fehlt, das er in der Schublade seines Schreibtischs aufbewahrt hat. Dieses Gift ist frei käuflich in London, jedermann kann es sich ohne Schwierigkeiten besorgen, um damit Ungeziefer und Schädlinge zu bekämpfen. Eine strikte Kontrolle der Gifte wird in England erst 1920 eingeführt.

»Natürlich!«, mutmaßt der besorgte Vater, »dieses Arsen war in den Knödeln! Die ganze Familie sollte damit vergiftet werden!« Aus welchem Grund, sagt er allerdings nicht. Ein Motiv fällt ihm nicht ein. Er bittet den Doktor, den Topf, in dem Eliza die Klöße gekocht hat, auf Giftspuren zu untersuchen. Und der Doktor erklärt wenig später, er habe darin tatsächlich Reste von Arsen gefunden. Das ist alles. Ein schriftliches Gutachten gibt es nicht und weitere Untersuchungen werden auch nicht eingeleitet.

Für die Turners ist die Sache klar: Eliza hat gekocht, also hat sie auch das Gift beigemischt, obwohl das auch jeder andere hätte tun können. Die Polizei wird gerufen und Eliza Fenning wird verhaftet. Sie bestreitet den Vorwurf des versuchten Mordes energisch, aber kurz darauf wird Anklage gegen sie erhoben und sie wird ins Londoner Gefängnis Old Bailey gesteckt. Einen Verteidiger hat sie nicht, denn diese Einrichtung gibt es damals noch nicht. Eliza vertritt sich quasi selbst und darf lediglich eine Erklärung gegenüber der Jury abgeben, die kurz darauf über sie zu Gericht sitzt. Sie habe niemals Arsen besessen, sagt sie, und es deshalb auch nicht unter die Speisen mischen können. Warum sollte sie so etwas tun? Sie habe doch gar keinen Grund dafür gehabt.

»Oh, doch«, erklärt Mrs Turner als Zeugin, »sie hat sehr wohl einen Grund gehabt! Sie wollte sich an der Familie rächen.« Sie habe Eliza nämlich kürzlich nachts im Zimmer eines der männlichen Lehrlinge im halb bekleideten Zustand beim Austausch von Zärtlichkeiten erwischt und gedroht, sie deshalb zu entlassen. »Das ist nicht wahr!«, protestiert Eliza. Sie sei verlobt und liebe ihren Bräutigam, den sie demnächst heiraten werde. Der Hochzeitstermin stehe schon fest. Sie habe keine Affäre mit dem Lehrling gehabt, Mrs Turner wolle ihr das unterschieben, um sie beschuldigen zu können. Aber vielleicht sei Mrs Turner auch eifersüchtig auf sie und wolle sie beseitigen, weil ihr Ehemann ein Auge auf sie geworfen und mehrfach versucht habe, mit ihr anzubändeln.

Das Gericht geht über den Einwand hinweg, ohne ihn näher zu prüfen. Es geht auch den Behauptungen und Gerüchten nicht weiter nach, Mr Turner jun. sei geistig durcheinander und nicht ganz normal und habe beschlossen, seine ganze Familie auszurotten.

Es gibt nur Eliza als Verdächtige, andere mögliche Täter werden überhaupt nicht in Betracht gezogen. Beweise für Elizas Schuld gibt es nicht, nur vage Indizien. Aber der Richter ist ihr nicht wohlgesonnen. Er ist von ihrer Schuld überzeugt und steht ihr geradezu feindlich gegenüber. In diesem Sinne beeinflusst er auch die Geschworenen. Eliza Fenning bekommt alles andere als einen fairen Prozess. Sie wisse doch gar nicht, wie viel Arsen nötig sei, um die ganze Familie zu töten, erklärt sie. Und sie habe doch selbst die Klöße gegessen. Ihr sei ebenfalls schlecht geworden wie all den anderen. Sie sei vollkommen unschuldig!

In der Tat gibt es außer der flüchtigen Untersuchung des behandelnden Doktors nicht einmal einen eindeutigen Beweis dafür, dass überhaupt Arsen in den Speisen war und die Übelkeit hervorgerufen hat. Die Aussage des Doktors kann auch erkauft worden sein, um Eliza daraus einen Strick zu drehen. Und für die Behauptung, es sei aus dem Schreibtisch Arsen entwendet worden, stehen auch nur die Angaben von Mr Turner sen. Niemand sonst hat gesehen, dass sich überhaupt Arsen in der Schreibtischschublade befunden hat. Ebenso gut kann es sich auch um eine Lebensmittelvergiftung gehandelt haben. Das ist sogar sehr wahrscheinlich. Denn 1815 existieren noch keine Kühlvorrichtungen, und der hygienische Standard befindet sich auf niedrigem Niveau. Magenbeschwerden aufgrund verdorbener Lebensmittel kommen recht häufig vor.

Doch das Schwurgericht spricht Eliza Fenning schuldig. »Das ist die grausamste Sache in der Welt!«, schreibt sie verzweifelt aus dem Gefängnis in einem Brief. »Sie haben mich schuldig gesprochen!« Und sie gibt der Hoffnung Ausdruck, dass sie höchstens für sechs Monate eingesperrt wird. Doch Eliza irrt sich gewaltig. Der Richter verkündet kurz darauf sein Urteil: »Sie soll am Hals aufgehangen werden bis der Tod eintritt!« Entsetzt bäumt sich Eliza in der Anklagebank auf und stößt fürchterliche Schreie aus.

Bis zum Jahre 1861 wird in England auch versuchter Mord als Kapitalverbrechen behandelt und wie vollendeter Mord bestraft. Und darauf steht die Todesstrafe. Es gibt keine Berufungsmöglichkeit, das Urteil ist rechtskräftig, und man sperrt Eliza im Gefängnis Newgate in die Todeszelle.

Öffentlicher Protest gegen dieses Urteil wird laut, und es erfolgen mehrere Eingaben und Gnadengesuche an den Prinzregenten, den Lordkanzler und das Justizministerium. Aber alle werden abgelehnt. Der Tag der Hinrichtung wird auf Mittwoch, den 26. Juli 1815, 8.00 Uhr morgens, festgesetzt. Und nun kommt noch eine besondere Perfidie hinzu. Es ist genau der Tag, an dem Elizas Hochzeit stattfinden sollte.

In den Morgenstunden dieses Tages transportiert man den großen Galgen aus dem Gefängnis auf einen Platz davor, damit die Menschen die Exekution verfolgen können. Es sollen drei Verurteilte zusammen gehängt werden, außer Eliza Fenning noch zwei Schwerverbrecher, die abscheuliche Verbrechen begangen haben. Große Menschenmengen bewegen sich schon lange vor 8.00 Uhr morgens durch die Straßen in Richtung Newgate und strömen auf die aufgestellten Gerüste zu, um einen möglichst guten Platz zu erhaschen, von dem aus sie das Schauspiel beobachten können.

Kurz vor 8.00 Uhr wird Eliza mit gefesselten Händen zum

Schafott geführt. Sie trägt ein weißes Musselinkleid mit einer hohen Taille, um die eine elegante, modische Schleife geschlungen ist, sowie eine weiße Haube und hochgeschnürte lila Schuhe. In dieser Robe wollte sie an diesem Tag vor den Traualtar treten, nun trägt sie ihr Hochzeitskleid zu ihrer Hinrichtung. Zum sie begleitenden Pfarrer sagt sie: »Vor dem gerechten und allmächtigen Gott und dem heiligen Sakrament, das ich genommen habe, ich bin nicht schuldig des Verbrechens, wegen dessen man mich verurteilt hat!«

In der Menschenmenge breitet sich Schweigen aus, als Eliza gefasst die Stufen zum Galgen emporsteigt. Ruhig hört sie den Gebeten des Pfarrers zu. Dann versucht der Henker ihr die traditionelle weiße Nachtkappe über den Kopf zu stülpen. Aber wegen des Hutes auf dem Kopf ist das nicht möglich. Daraufhin versucht er, ihr ein weißes Musselintaschentuch vor das Gesicht zu binden. Aber es ist zu klein. Nun nimmt er sein eigenes schmutziges Schnupftuch aus der Tasche und versucht es damit. Eliza protestiert und verlangt, er solle es wieder abnehmen. Aber der Pfarrer sagt ihr, dass ein Tuch ihr Gesicht auf jeden Fall bedecken müsse, während der Henker ihr den Strick um den Hals legt. Noch einmal ruft sie: »Ich bin unschuldig!« Dann löst der Henker die Vorrichtung und Eliza fällt etwa einen halben Meter hinunter in die Tiefe. Sie baumelt am Strick und zappelt ein wenig, bis nach einigen Minuten der Tod eintritt.

Nachdem ihr Vater die Hinrichtungskosten bezahlt hat, darf er die Leiche in Empfang nehmen. Fünf Tage später wird sie auf einem Londoner Friedhof unter großer Anteilnahme der Bevölkerung bestattet. Tausende von Menschen kommen zu der Beerdigung und demonstrieren gegen das Fehlurteil, das bis heute nicht korrigiert worden ist. Das schreckliche Unrecht hat bis heute Bestand. Elizas Schuld ist ihr zu keinem Zeitpunkt nachgewiesen worden. Es gab keinerlei Beweise, sondern nur Vermutungen. Die vielen Zweifel hätten selbst nach damaliger Rechtsauffassung zugunsten der Angeklagten berücksichtigt werden und zu ihrem Freispruch führen müssen.

Unrecht im Kaiserreich? Der Fall Carl Hau
(Deutschland, 1906–1924)

Im deutschen Kaiserreich, in der wilhelminischen Zeit, hat die Verletzung der Beweisregel »im Zweifel für den Angeklagten« insbesondere in zwei Aufsehen erregenden Strafverfahren eine Rolle gespielt: In dem berühmt gewordenen Fall Albert Ziethen, auf den im Kapitel über Wiederaufnahmeverfahren noch näher eingegangen wird (»Das Beharrungsvermögen der Justiz«), sowie in dem spektakulären Prozess gegen den Rechtsanwalt Carl Hau.

Carl Hau hat 1901 die fünf Jahre ältere, reiche Lina Molitor geheiratet. Während zahlreicher beruflicher Auslandsaufenthalte bringt er durch ausschweifenden Lebenswandel fast ihr ganzes Vermögen durch. Am 6. November 1906 erhält Linas Mutter, eine millionenschwere Witwe in Baden-Baden, einen geheimnisvollen Anruf. Sie solle sich sofort zum Hauptpostamt begeben, um eine eilige Depesche abzuholen, sagt der Anrufer mit verstellter Stimme.

Frau Molinor begibt sich in Begleitung ihrer Tochter Olga sofort dorthin. In der Kaiser-Wilhelm-Straße fällt aus einer Entfernung von nur zehn Metern ein Schuss. Er trifft Frau Molinor in den Rücken und tötet sie auf der Stelle. Ein Mann mit dunklem Mantel und dunklem Hut löst sich aus einer Mauernische und rennt unerkannt davon.

Der Verdacht richtet sich sofort gegen Carl Hau, den einige Zeugen vermummt in der Nähe des Tatorts gesehen haben wollen. Er wird in London verhaftet. Seine Frau nimmt sich das Leben, weil sie glaubt, er sei der Täter. Aber Hau bleibt bis zum Ende seines Lebens dabei, dass er den tödlichen Schuss nicht abgegeben hat. Welches Motiv sollte er auch gehabt haben, seine Schwiegermutter umzubringen?

Als der Mordprozess am 17. Juli 1907 vor dem Schwurgericht Karlsruhe beginnt, wird klar, was die Staatsanwaltschaft denkt. Hau habe es aus Geldnot auf das Erbteil seiner Frau abgesehen und deshalb seine reiche Schwiegermutter kaltblütig erschossen. Aber das sind Vermutungen, die Indizien sind mager. Im Grunde kann man Hau nichts beweisen. Er wählt eine konsequente Verteidigungsstrategie, indem er zu den wichtigsten Punkten der Tat die Aussage verweigert. Der Grund dafür ist: Er will eine Frau decken, die er liebt. Während der Verhandlung stellt sich heraus, dass es sich um Olga Molitor handelt, die Schwester seiner Frau.

Erstaunlicherweise bringt ihm das beim Publikum im Saal und in der Presse Sympathien ein. Die Öffentlichkeit fordert seinen Freispruch. Die Menschenmenge vor dem Gerichtsgebäude wächst von Tag zu Tag bedrohlicher an. Die Stadt Karlsruhe muss sämtliche verfügbaren Polizisten einsetzen, um für Ruhe und Ordnung zu sorgen. Am Endes des Verfahrens rückt sogar Militär heran und setzt Bajonette ein. Derartige Ausschreitungen hat es bei einem Strafprozess in Deutschland bisher noch nicht gegeben. Der Prozess, zu dem 72 Zeugen und neun Sachverständige geladen sind, erregt ungeheures Aufsehen.

Als das Schwurgericht Carl Hau schuldig spricht und zum Tode verurteilt, quittieren die 20 000 vor dem Gericht versammelten Menschen das Urteil mit Schreien, Pfeifen und Buh-Rufen. Schon um 3.00 Uhr morgens erscheinen Extrablätter, in denen das Urteil kritisiert wird. Das »Berliner Tageblatt« meint, der volle Schuldbeweis sei nicht erbracht worden. Auch jemand anders könne der Täter sein. Der Fall lasse zu viele Fragen und Rätsel offen. Die Zweifel an der Schuld von Carl Hau hätten zu seinen Gunsten berücksichtigt werden müssen. Das ist im Grunde bis heute die vorherrschende Meinung geblieben, wenngleich es eine ganze Reihe namhafter Juristen gibt, die das nicht so sehen und das Urteil für richtig halten.

Carl Haus Revision wird am 12. Oktober 1907 vom Reichsgericht zurückgewiesen. Wenige Wochen später wird er zu lebenslänglichem Zuchthaus begnadigt. Zwölf lange Jahre sitzt er in Bruchsal in Einzelhaft. Seine Wiederaufnahmegesuche scheitern. 1924, nach 17 Jahren, wird Carl Hau bedingt entlassen. Er schreibt zwei Bücher über sein Leben, das unter dem Titel »Der Fall Mauritius« sogar verfilmt wird. Zwei Jahre später nimmt er sich in Italien das Leben.

Die Grenzen der Wahrheit

Fehlurteile wären nur vermeidbar, wenn die Richter mit absoluter Gewissheit von der Schuld eines Angeklagten überzeugt wären. Würden sich die Richter danach richten, müssten sie in der Mehrzahl der Fälle freisprechen. Aber wann gibt es schon eine absolute Gewissheit? Sie besteht nur, wenn sich die feste Überzeugung gebildet hat, dass es unmöglich anders sein kann. Mit lauter Freisprüchen wäre der Gerechtigkeit auch nicht gedient.

Deshalb müssen die Richter sich mit »einem hohen Grad von Wahrscheinlichkeit« begnügen. Ein solcher Grad von Wahrscheinlichkeit gilt als Wahrheit. An die Stelle der Gewissheit tritt die Hypothese. Der Richter wägt mehrere widersprechende Möglichkeiten gegeneinander ab. Liegen mehrere in der gleichen Richtung, entsteht im Bewusstsein des Richters ein Übergewicht dieser übereinstimmenden Möglichkeiten und damit das Gefühl der Wahrscheinlichkeit. Bestehen jedoch vernünftige Zweifel an der Schuld des Angeklagten, darf der Richter nicht verurteilen.

Wie schwierig es ist, diese Grenze nicht zu überschreiten und wie sehr auch ein Urteil in der Öffentlichkeit auf Unverständnis stoßen kann, wenn ein Gericht sich strikt an die Beweisregel »im Zweifel für den Angeklagten« hält, zeigt das Urteil des Hanseatischen Oberlandesgerichts Hamburg vom 5. Februar 2004 im Fall des Marokkaners Abdelghani M.

Der 31-jährige dürre Elektronikstudent mit dem struppigen Vollbart ist vor dem 3. Strafsenat wegen Beihilfe zum Mord in 3066 Fällen sowie der Mitgliedschaft in einer terroristischen Vereinigung angeklagt. Er soll als Freund des Todespiloten Mohammed Atta aus der Hamburger Terrorzelle von den Vorbereitungen zu den Terroranschlägen vom 11. September 2001 in New York und Washington gewusst haben. Bundesanwalt Walter Hemberger fordert 15 Jahre Haft, die Verteidigung Freispruch. Der Prozess dauert fast ein halbes Jahr. An 32 Verhandlungstagen werden 53 Zeugen gehört und Hunderte von Urkunden und Beweisunterlagen gesichtet. Man rechnet fest mit einer Verurteilung von Abdelghani M. und erwartet, dass das Gericht, wie die Amerikaner, kompromisslose Härte zeigt. Denn vor fast einem Jahr hat der gleiche Senat, wenn auch weitgehend in anderer Besetzung, den in ähnlicher Weise angeklagten Mounier el M. zu 15 Jahren Haft verurteilt. Das Urteil ist allerdings aufgrund der beim Bundesgerichtshof eingelegten Revision nicht rechtskräftig geworden.

Doch in dem Verfahren gegen Abdelghani M. tritt eine Wende ein, als das Bundeskriminalamt überraschend am 11. Dezember 2003 ein Fax an das Hamburger Oberlandesgericht schickt. Danach hat Ramzi B., der in den USA einsitzende mutmaßliche Drahtzieher der Anschläge, bekundet, Abdelghani M. habe nichts mit den Anschlägen zu tun. Die USA haben sich geweigert, Ramzi B. als Zeugen zur Verfügung zu stellen. Das OLG entlässt Abdelghani M. daraufhin aus der Untersuchungshaft, weil kein dringender Tatversacht mehr bestehe und die Indizienkette gegen den Angeklagten nicht mehr ausreiche. Ein Freispruch ist damit vorprogrammiert. Daran ändert auch die Vernehmung eines ominösen Zeugen aus dem Iran nichts, den die Bundesanwaltschaft in letzter Minute präsentiert. Der angebliche Ex-Spion, der vor dem Gericht unter dem Decknamen Zakeri mit falschem Bart und Brille auftritt und den der Bundesnachrichtendienst nicht für glaubwürdig hält, erweist sich mit seinen spekulativen und weitschweifigen Verschwörungstheorien als reiner Märchenerzähler.

Als Abdelghani M. am 5. Februar 2004 tatsächlich aus Mangel an Beweisen freigesprochen wird, sagt der Vorsitzende Richter Klaus Rühle zu dem Angeklagten: »Für Sie, Herr M., mag dieser Tag ein Grund zur Freude sein. Doch ein Grund zum Jubeln für die Justiz ist er keinesfalls.« Rühle macht deutlich, dass das Gericht sich an den Grundsatz »in dubio pro reo« gehalten habe. Er sei »von der Unschuld des Angeklagten keinesfalls überzeugt«, aber für eine Verurteilung »reichte es einfach nicht«. Die Beweise der Anklage seien sehr dünn gewesen. Lediglich einige Geldüberweisungen an die späteren Attentäter und die Erledigung kleinerer Gefallen konnten die Fahnder gegen M. vorbringen. »Die Planung des 11. September war eine Geheimaktion sondergleichen«, führt Rühle in seiner mündlichen Urteilsbegründung aus. Es sei nicht bewiesen, dass M. davon gewusst habe. Man sei in diesem Verfahren »an die Grenzen der Wahrheitsfindung gestoßen«. Auch wenn die Anschläge eines der »schrecklichsten Verbrechen in der Geschichte der Menschheit« seien, könne es in einem Rechtsstaat »nur aus Gründen der Sühne« keine Verurteilung geben. Rühles Worte klingen fast wie eine Entschuldigung. »Manche Menschen«, sagt er, »vor allem in den USA, werden dieses Urteil mit Fassungslosigkeit oder gar Wut aufnehmen, andere werden das Urteil als Niederlage gegen den internationalen Terrorismus sehen.« In diesem Verfahren sei es jedoch ausschließlich um die Schuld des Angeklagten gegangen und nicht »um ein Fanal gegen den Terror«.

Sicherlich ein mutiges und juristisch richtiges Urteil, das dem Angeklagten auch eine Entschädigung für die erlittene Untersuchungshaft zubilligt. Die Hamburger Richter haben sich dem politischen Druck nicht gebeugt, sondern sind der unverzichtbaren Beweisregel, deren Verletzung durch die Gerichte so oft gerügt wird, strikt gefolgt. Wenn der Grundsatz »im Zweifel für den Angeklagten« nicht mehr gelte, hat Rühle gesagt, »dann hätten die Terroristen ihr Ziel, den Rechtsstaat zu beschädigen, erreicht«.

Doch das Urteil stößt auf harte Kritik. Der damalige Bundesinnenminister Schily übt öffentlich Urteilsschelte. Nicht nur die Amerikaner äußern Unverständnis über dieses Urteil, erklärt er, er selbst bedauere es auch. Und er erwarte ebenso wie der Generalbundesanwalt Kay Nehm, dass der Freispruch beim Bundesgerichtshof keinen Bestand hat. Nehm hat ebenso wie der Vertreter der Nebenklage Revision eingelegt.

Aber diese Hoffnungen erfüllen sich nicht. Der 3. Strafsenat des BGH bestätigt am 9. Juni 2005 den Freispruch. Die Bundesrichter haben im Urteil des Hanseatischen Oberlandesgerichts keine Rechtsfehler finden können. In der mündlichen Urteilsbegründung erklärt der Vorsitzende Richter Klaus Tolksdorf, das Gericht sei sich bewusst, dass diese Entscheidung angesichts der 3066 ermordeten Opfer nicht auf allgemeine Zustimmung stoßen werde. »Aber ein Gericht ist auch bei der Ahndung abscheulicher Taten an Vorschriften gebunden. Der Rechtsstaat kann nicht mit Mitteln verteidigt werden, mit denen er seine eigenen Maßstäbe aufgeben würde.«

Der terrorverdächtige Abdelghani M., der sich längere Zeit im Miltärcamp von Osama bin Laden aufhielt, ist nun endgültig ein freier Mann. Der Ausgang dieses Verfahrens mag unbefriedigend sein. Aber ein solches Unbehagen ist immer noch besser, als einen Menschen gegen alle Zweifel für 15 Jahre hinter Gitter zu schicken.

Dies wird auch in dem Revisionsurteil unseres höchsten deutschen Strafgerichts im Fall Mounir el M. deutlich. Der dritte Strafsenat des Bundesgerichtshofs hat am 4. März 2004 das Urteil des Oberlandesgerichts Hamburg vom 19. Februar 2003 gegen den 29-jährigen Mounir el M. aufgehoben. Das OLG hatte den seit dem 28. November 2001 in Untersuchungshaft sitzenden Elektronikstudenten wegen Beihilfe zum Mord in 3066 Fällen sowie wegen Mitgliedschaft in einer terroristischen Vereinigung zu 15 Jahren Gefängnis verurteilt. Das Gericht sah es als erwiesen an, dass er als Mitglied der »Hamburger Terrorzelle« die finanziellen Geschäfte der Attentäter erledigte und ihre Abwesenheit verbarg. Es war weltweit der erste Prozess um die Terroranschläge des 11. September in New York. Mounir el M. war mit den Attentätern eng befreundet. In der Gruppe um den Terrorpiloten Mohammed Atta hat er sich in Hamburg nach Auffassung des OLG mit um die Vorbereitung des Anschlags gekümmert.

Unter dem Vorsitz von Bundesrichter Klaus Tolksdorf befindet der dritte Senat des BGH, dass die Beweiswürdigung der Hamburger Richter einer rechtlichen Nachprüfung nicht stand hält. Auch bei einer so abscheulichen Gräueltat sei die Strafjustiz an die Grenzen des Gesetzes gebunden, betont Tolksdorf, unabhängig davon, wie stark der Verdacht gegen Mounir el M. sei, der die Vorwürfe stets bestritten habe. Aufgabe der Justiz sei es immer, die Gefahr von Fehlurteilen zu minimieren. Die Bundesrichter kritisieren, dass Ramzi B., der mutmaßliche Drahtzieher der Anschläge, auf Anordnung der USA nicht im Prozess aussagen durfte und damit keine Gelegenheit hatte, Mounir el M. zu entlasten. Die Protokolle der geheimdienstlichen Vernehmung von Ramzi B., die auch dem Bundesnachrichtendienst und dem Bundeskriminalamt vorlagen, waren vom Bundeskanzleramt und dem Bundesinnenministerium gesperrt worden. Diese Vorgänge hätte das Hamburger Oberlandesgericht bei seiner Beweiswürdigung aber berücksichtigen müssen, urteilen die Bundesrichter. Geheimhaltungsinteressen der Exekutive dürften im Strafprozess grundsätzlich nicht zu Lasten des Angeklagten gehen. Etwaige Nachteile für ihn müssten durch eine besonders vorsichtige Beweiswürdigung ausgeglichen werden. Das OLG habe sich aber mit der Möglichkeit einer entlastenden Aussage von Ramzi B. überhaupt nicht befasst.

Eine mutige und richtige Entscheidung, die der Beweisregel »in dubio pro reo« volle Geltung verschafft und die vom Hamburger Revisionsanwalt Gerhard Strate so kommentiert wurde: »Das BGH-Urteil ist auch ein Erfolg für die Rechtsstaatlichkeit des Verfahrens.« Der Prozess muss nun vor dem vierten Strafsenat des Hanseatischen Oberlandesgerichts neu aufgerollt werden.

Bereits am 7. April 2004 ordnet das OLG Haftverschonung für Mounir el M. an. Der Marokkaner wird gegen Auflagen aus der Untersuchungshaft entlassen, weil kein dringender Tatverdacht wegen Beihilfe zum Mord mehr bestehe, sondern nur noch wegen Mitgliedschaft in einer terroristischen Vereinigung mit einer relativ milden Strafandrohung. Da M. bereits zwei Jahre im Gefängnis ist, sei eine weitere Untersuchungshaft nicht gerechtfertigt.

Auch diese Entscheidung, die konsequent der vorgegebenen Logik des BGH folgt, löst Kritik aus, vor allem in den USA. »Wir glauben, dass die Beweise gegen Mounir el M. stark sind, und wir glauben, dass er ein gefährlicher Kerl ist«, kommentiert ein Sprecher des Außenministeriums den Beschluss des OLG.

Der neue Prozess gegen Mounir el M. beginnt am 10. August 2004 vor dem 4. Strafsenat des OLG Hamburg. Er dauert ein ganzes Jahr. Nach 70 Verhandlungstagen, in denen 112 Zeugen vernommen wurden, verkündet der Vorsitzende Richter Ernst-Rainer Schudt am 19. August 2005 im schwer gesicherten Saal 237 das Urteil: Sieben Jahre Haft wegen Mitgliedschaft in einer terroristischen Vereinigung. In der dreieinhalbstündigen Urteilsbegründung lässt der Richter keinen Zweifel daran, dass Mounir el M. nach der Überzeugung des Gerichts einer aus dem harten Kern um die Gruppe der Hamburger Attentäter des 11. September 2001 gewesen ist. Er sei ein Gesinnungsgenosse dieser hasserfüllten Fanatiker und habe die terroristischen Ziele seiner Kameraden geteilt. Genau wie Osama bin Laden sei er zum bewaffneten Kampf bereit gewesen. Dass er aus frommer Pflichterfüllung zum Erlernen des Reitens, Schießens und Schwimmens in ein Terrorcamp der al-Qaida nach Afghanistan gegangen sein will, nimmt ihm das Gericht nicht ab. »Ihre Erklärung ist absurd«, sagt Schudt zu dem Verurteilten, der auch in diesem Verfahren kein einziges Wort gesagt hat. Schudt bedauert dies ausdrücklich. »Wie soll ich jemanden verstehen, der nicht mit mir redet?« Wahrscheinlich habe Mounir el M. auch gewusst, dass seine Freunde in den USA Anschläge mit Flugzeugen planten. Dass er auch im Detail in die Planung der Terrorattacken eingeweiht war, ließ sich allerdings nicht beweisen. Er habe nicht gewusst, welche Ziele wann und wo angegriffen werden sollten. Deshalb spricht ihn das OLG vom Vorwurf der Beihilfe zum Mord an mehr als 3000 Menschen frei. Wegen Fluchtgefahr kommt Mounir el M. nach der Urteilsverkündung sofort wieder in Untersuchungshaft.

Nach Auffassung von Ex-Bundesinnenminister Otto Schily ist mit dieser Entscheidung »ein klares Zeichen gesetzt worden für die Entschiedenheit des Rechtsstaates im Kampf gegen den Terrorismus und deshalb auch eine Ermutigung für die Sicherheitsbehörden.« Und der amerikanische Nebenkläger, dessen Mutter in einem der entführten Flugzeuge starb, spricht sogar von einem »überwältigenden Sieg«. Die Verteidiger sehen in der Entscheidung jedoch ein glattes Fehlurteil. Sie haben Revision eingelegt, damit dieser »faule Kompromiss zwischen Recht und Unrecht« keinen Bestand hat. Auch die Bundesanwaltschaft, die wie im ersten Prozess 15 Jahre gefordert hatte, will das Urteil nicht rechtskräftig werden lassen. Der Bundesgerichtshof muss sich nun erneut mit diesem Fall befassen.

Auch im angloamerikanischen Strafrecht muss nicht jeder Zweifel ausgeschlossen sein, die Schuld muss bewiesen werden »beyond any reasonable doubt«. Dass dies nicht immer geschieht, beweisen die drei nachfolgenden Fälle aus Großbritannien und den USA. Sie sorgen in den 20er-Jahren und dann kurz nach dem Zweiten Weltkrieg in London für Schlagzeilen. Und auch der Fall aus Phoenix, Arizona, ist bis heute höchst umstritten.

Liebesbriefe als Beweis. Der Fall Edith Thompson

(England, 1922/23)

Die 28-jährige Edith Thompson ist eine temperamentvolle, hübsche Frau mit einer strammen Figur und einer kessen, tief über die linke Stirnhälfte gewellten braunen Haarlocke. Edith ist mit dem vier Jahre älteren Percy verheiratet, dem Angestellten einer Schiffsagentur. Die Ehe bleibt kinderlos und verläuft auch nicht sehr glücklich. Denn Edith ist nicht treu.

Im Juni 1921 verliebt sie sich in den 20-jährigen Schiffssteward Frederick Bywaters, der das Ehepaar auf der Urlaubsreise zur Insel Wight begleitet. Als er Edith zu nahe kommt, setzt Percy ihn kurzerhand an die Luft. Percy wirft seiner Ehefrau vor, die Ehe gebrochen zu haben. Es kommt zu heftigen Auseinandersetzungen, die in Gewalttätigkeiten enden. Percy schlägt seine Frau grün und blau.

Danach sucht Edith erneut Trost bei Frederick Bywaters. Sie übernachten unter falschem Namen in Hotels und schlafen miteinander. Der junge, impulsive Bywaters ist rasend vor Eifersucht. Er hasst Percy Thompson, weil er Edith seiner Meinung nach unglücklich macht und sie zudem misshandelt. Deshalb beschließt er, ihn zu töten.

Als Edith und Percy Thompson am 4. Oktober 1922 nach Mitternacht von einem Theaterbesuch in London nach Hause zurückkehren, liegt Frederick Bywaters mit einem Messer auf der Lauer. Er stürzt aus dem Dunkeln hervor und versetzt Percy mehrere tödliche Stiche. »Tu das nicht!«, kreischt Edith, »tu das nicht!« Aber Bywaters ist schon entflohen und lässt sie mit dem toten Ehemann auf der Straße zurück.

Bei ihrer ersten polizeilichen Vernehmung sagt sie, ein fremder Mann hätte Percy niedergestochen. Aber die Beamten sind skeptisch und glauben ihr nicht. Sie finden 62 glühende Liebesbriefe, die sie an Frederick Bywaters geschrieben hat. Dadurch kommen sie auf seine Spur. Er wird verhaftet und des Mordes angeklagt.

Als Edith ihn auf dem Polizeirevier sieht, ruft sie laut: »Mein Gott, warum hat er das getan! Ich wollte nicht, dass er das tut!« Kurz darauf wird auch Edith festgenommen. Denn aus ihren Liebesbriefen geht hervor, dass sie mehrere Male vergeblich versucht hat, ihren Mann zu vergiften. Auch mit Glasscherben in den Speisen hätte sie es probiert, schreibt sie an Bywaters. Aber Percy hätte sie rechtzeitig entdeckt. Sie teilt Frederick auch mit, dass sie das Kind, das sie von ihm erwartete, abgetrieben habe. Nun steht für die Ermittler fest, dass der Mord vom 4. Oktober ein gemeinsames Komplott war. Edith Thompson wird ebenfalls wegen Mordes angeklagt.

Am 6. Dezember 1922 beginnt im Londoner Old-Bailey-Schwurgericht der Prozess gegen beide. Frederick Bywaters gibt die Tat zu, bestreitet aber, dass Edith eingeweiht war. Er liebe sie und hätte nicht länger ertragen können, wie diese Ehe sie immer unglücklicher machte. Deshalb habe er Percy Thompson einen Denkzettel verpassen wollen. »Es war nicht meine Absicht, ihn zu töten!«, versichert er vor Gericht. »Ich wollte ihn nur verletzen.«

Edith sagt aus, sie habe von dem Anschlag nichts gewusst. Gegen den Rat ihres Verteidigers tritt sie in den Zeugenstand und macht dort eine schlechte Figur. In einem der Briefe hat sie Bywaters gebeten, ihr etwas zu schicken, das sie ihrem Ehemann geben könne. Auf die Frage, was sie damit gemeint habe, antwortet sie lediglich: »Keine Ahnung!«

Die Geschworenen beraten über zwei Stunden, dann befinden sie beide Angeklagten des Mordes schuldig. Frederick Bywaters und Edith Thompson werden zum Tode verurteilt.

Die Zweifel, die sich hinsichtlich der Tatbeteiligung von Edith ergeben haben, wirken sich nicht zu ihren Gunsten aus. Sie hat die Ehe gebrochen und abgetrieben, aber ist sie wirklich auch einer Mordtat schuldig? Sind ihre Briefe ein ausreichender Beweis dafür? Bywaters hat bis zum Schluss immer wieder bekannt, dass nur er und nur er allein die Tat begangen habe. Das Urteil bleibt bis heute umstritten, weil die erheblichen Zweifel an Ediths Mittäterschaft nicht zu ihren Gunsten berücksichtigt worden sind. Nachdem Ediths Berufung zurückgewiesen worden ist, kommt sie ebenso wie Bywaters in eine Todeszelle, jeweils in einem anderen Gefängnis.

Die Öffentlichkeit und die Presse, die anfangs gegen Edith

Thompson eingestellt war, versuchen nun, ihr zu helfen. In einer großen Kampagne werden fast eine Million Unterschriften gesammelt, mit denen man eine Begnadigung oder zumindest einen Vollstreckungsaufschub zu erreichen versucht. Vergebens. Am 9. Januar 1923 morgens werden beide gehängt. Bywaters erträgt sein Ende mit Fassung. Edith sei unschuldig, beteuert er nochmals, als er schon unter dem Galgen steht.

Als Edith an der Reihe ist, erleidet sie einen Kollaps. Ein grässliches Stöhnen dringt aus ihrer Zelle. Bis zum Schluss glaubt sie, man werde sie begnadigen. Edith hat solche Angst, dass sie fast in Ohnmacht fällt, als ihr der Henker die Handgelenke auf dem Rücken zusammenbindet. Den kurzen Weg von der Todeszelle zum Galgen muss sie von zwei Wärtern getragen werden. Sie schreit hysterisch und schlägt um sich und muss noch unter dem Galgen festgehalten werden. Dann fällt die Klappe.

»Let him have it, Chris!« Der Fall Derek Bentley
(England, 2. November 1952–30. Juli 1998)

Die Londoner Bevölkerung ist beunruhigt. Das ganze Jahr 1952 über wird sie von bewaffneten Jugendbanden terrorisiert. Allein in den letzten Monaten sind vier Polizisten erschossen worden. Der 18-jährige Derek Bentley und sein 16-jähriger Kumpan Christopher Craig gehören zwar keiner Gang an. Aber sie begeben sich zu zweit auf Diebestour und verüben Einbrüche.

Auch am Sonntag, dem 2. November 1952, sind sie unterwegs, auf der Suche nach einem lohnenden »Bruch«. Zweimal schon sind sie an diesem Tag dabei gestört worden und mussten ohne Beute wieder abziehen. Nun haben sie das Warenhaus Parker & Barlow in Croydon Surrey als neues Ziel gewählt. Jeder von ihnen ist mit einem Messer bewaffnet. Bentley trägt zudem noch einen Schlagring und Craig einen 455er-Eley-Revolver. Craig ist voller Hass auf die Polizei und hat Rache geschworen, denn vor kurzem ist sein Bruder verhaftet worden. Bentley ist zwar zwei Jahre älter als Craig. Doch er ist geistig zurückgeblieben und besitzt den mentalen Zustand eines Elfjährigen. Außerdem leidet er an Epilepsie als Folge einer Kopfverletzung, die er sich während des Krieges zugezogen hat.

Craig und Bentley versuchen, auf das Dach des Warenhauses zu klettern. Sie schaffen es, werden dabei jedoch von einem kleinen Mädchen beobachtet, das zusammen mit seiner Mutter auf der gegenüberliegenden Straßenseite wohnt. Die Mutter ruft die Polizei an. Da ein Streifenwagen ganz in der Nähe ist, trifft er schon nach wenigen Minuten mit zwei Polizeibeamten ein. Als Craig und Bentley das bemerken, versuchen sie wegzulaufen. Aber der unbewaffnete Polizist Frederick Fairfax ist schneller. Es gelingt ihm, Bentley zu packen und festzuhalten. Bentley leistet keinen Widerstand. Craig dagegen greift zu seinem Revolver und versucht, sich den Weg freizuschießen. Er trifft Fairfax in die Schulter.

»Let him have it, Chris!«, ruft Bentley seinem Freund zu. »Lass es ihn haben, Chris!« Fünf bedeutungsvolle Worte, die in dem späteren Prozess eine wichtige Rolle spielen werden. Was hat Bentley damit gemeint? Er macht keinerlei Anstalten zu fliehen, sondern bleibt bei dem verwundeten Fairfax stehen.

Kurz darauf kommen weitere bewaffnete Polizisten hinzu. Craig feuert auf alles, was sich bewegt. Polizeiwachtmeister Sidney Miles stürmt die Treppen hinauf und durch eine Tür auf das Dach. Eine Kugel trifft ihn in den Kopf, er ist sofort tot. Craig hat das ganze Magazin leergeschossen und besitzt keine Munition mehr. Er will einer Gefangennahme entgehen, springt vom Dach und landet einige Meter tiefer auf dem Dach eines Gewächshauses. Dort bleibt er mit gebrochenem Rückgrat liegen und erleidet eine Querschnittslähmung.

Craig und Bentley werden wegen Mordes angeklagt. Aber hat Bentley überhaupt einen Mord begangen? Er hat nicht geschossen und besaß auch gar keine Schusswaffe. Am Dienstag, dem 9. Dezember 1952, beginnt vor dem Kriminalgericht Old Bailey unter dem Vorsitz von Richter Lord Goddard der Prozess gegen beide Angeklagte. Goddard besitzt wegen seiner Härte und der vielen Urteile, in denen er die Todesstrafe verhängt hat, den Ruf eines »Henker-Richters«. Beiden Angeklagten bringt er wenig Sympathie entgegen. Craigs Verteidiger trägt vor, es sei nicht sicher, ob die Kugel, die den Polizisten Miles getötet hat, aus einem 455er-Revolver stammt. Die Kugel, die dem Gericht vorgelegt wird, weist keinerlei Blutspuren auf. Doch Richter Goddard lässt keinen Zweifel daran, dass Craig die tödliche Kugel abgefeuert hat.

Schwieriger ist die Frage zu beantworten, ob auch Derek Bentley ein Mörder ist, das heißt, ob er als Mittäter den Mord in allen Einzelheiten gebilligt hat. War er damit einverstanden, dass Craig von der Schusswaffe Gebrauch machte? Wie sind seine Worte »Let him have it, Chris!« zu verstehen? Im Sinne von »Gib es ihm, Chris!«? Waren sie so gemeint, dann hat Bentley die Schüsse aus Craigs Revolver gebilligt und den Tod eines oder gar mehrerer Polizisten in Kauf genommen. Dann bezog sich sein Vorsatz als Mittäter auch auf den Mord, dann handelte es sich um ein gemeinsames Vorhaben, um einen abgestimmten und möglicherweise sogar verabredeten Plan. Die Anklagevertretung interpretiert die Worte »Let him have it, Chris!« als Aufforderung an Craig, zu schießen.

Der Verteidiger bestreitet nicht, dass Bentley des bewaffneten Raubüberfalls schuldig ist. Er stellt jedoch in Abrede, dass Bentley ebenfalls einen Tötungsvorsatz gehabt hat. Die von ihm seinem Freund zugerufenen Worte seien durchaus doppeldeutig. Sie könnten auch die Bedeutung haben: »Gib ihm die Waffe, Chris!« Bentley habe nicht gewollt, dass Craig den Polizisten erschoss. Er war selbst auch mit einem Messer bewaffnet, hat davon aber keinen Gebrauch gemacht, als der Polizist Fairfax verwundet am Boden lag. Es wäre für Bentley ein Leichtes gewesen, argumentiert der Verteidiger, Fairfax gänzlich unschädlich zu machen. Er habe es aber nicht getan. Das zeige, dass er nicht einmal einen Verletzungsvorsatz, geschweige denn einen Tötungsvorsatz gehabt habe. Dabei könne es dahingestellt bleiben, ob er bereits von Fairfax im förmlichen Sinne festgenommen war oder nicht.

Die Geschworenen beraten eine Stunde und 15 Minuten. Dann steht ihr Urteilsspruch für beide Angeklagten fest: Schuldig im Sinne der Anklage. Lordrichter Goddard stellt die Strafe für Craig im Hinblick auf seine schwere Verletzung, die ihn ein Leben lang an den Rollstuhl fesselt, ins Ermessen des britischen

Königshauses. Tatsächlich kommt Craig schon nach zehn Jahren Haft wieder frei. Doch für Derek Bentley setzt Goddard die Todesstrafe fest. Daraufhin empfiehlt die Jury, Gnade walten zu lassen und die Strafe in lebenslängliches Zuchthaus umzuwandeln. Goddard leitet dieses Gnadengesuch nicht an das dafür zuständige Home Office weiter. Er glaubt, wie er später erklärt hat, dass Bentley auf keinen Fall gehängt und sowieso begnadigt werden würde.

Bentleys Verteidiger legt beim Court of Appeal Berufung gegen das Urteil ein. Sie wird am 13. Januar 1953 zurückgewiesen. Nun liegt der Fall in den Händen von Sir David Maxwell Fife, dem königlichen Sekretär, dessen Recht es ist, dem König vorzuschlagen, für verurteilte Straftäter Gnadenerlasse auszusprechen. Dieses Verfahren gibt es in Großbritannien seit 1837, als man der erst 19-jährigen Königin Victoria nicht zumuten wollte, in diesem jungen Alter derart schwierige Entscheidungen treffen zu müssen. In über 50 Prozent aller Fälle sind in den letzten Jahren nach dem Zweiten Weltkrieg Todesurteile im Gnadenwege tatsächlich in lebenslange Haftstrafen umgewandelt worden. Aber im Jahr 1953 sind auch 13 Todesurteile vollstreckt worden. Und auch im Fall Derek Bentley lehnt es Sir Maxwell Fife ab, einen Gnadenerlass zu empfehlen. Vielleicht, weil das Mordopfer ein Polizist gewesen ist und jemand »dafür bezahlen« sollte.

Als in der Öffentlichkeit bekannt wird, dass Bentleys Hinrichtung auf den 28. Januar 1953 festgesetzt ist, machen sich Unruhe und Unmut über das Urteil breit. Bentleys Vater organisiert eine Kampagne gegen die Hinrichtung, und Presse und Rundfunk berichten kritisch über den Fall. Auch im Parlament beginnt eine Diskussion über das Urteil. 200 Parlamentsabgeordnete unterzeichnen eine Petition, mit der eine Begnadigung oder zumindest ein Vollstreckungsaufschub gefordert wird. Doch alle Bemühungen sind vergebens. Am Morgen des Hinrichtungstages bildet sich eine riesige Menschenmenge vor dem Wandsworth-Gefängnis. Aufgebrachte Menschen fordern, das Todesurteil nicht zu vollstrecken.

Am 28. Januar 1953 wird Derek Bentley zum Galgen geführt und gehängt. Zu dieser Zeit dürfen in Großbritannien Personen unter 18 Jahren nicht exekutiert werden. Bentley ist zwar 19 zum Zeitpunkt seines Todes. Aber hätte man nicht berücksichtigen müssen, dass Ärzte ihm das geistige Alter eines Elfjährigen bestätigt haben?

Auch nach seiner Hinrichtung verstummen die Stimmen nicht, die in dem Londoner Urteil ein Fehlurteil sehen. Der Fall bekommt eine große Popularität in England, wo bald fast jedermann weiß, dass Derek Bentley für den Tod eines Polizisten hingerichtet worden ist, den er nicht getötet hat. Und den zu töten wohl auch nicht seinem Willen und seinen Überlegungen entsprach.

Bentleys Vater und seine Schwester Iris und nach deren Tod ihre Tochter Maria geben ihre Bemühungen nicht auf, eine nachträgliche Änderung des Urteils zu erreichen. Die Familie kämpft 45 Jahre darum. Im April 1997 wird der Fall von einer Überprüfungskommission untersucht, die ihn schon im November desselben Jahres an den Court of Appeal weiterleitet. Vom 20. bis 24. Juli 1998 überprüfen die Obersten Richter den Fall. Und am 30. Juli 1998 erklärt das Oberste Gericht, dass Bentleys Urteil ein Fehlurteil war.

Es erfülle ihn mit tiefem und fortwährenden Bedauern, erklärt der Vorsitzende Richter Lord Thomas Bingham, dass sich dieses Unrecht ereignet habe. Es sei schmerzlich, dass die jetzt festgestellten Fehler und Irrtümer dieses Falles damals nicht erkannt worden seien. Neue Beweismittel lägen zwar nicht vor, und alles, was der Court of Appeal an Fakten zu berücksichtigen hatte, sei schon 1953 bekannt gewesen. Aber die damals daraus gezogenen Schlussfolgerungen seien falsch gewesen.

Das Home Secretary verweigert am 13. April 1999 der Bentley-Familie eine Entschädigung für das erlittene Unrecht. Aber nachdem in einem ähnlichen, laufenden Fall eine Entschädigung gewährt worden war, entschließt es sich nach nochmaliger Überprüfung, dies auch im Fall Derek Bentley zu tun. Nach über vier Jahrzehnten wird nun offiziell bestätigt, was schon 1953 kurz nach der Hinrichtung auf Bentleys Grabstein stand: »Ein Opfer britischer Gerechtigkeit.«

Freiheit für Debra Jean Milke?

(USA, Arizona, 2. Dezember 1989–?)

Unter den rund 3500 Verurteilten, die zur Zeit in amerikanischen Gefängnissen in der Todeszelle sitzen und auf ihre Hinrichtung warten, befinden sich auch etwa 50 Frauen. Debra Jean Milke ist eine davon. Die am 10. März 1964 in einem Berliner Militärkrankenhaus geborene Frau mit der Häftlingsnummer 83533 sitzt seit über 16 Jahren in Isolationshaft und beteuert ihre Unschuld. Die Zelle liegt im Hochsicherheitstrakt des Staatsgefängnisses von Perryville in der Nähe von Phoenix, Arizona.

Das Drama der Debbie Milke ist zugleich die von Hass- und Rachegefühlen geprägte Geschichte einer zerrütteten Familie. Am Anfang steht die gescheiterte Ehe von Debbies deutscher Mutter mit dem alkoholkranken US-Soldaten Richard (Sam) S. Die Mutter, heute nach nochmaliger Verheiratung Renate Janka, verlässt ihn 1978 mit ihren beiden Töchtern Debbie und Sandy. Die beiden Mädchen sind grundverschieden. Während Debbie ein ruhiges und strebsames Kind ist, gibt es mit der zwei Jahre jüngeren Schwester Sandy häufig Probleme. Sie fälscht Unterschriften und stiehlt Geld. Das Einkommen von Sam S. reicht nicht aus, den Lebensunterhalt für die ganze Familie problemlos zu sichern. Deshalb arbeitet auch die Mutter ganztags. Nach der Trennung von ihrem Ehemann hat sie gar keine andere Wahl. Sie bittet den Vater, Sandy wieder zu sich zu nehmen. Als der Arbeitgeber der Mutter Insolvenz anmelden muss, entscheidet sie sich für eine gut bezahlte Stellung bei einer Stuttgarter Firma und verlässt Phoenix im März 1983. Nun erhält Sam S., inzwischen wieder verheiratet, das Sorgerecht für Sandy.

Debbie, die bereits im College eingeschrieben ist, übernimmt den gesamten Hausstand einschließlich Auto. Noch im selben Monat verliebt sie sich in den Teppichverleger Mark M. Erst später erkennt sie, dass er alkohol- und drogenabhängig ist. Dennoch heiratet Debbie ihn im Dezember 1984 und bringt am 2. Oktober 1985 den Sohn Christopher zur Welt. Die Ehe zerbricht schon nach wenigen Jahren. »Nimm deine verlauste Brut und scher dich aus meinem Leben!«, verlangt Mark M. Sie sei schlecht und nichts wert, wirft er ihr vor. Debbie kann sich mit seiner Trunk- und Drogensucht und seiner zunehmenden Liebe für abartige Pornohefte nicht abfinden. Nachdem er sie mehrfach bedroht hat, verlässt sie ihn. Nach fast einjähriger Trennung wird die Ehe im November 1988 geschieden.

Debbie nimmt das Angebot ihrer Stiefmutter Ilse M. an, bei ihr in einem Wohncontainer zu wohnen, damit Christopher hin und wieder mal seinen Vater besuchen kann. Im Frühsommer 1989 ist Debbie auf einer Hochzeitsfeier bei Freunden. Ihre Schwester Sandra ruft sie an und teilt ihr mit, Mark sei mit Christopher in einem »Drogenhaus«. Als Debbie ihn abholen will, ist er total »high« und weigert sich, Christopher herauszugeben. Er würgt Debbie und nimmt ihr die Autoschlüssel weg. Nun beschließt Debbie, aus dem Container auszuziehen. Ein Freund von Sandra, ein arbeitsunfähiger Kriegsveteran namens Jim S., vermietet ein Zimmer an Debbie. Er lebt mit seiner zweijährigen Tochter zusammen in der Wohnung und braucht Geld. Denn die bescheidene Behindertenrente allein reicht nicht für den Unterhalt.

Deshalb ist er froh, als Debbie und Christopher Ende August 1989 bei ihm einziehen. Der 15 Jahre ältere Jim S. versorgt den Haushalt und passt auf Christopher auf, wenn Debbie zur Arbeit geht. Sie hat eine gute Anstellung bei einer Versicherungsgesellschaft gefunden. Der neue Arbeitgeber bietet insbesondere ein Sozialpaket an, eine Gruppenversicherung, die außer einer Krankenversicherung auch den Abschluss von Lebensversicherungen ermöglicht. Debbie schließt für eine monatliche Prämie von sechs Dollar für ihren Sohn eine Lebensversicherung mit einer Versicherungssumme von 5000 Dollar ab. Bezugsberechtigt ist automatisch der sorgeberechtigte Elternteil, also sie selbst. Für 39 Dollar schließt sie über die gleiche Summe auch eine Lebensversicherung für sich selbst ab mit ihrem Vater als Begünstigten.

Als Debbie kurz darauf eine geeignete Appartementwohnung in der Nähe ihrer Arbeitsstelle findet und auch einen Kindergartenplatz, teilt sie Jim S. mit, dass sie zum 1. Januar 1990 ausziehen werde. Während ihrer jährlichen Besuche hat Debbies Mutter ihr einen Toyota gekauft, den sie in monatlichen Raten an die Mutter abbezahlt. Es scheinen bessere Zeiten für Debbie Milke anzubrechen, ihre Zukunft sieht ganz vielversprechend aus.

Sie erfährt, dass Jim S. sich einen Revolver gekauft hat. Auf ihre Frage, was er denn damit wolle, antwortet er, er möchte in der Wüste Klapperschlangen schießen. Das ist ein recht beliebtes Hobby in Arizona. Er dürfe die Waffe niemals in Gegenwart von Christopher gebrauchen, weist sie ihn an. Da der Revolver in einem Schrank außer der Reichweite der Kinder aufbewahrt wird, macht sie sich keine weiteren Sorgen. Debbie weiß nicht, dass Jim zwei weitere Revolver gekauft hat, einen für sich und einen für seinen Freund Roger S., einen schizophrenen Alkoholiker, den sie nur flüchtig kennt.

Am 1. Dezember 1989 fährt Jim S. mit den beiden Kindern ins Einkaufszentrum, um ihnen Santa Claus zu zeigen. Am nächsten Tag bettelt und drängelt der vierjährige Christopher. Er will erneut dorthin, um die Weihnachtsmänner noch einmal zu sehen, die dort zu Reklamezwecken herumlaufen. Debbie ist zunächst dagegen, fragt dann aber Jim, ob er mit Christopher noch einmal ins Shoppingcenter fahren würde. Da er sowieso Weihnachtseinkäufe machen will, ist Jim einverstanden. Sein Auto ist kaputt. Daher fährt er mit Debbies Toyota. Sie hat nichts dagegen, denn sie braucht ihr Auto an diesem Vormittag des 2. Dezember nicht. Aber Jim sagt ihr nichts davon, dass er zuerst zu Roger S. fährt, um ihn mitzunehmen.

Die Fahrt dauert eine halbe Stunde. Etwa um 10.30 Uhr trifft er mit Christopher dort ein. Roger S. tut alles für Jim, er ist ihm hörig. Und er ist nicht gerade erfreut darüber, dass eine junge Frau bei Jim wohnt. Denn dadurch spielt er vielleicht nur noch eine Nebenrolle. Nun geschieht etwas sehr Merkwürdiges. Anstatt sich mit Christopher ins Einkaufszentrum zu begeben, fahren die beiden Männer mit ihm hinaus in die Wüste. Jim begründet das später damit, dass er noch Zeit gehabt habe, seine Tochter, die er ins Shoppingcenter mitnehmen wollte, von seiner Ex-Freundin und Mutter seiner Tochter abzuholen. Während dieser Wartezeit müssen sie dann auf die Idee gekommen sein, den Revolver von Roger S. in der Wüste auszuprobieren.

Etwa gegen 14.30 Uhr ruft Jim bei Debbie Milke an und teilt ihr mit, Christopher sei verschwunden. In einem unachtsamen Moment sei er aus dem Shoppingcenter weggelaufen. Debbie informiert ihre gesamte Familie, die Polizei wird eingeschaltet. Im Laufe der Vernehmungen händigt Debbie der Polizei auch die Pistole in Jims Schrank aus. Dann trinkt sie ein paar Cola mit Rum und nimmt Valium, um sich zu beruhigen. Jim erwähnt bei seiner Vernehmung gegenüber Detective D., dass auch Roger S. auf der Fahrt ins Einkaufszentrum dabei war. Detective D. fährt sofort zu ihm und erreicht ihn um 1.00 Uhr nachts. Roger S. wird ununterbrochen verhört. Am Morgen des 3. Dezember, einem Sonntag, wird ein ausführliches Gespräch mit ihm auf Tonband aufgenommen. Es bringt aber noch kein Ergebnis.

Um die Mittagszeit übernimmt Detective Armando S. vom Phoenix Police Department den Fall, obwohl er an diesem Tag eigentlich frei hat. Er ist ein bulliger Mann und bekannt dafür, in seinen Verhören stets Geständnisse zu bekommen. In langen Jahren hat er sich fleißig hochgearbeitet und hat nun endlich Aussicht, das Amt des Constable zu bekommen, eine Art Friedensrichter. Aber dafür muss er eine Kommunalwahl gewinnen. Ein spektakulärer, schnell gelöster Fall käme ihm dafür gerade recht.

Detective Armando S. knöpft sich Roger S. vor. Am Nachmittag erklärt Roger S. plötzlich, der Erschöpfung nahe, er wisse, wo die Leiche des Jungen sei. Jim habe ihn getötet. Er habe ihm 250 Dollar versprochen, wenn er den Toyota in die Wüste fahre. Während Detective Armando S. zusammen mit Detective M. und Roger S. zum Tatort unterwegs sind, ändert Roger S. seine Aussage und erklärt, Debbie Milke habe ihm das Geld versprochen, das angeblich aus einer Lebensversicherung stamme. Sie habe die Tat angestiftet. In einem einsamen, ausgetrockneten Flussbett der Wüste sei Christopher dann getötet worden. Jim S. sei mit dem Jungen ausgestiegen, während er selbst im Wagen geblieben sei. Dann habe er Schüsse gehört und Jim sei allein zurückgekehrt.

Roger S. führt die Polizeibeamten zu der Stelle, wo Christopher getötet wurde. Sie finden seine Leiche im Sand mit drei Kugeln im Hinterkopf. Außerdem werden Abdrücke am Tatort entdeckt, die der Schuhgröße von Jim entsprechen. Er wird kurz nach 17.00 Uhr in der Nähe seiner Wohnung verhaftet. Als er später auf dem Polizeirevier erfährt, dass er des Mordes beschuldigt wird, verweigert er jede weitere Aussage und verlangt einen Anwalt. Am späten Abend wird in der Wohnung von Roger S. eine Hausdurchsuchung durchgeführt. Man findet die Tatwaffe an der Stelle, die Roger S. angegeben hat. Der Revolver gehöre Jim, sagt er, dieser habe damit geschossen. Jim bestreitet das später energisch.

Seit dem Sonntagnachmittag befindet sich Debbie Milke bei ihrer Familie in Florence. Etwa gegen 16.30 Uhr erscheint dort ein Deputy und bittet Debbie, zum Pinal County-Office des Sheriffs zu kommen, wo Polizeibeamte aus Phoenix eintreffen würden, um mit ihr zu sprechen. Zusammen mit ihrer Freundin Janet F. begibt sich Debbie dorthin. In einem Ambulanzraum müssen sie über eine Stunde auf Detective Armando S. warten. Er ist mit einem Hubschrauber nach Florence geflogen, um diese Vernehmung persönlich durchführen zu können. Die drei Polizisten, die von Phoenix mit dem Auto abgefahren sind, um Debbie Milke zu verhören, werden über Funk angewiesen, nicht mit ihr zu sprechen. Denn Armando S. sei unterwegs.

Kurz vor 20.00 Uhr erscheint er und befiehlt Debbies Begleiterin, den Raum zu verlassen. Janet wird von Detective H. darauf hingewiesen, dass Debbie Milke »als eine der drei Verantwortlichen für den Mord« verhaftet werden würde. Debbie ist nun ganz allein mit Detective Armando S. in dem Raum, dessen Stahltür er geschlossen hat. Sein Vorgesetzter hat ihn angewiesen, einen Kassettenrecorder zum Verhör mitzunehmen. Doch er hält sich nicht daran. Es gibt auch keine Anordnung, Debbie zu verhaften. Armando S. sagt später im Prozess unter Eid aus, dass er nicht vorgehabt habe, Debbie zu verhaften, als er nach Florence flog. Nun aber setzt er sich vor Debbie hin, nur 30 cm von ihrem Kopf entfernt, und beginnt das Verhör, wie Debbie später berichtet hat, mit den Worten: »Wir haben deinen Sohn gefunden. Er wurde ermordet, und du bist verhaftet.«

Sie stehe deswegen unter Arrest, erklärt er ihr. Nach dem Bericht, den Detective Armando S. später aus der Erinnerung geschrieben hat, begann Debbie daraufhin hysterisch zu schreien, zu schluchzen und zu weinen. Er habe aber keine Tränen gesehen, sagt Armando S. später im Prozess aus. Er habe sie gewarnt, dass er ein derartiges Theater nicht akzeptieren würde, und sie aufgefordert, die Wahrheit über ihre Beteiligung an der Tat zu sagen, Lügen werde er nicht hinnehmen. Dann habe er ihr ihre Rechte vorgelesen und Debbie habe bereitwillig mit dem Kopf genickt. Sie habe Christopher als sehr bösartig und manchmal krankhaft beschrieben. Er benähme sich schon wie sein Vater. Sie wollte nicht, dass Christopher so aufwächst wie er. Sie sei doch nicht verrückt und kein Tier. Es sei besser für Chris zu sterben. Das habe sie Jim S. erzählt. Und der sei bereit gewesen, ihr zu helfen. Am 2. Dezember habe er ihr gesagt, dass er es heute zusammen mit Roger S. tun würde. Sie habe mit ihm verabredet, ihr keine Details über die Tötung mitzuteilen.

Diese Aussage hat Debbie später im Prozess bestritten. Sie habe nichts gestanden, mit dem Mord habe sie nicht das Geringste zu tun. Es gibt keine Zeugen für das Verhör. Und auch keine Aufzeichnungen, geschweige denn Debbies Unterschrift. Detective Armando S. ermahnt Debbie, mit niemandem über das Gespräch zu reden. Dann verlässt er nach etwa 35 Minuten mit Debbie den Raum. Sie trägt keine Handschellen. Im Gang warten ein paar Polizisten. Armado S. holt sie auch jetzt nicht hinzu, um das angebliche Geständnis vor Zeugen wiederholen zu lassen. Das hätte er doch sicherlich getan, wenn Debbie wirklich das gesagt hätte, was Armando S. später in seinem Bericht geschrieben hat. Debbie wird mit einem Polizeiauto zum Polizeihauptquartier in Phoenix gebracht und von da aus ins Gefängnis.

Den Medien teilt Detective Armando S. drei Tage später mit, der Fall sei gelöst, denn er habe ein Geständnis. Auftragsmord einer herzlosen Mutter, ein gefundenes Fressen für die Presse. Und eine Vorverurteilung, die nicht ohne Einfluss auf die späteren Geschworenen bleibt. Drei Tage später gibt es noch immer keine handfesten Beweise für das angebliche Mordkomplott der Mutter. Erst jetzt, am Morgen des 6. Dezember, setzt sich Detective Armando S. hin und tippt aus der Erinnerung einen sechseinhalbseitigen Bericht, in dem er behauptet, Debbie Milke habe ihm alles gestanden. Anschließend schreibt er den Bericht über die Vernehmung von Roger S. und am Abend bringt er eine Zusammenfassung über den Fall zu Papier. Sie enthält einige Diskrepanzen zu den beiden anderen Berichten und außerdem den Zusatz: »Unterstützendes Personal: Bezirksstaatsanwalt Noel L.«

Am 8. Dezember 1989 wird die »Grand Jury« einberufen, um darüber zu befinden, ob es aufgrund des Polizeiberichts eine Mordanklage gegen Jim S., Roger S. und Debbie Milke geben soll. Debbie hat noch immer keinen Rechtsbeistand. Als einziger Zeuge wird Detective Armando S. gehört. Die Jury entscheidet, dass die Prozesse durchgeführt werden sollen. Staatsanwalt Noel L. erhebt vor dem Maricopa County Superior Court Anklage auch gegen Debbie Milke.

Der Prozess gegen sie beginnt am 12. September 1990. Nach Abschluss des Verfahrens wird Staatsanwalt L. gegenüber der Presse äußern, beim Kreuzverhör habe er in Debbies Augen geschaut und »das vollendet Böse« in ihren Augen gesehen. Da habe er auf einmal gewusst, dass sie schuldig sei. Ein Staatsanwalt als Hellseher, ein unglaublicher Vorfall in einem Mordprozess.

Da Debbie Milke kein Geld hat, um einen Anwalt zu bezahlen, wird ihr als Pflichtverteidiger Kenneth R. zugeordnet. Er berät sie von Anfang an schlecht und macht in der Verteidigung einige gravierende Fehler. So lässt er zum Beispiel zu, dass Debbie Milke freiwillig in den Zeugenstand tritt. Hier macht sie keine gute Figur. Man hat ihr ein Mittel gegen ihre Angstzustände gegeben, unter dessen Einfluss ihre Aussagen emotionslos und unbeteiligt wirken. Die Geschworenen, die nichts von den Medikamenten wissen, erhalten keinen guten Eindruck von der Angeklagten. Gleich zu Beginn der Verhandlung, dem so genannten »Voluntariness Hearing«, lässt die Richterin Cheryl H. den Polizeibericht als »Geständnis« zu.

Der Zeuge der Verteidigung, der Psychologe Dr. Leonardo Garcia-Bunuel, der Debbie während der Untersuchungshaft tagtäglich betreut hat, weilt zu Prozessbeginn in Spanien. Für ihn sagt sein Vertreter Dr. Kassel aus. Die Richterin will nicht warten, bis Dr. Garcia-Bunuel verfügbar ist, weil sich dann der Prozess verzögern würde. Zwei Geschworene wollen nämlich in Urlaub, so dass aus der Geschworenenrunde nur noch elf verbleiben würden, einer weniger als gesetzlich vorgesehen. Das hätte eine Unterbrechung des Prozesses zur Folge gehabt. Keine besonders glückliche Entscheidung der Richterin, die wegen verschiedener Fehlverhalten in früheren Prozessen umstritten ist. 1997 wird sie ihres Amtes als Richterin für Strafprozesse enthoben und einem Familiengericht zugeteilt. Hier ist sie bis zu ihrer Pensionierung im Jahr 2001 nur noch in Zivilprozessen tätig. Dass Dr. Garcia-Bunuel in diesem Stadium des Prozesses nicht persönlich aussagt, wirkt sich ungünstig für Debbie aus. Später, beim »Mitigration Hearing«, als nur noch das Strafmaß festzusetzen ist, erklärt er, dass Debbie nach seinen Eindrücken mit der Tat nichts zu tun habe. Einige Jahre später unterschreibt er sogar eine entsprechende eidesstattliche Erklärung.

Debbie Milke schildert den Geschworenen, wie Detective Armando S. ihr Gespräch verdreht habe. Sie habe gesagt, sie wollte nie, dass ihr Sohn so werde wie sein Vater. Aber der Detective habe in seinen Bericht geschrieben, den sie erst während des Prozesses zu sehen bekommen habe: »Sie sagte mir, dass sie es tat, weil sie nicht wollte, dass Chris so wird wie sein Vater.« Debbie bestreitet ein Geständnis und jede Tatbeteiligung.

Die Verteidigung beantragt, die Personalakte von Detective Armando S. als Beweismittel einbringen zu dürfen. Aber die Richterin lehnt diesen Antrag ab. Erst Jahre später finden Anwälte heraus, dass es mindestens 25 Fälle gibt, in denen sich Armando S. eigenmächtig verhielt. Und dass in mindestens fünf Fällen seine angeblichen Geständnisse für unrechtmäßig erklärt wurden oder zu Fehlurteilen geführt haben.

In dem Verfahren gegen Debbie Milke sagt Detective Armando S. unter Eid aus und erläutert im Einzelnen den Verlauf des Gesprächs mit Debbie. Sie habe ihre Tatbeteiligung gestanden. Er erklärt, dass er auch mit ihrem Freund Ernie S. mehrmals gesprochen habe. Er habe ihm erzählt, dass sie heiraten wollten, er aber keine Kinder haben möchte. Damit liefert Detective Armando S. ein gravierendes Motiv für den Mord. Debbie soll den Mord angestiftet haben, um Ernie S. heiraten zu können. Doch als er in den Zeugenstand gerufen wird, sagt er unter Eid aus, man habe niemals über eine Heirat gesprochen.

Nun greift Staatsanwalt L. zu einem anderen Motiv. Debbie habe ihren Sohn ermorden lassen, um dessen Lebensversicherungssumme von 5000 Dollar kassieren zu können. Und in dem Verhör durch Detective Armando S. habe sie verneint, dass es eine solche Police gäbe. Niemand weist darauf hin, auch der Verteidiger nicht, dass Versicherungssummen nur ausgezahlt werden, wenn es sich um einen natürlichen Todesfall handelt. Und dass Debbie auch keinen förmlichen Antrag ausgefüllt hat, sondern dass die Versicherung in den Sozialleistungen des Arbeitgebers enthalten war. Eine individuelle Police hat es niemals gegeben.

Jim S. wird nicht als Zeuge gehört, und Roger S. lehnt es ab, gegen Debra auszusagen. Sie werden später in einem getrennten Prozess wegen Mordes zum Tode verurteilt. Das Gericht geht von Mittäterschaft aus und lässt offen, wer von beiden den Jungen erschossen hat. Sie beschuldigen sich gegenseitig. In seinem Prozess stellt Jim S. den Tatablauf so dar: Man sei in Richtung einer Segelschule gelaufen. Als sie zum Auto zurückgingen, vorn Jim S., in der Mitte Christopher, am Ende Roger S., habe Jim plötzlich hinter sich drei Schüsse gehört. Er habe sich umgedreht und gesehen, wie der kleine Chris mit drei Kugeln im Kopf im Wüstensand lag. Später im Gefängnis erklärt Jim in mehreren Briefen, Debbie Milke habe mit dem Mord nichts zu tun. Ein Mithäftling hat im Maricopa-Gefängnis behauptet, Roger S. habe ihm gegenüber den Mord an Christopher gestanden. Im Prozess wurde das mit keiner Silbe erwähnt. Es spricht viel dafür, dass Jim S. zu Unrecht verurteilt worden ist.

Im Prozess gegen Debbie Milke bringt die Verteidigung keine Entlastungszeugen bei, die positiv über Debbie und ihren Charakter aussagen können. Auch Debbies Mutter nicht. Renate Janka hat ihre Tochter aufgegeben, als sie von dem angeblichen Geständnis ihrer Tochter erfuhr. »Wenn sie es war, dachte ich, dann will ich nichts mit ihr zu tun haben.« Sie hat nach Christophers Totenfeier im Polizeihauptquartier selbst mit Detective Armando S. gesprochen. Er hat ihr versichert, Debbie Milke sei schuldig und werde nie wieder freikommen. Der Verteidiger benennt Renate Janka nicht als Entlastungszeugin.

Die Staatsanwaltschaft spielt dagegen ihren Trumpf aus und ruft Debbies Vater, Richard S., seine Frau sowie Debbies Schwester Sandra als Zeugen der Anklage in den Zeugenstand. Sie lassen kein gutes Haar an Debbie und schildern sie als berechnend, egoistisch und kalt. Ihre Aussagen sind vernichtend. Sie sei ganz wie die Mutter, die ihn verlassen habe, behauptet Richard S. Wenn man Debbie noch einmal eine Chance gäbe, ein Kind zu bekommen, würde sie es wieder töten. Die Schwester Sandy bestätigt das und sagt, Debbie sei eine typische Kindesmörderin. Sie fordert die Todesspritze für ihre Schwester. »Sie hat es verdient«, ruft sie in den Saal, »für das, was sie Chris angetan hat!« Diese Strategie der Staatsanwaltschaft erzeugt eine Stimmung des Hasses gegen die Angeklagte.

Am 12. Oktober 1990 befindet die Jury, Debbie Milke sei des Mordes schuldig. Am 18. Januar 1991 setzt die Richterin Cheryl H. das Strafmaß fest. Sie verurteilt Debbie Milke zum Tode. Sie soll »hingerichtet werden durch intravenöse Injektion von Substanzen in Mengen, die ausreichen, den Tod herbeizuführen.« Debbie kommt in die Todeszelle des Gefängnisses von Perryville.

Monate nach dem Urteil schreibt sie an ihre Mutter, über die Großeltern in Berlin, deren Adresse sie noch auswendig weiß. Auf den Umschlag kritzelt sie einen Hilferuf mit den wenigen Brocken Deutsch, die sie noch kann: »Oma und Opa – ist nicht wahr. Für Mutter. Bitte Oma! Bitte!" In dem Brief schildert sie, dass sie niemals ein Geständnis abgelegt habe. »Du musst nicht antworten, Mutter, aber ich würde gerne wissen, warum du mich im Stich gelassen hast.«

Renate Janka macht einen langsamen, schmerzlichen Prozess durch, in dem sie mehr und mehr alle Details des Falles versteht. Sie ändert ihre Meinung und tut fortan alles, ihrer Tochter zu helfen. Jetzt ist sie fest davon überzeugt, dass ihre Tochter unschuldig ist, und schreibt später ein Buch mit dem Titel »Lasst meine Tochter endlich frei«.

Ein neuer Anwalt übernimmt 1992 Debbies Vertretung. Es ist der bekannte Strafverteidiger Anders Rosenquist. Er ist bis 2001 für sie tätig. Anfangs will er keine Bezahlung für das Mandat, weil er glaubt, Debbie Milke sei unschuldig. Nach seiner Meinung ist ein schrecklicher Justizirrtum geschehen. Er legt Berufung gegen das Urteil ein, die jedoch vom Superior Court von Maricopa County zurückgewiesen wird. Und auch eine Petition, die der nachträglichen Überprüfung des Urteils dient (Post Conviction Relief), wird im Dezember 1997 verworfen.

Debbie Milke wartet auf ihre Hinrichtung. Sie wartet mehr als sieben Jahre. Dann wird am 19. Dezember 1997 der Hinrichtungstermin auf den 29. Januar 1998 festgesetzt. Man legt ihr Formulare vor, die sie ausfüllen muss, und fragt sie, welche Henkersmahlzeit sie wünsche und was nachher mit ihrer Leiche geschehen soll. Psychiater erscheinen und ein Arzt, der ihre Arme abtastet und an ihren Venen die beste Stelle für den Einstich markiert. Das alles wird auf Video aufgenommen. Man will wissen, wie die Todeskandidatin reagiert. Debbie dreht fast durch.

Dem Anwalt gelingt es am 12. Januar 1998, den unmittelbar bevorstehenden Hinrichtungstermin zu stoppen. Zugleich reicht er beim höchsten Gericht von Arizona, dem United States District Court, einen »Habeas-Corpus«-Antrag ein, ein Gesuch, mit dem eine Haftaufhebung verlangt wird. Begründet wird es damit, dass Debbie Milke keinen fairen Prozess gehabt habe und das Urteil deshalb die amerikanische Verfassung verletze. Die Angeklagte sei juristisch ineffektiv vertreten worden und man habe auch gegen den Selbstbelastungsausschluss verstoßen. Der Fall wird Ende 1998 dem US-Bundesrichter Robert Broomfield zugewiesen.

In Berlin wird auf Betreiben von Debbies Mutter eine Initiative »Freiheit für Debbie Milke« gegründet. Über den Fall wird in der Zeit vom Juli 1998 bis September 2000 im Deutschen und Schweizer Fernsehen 35 Mal berichtet. Debbies früherer Verteidiger Rosenquist sagt in den Pro7-Sendungen »Die Reporter« vom 3. September 1998 und 7. Januar 1999, der Fall Debbie Milke sei das perfekte Beispiel dafür, dass das Rechtssystem in den USA verrückt spiele.

»Wenn unsere Justiz es erlaubt, dass ein unbescholtenes Mitglied der Gesellschaft plötzlich durch eine unbewiesene Aussage in Mordverdacht gerät und in der Todeszelle landet, dann muss jeder von uns Angst haben!«

Viele Prominente schließen sich der Initiative an, darunter Richard von Weizsäcker, Egon Bahr, Günther Jauch, Elke Sommer, Uschi Glas und viele andere bekannte Persönlichkeiten aus Funk, Fernsehen und der Politik. Aber den Verlauf des Verfahrens in den USA können sie nicht beeinflussen. Debbie Milke sitzt noch immer in Haft und schreibt verzweifelte Briefe an ihre Mutter: »Bitte hol mich hier raus!«

Im April 2001 übernehmen Mike D. Kimmer, einer der besten Strafverteidiger Arizonas, und Lori Voepel, eine Spezialistin für das »Habeas-Corpus«-Verfahren, Debbies Vertretung. Am 28. Juli 2003 tritt die »American Civil Liberties Union«, unterstützt von namhaften und hochangesehenen Juristen Arizonas, als »Amicus-Partei« (befreundete Partei) dem Verfahren bei. Diese Vereinigung konzentriert sich besonders auf die Problematik der in den letzten Jahren in den USA bekannt gewordenen Fälle gefälschter oder erzwungener Geständnisse. Bundesrichter Broomfield lässt diesen Beitritt zu, was im amerikanischen Strafrecht keinesfalls die Regel ist. Verteidigung und Staatsanwaltschaft haben Schriftsätze ausgetauscht und Bundesrichter Broomfield muss nun entscheiden. Möglicherweise kommt es zu einer Anhörung (Evidentiary Hearing), während der auch Zeugen vernommen werden können. Von dem Ausgang diese Hearings hängt es dann ab, ob es bei dem Todesurteil bleibt oder der Fall an den Superior Court in Arizona zurückverwiesen wird. Vielleicht glückt es zuvor, Debbie Milke gegen Zahlung einer Kaution aus dem Gefängnis herauszuholen.

Auch wenn zur Zeit noch offen ist, ob das Urteil vom 12. Oktober 1990 aufgehoben und Debbie Milke nachträglich freigesprochen wird, spricht viel dafür, dass ihre Verurteilung ein Fehlurteil ist. Ihre Schuld ist ihr nicht zweifelsfrei nachgewiesen worden (»beyound any reasonable doubt«). In dem gesamten Verfahren sind Verstöße gegen den rechtsstaatlichen Grundsatz »in dubio pro reo«, »im Zweifel für den Angeklagten«, offenbar geworden. Angesichts derart problematischer und unzureichender Beweismittel der Anklagevertretung hätte eine Verurteilung nicht erfolgen dürfen.

Die Unzulänglichkeit der menschlichen Erkenntnisfähigkeit

»Gerechtigkeit ist nicht von dieser Welt!« Diese Worte stehen in dem Buch, das auf dem Campo Verano, dem schönsten Friedhof Roms, neben dem mit Rosen geschmückten Grab von Marta R. ausgelegt ist. Die blonde, hübsche 22-jährige Studentin wird am 9. Mai 1997 um 11.37 Uhr auf dem Campus der römischen Universität La Sapienza von einer Kugel in ihre Schläfe tödlich getroffen, als sie gerade an der Seite ihrer Freundin an den Fenstern der juristischen Fakultät vorbeigeht. Der Lärm auf dem Universitätsgelände ist so groß, dass die Freundin den Schuss nicht einmal gehört hat. Sie kann sich zunächst überhaupt nicht erklären, worum Marta R. plötzlich neben ihr zusammensackt. Die Polizei tappt völlig im Dunkeln und stößt erst nach Monaten auf die beiden Hochschuldozenten Giovanni S. und Salvatore F. Sie haben sich zur Tatzeit im Hörsaal sechs aufgehalten, aus dem wahrscheinlich der Schuss gekommen ist. In einem Seminar der Rechtsphilosophie arbeiten die beiden begabten jungen Wissenschaftler an der interessanten Theorie, dass es unmöglich sei, einen Mord aufzuklären, wenn der Täter kein Motiv hat und die Tatwaffe nie gefunden wird. Haben sie die junge, ihnen völlig unbekannte Studentin erschossen, um ihre Theorie vom perfekten Mord zu beweisen?

Sechs Jahre lang dauert der Prozess gegen die beiden Dozenten. Er geht durch drei Instanzen und beschäftigt und erregt ganz Italien. Obwohl die Justiz mit den aufwändigsten Mitteln der italienischen Rechtsgeschichte alles versucht, den Fall zu lösen, kann sie Giovanni S. und Salvatore F. den Mord an Marta R. nicht nachweisen. Die Tatwaffe wird nie gefunden und die Täter haben kein Motiv. Am 15. Dezember 2003 spricht Italiens Oberstes Kassationsgericht ein Urteil, das sich wie ein fauler Kompromiss ausnimmt. Die beiden Angeklagten werden nur der fahrlässigen Tötung für schuldig befunden und zu geringen Haftstrafen verurteilt.

Das Unbehagen über die Unzulänglichkeit der menschlichen Erkenntnisfähigkeit und des menschlichen Urteilsvermögens ist groß. Was für die Wahrheit gehalten wird, entpuppt sich nur allzu oft als die falsche Wahrheit. Und bei der schwierigen Suche nach der Wahrheit unterlaufen der Justiz immer wieder schwere Fehler. Drei weitere Beispiele mögen das verdeutlichen, ein höchst komplizierter Fall aus Dänemark und zwei jüngere Fälle aus der Bundesrepublik.

Der Mann, der mit den Augen tötete

(Dänemark, 1947–1957)

Ihre erste Begegnung wird schicksalhaft für sie und zerstört beider Leben. Sie findet im Frühling 1947 im dänischen Staatsgefängnis von Horsens statt. Hier sind der 25-jährige Werkzeugmacher Palle Hardrup und der acht Jahre ältere notorische Kriminelle Björn Nielsen der gleichen Werkstatt zugeteilt. Beide sind wegen Kollaboration mit den Nazis während der deutschen Besetzung im Zweiten Weltkrieg zu langjährigen Haftstrafen verurteilt worden.

Der aus besserem Hause stammende blasse und zarte Hardrup ist, mit dem Intelligenzquotienten eines Universitätsprofessors, ein naiver Idealist und nationalistischer Antikommunist. Durch seine Zusammenarbeit mit den Deutschen ist kein dänischer Mitbürger unmittelbar zu Schaden gekommen. Nielsen dagegen ist der Sohn eines brutalen Säufers. Er hat einen im aktiven Widerstand tätigen Landsmann an die Nazis verraten und Geschäftsleute erpresst. Nielsen ist ein vorbestrafter und mit allen Wassern gewaschener Gauner. Schon am ersten Tag ihrer Begegnung empfindet er eine starke Sympathie für den klugen und vielseitig interessierten Palle Hardrup. Sie sprechen über viele Dinge, über Seelenwanderung, die indischen Religionen, Yoga und über Okkultismus und Spiritismus. Und da Nielsen Mitglied einer »Gesellschaft für psychische Forschung« gewesen ist, sprechen sie auch über Hypnose. Nielsen behandelt den Jüngeren mit unverfrorener Dominanz. Dennoch ist Hardrup fasziniert.

Als sie nach kurzer Zeit wunschgemäß in eine gemeinsame Zelle verlegt werden, beginnen sie, mit hypnotischen Techniken zu experimentieren. Nielsen gelingt es, Hardrup zu suggerieren, dass dieser seine gefalteten Hände nicht mehr entflechten könne. Das Experiment klappt tatsächlich, und Nielsen erlaubt seinem neuen Freund, die Technik auch bei ihm erfolgreich anzuwenden. Nun ist Hardrup Feuer und Flamme für die Geheimnisse der suggestiven Techniken. Aus der Gefängnisbibliothek besorgen sie sich einschlägige Bücher und studieren sie gemeinsam. Nielsen hat einen untrüglichen Instinkt für die Schwachpunkte seines schwärmerischen Zellengenossen. Er entdeckt, dass Hardrup mondsüchtig ist und schlafwandelt und dass er zu den leicht beeinflussbaren Menschen gehört, bei denen ein fremder Wille ganz an die Stelle des eigenen treten kann.

Sie beginnen mit dem gemeinsamen Yogatraining, jedenfalls glaubt Hardrup das. In Wahrheit handelt es sich um eine verdeckte Hypnose. Hardrup könne in wenigen Wochen eine yogische Vollkommenheit erreichen, wenn er bereitwillig seinen Anweisungen folge, redet Nielsen ihm ein. Es gelingt ihm in kürzester Zeit, Hardrup in einen Trancezustand zu versetzen und ihn dazu zu bringen, Nielsens Willen als seinen eigenen zu akzeptieren. Es wird nie ganz klar, woher Nielsen, der keine höhere Schulbildung und nicht einmal eine Berufsausbildung besitzt, diese Fähigkeit hat. Wahrscheinlich hat er sein psychologisches Naturtalent durch intensives Selbststudium vervollkommnet.

Bald wagt Nielsen den nächsten Schritt, die Einpflanzung einer »Kontrollinstanz«. Er fordert Hardrup auf, ihn zu hypnotisieren. Nielsen tut so, als sei das gelungen. In vorgetäuschter Trance spricht er nun zu Hardrup wie ein spiritistisches Medium, das einem körperlosen Wesen seine Stimme leiht. »Ich bin dein Schutzgeist X«, suggeriert er Hardrup. Er müsse eine Mission erfüllen, die sein Schicksal sei. »X« wird zu einem Signal, das Hardrup sofort in einen somnambulen Zustand versetzt, wenn Nielsen das Wort ausspricht. Hardrup fühlt sich dann in höhere Sphären entrückt. Er glaubt tatsächlich, in direktem Kontakt mit einem mächtigen übernatürlichen Wesen zu stehen. Hardrups Persönlichkeit ist bereits gespalten, sein Bewusstsein wird vollständig von Nielsen kontrolliert. Er schärft Hardrup ein, er dürfe mit niemandem darüber sprechen, sonst würde sich der Schutzgeist sofort zurückziehen. Bald ist Hardrup sozial völlig isoliert.

Nun beginnt die kriminelle Phase. Zunächst erhält Hardrup von seinem Schutzgeist »X« den Befehl, Nielsen seine Uhr und sein Akkordeon zu schenken. Dann wird Hardrup in hypnotischen Seancen darauf dressiert, Geld zu stehlen und es dem Schutzgeist auszuhändigen. In seiner Fantasie bricht er in Häuser ein und knackt Safes.

Nielsen »versiegelt« sein Opfer. Er befiehlt ihm, sich von niemand anders hypnotisieren zu lassen. Ist das ein untrügliches Zeichen dafür, dass der Hypnotiseur kriminelle Ziele verfolgt? Hardrup erhält in Hypnose den Befehl, aus dem Gefängnis auszubrechen, um im Untergrund »kämpfende Einheiten« für die neue Gesellschaft eines vereinigten Skandinaviens aufzubauen. Er suggeriert ihm, seine Mission bestehe darin, den Norden zu vereinen. Es gelingt Hardrup tatsächlich auszubrechen, aber er kommt nur bis Hamburg und wird wieder eingefangen.

Im Mai 1949 wird Nielsen völlig überraschend begnadigt und probeweise entlassen. Und kurz darauf auch Palle Hardrup. Er nimmt sofort Kontakt mit Nielsen auf und besucht ihn in Kopenhagen. Im Februar 1950 versichert ihm Nielsen, er habe die richtige Frau für ihn, ein dralles Mädchen namens Bente. Beide finden Gefallen aneinander und verloben sich.

Nielsen befiehlt Hardrup, sich von Bente eine größere Summe Geld zu borgen und sie seinem Schutzgeist auszuhändigen. Er will erproben, wie weit seine Macht über Hardrup bereits geht, und veranlasst ihn, seiner Braut zu befehlen, sich Nielsen hinzugeben. Wenn sie nicht mit Nielsen schlafe, erklärt er seiner Braut, sei es aus mit ihnen. Bente weigert sich zunächst, willigt dann aber ein und steigt zu Nielsen ins Bett. Zwei Monate später heiratet Hardrup diese Frau unter hypnotischem Zwang, er liebt sie gar nicht. Als Hardrup Arbeit findet, fordert Nielsen regelmäßig den größten Teil von Hardrups Lohn.

Dann ist es soweit: In einer intensiven Trainingsphase wird in Hardrups Vorstellung in allen Einzelheiten ein Bankraub geübt. Er begehe die Tat im Auftrag des Schutzgeistes und im Namen Gottes, hämmert Nielsen ihm ein. Und wenn sich der Kassierer weigere, das geforderte Geld auszuhändigen, solle er ihn erschießen. Hardrup gehorcht dem hypnotischen Zwang und überfällt am 23. August 1950 eine Bank in Hvidovre. Die Angestellten leisten keinen Widerstand und Hardrup kann mit den geraubten 21 500 Kronen entkommen.

Ende März 1951 gründet er zusammen mit einem ehemaligen SS-Mann die DNKP, »Dänemarks Nationalkommunistische Partei«. Man errechnet im Beisein Nielsens, dass man ungefähr 35 000 Kronen brauchen werde, um die Partei ins Leben zu rufen. Hardrup verspricht, die Summe in den nächsten Tagen zu beschaffen.

Am 29. März 1951 fährt Palle Hardrup auf dem alten Fahrrad seines Freundes Nielsen vor der Kopenhagener Filiale der Landmannsbank in der Nörrebrogade vor. Er trägt einen Overall und eine Skimütze und hat trotz des regnerischen Wetters eine Sonnenbrille auf. Aus einer Ledertasche zieht er einen Revolver und geht geradewegs auf den Hauptkassierer Möller zu. Er schießt einmal in die Decke, schiebt ihm die Tasche zu und fordert ihn auf, sie mit Geld zu füllen. Als Möller versucht, hinter einem Schreibtisch in Deckung zu gehen, trifft ihn eine tödliche Kugel in die Brust. Nun wiederholt Hardrup seine Forderung gegenüber dem an seinem Schreibtisch sitzenden Bankvorsteher Wisbom. Aber auch der versucht in Deckung zu gehen. Hardrup erschießt ihn ebenfalls.

Einem Angestellten gelingt es, die Fußtaste der Alarmanlage zu betätigen. Als die Sirene ertönt, steht Hardrup, wie einige Zeugen später bekunden, für ein paar Sekunden unbeweglich da, mit starrem Blick und der Pistole in der ausgestreckten Hand. Dann zuckt er zusammen, steckt die Pistole in die Gesäßtasche und flüchtet ins Freie zu seinem Fahrrad. Ein Passant versucht ihn aufzuhalten, als er gerade aufs Rad steigen will. Dabei verrutscht seine Sonnenbrille. Der Zeuge wird später erklären, dass Hardrup einen seltsam abwesenden Blick hatte.

Hardrup entflieht auf seinem Rad und flüchtet in ein Haus, ohne zu bemerken, dass ihm der Klempnerlehrling Helmer Hansen mit seinem Rad gefolgt ist. Als er den dunklen Hausflur betritt, spürt er plötzlich den Lauf einer Pistole auf seiner Brust. Hansen rechnet jeden Augenblick damit, erschossen zu werden.

Da lässt Hardrup seine Hand mit der Pistole herunter, als wolle er sie seinem Verfolger aushändigen, und murmelt mehrmals leise: »Mein Schutzgeist hat mich verlassen! Mein Schutzgeist hat mich verlassen!«

Hansen ergreift die Flucht und läuft draußen einem Streifenpolizisten in die Arme. »Ein Verrückter!«, schreit Hansen. »Dort im Haus! Ein Mörder mit einer Pistole!« Der Polizist fordert sofort Verstärkung an. Wenige Minuten später wird Hardrup festgenommen.

Auch Nielsen wird verhaftet, als man herausbekommt, dass sowohl das Fahrrad als auch die Pistole ihm gehören. Bei seinen Vernehmungen räumt er ein, dass er moralisch wohl die Verantwortung dafür trage, was Hardrup getan hat. Er bestreitet aber ganz entschieden, dass er ihn durch Hypnose dazu gebracht habe, den Bankraub zu begehen und dabei zwei Menschen zu töten. »Damit habe ich nichts zu tun!«, versichert er.

Aber man glaubt ihm nicht und geht davon aus, dass Nielsens moralisches Geständnis ein juristisches nur verdecken soll. Hardrup erklärt im Verhör, er habe die Tat ganz allein geplant, um Geld für die neue Partei zu beschaffen.

Ein Psychiater, Dr. Paul Reiter, wird hinzugezogen. Es gelingt ihm zunächst nicht, Hardrup zu hypnotisieren. Er kann Nielsens »Versiegelung« nicht durchbrechen. Aber nach weiteren geduldigen Versuchen, einer ausgefeilten Technik und einem Narkotikum als Hilfsmittel schafft er es doch, die Barriere zu beseitigen und die hypnotische Dressur Hardrups in allen Einzelheiten zu enthüllen. Hardrup gibt zu, dass er unter dem Einfluss eines Schutzgeistes stehe.

Dr. Reiter hat ein Buch darüber geschrieben, dessen Aussagen ganz wesentlich für die Frage sind, ob ein Mord durch Hypnose begangen werden kann. Er bejaht das und erklärt, Hardrup habe gleichzeitig und nebeneinander zwei völlig getrennte Willensgebiete besessen, zwei Gedächtnisse und zwei Bewusstseinsebenen. Nielsen habe Hardrups Persönlichkeit absichtlich gespalten, damit er kriminelle Handlungen für ihn begehe. An dieser Stelle muss auch gesagt werden, dass die Schilderung des Sachverhalts, so wie er auf den vorigen Seiten wiedergegeben worden ist, im

Wesentlichen der Darstellung des Dr. Reiter gefolgt ist. Björn Nielsen gibt eine völlig andere Version ab.

Dr. Reiters Gutachten über 366 Seiten wird erst im Juni 1953 fertig. Es kommt zu dem Ergebnis, dass Palle Hardrup sich zur Zeit seiner kriminellen Handlungen in einem »abnormen psychoseähnlichen Zustand« befunden und »ohne eigenen Willen gehandelt« habe. Für eine Strafe sei er ungeeignet, er brauche fortgesetzte psychotherapeutische Behandlung.

Nach diesem Gutachten hat Hardrup keine Strafe zu erwarten und auch kein Irrenhaus. Nach dänischem Recht muss in Fällen, in denen eine Geisteskrankheit in Betracht kommt, vor Prozessbeginn ein »Rat der Gerichtsärzte« eingeschaltet werden. Er kommt zu dem Ergebnis, es könne als erwiesen angesehen werden, dass Hardrup zum Zeitpunkt der Tat und auch schon davor bei der Planung von Nielsen beeinflusst worden sei. Aber Gewissheit darüber, dass er die Verbrechen in Hypnose begangen habe, bestehe nicht. Hardrup sei, als er die Bankangestellten erschoss, bei wachem Bewusstsein gewesen und konnte sich auch danach an alle Einzelheiten erinnern. Dass der Doppelmord in psychohypnotischer Suggestion ausgeführt worden sei, könne nicht mit Sicherheit festgestellt werden. Und es sei auch nicht auszuschließen, dass Hardrup Vieles durch Dr. Reiters Versuche nachträglich eingeprägt worden sei. Was Hardrup in den Sitzungen gesagt habe und was Dr. Reiter aufgeschrieben habe, müsse sich nicht unbedingt mit dem tatsächlichen Geschehen decken.

Das ist ein günstiges Ergebnis für Björn Nielsen, der nun schon drei Jahre in Untersuchungshaft sitzt. Dr. Poul Christiansen, einer der besten Strafverteidiger Dänemarks und Rechtsberater der königlichen Familie, hat Nielsens Verteidigung in dem Sensationsprozess übernommen. Er ist von seiner Unschuld überzeugt und rechnet mit einem Freispruch, als der Mordprozess gegen Hardrup und Nielsen vor dem Kopenhagener Schwurgericht endlich beginnt. Er dauert 21 Tage und erregt über die Landesgrenzen hinaus allergrößte Aufmerksamkeit in den Medien und der Öffentlichkeit.

Palle Hardrup bekennt sich in allen Anklagepunkten schuldig, er gibt die Banküberfälle zu und auch die Morde. Aber er sagt aus,

Nielsen habe diese Taten nicht nur angeregt, sondern er habe sie auch unter Nielsens Einfluss und ohne eigenen Willen in einer Art Trance begangen. Nielsen bestreitet das heftig. Er habe Hardrup nicht hypnotisiert und trage keinerlei Verantwortung für seine Taten. Und sein Verteidiger sagt, zur Jury gewandt, in einem großartigen Plädoyer:

»Man darf eine Verurteilung nicht auf die Äußerungen eines Mannes vornehmen, der von Seiten der Ärzte allen nur denkbaren Methoden ausgesetzt war, darunter Suggestion, Hypnose, Lügendetektor, Wahrheitsserum und so weiter. Die Ärzte sollten sich an ihre wirkliche Aufgabe halten, nämlich heilen!«

Er appelliert an die Geschworenen, Nielsen für nicht schuldig zu erklären. Und auch der Vorsitzende Richter äußert in seiner Rechtsbelehrung gegenüber den Geschworenen: »Da wir keine direkten Beweismittel haben, ist es zweifelhaft, ob man sich darauf festlegen darf, dass Nielsen als mitverantwortlich für die Morde angesehen werden kann!« Ein deutlicher Hinweis. Der Vorsitzende äußert schwerwiegende Bedenken gegen Nielsens Verurteilung. Also doch »in dubio pro reo«?

Nein, die Geschworenen folgen dem nicht. Nach zweistündiger Beratung befinden sie Nielsen, vielleicht auch beeinflusst durch sein Vorstrafenregister, für schuldig. Sie bejahen mit der erforderlichen Mehrheit von mehr als sieben Stimmen die ihnen vorgelegte Frage, ob Nielsen die Banküberfälle geplant und Hardrup durch Beeinflussung verschiedenster Art, darunter auch Hypnose, dazu gebracht habe, diese Verbrechen zu begehen. Mit den gleichen Mitteln habe Nielsen auch erreicht, dass Hardrup Tötungsabsichten hatte. Hardrup selbst erklärt die Jury für straffrei, weil er aufgrund von Geisteskrankheit unzurechnungsfähig sei. Anschließend verkündet der Vorsitzende Richter das Urteil: »Der Angeklagte Palle Hardrup wird in die Verwahrungsanstalt für Psychopathen eingewiesen. Der Angeklagte Björn Nielsen wird mit lebenslänglichem Zuchthaus bestraft.«

Am nächsten Tag lautet die Schlagzeile der großen Kopenhagener Tageszeitung »Politiken«: »Das Geschworenen-Urteil: Ein Sieg für die Gerichtsärzte!« Ein paar Tage nach dem Urteil sucht Dr. Christiansen seinen niedergeschlagenen Mandanten in der

Zelle auf. Er bietet ihm an, durch ein Gnadengesuch die Strafe von lebenslänglich auf eine Zeit von 14 oder 16 Jahren herabsetzen zu lassen. »Ich bin unschuldig!«, empört sich Nielsen und lehnt eine Begnadigung ab. »Ich muss freigesprochen werden!«

Daraufhin legt sein Verteidiger am 30. Juli 1954 beim Reichsgericht Rechtsmittel gegen die Verurteilung seines Mandanten ein. Auch Palle Hardrup tut das. Er will nicht lebenslang in einer geschlossenen Anstalt für Geisteskranke eingesperrt sein. Nach 15 Monaten erstattet der »Rat der Gerichtsärzte«, zu denen auch der Hardrup wohlgesinnte Polizeiarzt Dr. Reiter gehört, ein neues Gutachten über Hardrup. Es fällt wesentlich günstiger aus. Die frühere Geisteskrankheit sei im Wesentlichen geheilt, eine Unterbringung in einer geschlossenen Anstalt sei nicht mehr erforderlich.

Im November 1955 bestätigt das dänische Reichsgericht das erstinstanzliche Urteil in vollem Umfang. Nielsen verbleibt lebenslänglich in Haft und Hardrup auf unbestimmte Zeit in einer geschlossenen Anstalt. Nielsen wird in das Gefängnis Roskilde überführt. Ein eiserner Vorhang senkt sich über ihn. In seinen aus der Zelle geschmuggelten Erinnerungen, die später als Buch veröffentlicht und zu einem Bestseller werden, schreibt er:

»Als ich die Tür hinter mir zuschlagen hörte, war es mir, als ob die Sonne für immer untergehe. Ich blickte mich in der grauen Zelle um, und ein erdrückendes Gefühl eiskalter Angst legte sich über mein Gemüt. Diese Zelle war also der Steinsarg, in dem ich verbleiben sollte.«

Am zweiten Weihnachtsfeiertag überbringt Dr. Christiansen seinem Mandanten einen Brief von Palle Hardrup, in dem er gesteht: »Niemals ist von Björn Nielsen Hypnose in dieser Sache angewendet worden, und Nielsen hat ebenso wenig auf andere Weise beigetragen, die beiden Raubüberfälle zu planen oder an ihnen mitzuwirken. Dies kommt alles auf meine Rechnung.« Aber zugleich beschuldigt er Nielsen, die 21 500 Kronen aus dem ersten Bankraub unterschlagen zu haben.

Das sind neue Beweismittel für einen Wiederaufnahmeantrag! Und vier Wochen später reicht ihn Dr. Christiansen beim Appellationsgericht ein. Es braucht anderthalb Jahre für seine Entscheidung. Ein Oberlandesgerichtsrat ist der Präsident, zwei Richter, ein Rechtsanwalt und ein Universitätsprofessor sind die Beisitzer. Hardrup und Nielsen werden erneut vernommen. Hardrup wiederholt, er allein sei der Täter, Nielsen habe ihn nicht durch Hypnose dazu verleitet. Er habe mit dem Doppelmord nichts zu tun.

Der Staatsanwaltschaft ist offenbar nicht mehr ganz wohl bei der Sache. Sie sucht nach einer Möglichkeit, den Fall »elegant« abzuschließen. Wenn Nielsen die Unterschlagung der 21 500 Kronen zugibt, kann man ihn in einem neuen Verfahren zu genau so viel Jahren verurteilen, wie er bereits abgesessen hat, und die ganze abenteuerliche Geschichte wäre ausgestanden. Fast beschwörend wendet sich Staatsanwalt Beck an Nielsen: »Ist es nicht die endliche und wirkliche Wahrheit, dass Sie zwar nicht mit Hypnose auf Ihren Freund Hardrup eingewirkt haben, dass Sie ihn auch nicht sonst wie angestiftet haben, dass Sie sich aber einer Unterschlagung schuldig gemacht haben? Ist das die Wahrheit?«

Doch Nielsen gesteht nicht. Er habe nichts unterschlagen, beteuert er, denn Palle Hardrup sei sein Freund gewesen. Daraufhin legt die Verteidigung ein neues Gutachten von einem schwedischen Psychiater mit internationalem Ruf vor. Hardrup sei eine schlechte Versuchsperson für einen Hypnotiseur, heißt es darin. Und Nielsen sei nicht der Mann, der es fertig bringe, sich mit solch fruchtlosen Versuchen lange abzugeben. Die hypnotischen Übungen, die er seinerzeit im Gefängnis in Horsens mit Hardrup vorgenommen habe, hätten nicht die mindeste Bedeutung für die geplanten und ausgeführten Verbrechen gehabt. Und ein zweiter Gutachter sagt, Hardrup habe unter einer Gefängnispsychose gelitten und bei den Versuchen Dr. Reiters simuliert. Es sei keinesfalls erwiesen, dass von Nielsen jemals ein hypnotischer Einfluss ausgeübt worden sei.

Die Verteidigung ist überzeugt, dass diese scharfe Munition reicht, ein neues Verfahren vor dem Schwurgericht zu bekommen, mit neuen Gutachtern. Nach ihrer Überzeugung sind statt Hypnose andere Faktoren für die Taten Hardrups verantwortlich. Seine komplexen und esoterischen Motivationen sind sicherlich schon vor dem Zusammentreffen mit Nielsen vorhanden gewesen. Auch der Glaube an einen Schutzgeist ging dem Erscheinen von Nielsen offenbar voraus.

Doch Nielsen und Dr. Christiansen werden bitter enttäuscht. Das Appellationsgericht sieht Hardrups Aussage nicht als glaubwürdig an und bestätigt im Juni 1957 das Urteil des Schwurgerichts in vollem Umfang. Der Antrag auf Wiederaufnahme des Verfahrens wird zurückgewiesen. Nielsen bleibt in lebenslanger Haft.

Auch eine 1959 erfolgte Eingabe bei der Kommission für Menschenrechte in Straßburg ändert nichts daran. Denn sie hat nicht über die Schuldfrage zu befinden, sondern nur darüber, ob die dänische Justiz Menschenrechte außer Acht gelassen hat.

Am 24. Dezember 1966 wird Palle Hardrup aus dem Irrenhaus entlassen. Und nachdem er 16 Jahre Haft abgesessen hat, kommt auch Björn Nielsen »auf Bewährung« wieder frei, der einzige Mörder in der Rechtsgeschichte, dessen Augen getötet haben sollen.

Bis heute ist die Diskussion über diesen in der modernen Rechtsprechung einmaligen Fall nicht verstummt. Noch immer ist die Zahl derjenigen groß, die in der Verurteilung Nielsens ein Fehlurteil sehen. Dafür sprechen nicht nur die ursprüngliche Einlassung des »Rats der Sachverständigen«, sondern auch die eindeutigen Gutachten der Verteidigung und vor allem die Bedenken, die selbst der Vorsitzende des Schwurgerichts bei der Belehrung der Geschworenen gegenüber einer Verurteilung geäußert hat. Außer dem Gutachten des Polizeiarztes Dr. Reiter gab es nicht den geringsten Beweis für eine Tatbeteiligung Nielsens und dafür, dass sein angebliches Opfer als »willenloses Werkzeug« gehandelt hat. Auch dieser Fall zeigt eindringlich, wie groß das Beharrungsvermögen der Justiz ist, an einer einmal getroffenen Entscheidung festzuhalten.

Er zeigt aber auch, dass das Phänomen eines durch Hypnose fremdgesteuerten und für jede Schandtat zu missbrauchenden willenlosen menschlichen Werkzeugs nicht auf den Bereich von Comics, Filmen und Romanen beschränkt ist, sondern zur bedrückenden Realität werden kann.

»Etwas Besseres als das Töten gibt es immer!«
Der Fall der Ursula E.

(Deutschland, 22. März 1982–9. Juli 1986)

Dieser Ausspruch einer Vorsitzenden Strafrichterin könnte auch auf die Tat der Ursula E. zutreffen, die sie 1982 begangen hat. Sie hat ihren Ehemann getötet, daran gibt es keinen Zweifel. Dennoch ist das Strafverfahren, in dem insgesamt vier Hauptverhandlungen stattgefunden haben, mit dem Fluidum eines Irrtums belastet. Zumindest zwei der nicht rechtskräftig gewordenen Urteile sind falsch gewesen. Das hat der Bundesgerichtshof am Ende eines vierjährigen Prozessmarathons festgestellt. Oder kann gar in seiner Entscheidung ein Fehlurteil gesehen werden?

Ursula heiratet schon mit 18 Jahren. Beide Familien sind gegen die Verbindung. Das junge Paar passt ihrer Meinung nach nicht zusammen. Ursulas erste sexuelle Erfahrungen mit dem vier Jahre älteren Mann sind eine große Enttäuschung für sie. Er trinkt viel, besonders wenn er daheim mit ihr allein ist, und zwingt sie dann brutal zu perversen sexuellen Handlungen. Er nimmt sie mit Gewalt, quält und schlägt sie. Sie bringt einen Sohn und eine Tochter zur Welt, muss mehrere Abtreibungen über sich ergehen lassen und danach eine Totaloperation. Seitdem sieht der Ehemann keine vollwertige Frau mehr in ihr. Und sie ekelt sich vor ihm. Da die Familie Schulden hat, nimmt Ursula 1978 eine Halbtagsbeschäftigung als Telefonistin und Empfangsdame in einem Fotostudio für Industriewerbung an.

Hier lernt sie einen Kollegen kennen, der sie begehrt und der ihr alles gibt, was sie bei ihrem Mann nicht gefunden hat. Sie verliebt sich in ihn. Ihr Ehemann erfährt von dem Liebesverhältnis und demütigt und tyrannisiert sie nur um so mehr, als sie erklärt, sie wolle sich von ihm scheiden lassen. Er willigt in eine Trennung nicht ein. Die Ehe ist inzwischen so zerrüttet, dass das Zusammenleben mit ihrem Ehemann mehr und mehr zur Hölle für Ursula wird. Sie sucht deshalb nach Möglichkeiten, wie sie sich Ruhe vor ihm verschaffen kann, und kommt auf die Idee, ihm Lexotanil zu geben. Dieses einschläfernde Beruhigungsmittel ist ihr einmal selbst verschrieben worden.

Und dann kommt es in der Nacht vom 22. zum 23. März 1982 zur Katastrophe. Ihr Mann nimmt schmerzhafte perverse Handlungen an ihr vor, vergewaltigt sie besonders brutal und zwingt sie auch zum Analverkehr. Nach dieser Tortur mischt sie, ohne dass er etwas merkt, eine so hohe Dosis Lexotanil in sein Essen, dass er daran stirbt.

»Ich habe ihn nicht töten wollen«, beteuert sie bei ihren ersten Vernehmungen und auch während des Prozesses, der wegen Mordes vor der Großen Strafkammer 1 des Landgerichts Detmold gegen sie beginnt. Die lokale Presse ist empört über die Angeklagte und ihre Tat, die Öffentlichkeit ist ihr nicht wohl gesonnen. Mit blassem, verhärmten Gesicht und tiefen Ringen unter den Augen sitzt sie in der Anklagebank, in einem schwarzen Kleid mit weißem Kragen und weißen Manschetten. Neun Monate Untersuchungshaft sind nicht spurlos an ihr vorübergegangen.

Das Schwurgericht stellt fest, dass Ursula E. ihren Mann »heimtückisch und grausam« getötet hat, indem sie mit einem äthergetränkten Wattebausch oder auf andere Weise seine Atemwege verschloss. Für Mord sieht das Gesetz eine lebenslange Freiheitsstrafe vor. Eine unblutige Strafe zwar, aber nicht weniger hart als die Todesstrafe. Auch die Überprüfung nach 15 Jahren, die zur Gnade und Aussetzung zur Bewährung führen kann, ändert daran nichts. Und wenn eine besondere »Schwere der Schuld« festgestellt wird, ist heute eine Freilassung gänzlich ausgeschlossen.

Eine solche schwere Schuld können die Detmolder Richter im Fall der Ursula E. nicht erkennen. Im Gegenteil, sie sehen Milderungsgründe und verurteilen sie am 14. Februar 1983 wegen Mordes zu nur zwölf Jahren Freiheitsstrafe.

»Die Angeklagte ist«, heißt es in der Urteilsbegründung, »ihrer unwiderlegten Darstellung zufolge über Jahre schwerwiegenden Demütigungen wie schweren Beleidigungen, Misshandlungen und mit Gewalt erzwungenen sadistischen Formen des Geschlechtsverkehrs und Bedrohungen für den Fall der Scheidung ausgesetzt gewesen, die sich ständig vermehrt haben.«

Das Gericht sieht darin einen ständig neu angefachten zermürbenden Konflikt und besondere außergewöhnliche Umstände, die strafmildernd berücksichtigt werden müssten. Deshalb »wäre die Verhängung lebenslanger Freiheitsstrafe eine unverhältnismäßige Folge der Tat gewesen.«

Die Strafkammer Detmold stützt sich dabei auf eine Entscheidung des Großen Senats des BGH für Strafsachen vom 19. Mai 1981. Darin ist festgelegt worden, dass auch dann, wenn in Mordfällen die Verhängung lebenslanger Freiheitsstrafe als unverhältnismäßig erscheint, wegen Mordes zu verurteilen ist, jedoch die im Gesetz vorgesehenen Milderungsgründe angewendet werden können. Das bedeutet für den Fall der Ursula E. einen Strafrahmen zwischen drei und 15 Jahren.

Die Staatsanwaltschaft ist mit diesem Urteil nicht einverstanden und legt Revision ein. Der 4. Strafsenat des BGH hebt das Urteil am 22. September 1983 auf und verweist den Fall an eine andere Strafkammer des Landgerichts Detmold zurück. Das Urteil weise Rechtsfehler auf, stellen die hohen Richter auf nur zweieinhalb Seiten fest. Der Beschluss des Großen Senats ändere nichts daran, dass »im Regelfall für eine heimtückisch begangene Tötung auf lebenslange Freiheitsstrafe zu erkennen ist«. Ein Grenzfall läge nicht vor. Die Angeklagte habe sich nicht intensiv um einen anderen Lösungsweg bemüht, obwohl sie genug Zeit zum Überlegen hatte. Trotz der Drohungen ihres Ehemanns hätte sie die Möglichkeit gehabt, sich auf andere Weise von ihrem Mann zu trennen. Das hätte das Landgericht bei der Prüfung, ob außergewöhnliche Umstände im Sinne der Entscheidung des Großen Senats vorlagen, berücksichtigen müssen. Wäre das geschehen, hätte das möglicherweise zu einer lebenslangen Freiheitsstrafe geführt.

Der zweite Prozess in Detmold gegen Ursula E. endet im Januar 1984 bereits nach dem ersten Termin. Sie macht ihre Aussage zur Person und zur Sache, aber dann wird die Hauptverhandlung wegen Terminnot der Prozessbeteiligten abgebrochen. Ein Skandal in einem Mordprozess. Man hat doch von vornherein gewusst, dass mehrere Sitzungstage für dieses Verfahren erforderlich sind!

Die dritte Hauptverhandlung beginnt dann am 12. März 1984. Der psychologische Sachverständige Siegfried Binder braucht nur 30 Minuten für die Erläuterung seines Gutachtens, in dem er die Techniken der Unterordnung und Anpassung beschreibt, mit denen Ursula E. zu leben versucht hat. Er schildert die Dynamik des Partnerkonflikts zwischen den Eheleuten, der zu einer sich steigernden Brutalität des Mannes und einer immer stärkeren Ablehnung auf Seiten der Frau geführt hat. Wenn es rechtlich möglich sei, müsse man das schon berücksichtigen, sagt er. Eine nicht übersehbare Verbeugung vor den deutlichen Hinweisen des Strafsenats des BGH, der ja erkennbar auf lebenslänglich gedrängt hat. Die bekannte Psychologin Elisabeth Müller-Luckmann schließt sich diesen Ausführungen an. Eine Viertelstunde reicht ihr, um darzulegen, dass die Angeklagte nie gelernt habe, sich mit sich selbst auseinander zu setzen. Zu keiner Zeit habe sie zu irgendjemand ein Vertrauensverhältnis gehabt.

Die Strafkammer zeigt Mut bei der Urteilsfindung, vielleicht, weil sie sich dem Tatgeschehen näher fühlt als die Revisionsrichter im fernen Karlsruhe, die die Angeklagte und die Zeugen nie gesehen haben. Das Landgericht Detmold bleibt trotz der Belehrungen aus Karlsruhe noch unter dem Strafmaß des ersten Urteils. Am 12. März 1984 erhält Ursula E. eine Freiheitsstrafe von neun Jahren.

Erneut legt die Staatsanwaltschaft Revision ein. Am 25. Oktober 1984 hebt der 4. Strafsenat des BGH auch dieses Urteil auf. Die Kritik ist vernichtend. Auf sechseinhalb Seiten rügen die Richter, dass das Detmolder Gericht die rechtlichen Beurteilungen des Senats anlässlich der ersten Urteilsaufhebung nicht berücksichtigt habe. Die Richter hätten wiederum nicht geprüft, »ob die Angeklagte andere Möglichkeiten als die Tat hatte, um einen Ausweg aus ihrer Lage zu finden«. Psychische Beeinträchtigungen, von denen die Sachverständigen gesprochen hätten, erfüllten nicht die Voraussetzungen für die Annahme von schuldmindernden Umständen. Eine tatrichterliche Tätigkeit sei dem Senat verwehrt, er könne nicht selbst entscheiden. Aber die Begründung der Urteilsaufhebung lässt keinen Zweifel daran, dass der Senat in diesem Fall nur eine lebenslange Freiheitsstrafe für angemessen hält. Diesmal verweist er nicht an das Detmolder Gericht zurück, zu dem er das Vertrauen offenbar verloren hat, sondern an eine Strafkammer des Landgerichts Hagen.

Im Sommer 1986 steht Ursula E. in Hagen zum vierten Mal wegen derselben Tat vor Gericht. 13 Mal hat sie nun schon gegenüber Gerichten und Sachverständigen zu Protokoll gegeben, warum und wie es zum Tod ihres Ehemannes gekommen ist. Nun muss sie es ein 14. Mal tun. Sie erscheint mit langem blonden Haar, einem weiten Rock, tiefausgeschnittener Bluse und hohen Absätzen. Ein anderes Mal trägt sie einen kurzen engen Lederrock und Strümpfe mit Naht und Schmetterlingen. Sie will Eindruck machen auf die fünf Männer, die über sie urteilen müssen. »Ich bin jetzt eine andere Frau als vor zehn Jahren!«, sagt sie selbstbewusst zu ihrem Verteidiger Holger Rosteck, der ihr rät, sich anders zu kleiden, damit die Richter keinen falschen Eindruck von ihr bekommen. Der Vorsitzende Richter Klaus-Peter Kremer lässt die Angeklagte auch prompt wissen, dass er sich all das, was sie zu ihrem erlittenen »Ehemartyrium« vorbringe, bei einer Frau wie ihr gar nicht vorstellen könne. Ursula E. bittet nicht mehr um Verständnis für ihre Tat, sie fordert es.

Staatsanwalt Manfred Rösner hält es nicht für erwiesen, dass das Verhalten des Getöteten zu einem völligen Zerbrechen der Ehegemeinschaft geführt hat. Und zu der Frage, warum die Angeklagte sich nicht jemand anvertraute, stellt er fest, dass es ihr zuzumuten gewesen wäre, ihre Scham zu überwinden. Er bescheinigt den Detmolder Gerichten »Blauäugigkeit« und hält ihnen vor, sie hätten lebensfremde und unglaubhafte Einlassungen der Angeklagten »unkritisch übernommen«. Für ihn gibt es nur eine gerechte Strafe: Lebenslänglich.

Die Zeugen, hauptsächlich die Angehörigen des Getöteten, schildern ihn als fleißigen, pünktlichen und tüchtigen Mann. Ein Sadist sei er nach ihrer Meinung keinesfalls gewesen. Die Verteidigung fährt in einem dreistündigen Plädoyer scharfes Geschütz auf. Sie kritisiert, dass die Hagener Strafkammer sich in der Beweisaufnahme »schlicht und pingelig« an die Vorgaben des 4. Strafsenats gehalten habe und ihnen gehorsam gefolgt sei. Das Gericht zeigt sich beeindruckt von den Ausführungen, folgt ihnen aber in keinem einzigen Punkt.

Am 9. Juli 1986 verurteilt das Schwurgericht Hagen die nun 37-jährige Ursula E. zu einer lebenslangen Freiheitsstrafe. Nach erst zwölf und dann neun Jahren nun die Höchststrafe ohne jede Milde. Die Angeklagte habe sich nicht um Hilfe gegen den von ihr behaupteten Leidensdruck ihrer Ehe bemüht, heißt es in der mündlichen Urteilsbegründung. Selbst wenn ihr Mann ihr und den Kindern im Falle der Trennung oder Scheidung den Tod angedroht habe, hätte es »Hilfen in Fülle« gegeben. Von der Telefonseelsorge bis zu der Einholung rechtlichen Beistands und Rats oder dem Weg zu einem Therapeuten. Außerdem habe sie in den verschiedenen Verfahren ihre Aussagen immer wieder abgeändert und damit ihre »Lügenhaftigkeit« bewiesen.

Zu dieser Entscheidung möchte man in Abwandlung des alten römischen Rechtssatzes »Roma locuta, res iudicata!« anmerken: »Karlsruhe hat gesprochen, die Sache ist entschieden.« Sicherlich hat der BGH als Revisionsinstanz über die Einheitlichkeit der Rechtsprechung zu wachen. Aber haben die beiden Detmolder Gerichte wirklich so grob geirrt? Hatten sie nicht zeitlich und örtlich einen Vorsprung vor den hohen Richtern in Karlsruhe? Wenn es um die Tötung des Intimpartners geht und in einigen Fällen zu harte Urteile gefällt wurden, hat der BGH sie durchaus auch zugunsten der Angeklagten aufgehoben und zu Mäßigung angehalten. Es gibt eine ganze Reihe von Fällen, in denen die Tötung des Intimpartners milde bestraft worden ist. Der bekannte Boxer Gustav »Bubi« Scholz hat zum Beispiel für die Tötung seiner Ehefrau – er schoss in alkoholisiertem Zustand durch die verschlossene Badezimmertür – nur eine Freiheitsstrafe von drei Jahren erhalten. Sicherlich gleicht keine Tötung der anderen. Aber warum hat der 4. Senat im Fall der Ursula E. keine Milderungsgründe gelten lassen? Hat es sie wirklich nicht gegeben?

Dreifachmord auf dem Gestüt »Bosenhof«

(Deutschland, 2001–2003)

Auf dem Gestüt »Bosenhof« sind drei junge Frauen ermordet worden, und zwar durch zwei berufsmäßige Killer. Rupertus S. hat die Morde aus Habgier in Auftrag gegeben, weil er wegen der Scheidungsabsichten seiner Frau um seine Existenz fürchtete. Er verbüßt deswegen eine rechtskräftige, lebenslange Haftstrafe.

Aber auch dem Bauunternehmer Arthur B. wird im Jahre 2001 der Prozess gemacht, ursprünglich nur wegen Nichtanzeigen eines geplanten Raubmordes. Aber während des Verfahrens dehnt die zuständige Strafkammer den Vorwurf auf Anstiftung zum Mord aus. Arthur B. bestreitet jede Mittäterschaft. Rupertus S. habe ihn gedrängt, für den Raub eines Millionenvermögens, das eine der drei Frauen angeblich besitzen soll, Handlanger anzuwerben. Darauf habe er sich jedoch nicht eingelassen.

Obwohl ihm das Gegenteil nicht bewiesen werden kann, wird Arthur B. im November 2001 zu zehn Jahren Freiheitsstrafe verurteilt, ein glattes Fehlurteil. Es hat nur deswegen keinen Bestand, weil das Gericht einen Verfahrensfehler begeht. Es lässt den Antrag der Verteidigung auf Aussetzung des Verfahrens nicht zu. Der Bundesgerichtshof hebt das Urteil aufgrund der eingelegten Revision auf. Der Prozess muss neu durchgeführt werden.

Jetzt beachtet das Landgericht Bad Kreuznach die Beweisregel, dass dem Angeklagten die Anstiftung zum Mord nachgewiesen werden muss und Zweifel zu seinen Gunsten zu berücksichtigen sind. Der Vorsitzende Richter Volker Mey kommt zu der Erkenntnis: »Das ist nicht der Mann, der eiskalt bei der Tötung von drei Frauen mitgewirkt hat.« Arthur B. wird am 17. November 2003 vom Vorwurf der Anstiftung zum Mord freigesprochen. Die Beweismittel gegen ihn sind so dünn, dass selbst die Staatsanwaltschaft auf Freispruch plädiert. Arthur B. wird nur wegen Nichtanzeigen des geplanten Raubes zu anderthalb Jahren Gefängnis verurteilt. Da er bereits 26 Monate in Untersuchungshaft gesessen hat, kann der 38-jährige Angeklagte den Gerichtssaal als freier Mann verlassen.

2 Freisprüche

Wenn ein Mensch einen Menschen tötet, so können wir das nicht hinnehmen. Dann ist eine Grenze überschritten, und wir müssen unsere Rechtsordnung verteidigen. Diesen Täter muss, so denken viele, die volle Härte des Gesetzes treffen. Doch das ist nicht immer so. Liegen zum Beispiel mildernde Umstände vor, so kann die Strafe deutlich geringer ausfallen. Und nicht selten kommt es in Tötungsfällen sogar zu Freisprüchen, berechtigten, weil Zweifel zugunsten des Angeklagten berücksichtigt werden, oder manchmal auch zu unberechtigten, weil der Grundsatz »in dubio pro reo« über die Maßen strapaziert wird und trotz ausreichender, überzeugender Indizien keine Verurteilung erfolgt. Ein Verstoß gegen den Grundsatz »in dubio pro reo« kann sich folglich nach zwei Seiten hin katastrophal auswirken. Die Gründe für unberechtigte Freisprüche sind meist politischer Natur.

Eine Sonderstellung nehmen in der französischen Rechtsgeschichte die so genannten »crimes passionnels« ein, die »Verbrechen aus Leidenschaft«. Wenn eine Frau ihren Ehemann, ihren Liebhaber oder einen Dritten aus Eifersucht, Zorn, verletzter Ehre oder im Affekt tötet, kann sie in Frankreich traditionell mit einem Freispruch rechnen. Der bekannte französische Strafverteidiger Maître Maurice Garcon behauptet, diese ungerechtfertigten Freisprüche, die anderswo undenkbar sind, hätten ihre Wurzel im französischen Theater und den Romanen des 19. Jahrhunderts. So hat Alexandre Dumas zum Beispiel von einem »Recht auf Tötung« gesprochen, wenn bestimmte Voraussetzungen vorliegen.

Nirgendwo sonst in Europa hat es eine solche Sonderbehandlung der »Verbrechen aus Leidenschaft« gegeben. Besondere Nachsicht wird nicht geübt. Der Fall der 28-jährigen Ruth Ellis aus England, einer Mutter von zwei Kindern, zeigt dies besonders krass. Ruth Ellis arbeitet im Londoner Rotlichtmilieu, gelegentlich auch als Prostituierte. Und sie trinkt viel Alkohol. Das tut sie auch an jenem Tag, als sie David Blakely, den Mann, den sie liebt und der sie augenscheinlich betrügt, erschießt. Im Mai 1955 steht

sie vor einem Londoner Schwurgericht. Die Geschworenen brauchen nur eine halbe Stunde für ihr Urteil. Dann setzt der Richter traditionsgemäß ein schwarzes Barett auf. Das bedeutet: Todesstrafe. Kein Freispruch, nicht einmal mildernde Umstände. Und auch keine Umwandlung der Strafe im Gnadenwege. Die Justiz hat es eilig. Am 13. Juli 1955, nur 13 Wochen nach dem Urteil, wird Ruth Ellis gehängt. Sie ist die letzte Frau, die in Großbritannien diese Strafe erleiden muss. Zehn Jahre später wird die Todesstrafe abgeschafft. Im Jahre 2003 wird der Fall auf Betreiben von Ruths Schwester vor dem Court of Appeal neu verhandelt. Sie will erreichen, dass der Verurteilten, einem »Opfer der Gesellschaft«, das Stigma einer Mörderin genommen und nachträglich allenfalls Totschlag festgestellt wird, vielleicht sogar mildernde Umstände zugebilligt werden. Einen Freispruch, der vielleicht vor einem französischen Gericht gemäß der Tradition der französischen Rechtsprechung in einem »Verbrechen aus Leidenschaft« erreichbar gewesen wäre, wird es im Nachhinein in London mit Sicherheit nicht geben. Aber dass das Londoner Schwurgerichtsurteil des Jahres 1955 ein Fehlurteil war, wird das neue Verfahren wohl bestätigen. Bevor ein typisches »crime passionel« aus Frankreich näher geschildert wird, soll jedoch ein Fall aus Deutschland vorgestellt werden, der wenige Jahre nach dem deutsch-französischen Krieg 1870/71 die Gemüter des »Bismarck-Reichs« bewegt und zu erregten Diskussionen geführt hat.

Ein perfekter Mord? Der Fall Dr. Johann Sandner

(Deutschland, April 1875–6. Juli 1876)

Im niederbayrischen, im Donautal zwischen Passau und Straubing gelegenen Städtchen Osterhofen besitzt die angesehene Katharina Loher eine Bierbrauerei, ein Landgut und mehrere Gaststätten. Ihr Ehegatte ist früh verstorben, und so muss die kinderlose Witwe allein zurechtkommen, was ihr recht gut gelingt. Ihre Betriebe florieren.

Das fällt auch dem jungen Doktor Johann Sandner auf, der sich in Osterhofen niedergelassen und eine Arztpraxis eröffnet hat.

Der schon in jungen Jahren zur Leibesfülle neigende, mittelgroße Doktor mit den blonden Haaren, dem blonden Schnurrbart und der goldgefassten Brille in dem runden, vollen Gesicht beginnt sich für die zwölf Jahre ältere Frau zu interessieren. Er wirbt um sie, macht ihr Komplimente und alsbald auch einen Heiratsantrag. Die Witwe fühlt sich geschmeichelt und willigt in eine neue Ehe ein, weil sie glaubt, der junge Mann liebe sie. Doch Sandner hat es nur auf ihr Vermögen abgesehen. Die reiche Witwe soll ihm den gesellschaftlichen Aufstieg erleichtern.

Sandner ist 26, als er Katharina 1854 heiratet. Bald hat er in der kleinen Stadt einen guten Ruf als tüchtiger Arzt. Aber er betätigt sich auch als erfolgreicher Bierbrauer und Landwirt. Sein Wohlstand und sein Ansehen nehmen zu. Die Bürger wählen ihn in den Gemeinderat und zum Vorstand des landwirtschaftlichen Bezirkskomitees. Der König von Bayern verleiht ihm mehrere Auszeichnungen. Als zwei Töchter geboren werden, ist man in Osterhofen davon überzeugt, dass das fähige, fleißige Paar eine mustergültige und glückliche Ehe führt.

Aber der Schein trügt. Liebe und Harmonie gibt es zwischen den beiden nicht. Und auch im Bett findet nichts mehr statt. Der Altersunterschied ist einfach zu groß. Als Dr. Sandner in den besten Mannesjahren ist, hat seine Frau die 50 schon überschritten. Wegen des guten Rufs versucht sie, das Bild einer glücklichen Ehe nach außen hin aufrecht zu erhalten. Katharina weiß längst, dass ihr Mann sie ständig betrügt und mit den Dienstmädchen ihres Hauses und den Kellnerinnen der Gastwirtschaft schläft.

Besonders das Liebesverhältnis ihres Ehegatten zu der 29-jährigen Anna Kurz ist ihr ein Dorn im Auge. Anna ist klein und pummelig und sieht eher unscheinbar aus, scheint aber in sexueller Hinsicht über besondere Qualitäten zu verfügen. Denn Johannes Sandner ist häufig nachts mit ihr zusammen, was er gegenüber seiner Frau auch gar nicht leugnet. Katharina kann erreichen, dass Anna Kurz die Gastwirtschaft verlässt und eine Stelle im Bahnhofsrestaurant annimmt, das den Sandners nicht gehört. Doch die Liaison mit Anna dauert trotzdem fort. Sandner verspricht seiner Geliebten sogar, sie zu heiraten, allerdings erst nach dem Tode seiner Frau.

An eine Trennung von ihrem Mann denkt Katharina nicht. Eine Scheidung würde sich in dem kleinen Ort katastrophal auf das Geschäft auswirken. Also schluckt sie ihren Kummer herunter und sucht Trost im Alkohol. Sie greift immer häufiger zur Flasche und ist oft schon am Vormittag sturzbetrunken. Sie fängt auch an zu kränkeln und lässt sich vom Hausarzt Dr. Kufner behandeln. Um ihre ständige Verstopfung zu beseitigen, verschreibt er ihr Abführmittel.

Im April 1875 wird die nun 59 Jahre alte Katharina Sandner ernstlich krank. Zunächst ist ihr übel und schwindlig, dann verliert sie sogar vorübergehend das Bewusstsein und muss mehrere Tage im Bett bleiben. Im Juni treten die Symptome erneut auf. Katharina schwitzt heftig und kann ihren schmerzenden linken Arm nicht mehr bewegen. Dr. Kufner glaubt, es handele sich um Muskelrheumatismus und verordnet Senfpflaster und Watteumschläge. Aber Katharinas Zustand verschlechtert sich immer mehr. Als am 29. Juni in einem ihrer Gasthäuser eine große Feier stattfinden soll, kann sie die vorbereitenden Arbeiten kaum noch erledigen. Sie schwitzt wieder sehr, fühlt sich elend und matt, hat Augenflimmern und klagt über unerträgliche Genickschmerzen. Um 2.00 Uhr nachts stöhnt sie laut und atmet schwer. Ihr Mann fühlt ihren Puls und sagt ihr, es sei alles in Ordnung.

Am Morgen des 30. Juni holt die Hausmagd Johanna Reitinger auf Geheiß von Dr. Sandner die Medizin aus der Apotheke ab, die Dr. Kufner am Vortag verordnet hat. Sandner gibt seiner Frau von der Tinktur zu trinken und fährt danach mit der Kutsche in umliegende Dörfer, um Arztbesuche zu machen. Katharina liegt im Bett. Ihre beiden bei ihr weilenden Töchter haben den Eindruck, dass sich ihr Zustand nach Einnahme der Medizin noch verschlechtert hat. Sie ist leichenblass und trieft vor Schweiß. Vergeblich versucht sie, sich zu erheben und auf einen Stuhl zu setzen. Sie kann nicht stehen, klagt über krampfartige Schmerzen in den Beinen und verfällt in Zuckungen. Herbeigerufene Bedienstete können die wild um sich schlagende Frau kaum festhalten.

Als Dr. Kufner erscheint, fragt Katharina ihn mit matter Stimme, welches Gift er ihr verordnet habe, sie müsse sterben. Dr. Kufner schüttelt entsetzt den Kopf und versucht, ihr gegen die

Schmerzen Morphium zu injizieren. Aber Katharina schlägt ihm in heftigen Krämpfen und Zuckungen die Spritze aus der Hand. »Aus ist's!«, schreit sie, streckt ihre Arme steif nach vorn und zieht den Kopf zurück. Mit bläulich verfärbtem Gesicht bäumt sie sich noch einmal auf und fällt dann tot in die Bettkissen zurück.

Nach zwei Stunden kehrt Dr. Sandner zurück. Er steht verstört vor der Leiche seiner Frau und beginnt zu schluchzen und zu weinen. Es gelingt Dr. Kufner nicht, ihn zu beruhigen. In den folgenden Nächten kann Dr. Sandner nicht schlafen. Er leidet unter Angstzuständen und bittet darum, dass nachts immer jemand bei ihm im Schlafzimmer bleibt. In der Todesanzeige schreibt er, er sei ein von namenlosem Schmerz gebeugter Gatte. Die Beerdigung findet am 2. Juli 1875 unter großer Anteilnahme der Bevölkerung statt.

Schon am nächsten Tag schreibt Dr. Sandner einen Brief an Anna Kurz. »Meine allerliebste Anna, soeben, 7.00 Uhr früh, übergibt mir Stefan Deine lieben Zeilen. Ich lese sie mit höchstem Vergnügen. Ich weiß ja, dass Du mich aus ganzer Seele liebst. Ich weiß ja nur zu gut, dass ich Dir meine ganze Liebe zu erwidern habe. Ich weiß ja, dass ich Dir mein Herz angeschworen habe. Ich halte Dir mein Wort bis zum letzten Atemzuge. Sobald als möglich will ich Dich besuchen. Denn zu jeder Minute denke ich an Dich. Empfange Tausende der besten Küsse und Grüße von Deinem Dich innigst liebenden Johann.«

Kein Wort von dem Tod seiner Frau, nur heiße Worte für die Geliebte. Im August versichert er ihr erneut, dass er sie heiraten werde. Er habe die Lage wohl durchdacht und werde sein Wort halten. Seine Mutter habe gestern zu ihm gesagt: »Johann, Du hast genug durchgemacht all die Jahre. Nimm Dir ein Mädchen zur Frau, das Dich freut, auch wenn sie gar nichts hat.« Und er beendet den Brief mit den Worten: »Ja, Anna, es wäre mein größtes Vergnügen, wenn ich Dich so herzinnig als meine Frau ans Herz drücken könnte!« Dann gibt er in Osterhofen öffentlich bekannt, dass er Anna Kurz am 28. Oktober heiraten werde. Die Leute sind schockiert. Es spricht sich herum, dass Johann Sandner seine Frau nicht nur mit Anna Kurz betrogen hat. Vielleicht sei die Gattin

gar keines natürlichen Todes gestorben, munkelt man, möglicherweise sei sie vergiftet worden.

Am 20. Oktober weilt der Untersuchungsrichter Zimmermann aus Deggendorf in Osterhofen und wird von Dr. Kufner auf die kursierenden Gerüchte angesprochen. Auf die Frage, ob ihm denn etwas Besonderes bei der Sterbenden aufgefallen sei, antwortet Dr. Kufner: »Nein, nichts. Außer konvulsivischen Zuckungen.« Aber am Abend sagt er zu Dr. Sandner, er halte es für möglich, dass seine Frau mit Strychnin vergiftet worden sei.

Daraufhin begibt sich Dr. Sandner am nächsten Tag zum Untersuchungsrichter und gibt zu Protokoll: »Gestern habe ich zu meiner Bestürzung von einem Gerücht gehört, welches meine Ehre und Existenz zu vernichten droht, dessen Grundlosigkeit ich daher auf jede mögliche Weise an den Tag befördert sehen will. Mein Frau war viel älter als ich. Wir lebten bis zu ihrem Ende in voller Eintracht. Nur dann und wann gab es vorrübergehend Eifersuchtsszenen ohne Grund und ohne Nachwirkungen.«

Glatte Lügen, die er auch aufrecht erhält, als er nach seiner Beziehung zu Anna Kurz gefragt wird. Ob er sie denn heiraten wolle. »Nein, nein«, erklärt er, »auf keinen Fall!« Und fügt augenzwinkernd hinzu, dieses Mädchen sei nur gut für das Bett. Er bestehe darauf, dass die Leiche seiner Frau unverzüglich obduziert werde.

Der Untersuchungsrichter ordnet eine Hausdurchsuchung bei Dr. Sandner und seiner Geliebten an und beschlagnahmt den Briefwechsel der beiden. Dr. Kufner reicht als behandelnder Arzt der Verstorbenen einen schriftlichen Bericht ein. Anfangs habe er keinerlei Verdacht gehegt, heißt es darin. Nun habe er das Krankheitsbild noch einmal gründlich durchdacht und könne nach medizinisch-wissenschaftlichen Gesichtspunkten jetzt nicht mehr ausschließen, dass Strychnin ursächlich für den Tod von Frau Sandner gewesen ist.

Anna Kurz, die inzwischen nach München verzogen ist, erhält von Dr. Sandner das Angebot, ihr 600 Gulden als Abfindung zu zahlen, wenn sie mit einer Auflösung der Verlobung einverstanden sei. Anna lehnt ab und besteht auf einer Heirat. Sie erwarte ein Kind von ihm, teilt sie ihm mit, was sich später allerdings als

unwahr herausstellt. Dr. Sandner versucht vergeblich, seine Straubinger Bank dazu zu bewegen, Wertpapiere im Wert von 3500 Goldgulden für ihn zu verkaufen, da er für eine Reise dringend Geld benötige. Die Bank weigert sich, da sie von den laufenden Untersuchungen gegen Sandner erfahren hat.

Am 3. November erhält Dr. Sandner eine gerichtliche Vorladung. Schon am nächsten Tag flüchtet er mit Anna Kurz und 7 000 Gulden in Gold, die er doch noch aufgetrieben hat, in die Schweiz. Dort kauft er Tickets nach Chicago und reist unter dem falschem Namen Prels mit Anna, die er als seine Ehefrau ausgibt, nach London weiter. Von dort aus wollen sie die Überfahrt in die Vereinigten Staaten antreten. Doch es wird bereits steckbrieflich nach ihnen gefahndet. Am 9. November werden sie in Southampton verhaftet. Ein Gericht entscheidet, sie in einem Londoner Gefängnis so lange festzuhalten, bis das gerichtsmedizinische Gutachten über die inzwischen exhumierte und obduzierte Leiche der Frau Sandner vorliegt.

Am 29. November erstattet Professor Dr. Buchner sein Gutachten. Er hat die Eingeweide der Leiche untersucht und konnte chemisch kein Gift nachweisen. Daraufhin weigern sich die englischen Behörden, die Verhafteten auszuliefern, und lassen sie frei. Als Dr. Sandner in einem ihm von seiner Tochter zugesandten Artikel der »Augsburger Abendzeitung« vom Januar 1876 liest, das Bezirksgericht Deggendorf habe die Untersuchung gegen ihn eingestellt, kehrt er mit Anna nach Osterhofen zurück.

Doch der Untersuchungsrichter Zimmermann hat die Ermittlungen keineswegs eingestellt. Er hat festgestellt, dass Dr. Sandner während der Beziehung zu Anna Kurz auch mit der Magd Katharina Dorfmeister, einer großen, dunkelhaarigen, mageren Frau, ein Verhältnis gehabt hat. Sie sagt aus, Sandner habe ihr immer wieder die Ehe versprochen. Er habe sie getröstet und gesagt, sie solle die Geduld nicht verlieren. Seine Frau sei schon alt und werde bald sterben. In einem der 66 beschlagnahmten Liebesbriefe an Katharina Dorfmeister findet sich der Satz: »Die Alte ist ja so unsinnig dumm. Wenn sie stirbt, was liegt daran?«

Der Untersuchungsrichter ermittelt auch, dass Dr. Sandner im März und April 1875 1,61 Gramm in Wasser gelöstes Strychnin

vom Apotheker in Osterhofen bezogen hat, eine Menge, die ausreicht, eine ganze Reihe von Menschen zu töten. Die Staatsanwaltschaft klagt ihn des Mordes an seiner Ehefrau an. Am 4. Juli 1876 beginnt vor dem Schwurgericht Straubing der Prozess gegen ihn, nachdem das Strafverfahren gegen Anna Kurz wegen Teilnahme an diesem Mord aus Mangel an Beweisen eingestellt worden ist.

Dr. Sandner beteuert seine Unschuld und erklärt, das Gutachten von Professor Dr. Buchner habe doch bewiesen, dass seine Frau nicht vergiftet worden sei. Buchner bestätigt vor Gericht, er halte eine Vergiftung nicht für wahrscheinlich, denn auch die physiologischen Tierversuche an Fröschen hätten keinen solchen Nachweis erbracht.

Aber ein weiterer Gutachter, Professor Dr. Wislicenus aus Würzburg, ist anderer Meinung. Es sei völlig klar, sagt er aus, dass man nach fünf Monaten in einer Leiche kein Strychnin mehr finden könne. Das Fehlen von Giftspuren beweise noch lange nicht, dass kein Giftmord vorliege. Die wissenschaftlichen Erkenntnisse auf diesem schwierigen Gebiet seien noch nicht abgeschlossen. Der Bezirksarzt Dr. Seibert äußert sich noch eindeutiger. Er halte eine Vergiftung durch Strychnin für so wahrscheinlich, erklärt er in seinem Gutachten, dass niemand, der auch noch die psychologischen Motive mit einbeziehe, daran zweifeln könne.

Das Gericht holt von einem Komitee Würzburger Universitätsprofessoren ein Obergutachten ein. Es kommt zu dem Ergebnis, ein Mord mit Hilfe von Strychnin sei wahrscheinlich, denn die festgestellten Symptome seien sehr charakteristisch und könnten mit anderen Krankheiten nicht verwechselt werden. Angst, Unruhe und heftige Krämpfe mit folgender starrkrampfähnlicher Muskelsteife und zurück gezogenem Kopf, ein bläulich verfärbtes Gesicht mit starren, aus den Höhlen getretenen Augen seien typisch. Und alle diese Merkmale habe Dr. Kufner in seinem Bericht festgehalten. «Das Bewusstsein bleibt noch lange Zeit erhalten«, stellen die Gutachter fest. »Die Anfälle dauern eine bis drei Minuten und wiederholen sich in immer kürzeren Abständen. Eine Berührung der Haut des Kranken kann neue Zuckungen auslösen. Das war zweifellos der Fall, als Dr.

Kufner beim Injektionsversuch den Arm der Frau Sandner berührte und dabei jenen Anfall hervorrief, auf dessen Höhepunkt der Tod eintrat.«

Diese klaren Aussagen sind Wasser auf die Mühlen der Staatsanwaltschaft. Im Schlussplädoyer am dritten Verhandlungstag, dem 6. Juli 1876, sagt der Staatsanwalt, es gäbe mehrere Arten, die Vergiftung eines Menschen nachzuweisen. Die chemische Analyse sei nur eine davon. Dass man dabei kein Gift gefunden habe, beweise noch gar nichts. Die Mehrheit der Sachverständigen habe eine Strychninvergiftung als gewiss oder doch wahrscheinlich erklärt. Und deshalb sei Dr. Sandner des Mordes schuldig zu sprechen. Er hätte auch ein starkes Interesse am Tode seiner Frau gehabt. Kurz nach deren Ermordung habe er seiner Geliebten schriftlich Liebe und Treue geschworen.

Der Verteidiger, Dr. Schmitt aus Bamberg, hält dem entgegen, der Angeklagte hätte gar kein Motiv gehabt, seine Frau zu töten. Denn ein beträchtlicher Teil ihres Vermögens sei den Töchtern zugefallen. Und es hätte ihn des Weiteren nichts daran gehindert, seine Liebschaften auch fortzusetzen, wenn seine Frau am Leben blieb. Denn so sei es ja Jahre lang gewesen. Im übrigen sei das Gutachten von Professor Dr. Buchner doch eindeutig. Es sei kein Strychnin gefunden worden. »Die Mordanklage ist gegenstandslos!«, schließt er sein Plädoyer.

Die Geschworenen beraten nur eine halbe Stunde. Dann verkündet der Obmann, Dr. Sandner sei nicht schuldig. Das Schwurgericht Straubing spricht ihn daraufhin frei. Ein Urteil, das starkes Befremden auslöst. Das Gericht hat sich im Hinblick auf Professor Buchners Gutachten sicherlich von der Beweisregel »im Zweifel für den Angeklagten« leiten lassen. Aber waren die Zweifel durch das medizinische Obergutachten nicht ausgeräumt? Und sprachen nicht alle Indizien für eine Strychninvergiftung? Heute weiß man genau, dass Strychnin eine kumulative Wirkung hat. Das heißt, nach vielen kleinen, über einen längeren Zeitraum gegebenen Dosen kann die Vergiftung so plötzlich auftreten, als ob eine größere Menge auf einmal eingegeben worden sei. Vermutlich hat Dr. Sandner seiner Frau, schon kurz nachdem er sich das Strychnin im März beschafft hatte, wiederholt kleine-

re Giftmengen gegeben, sozusagen als Probierversuch und zusammen mit dem bitteren Abführmittel, das den bitteren Strychningeschmack verdeckte.

Die kurz vor dem Tod von Katharina Sandner festgestellten Vergiftungserscheinungen waren so symptomatisch, dass eigentlich schon nach damaligem wissenschaftlichen Erkenntnisstand eine Tötung durch Strychnin hätte angenommen werden müssen. Eine Harnuntersuchung, die meist zu eindeutigen Ergebnissen führt, hat Professor Buchner nicht durchgeführt. Denn fünf Monate nach dem Tod stand kein Harn mehr zur Verfügung. Aber sein Gutachten allein war keine sichere Basis für einen Freispruch.

Auch die Frage des Motivs und die Tatsache, dass Dr. Sandner sich das Gift besorgt hatte, wurden nicht ausreichend berücksichtigt. Der Tod der ungeliebten Frau verschaffte ihm materielle Vorteile und die Möglichkeit, mit wesentlich jüngeren Frauen ungestört sexuell zu verkehren. So ist in diesem Freispruch, zumindest aus heutiger Sicht, ein Fehlurteil zu sehen.

Germaine Huot, »la maîtresse elle-même«

(Frankreich, 7. März 1933–28. März 1934)

Sie sei die »maîtresse elle-même«, schreibt die Pariser Tageszeitung »Le Figaro« in einem Artikel, die Mätresse in Person. Gemeint ist Germaine Huot, eine schöne Frau mit sehr bewegter Vergangenheit, wundervollen blonden Haaren und faszinierenden Augen. Sie wird 1888 in Paris unehelich geboren, lebt vom zwölften Lebensjahr an in einem Kloster und kommt mit 15 Jahren unter die Obhut einer Mätresse ihres Vaters. Fortan nennt sie sich Germaine d'Anglemont. Den Namen hat sie aus einem Liebesroman entnommen. Mit 18 verliebt sie sich in einen reichen Argentinier. Er richtet ihr in Paris eine feudale Wohnung über zwei Etagen ein. Ihr Dasein als Mätresse beginnt.

Von nun an folgt ein Liebhaber auf den anderen. Unter ihnen sind Industrielle, Politiker, Diplomaten, Bankiers aus dem In- und Ausland und sogar regierende Fürsten wie zum Beispiel Her-

zog Franz-Joseph von Bayern. Germaine bezaubert die Männer und wird von ihnen mit großzügigen Geldgeschenken, Juwelen, Pelzen, Pferden und Wagen überhäuft. Aga Khan schenkt ihr einen kostbaren Brillantring von 18 Karat. Sie hat bald alles, was ihr Herz begehrt. In Paris kauft sie ein Haus und gibt dort luxuriöse Empfänge und exklusive Partys. Sie könne trotz ihrer bescheidenen Herkunft als Kurtisane hohen Grades bezeichnet werden, heißt es in einem Polizeibericht über sie. »Dank ihrer Schönheit, ihrem Charme und ihrer Intelligenz hat sie es verstanden, in den Kreisen der Politik und der großen Welt begehrenswert zu erscheinen.«

1917 wird Germaine die Geliebte des Pariser Abgeordneten Picard. Durch ihn lernt sie 1918 den Juristen Jean Causeret kennen, der eine glänzende Karriere als Staatsbeamter vor sich hat. Sie wird alsbald auch mit ihm intim. Ihre erotische Ausstrahlung und die ausgefallenen sexuellen Techniken begeistern ihn. Doch in den folgenden Jahren verändert sich Germaines Situation. Sie kann nicht mehr so unbeschwert in den Tag leben wie bisher. Germaine muss Schmuck und Pelze verkaufen und auch ihr Haus. Die Dienerschaft ist entlassen. Sie muss sich in ihrer neuen Wohnung in der Rue Parc-Monceau mit einer Aufwartefrau begnügen.

Als publik wird, dass Causeret eine stadtbekannte Mätresse als Geliebte hat, sieht er sich gezwungen, das Verhältnis zu beenden. Einige Jahre sehen sie sich nicht. Erst 1932 wird die Liaison wieder aufgenommen, nachdem Germaine in der Zeitung gelesen hat, dass Causeret inzwischen Präfekt des Departements Rhônemündung geworden ist. Sie schreibt ihm einen liebevollen Glückwunschbrief. Von nun an telefonieren sie häufig miteinander. Und wenn die Dienstgeschäfte Causeret von Marseille nach Paris rufen, übernachtet er bei Germaine Huot. Er gewährt ihr eine monatliche Rente von 1000 Francs.

Er übernachtet bei ihr auch am 6. März 1933. Germaine ist eifersüchtig. Sie glaubt, Causeret suche noch andere Frauen auf, während er in Paris weilt. Daher beauftragt sie ein Detektivbüro, um herauszufinden, wie Causeret in der Hauptstadt seine Zeit verbringt. Seit dem Morgen des 7. März überwacht ihn eine Detektivin. Sie beobachtet, wie er in einem Warenhaus einkauft.

Dann verliert sie seine Spur, wovon sie Germaine sofort unterrichtet. Causeret verbringt den Vormittag im Innenministerium und kehrt von dort kurz vor 13.30 Uhr in die Wohnung seiner Geliebten zurück. Germaine fragt ihn, wie er den Tag verbracht habe. Er habe im Innenministerium einige Angelegenheiten seines Departements besprochen, antwortet er ihr. Von dem Besuch im Warenhaus erwähnt er nichts. »Du lügst!«, ruft Germaine heftig. Plötzlich hat sie einen Revolver in der Hand. Dann löst sich ein Schuss, und wenig später ist Jean Causeret tot.

Für die Staatsanwaltschaft ist die Sache klar: Die eifersüchtige und leicht erregbare Germaine Huot hat den Präfekten bewusst und vorsätzlich getötet, weil sie befürchtete, Causeret wolle sich erneut von ihr trennen.

Der Verteidiger behauptet dagegen, der Schuss sei unbeabsichtigt erfolgt. Die Angeklagte habe zwar die Waffe auf den Präfekten gerichtet, aber nur im Scherz oder um ihn einzuschüchtern. Causeret habe mit einer schnellen Handbewegung versucht, den Revolver in eine andere Richtung zu drehen. Dabei habe sich der Schuss versehentlich gelöst. Eine reine Schutzbehauptung, kontert die Anklagevertretung. Germaine Huot sei bestens mit der Handhabung einer Waffe vertraut und habe des Öfteren bei einem Waffenhändler Schussübungen gemacht. Es sei schwer vorstellbar, dass sie nur spaßeshalber den Sicherungsbügel der Waffe heruntergedrückt und dann auf ihren Geliebten angelegt habe. Die Kugel habe den Körper von einer Seite zur anderen durchschlagen, ohne die Arme zu treffen. Causeret habe folglich die Arme entweder erhoben oder nach vorn ausgestreckt, während ihn die Kugel traf. Das spräche gegen einen Unglücksfall.

Als der Prozess am 26. März 1934 vor dem Schwurgericht Paris beginnt, ist das Interesse der Öffentlichkeit groß. Der Gerichtssaal ist überfüllt. Nach der Vernehmung zur Person will der Gerichtspräsident von der Angeklagten wissen, wo genau denn nun der Revolver in ihrem Schlafzimmer gelegen habe. Bei den Vernehmungen hatte Germaine mal den Nachttisch und mal die Kommode angegeben, was die Staatsanwaltschaft zum Anlass nahm, ihr vorzuwerfen, man könne ihr kein Wort glauben. »Sowohl auf der Kommode als auch auf dem Nachttisch«, antwortet

Germaine. »Wie?«, fragt der Richter irritiert. »Besaßen Sie denn zwei Revolver?« Germaine nickt. Sie habe immer einen geladenen Revolver in Griffnähe gehabt. Dann will der Richter wissen, was sie gemacht habe, als Causeret vor ihr in einer großen Blutlache lag. Sie habe das Haus verlassen, um eine Nachbarin, eine Milchhändlerin, um Hilfe zu bitten, entgegnet Germaine. Sie sei aber nicht zu Hause gewesen.

Maître Torrès, der Anwalt des Nebenklägers, des Vaters des Getöteten, ist entsetzt darüber, dass Germaine Huot ihr Opfer in einer Blutlache zurückgelassen und nicht sofort den Medizinprofessor, der in ihrem Hause wohnt, geholt hat. Torrès hält ihr auch vor, dass sie nicht sofort die Klinik, die sich gleich nebenan befindet, verständigt hat. Die Ärzte, die sie schließlich gerufen hat, seien erst später eingetroffen, einer um 14.00 Uhr, der andere um 14.15 Uhr. Da sei Causeret bereits tot gewesen. »Und danach haben Sie dann die Polizei angerufen?«, fragt der Gerichtspräsident. »Nein, den Abgeordneten Picard, um ihn um Rat zu fragen.« Er habe ihr geraten, unverzüglich die Polizei zu holen. Das habe sie aber nicht getan, sondern sie habe erst mit ihrem Anwalt telefoniert.

Wenig später sei ein Polizist erschienen. Aber der habe nur ihr Mietbuch kontrollieren wollen, worauf sie ihn bat, am nächsten Tag wiederzukommen. Von der Leiche im Schlafzimmer habe sie nichts erwähnt. Der Richter schüttelt den Kopf. Die Polizei sei erst gegen 16.30 Uhr eingetroffen, sagt die Angeklagte, also etwa drei Stunden nach der Tat. Picard habe den Innenminister informiert und dieser die Polizei. Dann sei sie sofort festgenommen worden. Der Richter schüttelt erneut den Kopf. Er kann nicht verstehen, wieso sie nicht selbst die Polizei benachrichtigt hat. Die hohe Stellung des Opfers habe es verboten, erklärt Germaine, gewöhnliche Beamte auf der Straße oder vom Distriktrevier einzuschalten.

Dann werden einige Zeugen vernommen. Ein alter Freund des Getöteten sagt aus, er habe Causeret immer vor der seiner Ansicht nach gefährlichen Germaine Huot gewarnt. Drei Wochen vor seinem Tod habe Causeret ihm anvertraut, Madame Huot sei nicht mehr seine Geliebte, sondern nur noch eine gute Bekannte. An-

schließend zitiert Maître Torrès aus einigen Briefen, die Germaine in letzter Zeit an Causeret schrieb. Sie enthalten Schmähungen und sogar Drohungen, ihn zu erpressen. Die Angeklagte sei eine schreckliche Frau, sagt Maître Torrès, zu den Geschworenen gewandt. Sie habe Causeret kaltblütig erschossen, während er mit erhobenen Armen vor ihr stand. »Das ist nicht die Geste eines Mannes, der eine Waffe entreißen will, das ist diejenige eines Mannes, der um Gnade bittet.« Nach der Tat habe sie ohne Erbarmen das Haus verlassen, statt dem Sterbenden zu helfen. Sie sei nicht an seiner Seite gewesen, als er sein Leben aushauchte. Auch der Generalstaatsanwalt stellt fest, das Verhalten der Angeklagten nach der Tat sei mit der Annahme, es habe sich um einen Unglücksfall gehandelt, gänzlich unvereinbar. Er fordert eine strenge Strafe.

Der Verteidiger liest aus einigen Briefen Germaines vor, die ihre echte und tiefe Liebe zu Causeret bezeugen sollen. Sie habe keinen Grund gehabt, diesen Mann vorsätzlich zu töten. Als einzige Möglichkeit bleibe nur ein Unfall. In ihrem Schlusswort findet Germaine Huot endlich die Worte, auf die man lange gewartet hat. Sie bittet den Vater des Getöteten sowie seine Familie um Vergebung.

Mit dem Tenor des Urteils, das das Schwurgericht am 28. März 1934 fällt, hat niemand gerechnet. Germaine Huot wird lediglich der vorsätzlichen einfachen Körperverletzung für schuldig befunden und erhält zwei Jahre Gefängnis. Ein eindeutiges Fehlurteil, das keinesfalls dem Verhandlungsergebnis entspricht und das erstaunlicherweise rechtskräftig geworden ist. Das Gericht hat sich mit einem faulen Kompromiss um eine klare Festlegung herumgedrückt. Wenn die Richter und Geschworenen einen Vorsatz nicht für erwiesen ansahen, den Vorsatz, Causeret zu töten, wieso sollte Germaine Huot dann den Vorsatz gehabt haben, ihren Geliebten mit einem Pistolenschuss lediglich zu verletzen? Dafür gab es überhaupt keine Anhaltspunkte. Entweder hätte man die Angeklagte aufgrund der geschlossenen Indizienkette wegen Mordes oder Totschlags verurteilen oder sie aus Mangel an Beweisen freisprechen müssen.

3 Mangelhafte, eingleisige und ungesetzliche Ermittlungen

In vielen Ländern steht die Kriminalpolizei derart unter Druck, dass die Ermittlungsarbeit häufig oberflächlich ist und die Aufklärung mit fragwürdigen Methoden betrieben wird. Vor allem in den USA wird das immer deutlicher. Der hohen Zahl von Gewaltverbrechen begegnet die Politik mit dem festen Willen, Verbrechen schnell aufzuklären und hart zu bestrafen. Das führt oft genug dazu, dass die Ermittler sich frühzeitig auf einen Verdächtigen festlegen und einen Fall um ihn herum konstruieren.

Entlastende, nicht in dieses Schema passende Beweise werden nicht beachtet. Andere Spuren, die vielleicht zum richtigen Täter führen könnten, werden nicht verfolgt, und Beweismittel werden so lange verdreht, bis sie doch irgendwie passen. Wichtige Zeugen werden bewusst nicht befragt. Andere werden dazu verleitet oder manchmal sogar gezwungen, das auszusagen, was die Beamten hören möchten. Und das wird dann im Prozess den Geschworenen als nichts anderes als die reine Wahrheit präsentiert.

Leider gibt es auch immer wieder skrupellose Polizeibeamte, die nicht davor zurückschrecken, Aussagen von Beschuldigten durch Anwendung körperlicher Gewalt zu erzwingen. Noch immer ist in einigen Ländern in Südamerika, des Balkans, der Türkei und des Nahen und Fernen Ostens der Einsatz der Folter bei Vernehmungen nicht selten. Die Akten und Berichte von Amnesty International sind voll davon. Auch in der Volksrepublik China wird die Folter angewandt. In der Provinz Jiangsu sind im Februar 1987 vier Polizeibeamte zu längeren Haftstrafen verurteilt worden, weil sie einen Mann, der wegen eines Banküberfalls verdächtigt wurde, zu Tode folterten.

Das »Hsichih-Trio«, die drei 18-jährigen Liu Bing-lang, Su Chen-ho und Chuang Lin-hsun, werden im August 1991 in Taiwan wegen Raubmord und Vergewaltigung festgenommen. Es gibt keine Beweise. Nach heftigen Folterungen während der Verhöre legen alle Drei ein Geständnis ab. Sie werden angeklagt und im Februar 1992 zum Tode verurteilt. Der Oberste Gerichtshof

weist ihre Berufungen zurück. Aufgrund der Bemühungen von Amnesty International und einiger tüchtiger Anwälte kommt es im November 2000 zur Wiederaufnahme des Verfahrens. Am 13. Januar 2003 wird das »Hsichih-Trio« vom Obersten Gerichtshof von Taipeh, der nationalchinesischen Hauptstadt, freigesprochen. Das Gericht stellt fest, dass die Geständnisse durch brutale Anwendung von körperlicher Gewalt erpresst wurden und die sonstigen Beweise keinesfalls für eine Verurteilung ausreichen.

In der Bundesrepublik Deutschland sind Qualität und Ausbildung der deutschen Ermittlungsbeamten in letzter Zeit stark ins Gerede gekommen. Seit einigen Jahren werden alle Polizisten (außer in Berlin) gemeinsam und mit gleichen Inhalten ausgebildet, wobei Aufgaben der zahlenmäßig weit größeren Schutzpolizei dominieren und die speziellen Tätigkeiten der Kriminalpolizei stark reduziert sind. Für die Bearbeitung von Tötungsdelikten und gerichtsmedizinische Themen sind in der Ausbildung nur noch wenige Stunden vorgesehen.

Der Weg zur Kripo führt heute nur noch über eine mehrjährige uniformierte Tätigkeit im Streifendienst. Das schreckt gute junge Leute, die Kriminalbeamte werden wollen, geradezu ab. Polizisten mit ausschließlich schutzpolizeilicher Erfahrung müssen im Bereitschaftsdienst heute bei Kapitalverbrechen Ermittlungen durchführen. Angesichts der hohen kriminalistischen und psychologischen Defizite sind Fehler und Pannen vorprogrammiert. Gerade bei kostenintensiven Todesermittlungen müssten aber die besten, erfahrensten und speziell ausgebildeten Beamten eingesetzt werden.

Doch in unserem System zählt die Verwendungsbreite, der Generalist, nicht der Spezialist. Wer Karriere machen will, muss in vielen Dezernaten Dienst tun und den Wechsel anstreben. Das führt dazu, dass in vielen Dienststellen der erfahrene Kriminalbeamte meist nur wenige Jahre da ist, für die Mordkommission ein unhaltbarer Zustand. Echte Profis gibt es kaum noch. Und wenn sie tätig werden, sind sie auf schnelle Erfolge aus.

Vielleicht könnten diese Systemmängel durch eine noch stärkere Einbindung der Staatsanwaltschaften in die Basisarbeit der Ermittler und eine bessere und häufigere Kontrolle und Steuerung

der Polizisten durch die Staatsanwälte verbessert werden. Doch dazu sind sie zur Zeit aufgrund der angespannten Personalsituation und der zunehmenden Massenkriminalität gar nicht in der Lage. Staatsanwälte ermitteln selten selbst, auch nicht in Mordfällen. Sie besitzen keinen eigenen Ermittlungsapparat.

Auch von einer Leitung der Ermittlungsverfahren kann kaum noch gesprochen werden. Im Grunde arbeitet der Staatsanwalt die von den Kripobeamten vorgelegten Ermittlungsvorgänge nur nach, indem er sie rechtlich prüft und anschließend entscheidet. Kriminalistisch ist er von seinem Hilfsorgan Polizei völlig abhängig. Was die Ermittler vor Ort nicht sehen oder nicht sehen wollen, erfährt der Staatsanwalt nie.

Die folgenden, chronologisch geordneten Fälle aus Europa, Asien und den USA zeigen nicht nur die ganze Bandbreite der möglichen Verfehlungen. Sie verdeutlichen auch, dass mangelhafte, eingleisige oder gar ungesetzliche Ermittlungsarbeit überall auf der Welt eine der häufigsten Ursachen für Fehlurteile in Mordprozessen ist.

Das Geheimnis von Beernem

(Belgien, 1926–1929)

In einem der bekanntesten Mordfälle Belgiens aus der Zeit zwischen den beiden Weltkriegen haben schlampige Ermittlungen unfähiger Ermittler und Rechtsmediziner eine sehr unrühmliche Rolle gespielt.

In dem kleinen flandrischen Dorf Beernem, an einem Kanal zwischen Brügge und Gent gelegen, ist seit der Kirmesfeier vom 7. November 1926 der 34-jährige Hector de Zutter spurlos verschwunden. Er verlässt sein Haus gegen 18.00 Uhr abends, um sich auf dem Fest mit Freunden zu treffen. Anschließend wird im Hause von Etienne Schepers zusammen mit Oskar de Vos sowie dem Feldhüter und Dorfpolizisten Viktor Holste weitergefeiert. Nachbarn wollen in der Nacht Lärm und Streit gehört haben und den Schrei eines Mannes. Als Hector am nächsten Morgen nicht nach Hause kommt und auch eingeleitete Suchaktionen erfolglos

bleiben, verbreitet sich im Dorf das Gerücht, er habe sich aus Liebeskummer das Leben genommen. Der aus Brügge erscheinende Kriminalbeamte führt oberflächliche Befragungen durch, keine offiziellen Vernehmungen. Er überprüft auch keine Alibis.

Am 30. November 1926 wird Hectors Leiche im Kanal angeschwemmt. Der Landarzt Dr. Delafontaine untersucht sie. Er findet eine drei Zentimeter lange Wunde an der Schläfe. Mit einer Pinzette hebt er die Haut an und erklärt, der Schädel sei nicht verletzt. Der Mann sei wahrscheinlich ertrunken, für eine unnatürliche Todesursache gäbe es keine Anhaltspunkte. Der Arzt besitzt keinerlei kriminalistische oder gerichtsmedizinische Erfahrungen. Die anschließende Autopsie bringt kein anderes Ergebnis. Auch der Gerichtsmediziner und der Untersuchungsrichter gehen davon aus, dass die an der Leiche festgestellten Verletzungen erst nach dem Tod entstanden sind, wahrscheinlich durch Schiffsschrauben. Der Fall erscheint klar: Eindeutig Selbstmord, die Akte Hector de Zutter wird geschlossen.

Doch für die Bewohner von Beernem ist der Fall noch keinesfalls erledigt. Sie sind inzwischen fest davon überzeugt, dass Hector de Zutter ermordet worden ist. Einige Zeit später ermitteln zwei Reporter einer Zeitung. Sie sammeln verdächtige Fakten über das »Geheimnis von Beernem«. Ihre Artikelserie versetzt die Öffentlichkeit in Unruhe. Nun muss auch die Justiz reagieren. Der Generalstaatsanwalt aus Gent ordnet neue Ermittlungen an. Etienne Schepers und Oskar de Vos werden wegen Verdacht des Mordes festgenommen. Kurz darauf müssen sie aber wieder freigelassen werden, weil die Beweismittel nicht ausreichen.

Nun erhebt sich in ganz Belgien ein Sturm der Entrüstung. Alle großen Zeitungen schreiben über den vermeintlichen Justizskandal. Die Leiche wird ausgegraben und in Brügge erneut obduziert. Professor van Durme, eine gerichtsmedizinische Kapazität, stellt einen tödlichen Schädelbruch fest, verursacht durch ein stumpfes Werkzeug. Nun steht es fest: Hector de Sutter ist erschlagen worden.

Im Hause von Schepers stellt man einen Hammer sicher, der als Tatwerkzeug in Betracht kommt. Durch ein weiteres Gutachten

von Belgiens berühmtestem Kriminalwissenschaftler Professor de Rechter kann bewiesen werden, dass der tödliche Schlag mit diesem Hammer ausgeführt worden ist. Der Gerechtigkeit wird nun doch noch zum Siege verholfen. Am 20. Juli 1929 werden Viktor Holste und Etienne Schepers zu je 20 Jahren Zuchthaus verurteilt. In dem Verfahren wird das ganze Ausmaß des kriminalistischen Trauerspiels dieses Falles deutlich. Die schwerwiegenden Pannen der Ermittler konnten erst durch den Einsatz der fähigsten Kapazitäten des Landes mit Müh und Not ausgebügelt werden.

Kein Motiv für Philipp Halsmann

(Österreich, 10. September 1928–30. September 1930)

»Cui bono?«, wurde bei Mordfällen den Richtern schon im alten Rom eingeschärft. »Wem zum Nutzen?« Sie sollten herausfinden, für wen die Tat zum Vorteil war. Die Frage nach dem Motiv spielt in den Strafprozessen aller Länder eine wichtige Rolle. Ergibt sich bei einem Verdächtigen ein überzeugender Beweggrund für den Mord, ist das ein wichtiges Indiz für seine mögliche Schuld. Dennoch hat es immer wieder Verurteilungen gegeben, obwohl der Angeklagte kein Motiv für die Tat hatte. Der heute noch umstrittene Fall des Philipp Halsmann ist nur ein Beispiel dafür. Und auch für eingleisige Ermittlungen, die sich früh auf einen Täter festlegen.

Anfang August 1928 unternimmt der jüdische Zahnarzt Max Halsmann mit seiner Familie eine ausgedehnte Ferienreise durch die Bergwelt der Alpen. Als seine Tochter in Mailand und seine Frau in Innsbruck, vom Reisen ermüdet, zurückbleiben, setzt er mit seinem Sohn Philipp die Tour durch die Tiroler Berge fort. Philipp ist 23 und Student an der Technischen Hochschule in Dresden. Wegen seines ernsten, guten Charakters ist er überall gern gesehen. Er ist etwas scheu und kontaktarm und leidet darunter, dass sich in Deutschland zunehmend ein fanatischer Antisemitismus breit macht. Das Verhältnis zu seinem Vater ist ausgezeichnet. Sie verstehen sich bestens und kommen sehr gut

miteinander aus. Philipp ist zwar kein so guter Bergsteiger wie sein Vater. Aber er will ihm seine Bitte nicht abschlagen und begleitet ihn mit Rucksack und Proviant auf der mehrere Tage währenden Wanderschaft durch die Zillertaler Alpen.

Am 10. September 1928 verlassen beide kurz nach 14.00 Uhr die Dominicus-Hütte, um ins Tal hinabzusteigen. Die frühherbstliche Sonne brennt heiß vom Himmel. Philipp folgt seinem Vater mit bloßem Oberkörper, um sich bräunen zu lassen. Was in der nächsten dreiviertel Stunde geschehen ist, bleibt bis heute ein Rätsel.

Etwa um 15.00 Uhr erreicht Philipp unterhalb der Hütte eine Alm und erklärt der Sennerin, die dort wohnt, er brauche dringend Hilfe. Sein Vater sei verunglückt. Zusammen mit dem Viehhirten Riederer geht er zurück zur Unfallstelle, während die Sennerin aus einer talwärts gelegenen Gastwirtschaft Hilfe holen will. Sein Vater habe plötzlich ein dringendes Bedürfnis verspürt, erklärt Philipp. Er sei daher auf dem Weg etwas vorausgegangen. Plötzlich habe er hinter sich einen Schrei gehört. Er habe sich umgedreht und gesehen, wie sein Vater in schräger Lage einen Hang hinunterrutschte. Etwa acht Meter unterhalb des Weges sei er am Rande eines Baches zum Liegen gekommen. Er sei dann zu ihm hinuntergestiegen und habe den Oberkörper so weit herausgezogen, dass der Kopf, in dem einige rote Löcher zu sehen waren, nicht mehr im Wasser lag. Der Vater habe noch gelebt, er sei nur bewusstlos gewesen. Nachdem Riederer diese Schilderung gehört hat, läuft er im Dauerlauf voraus. Als Philipp fünf Minuten später die Unfallstelle erreicht, ist sein Vater tot. Er liegt nicht mehr am Rand des Baches, sondern ganz im Wasser. Auf der Stirn klafft eine breite Wunde, die Philipp vorher nicht gesehen hat.

Während Philipp bei dem Toten zurückbleibt, steigt Riederer zur Dominicus-Hütte hinauf, um Männer mit einer Tragbahre zu holen. Zwei Touristen kommen vorbei und fragen ihn, was geschehen sei. Er schildert ihnen das Geschehen genau so, wie er es zuvor Riederer geschildert hat. Bald darauf treffen einige Leute von der Hütte ein, darunter auch der Wirt. Er heißt Eder und beginnt sofort mit großen Worten davon zu reden, er sei überzeugt, um einen Unfall handele es sich hier nicht. Das sei an dieser Stel-

le des Weges völlig ausgeschlossen. Der junge Halsmann sei ihm schon mittags in der Hütte »unangenehm aufgefallen«. Er glaube, dass er seinen Vater getötet hat. Philipp ist bestürzt über diese Äußerungen, setzt sich jedoch gegen die Beschuldigungen nicht zur Wehr, sondern fällt in teilnahmslose Apathie. Er schreckt erst wieder hoch, als die Gendarmerie eintrifft und ihn sofort verhaftet. Man bringt ihn ins Untersuchungsgefängnis von Innsbruck.

Am nächsten Tag findet ein Lokaltermin am Tatort statt. Nur wenige Meter von der Stelle entfernt, an der die Leiche vor ihrem Abtransport lag, scharrt ein Polizeihund einen scharfkantigen Stein hervor, an dem sich Blutspuren befinden. Sachverständige kommen zu dem Ergebnis, dass es sich um die Tatwaffe handelt. Professor Meixner aus Innsbruck und Professor Weingartner aus Wien stellen fest, dass das runde Loch am rechten Hinterkopf des Toten durch acht bis zehn Hiebe mit dem Stein entstanden ist. Die kleineren Wunden um das linke Ohr sind durch etwa sechs Hiebe hervorgerufen worden, und die sieben Zentimeter breite, tiefe Stirnwunde, die das Gehirn verletzt hat, durch einen einzigen heftigen Schlag. Der Täter hat von rückwärts angegriffen und muss in rasender Wut auf sein Opfer eingeschlagen haben.

Die Kripobeamten sagen Philipp Halsmann weder etwas von dem gefundenen Stein, noch von den Gutachten. Sie tun so, als handele es sich um einen Unfall und stellen Halsmann während der Tatortbesichtigung kaum Fragen. Erst 13 Tage später wird ihm eröffnet, dass alle Umstände für ein Verbrechen sprechen und dass er als Täter verdächtigt wird. Philipp bleibt bei seiner ersten Aussage. Er habe seinen Vater nach seinem Absturz nur ein Stück ins Trockene gezogen, um zu verhindern, dass er ertrinkt. Die Sachverständigen kommen dagegen zu dem Ergebnis, dass die Lage des Vaters nicht einmal, sondern zweimal verändert worden ist. Wer hat dies getan?

Als Absturzort hat Philipp eine Stelle angegeben, an der er einen ausgetretenen Randstein bemerkt hatte. Vermutlich sei der Vater darauf getreten, als er Wasser lassen musste. Aber diese von Philipp angegebene Stelle stimmt nicht mit der tatsächlichen Absturzstelle überein. Außerdem ändert Philipp während der Voruntersuchung seine Angaben über die Entfernung vom Vater. Ur-

sprünglich hatte er gesagt, er sei nur etwa acht Schritte entfernt gewesen, als er den leisen Schrei hörte. Jetzt sagt er aus, es könnten auch 180 Schritte gewesen sein. Er habe etwa drei bis fünf Minuten gebraucht, um zu dem Verunglückten zu gelangen.

Die Anklage der Staatsanwaltschaft lautet auf Vatermord. Philipp Halsmann habe die Tat geplant und den Stein mit der spitzen, scharfkantigen Form vorher sorgsam ausgesucht. Aber warum hat der Sohn dieses bestialische Verbrechen begangen? Darüber verliert die Staatsanwaltschaft kein Wort. Und auch die Möglichkeit, dass der Vater in der Zeit, als Philipp zur Alm lief, von einem vorbeikommenden, unbekannten Wanderer ermordet worden sein kann, zieht sie überhaupt nicht in Betracht. Philipps Verteidiger, Rechtsanwalt Dr. Pressburger, erklärt das Geschehen so, dass der herzkranke Max Halsmann, während er seine Notdurft verrichtete, einen Schwächeanfall erlitten habe und deshalb abgestürzt sei. Die durch den Sturz erlittenen Verletzungen am Kopf seien relativ harmlos gewesen. Die tödlichen Verletzungen seien ihm erst später durch einen Unbekannten beigebracht worden, der Max Halsmann erschlagen und beraubt habe.

Der Mordprozess gegen Philipp Halsmann beginnt am 16. Dezember 1928 vor dem Schwurgericht Innsbruck. Weit über die Grenzen Österreichs hinaus sorgt er für großes Aufsehen. Die Presse spricht vom »gesunden Volksempfinden«, die Öffentlichkeit ist aufgehetzt. Viele Menschen trauen dem »Judenjungen« eine solche Tat zu. Hatte nicht der Gastwirt Eder gleich nach dem Geschehen gesagt, der Sohn sei ihm schon beim Mittagessen als unsympathisch aufgefallen, und dass er keinen Zweifel hege, dass er seinen Vater ermordet hat? Und hat sich der Angeklagte nicht bei den Entfernungsangaben in Widersprüche verwickelt? Das kann doch nicht mit bloßen Erinnerungslücken abgetan werden, wie die Verteidigung annimmt.

Aber der Verteidiger trägt die These vom Raubmord durch einen Unbekannten mit großer Überzeugungskraft vor. Das vorher gefüllte Geldtäschchen des Toten sei leer gewesen, als die Leiche abtransportiert worden sei, argumentiert er. Der sensible und zarte Philipp sei zu einer derart bestialischen Tat gar nicht fähig. Die Zeugen hätten alle sehr positiv über ihn ausgesagt. Es fehle

auch jedes Motiv. Außerdem hätten sich keinerlei Blutspritzer an seiner Kleidung gefunden. Die dem Opfer beigebrachten 20 schwer blutendenden Wunden hätten auf jeden Fall solche Spuren hinterlassen müssen. Die Indizien würden nicht ausreichen, den Angeklagten zu verurteilen. Die Zweifel an seiner Schuld seien zu groß.

Doch das Schwurgericht Innsbruck lässt sich nicht von der Beweisregel »in dubio pro reo« leiten. Es verurteilt Philipp Halsmann wegen Mordes zu zehn Jahren schweren Kerkers.

Die Nazis in Österreich jubeln über dieses Urteil. Die Menschen, die noch nicht dem Rassenwahn verfallen sind, halten es für höchst fragwürdig. Viele sehen in ihm ein glattes Fehlurteil, so auch einige bekannte Kriminalisten und erfahrene Strafrechtslehrer wie Professor Stoß. An den Universitäten demonstrieren empörte Studenten gegen das Urteil. Und der Inhaber des Lehrstuhls für experimentelle Psychologie an der Universität Innsbruck, Professor Erismann, erklärt öffentlich mit aller Bestimmtheit, der Mord sei durch einen Fremden verübt worden. Philipps widersprechenden, auf Selbsttäuschung beruhenden Angaben könne kein entscheidendes Gewicht beigemessen werden, zumal das Gericht versäumt habe, die Widersprüche durch einen weiteren Lokaltermin zu klären.

Der Verteidiger macht sich diese Argumente zu eigen und legt Nichtigkeitsbeschwerde gegen das Urteil beim Obersten Gerichtshof in Wien ein. Ihr wird stattgegeben. Aber das Verfahren wird an dasselbe Gericht zurückverwiesen, das das erste Urteil gefällt hat. Das Schwurgericht Innsbruck holt ein ausführliches Gutachten von der medizinischen Fakultät über Philipp Halsmanns Charakter ein. Dem verschlossenen jungen Mann sei ein Mord nicht zuzutrauen, wohl aber eine vorsätzliche Körperverletzung im Affekt mit tödlichem Ausgang. Das Gutachten öffnet dem Gericht eine Hintertür.

Das neue Verfahren beginnt am 9. September 1929. Der Staatsanwalt plädiert erneut auf Mord, folgt also nicht dem neuen Fakultätsgutachten. Dessen Theorie ist auch ziemlich absurd. Wer mit zwanzig grausamen Hieben auf sein Opfer einschlägt, soll nur des Totschlags schuldig sein? Die Geschworenen sprechen Phi-

lipp Halsmann mit sieben gegen fünf Stimmen vom Vorwurf des Mordes frei, befinden ihn aber mit acht gegen vier Stimmen des Totschlags für schuldig. Der Angeklagte wird zu vier Jahren schweren verschärften Kerkers verurteilt. Diesmal weist der Oberste Gerichtshof die Beschwerde gegen das Urteil zurück. Es wird rechtskräftig.

Auch in dieser Entscheidung ist ein Fehlurteil zu sehen. Zu dieser Auffassung kam wohl auch der österreichische Bundespräsident. Denn schon ein halbes Jahr später, am 30. September 1930, wird Philipp Halsmann begnadigt und freigelassen. Er verzichtet auf ein Wiederaufnahmeverfahren, sicherlich im Hinblick auf die sich verschärfende politische Situation. Zwei Wochen vor seiner Begnadigung ist Adolf Hitler mit 130 Abgeordneten der NSDAP in den Deutschen Reichstag eingezogen. Halsmann geht nach seiner Entlassung zunächst nach Paris und dann 1940 in die USA. Hier wird er ein erfolgreicher Fotograf.

Der »Cameo Cinema Case«

(England, 1949–2003)

Ein brutaler Doppelmord in Liverpool schockt 1949 die britische Bevölkerung. Am 19. März wird das »Cameo Cinema« in der Webster Road von zwei Männern überfallen. Während einer draußen Schmiere steht, stürmt ein anderer maskierter Mann in das im ersten Stockwerk gelegene Büro und tötet den Kinobesitzer Leonard Thomas, der gerade beim Zählen der Tageseinnahmen ist, durch einen Schuss in die Brust aus nächster Nähe. Als der Assistent Bernard Catterall das Büro betritt, wird er ebenfalls durch Schüsse in die Brust und den Rücken getötet. Der Kassierer im Parterre hört in seiner Box insgesamt sechs Schüsse in schneller Folge.

Der Raubmord macht Schlagzeilen in der britischen Presse. Das bisher umfangreichste Ermittlungsverfahren der britischen Kriminalgeschichte in einem Mordfall läuft an. Die Öffentlichkeit erwartet schnelle Erfolge. Während der Ermittlungen geht bei den Beamten ein anonymer Brief ein, in dem behauptet wird,

der polizeibekannte 26-jährige Gauner und Betrüger George Kelly habe die tödlichen Schüsse abgegeben. Sein Kumpan sei Charles Connolly gewesen. Später stellt sich heraus, dass dieser Brief von einer Prostituierten und ihrem Zuhälter geschrieben worden ist, wofür ihnen von der Anklagebehörde Straffreiheit zugesichert wurde.

Aber die Staatsanwaltschaft hat noch einen weiteren Kronzeugen. Er heißt Robert Graham und behauptet, Kelly habe ihm im Untersuchungsgefängnis die Morde gestanden. Conolly habe draußen nur Schmiere gestanden. Für diese Aussage wird Graham mit sofortiger Freilassung aus dem Gefängnis belohnt.

Kelly und Conolly werden wegen Mordes angeklagt. Aber die Geschworenen können sich nicht auf einen Urteilsspruch einigen, sodass ein zweiter Prozess erforderlich wird. Diesmal finden getrennte Verfahren statt. George Kelly, der stets seine Unschuld beteuert hat, wird des Doppelmordes für schuldig befunden und zum Tode verurteilt. Im nachfolgenden Prozess erhält Charles Conolly für die Mittäterschaft am Raubüberfall zehn Jahre Gefängnis.

Am 28. März 1950 wird George Kelly im Liverpooler Walton-Gefängnis vom Henker Albert Pierrepoint gehängt. Kellys sterbliche Überreste werden auf dem Gefängnisgelände verscharrt.

Erst 1991 entdeckt man in den Polizeiakten entlastendes Material. Es stellt sich heraus, dass der Kronzeuge Robert Graham 1949 in seiner ersten Aussage vor der Polizei zunächst Donald Johnson als den Mann angegeben hat, der ihm den Doppelmord gestanden hat. Erst in einer zweiten Aussage hat er George Kelly benannt. Die erste Aussage wurde unterdrückt. Sie ist in den Prozess überhaupt nicht eingeführt worden. Über 40 Jahre schlummert sie in den Archiven. Die Ermittler hatten sich auf George Kelly als Täter festgelegt, da passte ein Donald Johnson als Verdächtiger nicht in ihr Konzept.

Der »Cameo Cinema Case« wird aufgrund dieser neuen Erkenntnisse vom Court of Appeal neu untersucht. Im Juni 2003 hebt er die Urteile gegen Kelly und Conolly auf. Lordrichter Rix bezeichnet sie ausdrücklich als höchst bedauerlichen Justizirrtum.

Mord in der Pfandleihe

(Wales, 1952–1998)

Auch in einem skandalösen Fall aus Wales haben eingleisige, nicht objektive und fehlerhafte Ermittlungen zu einem tragischen Fehlurteil geführt. Der Handelsmatrose Mahmoud Hussein Mattan stammt aus Somalia und kommt kurz nach 1945 nach Cardiff. Er heiratet eine junge weiße Frau, deren Familie aus rassistischen Gründen aber mit der Ehe nicht einverstanden ist, so dass das Paar gezwungen ist, in separaten Häusern zu leben. Mattan arbeitet zunächst in einem Stahlwerk. Als ihm 1952 gekündigt wird, versucht er, durch Kartenspielen und Wetteinsätze bei Hunderennen zu Geld zu kommen. Er hat drei Kinder zu ernähren.

Am 6. März 1952 wird die 42-jährige Lily Volpert in ihrem Pfandleihgeschäft in der Nähe der Docks von Cardiff ermordet aufgefunden. Ihr ist mit einem Rasiermesser die Kehle durchgeschnitten worden. Außerdem fehlen 100 Pfund aus der Kasse. Die Familie Volpert setzt für die Ergreifung des Täters 200 Pfund Belohnung aus, eine Summe, mit der man 1952 in Cardiff ein Haus kaufen kann.

Kurz darauf meldet sich ein Mann mit dem Namen Harold Cover bei der Polizei und gibt an, gesehen zu haben, wie Mahmoud Mattan in der Mordnacht das Grundstück von Lily Volpert verlassen hat. Daraufhin wird der 28-jährige Mahmoud Mattan von der Cardiff City Police festgenommen. Er leugnet heftig, etwas mit der Tat zu tun zu haben. Aber man glaubt ihm nicht und erhebt Anklage wegen Mordes gegen ihn. Selbst sein Verteidiger bezeichnet ihn im Prozess als halbzivilisierten Wilden.

Mattan wird im Juli 1952 von der Jury für schuldig befunden und zum Tode verurteilt. Seine Berufung wird im August 1952 verworfen. Bereits am 3. September 1952 stirbt er im Gefängnis von Cardiff am Galgen. Es ist die letzte Hinrichtung in Wales. Und zugleich der größte Justizirrtum in der Geschichte des kleinen Landes. Denn kurz vor seinem Tode im Jahr 1981 erklärt Inspektor Ludon Roberts, der damals zum Ermittlungsteam gegen Mattan gehörte, dass die Beschreibung des Mannes, den der Kronzeuge Harold Cover in der Tatnacht auf dem Grundstück

der Getöteten gesehen haben will, gar nicht auf Mahmoud Mattan passte.

Sie passt viel eher auf einen anderen Somali aus Cardiff mit dem Namen Tehar Gass. Er wird ebenfalls von der Cardiff City Police verhört und gibt auch zu, an dem Tag, als der Mord geschah, in Lily Volperts Geschäft gewesen zu sein. Von all dem erfuhr das Gericht nichts. Die Ermittler schlossen diese Spurenakte, weil sie auf Mahmoud Mattan als Täter fixiert waren.

Als Tehar Gass 1953 angeklagt ist, einen Lohnbuchhalter getötet zu haben, kann er nicht verurteilt werden. Denn Gutachter bescheinigen ihm, dass er geistig nicht gesund ist und damit für die Tat nicht verantwortlich gemacht werden kann. Er kommt nach Broadmoor in die Irrenanstalt und wird später nach Somalia abgeschoben.

Auch der Kronzeuge Harold Cover wird 1969 angeklagt, versucht zu haben, seine Tochter mit einem Rasiermesser zu töten. Er wird wegen versuchten Mordes verurteilt. Daraufhin wendet sich die Ehefrau von Mahmoud Mattan mit der Bitte an den Home Secretary James Callaghan, den Fall dem Court of Appeal zur Überprüfung vorzulegen. Aber Callaghan weigert sich.

Das Urteil bleibt in Kraft, bis zum 24. Februar 1998. An diesem Tag hebt der Court of Appeal das Urteil auf. Lordrichter Rose drückt sein tiefes Bedauern aus über diesen Fehlgriff der Justiz und die betrübliche Tatsache, dass es 46 Jahre gedauert hat, bis ein unschuldig Hingerichteter rehabilitiert wurde.

Reinhard Meitz und die kaputte Schere

(Deutschland, 1954–1961)

Der kleine Pappkoffer ist gepackt. Reinhard Meitz ist am Nachmittag des 4. August 1954 reisefertig. Gleich wird der 49-jährige kaufmännische Angestellte seine Heidelberger Wohnung in der Kaiserstraße 64 verlassen, um in die DDR zu fahren. Dazu hat ihm seine Freundin Hella Friebe geraten, eine blonde, lebensfrohe und stets heitere Frau, zwölf Jahre jünger als er. Sie arbeitet als Verkäuferin in einer Konditorei in der Heidelberger Hauptstraße.

Meitz hat sich bisher vergeblich bemüht, in der Bundesrepublik eine Anstellung zu finden. Das ist 1954 noch schwierig. Wirtschaftswunder und Hochkonjunktur stehen noch nicht in voller Blüte, und kaufmännische Angestellte gibt es jede Menge. Vielleicht ist auch sein Alter Schuld daran, dass er noch immer arbeitslos ist. Und die Tatsache, dass er nicht gerade helle ist. Reinhard Meitz ist ein kontaktarmer, scheuer Sonderling, ein stiller, schwieriger Eigenbrötler, dem der Psychiater Professor Dr. Rauch 1949 abartige Charakterzüge nachgewiesen hat. Das Gutachten wurde anlässlich eines Zivilrechtstreits zwischen Meitz und seinem Bruder gefertigt. Es enthält die Feststellung, dass bei Reinhard Meitz der dringende Verdacht einer Geisteskrankheit vorliege, »vermutlich die schleichende Form der Schizophrenie, ohne dass man eindeutige Krankheitssymptome nachweisen kann«. An seiner strafrechtlichen Verantwortlichkeit müsse auf jeden Fall gezweifelt werden.

Aber Reinhard Meitz hat die Hoffnung nicht aufgegeben, doch noch einen Job zu bekommen. Nun will er es in der DDR versuchen. Dort hat er ein paar ganz gute Beziehungen. Er will sich »drüben« erst einmal umsehen. Und wenn es klappt, dann will er zurückkommen und Hella holen, um sie zu heiraten. Er liebt diese Frau. Und auch Hella mag ihn, wenngleich sie ihn manchmal ein wenig langweilig findet. Deshalb vergnügt sie sich oft mit anderen angesehenen Männern, die in der Konditorei Kuchen kaufen. Reinhard weiß von diesen Liebschaften. Er weiß, dass sie ihm nicht treu ist, aber er verzeiht ihr immer wieder.

Vor ein paar Tagen hat es allerdings eine heftige Auseinandersetzung mit Hella gegeben. Er machte ihr Vorwürfe wegen ihrer ständigen Liebesabenteuer mit anderen Männern und brachte ihr sogar ihren Wohnungsschlüssel zurück. Sie sind im Krach auseinandergegangen, als Hella ankündigte, allein in den Urlaub fahren zu wollen. Morgen oder übermorgen wird sie wieder zurück sein, wenn er schon längst abgereist ist. Auch diesmal hat er ihr längst verziehen. Vielleicht tut eine kurze Trennung ihrer Beziehung ja ganz gut. Nach seiner Rückkehr will er ihr auf jeden Fall einen Heiratsantrag machen.

Da er noch etwas Zeit hat bis zur Abfahrt seines Zuges, schlen-

dert er mit seinem Koffer die Hauptstraße entlang und an Hellas Wohnung vorbei. Er ist überrascht, dass ihr Fenster in dem Zimmer unter dem Dach hell erleuchtet ist. Also hat sie ihren Entschluss geändert und ist früher zurückgekommen. Er geht hinauf, um den Grund zu erfragen und ihr zu sagen, dass er sich entschlossen hat, in die DDR zu fahren. Hella ist erschrocken, als sie ihn erblickt und hereinlässt. Sie verhält sich, findet er, recht merkwürdig. Was ist der Grund? Hat sie vielleicht einen neuen Liebhaber, eine Urlaubsbekanntschaft? Erwartet sie einen Freier womöglich schon in den nächsten Stunden?

Sie scheint erleichtert, als Meitz ihr erklärt, er werde noch heute Nacht abreisen und wolle sich nur von ihr verabschieden. Enttäuscht stellt er fest, dass Hella zu keinerlei Zärtlichkeiten bereit ist und ihn offenbar schnell wieder loswerden will. Sie sei sehr müde von der Fahrt, sagt sie, und habe noch viel zu tun.

Als er gerade seinen Pappkoffer wieder schließen will, sieht Hella in der Seitentasche zwei Teile einer kaputten Papierschere. Die wolle er drüben reparieren lassen, sagt er, da sei das billiger als hier. »Unsinn«, erwidert sie, »diese Schere kannst du doch nicht mehr gebrauchen, die ist hin. Lass sie man hier!« Er nickt und gibt ihr die beiden Scherenteile. »Wenn du meinst.«

So ist es meistens zwischen ihnen, sie setzt ihren Willen durch. Dann schenkt sie ihm 25 Mark für die Reise und drängt ihn zur Tür. Er verspricht ihr, gleich nach der Ankunft zu schreiben. Es ist 21.45 Uhr. Auf der Schwelle küssen sie sich noch einmal, ein letztes Mal. Als er die Treppe hinuntergeht, begegnet er auf halber Höhe einem Mann, der die Stufen hinaufeilt und sich abwendet, als er Meitz sieht, so, als wolle er nicht erkannt werden. Vor der Haustür trifft Meitz einige Hausbewohner, die sich in der lauen Sommernacht unterhalten und ihn begrüßen.

Bis zur Abfahrt seines Zuges ist noch etwas Zeit. Deshalb beschließt er, seinen Bruder aufzusuchen. Er trifft aber nur das Ehepaar an, bei dem er zur Untermiete wohnt, und unterhält sich etwa eine Viertelstunde angeregt mit ihm. Dann fährt er mit der Straßenbahn bis zu seinem Stammlokal, trinkt dort bis 23.30 Uhr einige Biere und geht von dort aus zum Bahnhof, um in den Zug nach Frankfurt zu steigen.

Das jedenfalls ist das Geschehen, wie es Reinhard Meitz für diesen Abend später wiedergegeben hat. Diese Darstellung wird man ihm jedoch nicht abnehmen. Man wird ihm einen ganz anderen Ablauf zur Last legen.

Niemand wundert sich, als man in den nächsten Tagen Hella Friebe nicht erblickt. Sie ist wie vom Erdboden verschwunden. Auch ihr Chef, der Konditormeister Schneider, macht sich keine Sorgen. Er glaubt, Hella sei noch in Urlaub, und ist wütend darüber, dass sie ihn einfach überzieht, ohne sich zu melden. Der Postbote klingelt vergebens an Hella Friebes Wohnungstür, keiner öffnet. Er schiebt die Briefe, die Meitz fast täglich schreibt und in denen er ihr auch seine jeweilige Adresse mitteilt, durch einen Schlitz.

Am 13. August, nach neun Tagen, kommt den Nachbarn die Sache komisch vor. Sie rufen die Polizei. Ein Beamter erbricht die Tür und findet die schon in Verwesung übergegangene Leiche von Hella Friebe. Zwei Stunden später untersucht der Polizeiarzt Dr. Peter die Leiche und verändert dabei ihre Lage. Er schneidet die Kleider der Toten auf, entdeckt am Rücken eine tödliche Wunde und stellt fest, dass sie augenscheinlich auf eine schmale, mittellange stilettähnliche Waffe zurückzuführen ist. Später wird man herausfinden, dass der Stich mit einem der beiden Scherenteile ausgeführt worden ist, die Meitz nach seiner Schilderung in Hellas Wohnung zurückgelassen hat.

Was sich nun in den nächsten Stunden am Tatort abspielt, ist geradezu grotesk und widerspricht den elementarsten Regeln der Spurensicherung. Die Leiche wird mehrfach umgedreht, Möbel werden verschoben, Türklinken ohne Schutz berührt, und man nimmt in dem Mansardenzimmer keinerlei Untersuchungen auf Fingerabdrücke oder Fußspuren vor. Eine unglaubliche Schlamperei. Das einzige, was man feststellt, ist die Tatsache, dass das Bett unberührt ist, nichts aufgebrochen ist und weder Geld noch Wertsachen fehlen und dass in der Wohnung keine Mordwaffe zu finden ist. Es ergeben sich keinerlei Hinweise auf die Tatzeit und den Täter.

Da es keine Absperrungen gibt, drängen sich Nachbarn und Bekannte in das Zimmer und werfen einen Blick auf die Tote, da-

runter auch der Konditormeister Schneider. Ein Polizeibeamter fragt ihn, wer wohl der Täter sein könne. Schneider zögert. Er kennt viele Herrenbekanntschaften der attraktiven Hella Friebe, und er will niemand zu Unrecht beschuldigen. Er zuckt mit den Schultern und fragt nach einer Weile zurück: »Der Meitz vielleicht?«

Verhängnisvolle drei Worte. Na also, da ist ja der Verdächtige! Der Beamte fertigt ein Protokoll und schreibt hinein, Schneider halte Meitz für den Mörder, nicht etwa, dass er nur zurückgefragt hat, ob Meitz vielleicht der Mörder sein könnte. Nun hat die Polizei eine Spur und beginnt zu ermitteln. Meitz ist ein schwieriger Sonderling, stellt sie schnell fest. Vor kurzem hat er Krach gehabt mit Hella und ihr die Schlüssel zurückgegeben, das ist doch sehr verdächtig! Er hat sie ermordet, als er die Schlüssel nicht mehr besaß, damit der Verdacht nicht gleich auf ihn fällt.

Der Polizeiarzt, der sich so sorglos an der Leiche zu schaffen gemacht hat, erbringt nun eine wahre Meisterleistung. Er erklärt nämlich mit Bestimmtheit, dass der Mord vor neun Tagen, in der Nacht vom 4. zum 5. August, geschehen sein muss, exakt zwischen 21.00 und 23.30 Uhr. Warum nicht vor sieben, sechs oder fünf Tagen? Und warum gerade zwischen neun und halb zwölf?

Jeder Student der Anatomie weiß schon nach wenigen Semestern, dass eine genaue Feststellung des Todeseintritts bei Leichen, die erst nach 48 Stunden gefunden werden, nur unter äußerst günstigen Umständen möglich ist. Nach fast 200 Stunden lässt sich, noch dazu an einer halb verwesten Leiche, dieser Zeitpunkt allenfalls auf eine Zeitspanne von 24 Stunden eingrenzen.

Dieses gerichtsmedizinische Pseudogutachten von Dr. Peters verstößt gegen alle wissenschaftlichen Erkenntnisse und medizinischen Gesetze. Und es besteht der Verdacht, dass der Todeszeitpunkt nachträglich bewusst auf die Zeit zwischen 21.00 Uhr und 23.30 Uhr am Abend des 4. August festgelegt worden ist, weil eine Hausbewohnerin exakt zu dieser Zeit eine Beobachtung gemacht hat. Die im Dachgeschoss wohnende alte Witwe Matthes erinnert sich nämlich bei ihrer Befragung daran, vor neun Tagen einen Mann gesehen zu haben. Er sei zwischen 21.00 Uhr und 23.30 Uhr über den Lichthof ins Haus und zur Tür der Hella Friebe ge-

gangen. Sie habe Meitz erkannt, könne das allerdings nicht mit letzter Bestimmtheit sagen.

Bestens, nun gibt es sogar eine Zeugin. Das verdichtet den Verdacht, dass Meitz der Täter ist. Und als die Polizei ihn verhaften will, stellt man fest, dass er sich in den Osten »abgesetzt« hat. Für die Beamten ist es klar, er ist nach dem Mord geflohen. Nur die Tatsache, dass er fast täglich aus der DDR an Hella schreibt und seine genaue Adresse angibt, will nicht so recht ins Bild passen. Er schreibt, dass er sicherlich bald eine geeignete Stelle finden und dass er Hella dann heiraten werde. Er schreibt auch an seinen Bruder und das Ehepaar Schneider. In einem dieser Briefe finden die Kriminalbeamten einige sehr seltsame Bemerkungen. »Ich träume Tag und Nacht von Hella sehr schwer und mache mir große Sorgen«, heißt es da. »Auch habe ich Angst um sie. Am Mittwoch, den 4. August, war ich bei ihr. Sie nahm mir was weg aus der Tasche, zwei Scherenteile. Nach mir kam noch Besuch. Bin bald zurück.« In der Tat höchst merkwürdige Sätze, die die Kripo nicht etwa als hellseherische Sorge eines Liebenden deutet, sondern als primitiven und allzu deutlichen Versuch des Mörders, den Verdacht von sich abzulenken. Sie wartet noch ab mit einem Auslieferungsersuchen an die DDR, vielleicht kommt Meitz ja wirklich zurück.

Er kommt tatsächlich und wird sofort festgenommen, als er seine Wohnung betreten will. Am nächsten Tag ergeht ein Haftbefehl. Für die Ermittler steht fest: Meitz will durch seine Rückkehr beweisen, dass er ein reines Gewissen und mit der ganzen Sache nichts zu tun hat. Vielleicht hatte er auch Furcht vor einer Verhaftung durch die DDR-Behörden. Als man ihn über den Tod seiner Freundin informiert, bekommt er einen schweren Weinkrampf und einen Nervenzusammenbruch. So etwas lässt sich kaum schauspielern. Doch die Beamten lassen sich davon nicht beirren, verhören ihn pausenlos und halten seine Verzweiflung für Theater. Meitz beteuert seine Unschuld. Seine Darstellung des Geschehens lässt sich nicht widerlegen. Und er benennt Alibizeugen: Das Vermieterehepaar seines Bruders und die Wirtin Fachenauer der Gastwirtschaft, in der er sich bis 23.30 Uhr aufgehalten hat. Sie bestätigen seine Aussage.

Aber da ist auch die Aussage der alten Witwe Matthes, die gesehen hat, dass Meitz um 23.30 Uhr in die Wohnung von Hella Friebe gegangen ist. Die Aussage der Wirtin kann auch gekauft sein. Also versuchen die Beamten alles, Meitz zum Geständnis zu bringen. Denn sie haben eigentlich kaum etwas gegen ihn in der Hand, die Indizien sind denkbar schwach. Meitz wird immer wieder verhört. Man lässt ihn fast ein Jahr lang in der Untersuchungshaft schmoren, um ihn weich zu kriegen. Eine unbegrenzte Untersuchungshaft war 1954 noch möglich. Sie wurde erst 1965 durch Änderung der Strafprozessordnung abgeschafft. Aber Meitz bleibt bei seinen Angaben und gesteht nicht.

Nun kommen die Vernehmungsbeamten auf eine unglaubliche Idee. Meitz wird gefesselt und in Zuchthauskleidung auf dem Friedhof zum Grab von Hella Friebe geführt. Man hofft auf eine Schockwirkung und ein Geständnis beim Anblick des Grabes des Opfers. Meitz bricht in Tränen aus und beschwört nur noch heftiger seine Unschuld. Kein Richter, kein Staatsanwalt kümmert sich um diese Missachtung der Strafprozessordnung. Die Einkleidung in Zuchthauskluft ist einfach unzulässig. Hier wird ein Mensch geächtet, der noch nicht verurteilt ist. Es gibt Fotos von dieser schändlichen und abstoßenden Zurschaustellung. Und die Öffentlichkeit erfährt auch davon. Aber niemand leitet eine Untersuchung gegen die Schuldigen ein. Der baden-württembergische Justizminister Haussmann erklärt, an dieser Aktion gäbe es nichts zu beanstanden, denn der Häftling habe sich »damit einverstanden erklärt«.

Zehn Monate nach seiner Verhaftung wird durch Staatsanwalt Dr. Zimmermann endlich Anklage wegen Mordes gegen Meitz erhoben. In der Anklageschrift heißt es in typischem Juristendeutsch:

»Den Genannten klage ich an, er habe am Mittwoch, dem 4. August 1954, zwischen 21.00 und 23.30 Uhr, die ihm seit Oktober 1952 näher bekannte, 37 Jahre alte, ledige Bedienstete Hella Friebe in deren Wohnung im Dachgeschoss des Hauses Hauptstraße 202 in Heidelberg aufgesucht, die ihn arglos in ihre Wohnung Einlassende hinterrücks, durch einen Stich mit einem von ihm stets bei sich geführten Teil einer auseinandergenommenen

Papierschere in die Lunge getötet, hierauf die Wohnung verlassen und mit einem Wohnungsschlüssel und einer Schlüssellochsperre verschlossen.«

Noch in der gleichen Nacht sei er dann in die DDR geflohen. Er habe die Tat »aus Wut, Hass und Verzweiflung darüber begangen, dass die Friebe, der er sich seit längerer Zeit mit Besuchen, Briefen und Heiratsanträgen aufgedrängt hatte, seine Neigungen nicht in dem von ihm erhofften Maße erwiderte.« Die Frau habe dann versucht, »sich des ihr durch seine Aufdringlichkeit, sein sie abstoßendes Wesen und seine berufliche Unfähigkeit lästig gewordenen Angeschuldigten zu entledigen.« Meitz habe somit heimtückisch und aus niederen Beweggründen getötet und sei des Mordes schuldig.

Der Prozess vor dem Schwurgericht Heidelberg unter dem Vorsitz von Landgerichtspräsident Dr. Anschütz dauert nur vier Tage. Der Richter hält Meitz für »verstockt« und »ausgekocht«. Alle Zeugen bestätigen, dass er ein schwieriger Sonderling war. Die Beweisaufnahme ergibt, dass Hella an jenem 4. August abends nach ihrer Rückkehr aus dem Urlaub in ihrem Dachzimmer jemand erwartet hat. Vielleicht war es der Unbekannte, dem Meitz nach seinen Angaben im Treppenhaus begegnet ist. Oder war es Meitz selbst, obwohl er, wie er stets versicherte, gar nicht wusste, dass Hella schon vom Urlaub zurück war?

Die Geschworenen sind voreingenommen. Dass Meitz am Grab seiner Freundin geweint hat, führen sie auf quälende Gewissensbisse zurück und sehen darin eine stumme Reue. Das Gericht übernimmt auch ohne Bedenken die zeitlichen Angaben des Gerichtsmediziners zum Zeitpunkt des Todeseintritts. Von den wissenschaftlichen Erkenntnissen zu dieser schwierigen Feststellung hat die Jury keine Ahnung, die Berufsrichter nicht und die Laienrichter schon gar nicht.

Der Verteidiger legt dar, dass der von ihm mit Ermittlungen beauftragte Privatdetektiv von der Heidelberger Kriminalpolizei bei seiner Arbeit massiv behindert worden ist, zum Teil auch mit unzulässigen Mitteln. Das führt zu einer Anfrage im Landtag. Doch der Justizminister erklärt, es seien keine Unregelmäßigkeiten vorgekommen. Der Verteidiger trägt auch vor, dass die Poli-

zei weiteren Spuren nicht nachgegangen ist und sich vorzeitig und einseitig auf Meitz als Täter festgelegt hat. Kurz nach dem Mord an Hella Friebe beging ein Mann im Heidelberger Stadtwald Selbstmord. Nach der Personenbeschreibung war es einer ihrer Freier. Hatte dieser Mann vielleicht etwas mit dem Mord zu tun und schied er deshalb freiwillig aus dem Leben? Keiner kümmerte sich um diese Spur, man hatte den Täter ja bereits.

Professor Dr. Rauch, der 1949 an der strafrechtlichen Verantwortlichkeit von Meitz zweifelte, erklärt sechs Jahre später im Mordprozess gegen ihn, der Angeklagte sei im gerichtsmedizinischen Sinne vollkommen gesund und zurechnungsfähig. War Meitz tatsächlich von seiner »schleichenden Form der Schizophrenie« geheilt? Bei Geisteskrankheiten gibt es nach gesicherten Erkenntnissen keine Heilung. Also hat sich der Gutachter entweder 1949 oder 1955 in der Diagnose geirrt.

Die Staatsanwaltschaft beantragt lebenslängliches Zuchthaus für Meitz, der Verteidiger beantragt Freispruch. Das Gericht kann sich zu keinem klaren Ja oder Nein durchringen und sucht einen Ausweg in einer Art Kompromiss. Es sieht in dem Tatgeschehen nur einen Totschlag und verurteilt Meitz zu zehn Jahren Zuchthaus. Dr. Anschütz muss in seiner Urteilsbegründung zugeben: »Es könnte auch ein anderer Täter in Frage kommen, doch die Ermittlungen in dieser Richtung sind ergebnislos gewesen.«

Meitz kommt ins Zuchthaus Bruchsal und sitzt dort sieben Jahre. Dann wird er vorzeitig entlassen, unter striktem Schweigeverbot. Dafür gibt es gute Gründe. Denn er hätte nicht verurteilt werden dürfen. Bei der Frage, ob das Heidelberger Urteil ein Fehlurteil ist, geht es nicht so sehr darum, ob Meitz nun tatsächlich schuldig war oder nicht. Sondern es geht um die Frage, ob ihm die Tat mit an Sicherheit grenzender Wahrscheinlichkeit nachgewiesen werden konnte, eine unabdingbare Mindestanforderung für einen Schuldspruch in einem Rechtsstaat. Davon kann im Fall Meitz keine Rede sein. Die vielen Zweifel und Unstimmigkeiten hätten zugunsten des Angeklagten berücksichtigt werden und zu einem Freispruch führen müssen. Insofern passt er auch in das Kapitel »In dubio pro reo«.

Polizistenmord auf dem Highway

(USA, Florida, 20. Februar 1976–9. Oktober 1992)

Am 20. Februar 1976 sind die damals 28-jährige, aus dem Kaukasus stammende Sonia J. und ihr Bekannter Jesse T. zusammen mit dessen Freund Walter R. auf der Autobahn 95 in Florida unterwegs. Auf dem Parkplatz einer Raststätte machen sie in Jesses Auto, einem grünen Camaro, Halt, um ein wenig auszuruhen. Mit dabei sind Sonias sechs Jahre alter Sohn und Jesses zehn Monate alte Tochter.

Während alle in dem Auto schlafen, nähert sich ein schwarzer Wagen der Autobahnpolizei Florida mit zwei Beamten. Über Funk checken sie die Daten des grünen Camaro. Als sie erfahren, dass Jesse T. ein ansehnliches Vorstrafenregister besitzt, entschließen sie sich zu einer näheren Kontrolle des Wagens und ihrer Insassen. Dabei kommt es zu einem Feuergefecht. Die beiden Polizisten werden tödlich getroffen. Walter R. bemächtigt sich des Polizeifahrzeugs und fordert die anderen auf, einzusteigen. Einige Kilometer weiter hält er an und kidnappt ein anderes Fahrzeug samt Fahrer. Kurz darauf verliert Walter R. die Kontrolle über den Wagen, als er versucht, einer Polizeisperre auszuweichen. Er landet in einem Straßengraben und wird zusammen mit seinen Freunden festgenommen.

Während der Vernehmungen behaupten Sonia und Jesse von Anfang an, dass Walter R. die tödlichen Schüsse abgegeben habe. Danach hätten sie keine andere Wahl gehabt, als mit ihm zusammen in dem Polizeiwagen zu fliehen. Die Pulverrückstände, die Jesse T. ebenso wie Walter R. an den Händen hat, erklärt er damit, dass Walter ihm die Waffe nach den Schüssen in die Hand gedrückt habe. Doch Walter R. behauptet das Gegenteil und beschuldigt Jesse T., den Doppelmord begangen zu haben. Gegen alle drei wird Mordanklage vor dem Schwurgericht von Broward County erhoben. Die Staatsanwaltschaft schlägt Walter R. einen Handel vor: Er kommt mit einer lebenslangen Haftstrafe davon, wenn er im Prozess gegen Jesse und Sonia aussagt. Walter R. lässt sich darauf ein. Daraufhin wird Jesse T. zum Tode verurteilt.

Im Fall Sonia J. präsentiert die Anklage die Aussage ihrer Zel-

lennachbarin. Sie behauptet, Sonia habe ihr den Mord gestanden. Die öffentliche Meinung ist aufgebracht und gegen die Angeklagte eingestellt. Die Jury befindet Sonia J. für schuldig, empfiehlt aber, sie nur zu einer lebenslangen Haftstrafe zu verurteilen. Doch Richter Daniel F., ein früherer Offizier der »Florida Highway Police«, der in Juristenkreisen »Maximum Dan« genannt wird und auf dessen Richtertisch die Miniatur eines elektrischen Stuhls steht, setzt sich darüber hinweg und verurteilt auch Sonia J. zum Tode.

Der Florida Supreme Court hebt 1978 ihre Verurteilung vorübergehend auf und ordnet eine Anhörung an, während der untersucht werden soll, ob die Staatsanwaltschaft von Broward County entlastendes Beweismaterial unterschlagen hat, wie die Verteidigung behauptet. Gemeint ist insbesondere ein in den Prozess nicht eingeführter schriftlicher Bericht eines Gefängniswärters. Darin erklärt er, Walter R. habe ihm gegenüber gestanden, dass er allein die Polizisten erschossen hat. Auch ist dem Gericht das Ergebnis eines Lügendetektortests, dem sich Walter R. unterzogen hat, vorenthalten worden, weil es nicht mit den Aussagen übereinstimmt, die Walter R. während des Prozesses gemacht hat.

Doch Richter Daniel F. findet einen Weg, diese gravierenden Vorwürfe beiseite zu schieben. Die Erklärung des Gefängniswärters sei unklar und zweideutig, befindet er. Außerdem lasse sich nicht mehr genau ermitteln, was Walter R. während des Lügendetektortests wirklich gesagt habe, da eine wörtliche Aufzeichnung der Fragen und Antworten nicht existiere. Ein neuer Prozess sei deshalb nicht nötig. Der Florida Supreme Court stimmt dem 1981 zu und bestätigt die Verurteilung von Sonia J., wandelt sie allerdings mit dem Hinweis in eine lebenslange Haftstrafe um, Richter Daniel F. hätte der Empfehlung der Jury folgen müssen.

Ein Jahr später widerruft Walter R. im Gefängnis seine Aussage. Nicht Jesse T. oder Sonia J. hätten geschossen, sondern nur er allein sei der Mörder, behauptet er jetzt. Kurz darauf ändert er die Darstellung erneut und später noch weitere Male. Doch trotz der erheblichen Zweifel an der Richtigkeit der Prozessaussage von Walter R., dem Kronzeugen der Anklage, bleibt Jesse T. in der To-

deszelle. Er wartet dort 14 Jahre lang auf seine Hinrichtung. Seine Berufungen werden zurückgewiesen.

Am 4. Mai 1990 ist es soweit. Man schnallt ihn auf dem elektrischen Stuhl fest. Die Exekution muss dreimal unterbrochen werden, weil Flammen und Rauch aus Jesses Kopf aufsteigen, während Jesse noch atmet und sich noch bewegt. Diese makabre Hinrichtung führt dazu, dass Todesurteile in Florida ab dem Jahr 2000 nicht mehr auf dem elektrischen Stuhl, sondern durch die Giftspritze vollstreckt werden.

Kurz vor der Hinrichtung hat die Mitinsassin der Gefängniszelle von Sonia J. zugegeben, dass sie während des Verfahrens einen Meineid geschworen hat. Sonia habe ihr die Tat keineswegs gestanden, im Gegenteil, sie habe ihre Unschuld beteuert. Die Polizeidetektive hätten sie zu dieser Aussage mit der Drohung überredet, es würde für sie unangenehme Folgen haben, sich die Staatsanwaltschaft zum Feinde zu machen.

Nun nimmt sich Micki D. des Falles an. Er ist ein Jugendfreund Sonias und inzwischen ein berühmter Filmemacher. Micki ist von ihrer Unschuld überzeugt. Er stellt eine Filmdokumentation zusammen mit dem Titel »In the Blink of an Eye«, die später im Fernsehen läuft und das Urteil gegen Sonia als Fehlurteil anprangert. Mithilfe neuer Anwälte gelingt es, ein Habeas-Corpus-Verfahren einzuleiten mit dem Ziel, festzustellen, dass Sonia J. keinen fairen Prozess gehabt hat und ihre verfassungsmäßigen Rechte verletzt worden sind. Der Court of Appeal stellt das im Februar 1992 tatsächlich ausdrücklich fest und ordnet ein neues Verfahren an.

Im Oktober 1992 bietet die Staatsanwaltschaft von Broward County Sonia J. eine Begnadigung an. Sie beinhaltet zugleich, dass sie als nicht schuldig entlassen wird. Man hält Sonia vor Augen, dass ein neuer Prozess durchaus das Risiko berge, erneut zum Tode verurteilt zu werden. Daraufhin lässt sie sich auf den Handel ein. Nach fast 17 Jahren unschuldig verbüßter Haft kommt Sonia J. am 9. Oktober 1992 frei. Eine Haftentschädigung erhält sie nicht.

Als sie 1976 eingesperrt wurde, war ihre Tochter Tina, ein Kind aus der Verbindung mit Jesse T., gerade zehn Monate alt und

wurde noch gestillt. Nun verlässt Sonia ihre Zelle als gealterte 51-Jährige, und die 16-jährige Tochter ist eine Fremde für sie. Sonias Sohn hat längst eine eigene Familie mit einer vierjährigen Tochter, die Sonia mit der Frage empfängt: »Grandma, were you lost?« (»Großmutter, warst du abhanden gekommen?«) Und Sonia antwortet: »Ja, das war ich.«

Immer wieder überkommen Sonia Albträume. Sie rennt hin und her über dunkle Flure und sucht ihre Zelle, kann sie aber nicht finden. »Zuerst fühlte ich mich wie ein Alien«, sagt sie zu Zeitungsreportern. In der Zelle sei sie wenigstens versorgt worden. »Draußen habe ich nichts. Kein Geld und keinen Platz, zu dem ich gehen könnte und zu dem ich gehöre. Die Welt, die ich verließ, existiert nicht mehr.«

Die »Engel der Todeszelle«. Der Fall Anthony P.

(USA, Illinois, 15. August 1982–5. Februar 1999)

Auf der Südseite von Chicago liegt der Washington Park mit einem großen, viel besuchten Swimmingpool. Hier werden am 15. August 1982 um 1.00 Uhr nachts der 18-jährige Jerry H. und seine 19-jährige Verlobte Marilyn G. durch Schüsse in den Kopf getötet.

Im Zuge der Fahndung nach dem unbekannten Mörder werden alle vorbestraften Personen der Stadt überprüft, die mit dem Verbrechen in Verbindung gebracht werden können. Dazu zählt auch der Farbige Anthony P., der 1954 in einem Armenviertel Chicagos als eins von neun Kindern geboren und 1980 wegen eines Raubüberfalls zu einer Haftstrafe verurteilt wurde. Er ist Mitglied der South Side Gang. Als er erfährt, dass die Polizei ihn sucht und verdächtigt, die Morde begangen zu haben, begibt er sich freiwillig auf ein Polizeirevier, um seine Unschuld zu beweisen. Denn er hat zwei Alibizeugen. Ein Freund und die Frau seines Bruders können bestätigen, dass er sich in der Mordnacht im Hause seiner Mutter aufgehalten und es auch nicht verlassen hat.

Zu Anthonys großer Überraschung wird er sofort verhaftet und des Doppelmordes beschuldigt. Die Cops wollen seine Ge-

schichte gar nicht hören. Sie vernehmen ihn stundenlang, schlagen ihn mit einem Telefonbuch nieder und versuchen ihn dazu zu bewegen, ein Geständnis abzulegen. Sie behandeln ihn von Anfang an so, als wäre er schuldig. Doch es gibt keine Indizien oder Beweise gegen ihn.

Die Polizei macht zwei Männer ausfindig, die zur Tatzeit in dem Pool gebadet haben. Der eine, Henry W., gibt an, ein Farbiger habe ihm zwei Dollar gestohlen, als er das Becken verließ. Er identifiziert ihn als Anthony P. Dann habe er gesehen, wie der Mann ein Gewehr an den Kopf eines der Opfer gehalten habe. Und als er über die Poolumzäunung gehüpft sei, habe er zwei Schüsse gehört. Der andere Zeuge, William T., sagt zunächst, dass er den Mörder nicht gesehen habe. Dann behauptet er, er habe die Schüsse gehört und danach Anthony P. an dem Pool erblickt. Und nach einer 17-stündigen (!) Befragung erklärt er, er habe tatsächlich gesehen, wie Anthony P. das Pärchen erschossen hat. Im Dunkeln und über 50 Meter entfernt, will er das Gesicht des dunkelhäutigen Anthony erkannt haben.

Die Ermittler sind so sehr fixiert auf Anthony P. als Schuldigen, dass sie andere Spuren gar nicht verfolgen. Die Mutter der ermordeten Marilyn G. teilt der Polizei mit, sie vermute, der Mord sei von einem gewissen Alstory S. begangen worden. Dieser Mann sei mit dem Verlobten ihrer Tochter in einen heftigen Streit über Drogengeld geraten. Außerdem habe sie Alstory S. und seine Ex-Frau zusammen mit den Opfern gesehen, und zwar kurz bevor sie getötet wurden. Sie glaube nicht, dass Anthony P. etwas mit der Sache zu tun habe. Die Beamten der Northwestern Police suchen Alstory S. und seine Ex-Frau daraufhin auf. Aber nur, um ihnen ein Passfoto von Anthony P. zu zeigen und sie zu fragen, ob sie den Mann kennen und irgendetwas zu dem Verbrechen sagen können. Sie verneinen das und erklären, sie seien in der Mordnacht nicht im Washington Park gewesen. Damit ist die Sache für die Beamten erledigt. Sie stellen keine weiteren Fragen, und die beiden Verdächtigen hören nie wieder von ihnen.

Obwohl Anthony P. seine Unschuld beteuert, wird er des Doppelmordes angeklagt. Weil er mittellos ist, soll ihm ein Pflichtverteidiger beigeordnet werden. Doch seine Familie ist der

Ansicht, es sei wohl besser, einen privaten Chicagoer Rechtsanwalt zu beauftragen. Man kratzt alles Geld zusammen und übergibt Akim G. den Fall. Er verlangt 10 000 Dollar und geht daran, die Verteidigung vorzubereiten. Aber als er lediglich 3000 Dollar erhält – mehr kann die Familie nicht aufbringen –, bricht er alle weiteren Untersuchungen und eingeleiteten Recherchen ab.

Der Prozess gegen Anthony P. beginnt Anfang September 1983 vor dem Cook County Circuit Court. Während der Verhandlung schläft der Verteidiger Akim G. ein. Der Richter muss ihn aufwecken. Akim G. ruft lediglich die beiden Alibizeugen in den Zeugenstand und einen Fotografen, der Luftaufnahmen vom Washington Park gemacht hat, ein ziemlich belangloser Zeuge. Nach den Schlussplädoyers berät die Jury neun Stunden. Dann folgt sie den Aussagen der Augenzeugen und befindet Anthony P. in allen Anklagepunkten für schuldig.

Erst jetzt rügt der Verteidiger die nicht ordnungsgemäße Besetzung der Geschworenenbank. Er habe herausgefunden, dass ein Geschworener zusammen mit der Mutter des Opfers dieselbe Kirche aufsuche. Diese Bekanntschaft habe der Geschworene bei der Befragung während der Zusammenstellung der Jury verschwiegen. Das sei ihm erst bewusst geworden, erklärt der Geschworene, als der Prozess schon begonnen hatte. Er könne jedoch versichern, dass diese Bekanntschaft keinerlei Einfluss auf sein Amt als Geschworener habe. Der Richter gibt sich damit zufrieden und weist den Befangenheitsantrag des Verteidigers zurück. Er verurteilt Anthony P. am 9. September 1983 zum Tode und bezeichnet ihn in der Urteilsbegründung als »perversen Hai«. Der Verurteilte wird in die Todeszelle abgeführt.

Am 21. Februar 1986 wird Anthonys Berufung vom Illinois Supreme Court zurückgewiesen. Drei Richter sind der Meinung, die Bekanntschaft des Geschworenen mit der Mutter des Opfers mache ihn befangen und sei ein Grund, das Urteil aufzuheben. Vier Richter sehen darin keinen Grund, weil ihm dies erst während des Verfahrens aufgefallen sei und die Bekanntschaft daher nicht eng gewesen sein könne, so dass sie sich nicht auf seine Entscheidungsfindung ausgewirkt habe. Die Abstimmung ist knapp. Sie verweigert dem Verurteilten einen neuen Prozess.

Eine Petition wird im Oktober 1986 vom US Supreme Court abgelehnt. In einer weiteren Petition wird geltend gemacht, Anthony P. habe keine ausreichende Verteidigung gehabt, weil sein Anwalt Akim G. es versäumt habe, vier wichtige Entlastungszeugen zu laden. Auch diese Petition wird vom Illinois Supreme Court am 26. Januar 1995 zurückgewiesen. Ebenso zwei weitere Eingaben an den US Court of Appeals im April 1997 und an den US Supreme Court im Januar 1998.

Nun ist der Rechtsweg voll ausgeschöpft. Anthony P. wartet im Gefängnis 16 Jahre lang auf seine Hinrichtung. Eine zusätzliche Qual besonderer Güte. Dann ist es endlich soweit. Die Hinrichtung wird auf den 23. September 1998 festgesetzt.

Inzwischen hat sich eine Welle des Protestes gegen die Verurteilung erhoben. Die »Chicago Tribune« warnt in einem Artikel davor, durch diesen Fall den guten Namen von Illinois zu beschmutzen. Auch die Kirche setzt sich beim Gouverneur für Anthony P. ein. Eine Gruppe neuer Anwälte arbeitet jetzt honorarfrei für ihn. Sie lassen seinen Intelligenzquotienten testen. Er beträgt nur 51 und zeigt an, dass Anthony geistig erheblich zurückgeblieben ist. Daraufhin verlangen die neuen Verteidiger beim Illinois Supreme Court einen Aufschub der Hinrichtung mit der Begründung, Anthony P. sei gar nicht in der Lage, seine Strafe zu begreifen. Es ist zwar in Illinois erlaubt, auch Geisteskranke hinzurichten. Dennoch ordnet das Gericht am 21. September 1998 an – zwei Tage vor der Hinrichtung durch die Giftspritze –, Anthonys Geisteszustand zu untersuchen. Der Aufschub wird nicht gewährt, weil man Zweifel an seiner Schuld hat, sondern allein deswegen, weil man nicht sicher ist, ob er überhaupt versteht, was mit ihm geschehen wird und warum.

Dieser Aufschub rettet ihm das Leben. Denn nun nehmen die »Engel der Todeszelle« sich seiner an. Diesen Namen hat eine Gruppe von Studenten der Northwestern University's Medill School of Journalism unter der Leitung von Professor David Protess erhalten, weil die jungen Leute, überzeugte Gegner der Todesstrafe, sich seit einiger Zeit damit befassen, vermeintlich Unschuldige aus der Todeszelle zu holen. Vor zwei Jahren haben die Journalismusstudenten dieser in einem vornehmen Chicagoer

Vorort an den Ufern des Michigansees gelegenen Privatschule die Aufmerksamkeit ganz Amerikas erregt, weil es ihnen gelang, den »Ford Heights Four« nach 18 Jahren Haft die Freiheit zu bringen (vgl. Otto, »Das Lexikon der Justizirrtümer«, Ullstein, 2. Auflage 2003, Seite 401 ff.). Anhand der Zuschriften und Bitten um Hilfe der zum Tode Verurteilten hat die Gruppe eine Dringlichkeitsliste erstellt. Und der Fall Anthony P. steht an oberster Stelle.

Die Studenten beginnen sofort mit der Arbeit. Sie rekonstruieren anhand des Polizeiberichts den Tathergang und rufen in Anzeigen dazu auf, alle Personen mögen sich melden, die etwas zur weiteren Aufklärung beitragen können. Sie sind davon überzeugt, dass Anthony unschuldig ist. Da sie nicht sicher sind, ob sie ihre Arbeit noch vor seiner Hinrichtung beenden können, engagieren sie den Privatdetektiv Paul Ciolino, um die Ermittlungen zu forcieren.

Da der Augenzeuge Henry W. inzwischen verstorben ist, bleibt nur noch die Möglichkeit, den anderen Augenzeugen William T. näher zu befragen. Paul Ciolino ist sich sicher, dass William T. von seinem Standort aus gar nicht gesehen haben kann, was er bezeugt hat. Er hatte ausgesagt, Anthony P. hätte mit der linken Hand geschossen. Anthony ist aber Rechtshänder. In einem im Dezember 1998 geführten Gespräch, das auf einem Videorekorder aufgenommen wird, gibt William T. zu, dass er Anthony tatsächlich nicht gesehen hat. Das habe er den Polizisten zunächst auch gesagt. Aber sie hätten ihn unter Androhung von Gewalt gezwungen, eine andere Aussage zu machen und Anthony P. zu beschuldigen. Als das Band im Chicagoer Fernsehen ausgestrahlt wird, gibt es einen riesigen Eklat.

Aber das ist noch nicht alles. Die Studenten verfolgen auch die Spur zu Alstory S. und seiner Ex-Frau, die die Cops seinerzeit sträflich außer Acht gelassen haben. Zunächst halten sie sich an die Frau. Sie gesteht am 29. Januar 1999 in einem gleichfalls aufgezeichneten Gespräch, dass Alstory S. den Mord begangen hat. Der Film wird ebenfalls im Fernsehen gesendet und sorgt für weitere Aufregung. Am 3. Februar 1999 konfrontiert Detektiv Paul Ciolino in einem Gespräch Alstory S. mit der Aussage seiner Ex-Frau. Alstory S. bricht zusammen und gesteht in einer Videoauf-

zeichnung, die gleichfalls über alle Sender geht, den Mord. Er sei mit Jerry H. und Marilyn G. wegen des Geldes aus einem Drogenhandel in einen heftigen Streit geraten, in dessen Verlauf es zu handgreiflichen Auseinandersetzungen gekommen sei. Er habe sich bedrängt gefühlt und daraufhin beide erschossen. Dieses Geständnis schlägt wie eine Bombe ein. Reporter aus aller Welt stürmen das Büro der Studentengruppe.

Bereits zwei Tage später, am 5. Februar 1999, wird Anthony P. wegen erwiesener Unschuld freigelassen. Seine Verurteilung wird aufgehoben. Seit der US Supreme Court 1977 die Todesstrafe wieder eingeführt hat, ist Anthony der zehnte zum Tode Verurteilte, der in Illinois freigelassen werden muss, und der 76. in den Vereinigten Staaten. Nach fast 17 Jahren unschuldig verbüßter Haft erklärt Anthony den Reportern, nun sei eine schwere Last von ihm genommen. Er habe immer beteuert, er sei unschuldig, aber niemand habe ihm geglaubt. »Das ist wie Manna vom Himmel«, sagt einer der Studenten. Und Privatdetektiv Paul Ciolino wettert: »Das ist unverzeihlich. Hätten die Polizisten sich woanders umgesehen, mit einem Minimum an Zeit und Aufwand, hätten sie schnell herausgefunden, wer diese Morde begangen hat.«

Doch die Staatsanwaltschaft von Chicago ist nicht einmal zu einer Entschuldigung bereit und weist alle Verantwortung von sich. Man habe gründlich gearbeitet und der Fall sei mehrmals überprüft worden, von den höchsten Gerichten. Kurz darauf gesteht Gouverneur George Ryan ein, dass es mit der Justiz in Illinois Probleme gebe. Am Ende seiner Amtszeit, im Januar 2003, begnadigt er alle 167 Todeskandidaten in den Gefängniszellen seines Bundesstaates. Das System sei willkürlich, unberechenbar und unmoralisch, erklärt er in einer Rede in Chicago. Daher könne er nicht länger das Risiko tragen, dass unschuldige Menschen hingerichtet werden könnten (vgl. im Einzelnen Otto, »Das Lexikon der Justizirrtümer«, Ullstein, 2. Auflage 2004, S. 490).

Alstory S. wird am 7. September 1999 wegen Doppelmordes zu 37,5 Jahren Haft verurteilt. Die Anklage gegen seine Ex-Frau wird am 21. Januar 2000 fallen gelassen. Anthony P. verklagt die Chicagoer Polizei auf Schadensersatz. Über den Ausgang dieses Verfahrens ist nichts bekannt geworden.

Feuergefecht in Roxbury. Der Fall Shawn D.

(USA, Massachusetts 1988–2003)

Einer der jüngsten Ermittlungsskandale in den USA ist der Fall Shawn D., der 2003 die Öffentlichkeit erregt und die Diskussion anheizt, was getan werden kann, um ein offenbar korruptes Justizsystem zu heilen.

An dem warmen Sommerabend des 19. August 1988 sitzt die zwölfjährige Farbige Tiffany M. gegen 21.00 Uhr in der Humboldt Avenue in Roxbury (Massachusetts) auf einem Briefkasten und unterhält sich mit ihren Freunden. Plötzlich hallen Schüsse durch die Nacht. Zwei jugendliche Banden liefern sich in den Straßen ein Feuergefecht. Solche gewaltsamen Auseinandersetzungen sind in letzter Zeit in der Nachbarschaft häufig vorgekommen. Der blutige Bandenkrieg eskaliert. Tiffany gerät in den Feuerhagel und wird von drei Kugeln tödlich getroffen.

Zehn Tage später verhaftet die Bostoner Polizei den 22-jährigen Farbigen Shawn D., einen Drogendealer, der schon mehrmals mit dem Gesetz in Konflikt geraten ist. Vier Zeugen, sämtlich Teenager und zum Teil noch minderjährig, wollen gesehen haben, wie Shawn D. nach den Schüssen vom Tatort weggerannt sei.

Aufgrund ihrer Aussagen vor den Polizeibeamten wird Mordanklage gegen Shawn D. erhoben. Seine Verteidigerin Rosemary S. macht während der Verhandlung deutlich, dass sämtliche Mitglieder der Gang Halloweenmasken getragen hätten und es schon deshalb nicht möglich gewesen sei, in der Dunkelheit das Gesicht des Todesschützen zu erkennen. Shawn beteuert, er sei zu diesem Zeitpunkt überhaupt nicht am Tatort gewesen, sondern einige Häuserblocks entfernt in der Sonoma Street.

Aber die Geschworenen glauben ihm nicht und folgen den beeideten Aussagen der angeblichen Augenzeugen. Shawn D. wird 1989 zu einer lebenslänglichen Freiheitsstrafe verurteilt.

Fast 15 Jahre sitzt er hinter Gittern. Dick Lehr, ein Zeitungsreporter des »Boston Globe«, studiert den Fall und bekommt ernsthafte Zweifel an Shawnes Schuld. Er macht die damaligen vier Zeugen ausfindig, sucht sie auf und interviewt sie. Der damals 15-jährige Eric J. gibt zu, die Ermittler hätten ihn gedrängt, auszusa-

gen, er habe Shawn D. am Tatort gesehen. Aber das sei überhaupt nicht der Fall gewesen. Auch die jetzt 37-jährige Vantrell McP. gesteht, die Ermittler hätten sie beeinflusst, eingeschüchtert und gezwungen, eine solche Aussage zu machen. Auch die beiden anderen Zeugen geben zu, im Prozess falsche Aussagen gemacht und einen Meineid begangen zu haben. Sie seien dazu von der Polizei genötigt worden. Man hätte gedroht, sie andernfalls einzusperren.

Daraufhin kommt es im Mai 2003 zu einer Anhörung vor dem Suffolk Superior Court, in der alle vier Zeugen bestätigen, was sie dem Reporter anvertraut haben. Das Gericht stellt fest, dass Shawn D. keinen fairen Prozess gehabt hat und ordnet an, ihn sofort freizulassen. 15 Jahre hat er unschuldig für ein Verbrechen in der Zelle gesessen, das er nicht begangen hat. Die Anklagebehörde hält es nicht einmal für nötig, sich offiziell bei ihm für die Verfehlungen zu entschuldigen.

Doch Presse und Fernsehen sprechen von einem Fiasko und prangern die ungesetzlichen Praktiken der Ermittler an. Das ganze System sei korrupt. Man verlangt die sofortige Untersuchung des Falles und die Einsetzung einer Kommission, die dringend notwendige Reformen einleiten und dafür sorgen soll, dass sich derartige Justizirrtümer in Massachusetts nicht wiederholen.

Eine Lüge als Schuldbeweis. Der Fall Scott H.

(USA, Rhode Island, 12. August 1989–7. Januar 2003)

Ihr Schmollmund mit den vollen, sinnlichen Lippen macht Männer verrückt. Aber Vicky C., 29 Jahre alt, sieht nicht nur aus wie ein Filmstar mit einer aufregenden Figur. Sie ist zudem auch noch klug und gebildet und spricht fließend vier Sprachen. Im Sommer 1989 arbeitet die temperamentvolle und selbstbewusste Frau, die weiß, was sie will, in einem Sportgeschäft in Warwick, Rhode Island. Gleich daneben bewohnt sie mit ihren Katzen ein kleines Appartement und träumt davon, eines Tages eine eigene Familie zu haben. Den Mann zum Heiraten hat sie allerdings bisher noch nicht gefunden. Die Bekanntschaften mit einem Barkeeper aus

einem Nachbarort und mit Todd B., einem Zimmermann aus Warwick, bleiben flüchtige, rein sexuelle Liebesverhältnisse.

An einem Sonntagmorgen im Juli 1989 schaut sie aus ihrem Fenster und sieht Scott H. zum ersten Mal. Der gutaussehende, athletische 27-jährige junge Mann arbeitet als Detective bei der Warwicker Polizeibehörde. Er ist seit einigen Jahren glücklich verheiratet und hat einen sieben Monate alten Sohn. Vicky weiß sofort: »Diesen Mann will ich haben!«

Sie findet einen Weg, Scott zu treffen, und lässt keinen Zweifel daran, was sie von ihm will. Scott versucht, ihr aus dem Weg zu gehen, erliegt aber nach wiederholten Annäherungsversuchen Vickys Reizen und Verlockungen und trifft sich heimlich drei, vier Mal mit ihr. Zweimal kommt es zu leidenschaftlichem Geschlechtsverkehr, der beide in hohem Maße befriedigt. Doch dann bekommt Scott heftige Gewissensbisse und beschließt, das Verhältnis sofort zu beenden. Vicky ist traurig, als er ihr das offen sagt, und schreibt ihm einen Brief. Sie erwarte ja nicht, dass er ihretwegen seine Frau verlasse, schreibt sie. Aber ihre Beziehung sei doch etwas ganz Besonderes, und sie bitte ihn, sie nicht aufzugeben. Sie legt den Umschlag mit dem Brief auf ihren Nachttisch neben ihre Schmuckkassette und ihr Adressbuch, schickt ihn aber nicht ab.

Die Nacht zum 12. August 1989 feiert Scott durch. Er ist zu einer Party eines Kollegen eingeladen und kann es sich leisten, am anderen Morgen bis mittags zu schlafen. Denn er muss erst um 16.00 Uhr wieder zum Dienst. Vicky ist auf der Party nicht dabei gewesen. Die Mitarbeiter des Sportgeschäfts wundern sich, dass sie um 10.00 Uhr morgens noch immer nicht da ist. Deshalb klopfen sie an ihre Tür. Als sich nichts rührt, steigt ein Kollege durch das geöffnete Küchenfenster ein. Auf dem Fußboden des Wohnzimmers findet er in einer Blutlache Vickys leblosen Körper. Der Hals weist Würgemerkmale auf. Neben der Leiche liegt ein schwerer Feuerlöscher, mit dem ihr offenbar der Schädel eingeschlagen worden ist.

Der Tatort wird durch die sofort herbeigerufene Polizei mit einer Videokamera gefilmt. Ein paar gelbe, etwas abseits der Leiche liegende Gummihandschuhe werden sichergestellt. Sie sind

nach außen gestülpt, so, als seien sie hastig abgestreift worden. Auf dem Mittelfinger eines Handschuhs entdecken die Beamten einen roten Klecks. Vielleicht ein Blutfleck. Aber niemand geht dieser Spur nach. Die Möglichkeit einer DNA-Analyse steht noch nicht zur Verfügung. Und die Versuche, Fingerabdrücke von den Handschuhen zu nehmen, scheitern. Auch dem zerschmetterten, neben den Handschuhen liegenden Schmuckkästchen wird keine Beachtung geschenkt. Ebenso wenig dem Adressbuch, das die Namen aller Personen enthält, die Vicky kannte. Unglaubliche Ermittlungsfehler, die dazu führen, dass ausschließlich Scott H. in Verdacht gerät. Denn man findet auf dem Nachttisch den an ihn gerichteten Brief.

Das macht den Fall prekär. Ein Angehöriger des Warwicker Police Department als mutmaßlicher Mörder! Der Chef ordnet an, Scott wie jeden anderen Verdächtigen zu behandeln. Also müsste man ihn eigentlich unverzüglich in seiner Wohnung aus dem Schlaf reißen und zur Vernehmung zum Revier bringen. Aber zwei ältere Kollegen von Scott, Captain Ronald C. und Lieutenant Edward J., können erreichen, dass sein Erscheinen zur Nachmittagsschicht abgewartet wird. Sie eröffnen ihm, dass Vicky C. ermordet worden ist, bitten ihn in den Befragungsraum und beginnen mit dem Verhör. Ein Kassettenrekorder wird eingeschaltet. Das Band verschwindet später und taucht nie wieder auf. Ob er Vicky C. kenne, wird Scott gefragt, ohne dass man ihm von dem gefundenen Brief erzählt, von dem er ja gar nichts weiß. Und ob er mit ihr intim gewesen sei. Ja, antwortet er, er kenne sie, aber intim sei er nicht mit ihr gewesen. Eine Lüge, die ihm später zum Verhängnis wird. Er will nicht, dass seine Frau von seiner Untreue erfährt. Captain C. glaubt ihm und erklärt, Scott H. sei nun nicht länger verdächtig, nachdem auch ein Lügendetektortest, dem Scott sich freiwillig unterworfen hat, nichts erbracht hat.

Mehr als zwei Jahre bleibt der Fall offen und ungelöst. Dann schreitet der Generalstaatsanwalt von Rhode Island, Sheldon W., ein und übergibt den Fall der State Police, die die Ermittlungen gegen Scott H. wieder aufnimmt. Für sie ist der für Scott bestimmte Brief ein schlagender Beweis. Vicky C. muss ihren Mör-

der gekannt haben. Opfer eines fremden Räubers ist sie nicht, kombinieren die Beamten, denn es fehlt nichts aus ihrem Appartement. Und vergewaltigt ist sie auch nicht worden. Der Killer ist sehr kaltblütig vorgegangen. Nachdem er sein Opfer zunächst so lange gewürgt hat, bis es bewusstlos war, ist er in die Küche gegangen. Dort hat er die Schubladen durchwühlt, bis er die Gummihandschuhe fand. Anschließend hat er Vicky mit einem Feuerlöscher den Schädel zertrümmert. Welcher Täter besitzt eine derartige Kaltblütigkeit? Ein Polizeibeamter, mutmaßen die Beamten, dazu noch einer mit einem Motiv. Vielleicht hat das Opfer Scott H. sogar erpresst, um die gewünschte Fortsetzung des Liebesverhältnisses zu erreichen. Aus Furcht vor Entdeckung und Zerstörung seiner Familie hat Scott die Frau schließlich beseitigt. Es gibt zwar keine Zeugen dafür, keine Fingerabdrücke auf der Tatwaffe und keine Blutspritzer auf Scotts Kleidung. Aber es gibt Indizien. Und es gibt vor allem eine Lüge. Scott H. hat geleugnet, mit Vicky C. intimen Verkehr gehabt zu haben. Damit wollte er die zu ihm führende Spur verwischen.

Scott ist bereit, mit den Beamten zu kooperieren. Er vertraut dem System. Aber jedes Wort, das er jetzt in den weiteren Vernehmungen sagt, wird mit großer Skepsis entgegengenommen. Man misstraut seinen Antworten und behandelt den Fall nach der einfachen, aber falschen Logik: Wer lügt, dem ist auch ein Mord zuzutrauen. Das wird Scott schlagartig klar, als er 1994, fünf Jahre nach Vickys Ermordung, die Mordanklage in den Händen hält.

Während des folgenden Prozesses beteuert er hartnäckig seine Unschuld. Er gibt nun zu, dass er gelogen hat. Seiner Frau hat er bereits 1992 seinen Fehltritt gestanden. »Habe ich mich schuldig gemacht?«, fragt er die Jury und gibt gleich darauf selbst die Antwort: »Ja, ich habe mein heiliges Eheversprechen gebrochen. Und das werde ich mir selbst niemals vergeben!« Er hofft auf das Ass, das er noch im Ärmel hat, sein Alibi. In der Nacht, in der Vicky ermordet wurde, war er mit vielen Leuten auf einer Party zusammen. Doch die Staatsanwaltschaft wischt sein Alibi mit der Behauptung beiseite, er habe die Party verlassen, Vicky C. töten und zur Party zurückkehren können, ohne dass jemand seine Abwesenheit bemerkt hat. Darüber, dass dann zumindest Blutspuren an

seiner Kleidung hätten sein müssen, macht sich niemand aus der Jury Gedanken. Sie spricht ihn im Juni 1996 schuldig. Das Gericht verurteilt ihn zu lebenslanger Haft.

Richter Robert K. vom Rhode Island Supreme Court weist 1999 seine Berufung zurück. Die Staatsanwaltschaft habe den Fall so überzeugend dargelegt, stellt er fest, und mit einer derart zwingenden Beweisführung durchgeführt, dass kein Zweifel daran bestehen könne, dass Scott H. zu Recht und verdientermaßen verurteilt worden sei. Verzweifelt gibt Scott nun alle Hoffnung auf, jemals wieder freizukommen. Es wäre wohl besser, sagt er zu seiner Frau, wenn sie sich von ihm scheiden ließe. Kurz darauf wird die Scheidung ausgesprochen.

Seit einigen Jahren gibt es in den US-Staaten Massachusetts, Vermont, New Hampshire, Rhode Island, Connecticut und Maine das »New England Innocence Project«, eine Vereinigung von Rechtsanwälten, Akademikern und Studenten, die es sich zum Ziel gesetzt hat, alle ihrer Meinung nach zweifelhaften Verurteilungen, soweit möglich, durch DNA-Analysen überprüfen zu lassen. Über 100 zum Tode verurteilte Personen konnten auf diese Weise aus dem Gefängnis geholt werden, nachdem sich ihre Unschuld herausgestellt hatte. Rob Feldman, ein Anwalt aus Boston und Mitglied dieser Vereinigung, hat sich auch des Falles Scott H. angenommen und für eine solche durch ein Gericht und auf Kosten des Staates durchzuführende DNA-Analyse eingesetzt. Aber solche Verfahren sind nicht nur sehr teuer, sondern auch recht langwierig.

Scott H. hat nun zwar neue Hoffnung geschöpft. Aber er hätte nach sechseinhalb Jahren Haft wahrscheinlich noch weitere Jahre in seiner Zelle verbringen müssen, wenn ihm am 1. November 2002 nicht eine glückliche Schicksalswendung zu Hilfe gekommen wäre. Ein Ereignis, von dem Generalstaatsanwalt Sheldon später sagt, die Chancen, dass so etwas passiere, stünden eins zu einer Million.

In Begleitung seines Anwalts erscheint der 45 Jahre alte Zimmermann Todd B. aus Warwick auf dem Polizeirevier. Er gesteht, dass er in der Nacht zum 12. August 1989 Vicky C. ermordet hat. 13 Jahre habe er ein schreckliches Geheimnis bewahrt, nun wolle

er endlich sein Gewissen erleichtern. Nicht nur seine brutale Tat, sondern auch das Wissen darum, dass ein anderer, unschuldiger Mann an seiner Stelle im Gefängnis schmore, habe ihm zunehmende Qualen bereitet, die er nun nicht länger ertragen könne. Die Polizeibeamten glauben zunächst, ein Verrückter wolle nur auf sich aufmerksam machen. Aber als sie ihn eingehender vernehmen, werden sie mit Details konfrontiert, wie sie nur der Täter kennen kann.

In der Nacht zum 12. August 1989 habe er viel Alkohol getrunken, erklärt Todd B. Dann habe er plötzlich ein großes Verlangen nach Vicky C. verspürt, die er schon seit einiger Zeit kenne und mit der er auch schon mehrmals ganz wundervoll geschlafen habe. Deshalb sei er in dieser Nacht von einem tiefer gelegenen Nachbardach aus durch das Küchenfenster in ihr Appartement eingestiegen. Sie habe halb nackt in ihrem Bett gelegen und geschlafen. Als er sie weckte, wäre sie weder ängstlich gewesen noch in Panik geraten. Sie habe ihn nur gefragt: »Was machst du hier?« Auf seine Wünsche sei sie nicht eingegangen, sondern habe vielmehr geantwortet, sie sei nun die feste Freundin von Scott H., der seine Familie bald ihretwegen verlassen würde. Todd B. habe sie daraufhin ausgelacht, was sie sehr verärgerte. Und als sie bemerkte, dass ihre Katze durch das von ihm offen gelassene Küchenfenster entschlüpft war, wäre sie noch ärgerlicher geworden und habe Todd B. aufgefordert, auf dem Dach nach der Katze zu suchen. Darüber sei er so in Wut geraten, dass er sie an der Gurgel gepackt und so lange gewürgt habe, bis sie bewusstlos zu Boden gefallen sei. Dann habe er zunächst mit der Schmuckkassette und anschließend mit dem Feuerlöscher auf ihren Schädel eingeschlagen.

Daraufhin wird schon am 4. November 2002 Anklage wegen Mordes gegenüber Todd B. erhoben. Zwei Tage später wird Scott H. nach sechs Jahren, vier Monaten und 18 Tagen Haft freigelassen. Über 150 Freunde und Bekannte aus Warwick spenden ihm und seiner Familie spontan 5300 Dollar, damit ihm der Start in ein neues Leben leichter fällt. Robert K., derselbe Richter, der Scotts Berufung zurückgewiesen und einen neuen Prozess verweigert hat, erklärt am 7. Januar 2003, das Urteil sei aufgehoben.

Am selben Tag wird auch Todd B. wegen Mordes zu 30 Jahren Haft verurteilt, davon die Hälfte auf Bewährung. Wiederum ein Urteil, das nicht überzeugt. Denn Todd B. kann schon nach zehn Jahren freikommen. Die Jury hat seine abenteuerliche Geschichte mit der Katze geglaubt und ihm keinen geplanten Mord, sondern eine Affekthandlung zur Last gelegt. Das Urteil ist ein Schlag ins Gesicht für die Familienangehörigen von Vicky C., denn ihr tatsächlicher Mörder erhält eine geringere Haftstrafe als der zuvor unschuldig verurteilte Scott.

Für Scott H. ist endlich ein 13-jähriger Albtraum vorüber. »Das System hat versagt«, behauptet er nach seiner Freilassung, wohl wissend, dass seine Lüge ein Fehler war. »Was mir passiert ist, kann jedem passieren!« Selbst einem Police Detective. Was den Fall so beklemmend macht, ist, dass hier weder falsche Zeugenaussagen noch falsche Gutachten noch eine schlechte Verteidigung zu dem Fehlurteil geführt haben. Ursache dafür waren vielmehr einseitige, fehlerhafte Ermittlungen, die andere Spuren nicht verfolgten und zu einer frühzeitigen Festlegung auf einen Verdächtigen als Täter führten. Hätte man Vickys Adressbuch sorgfältig ausgewertet und die Personen überprüft, deren Namen darin enthalten waren, wäre man wahrscheinlich bald auf den wahren Täter gestoßen. Denn der Name von Todd B. stand auch darin.

Der Mord an einer Salzburger Taxifahrerin

(Österreich, 5. Juli 1993–16. Mai 2003)

In der schwülheißen Sommernacht des 5. Juli 1993 wird kurz vor 24.00 Uhr die 28-jährige Taxifahrerin Claudia D. vor ihrem Fahrzeug im Salzburger Ortsteil Wals-Käferheim tot aufgefunden. Fahrzeugschlüssel, Geldtasche und einige Dokumente fehlen. Die Tatwaffe wird ebenso wenig gefunden wie das Projektil. Die Obduktion der Leiche ergibt, dass die Frau aus geringer Entfernung durch einen Schuss in den Hals getötet worden ist. Mit welcher Waffe, das kann der Gerichtsmediziner nicht genau sagen.

Schon zwei Tage später meldet sich der Pächter einer in der Nähe des Tatorts gelegenen Pizzeria bei der Polizei und gibt an, beim Zusperren seines Lokals sei am Tattag ein junger Mann in Bundesheeruniform bei ihm erschienen und habe darum gebeten, ihn im Auto bis zum Bahnhof mitzunehmen. Er habe sein Wehrdienstbuch vorgelegt und der Gastwirt habe den Namen »Peter« lesen können. Der junge Mann sei hinten eingestiegen und dann nach vorn gewechselt, als der mitfahrende Koch in der Bauerngasse ausgestiegen sei.

In dieser Straße findet man später unter einem Kanaldeckel die Papiere von Claudia D. Die Kriminalpolizei ermittelt in der Schwarzenberg-Kaserne, die in der Nähe liegt, einen 19-jährigen Soldaten namens Peter H. aus Gmunden. Als dem Gastwirt und dem Koch ein Foto von ihm gezeigt wird, identifizieren ihn beide als den Mann, den sie in der Nacht des 5. Juli mitgenommen haben. Daraufhin wird Peter H. am 8. Juli 1993 verhaftet und des Mordes beschuldigt.

Schon am 9. Juli legt er vor der Gendarmerie ein Teilgeständnis ab. In der fraglichen Nacht sei er nach einem Streit mit seiner Freundin in Gmunden mit der Bahn nach Salzburg zurückgefahren und dort am Bahnhof in das Taxi der Claudia D. eingestiegen. Während der Fahrt zur Kaserne sei er zornig geworden. Peter H. gibt zu, den Raubüberfall durchgeführt zu haben. Er hätte Geldprobleme gehabt. Eine Tötung der Frau sei allerdings nicht geplant gewesen. Als er neben ihr saß, habe er ihr mit der rechten Hand einen zu einer Pistole umgebauten Signalstift, wie ihn Bergtouristen verwenden, an den Hals gehalten. Mit der linken Hand habe er ihre Brieftasche genommen und die Zündschlüssel. Die Frau habe ständig auf ihn eingeredet, er solle das bleiben lassen. Da habe sich versehentlich ein Schuss gelöst, worauf er sofort davongelaufen sei. Zwischen der Ankunft am Tatort und dem Schuss seien etwa fünf Minuten vergangen.

Innerhalb der nächsten 14 Tage wiederholt er insgesamt fünf Mal sein Geständnis, auch vor dem psychiatrischen Gutachter, dem Untersuchungsrichter und während des Lokaltermins am Tatort. Doch am 23. Juli 1993 widerruft er sämtliche Geständnisse. Sie seien unter starkem Druck zustande gekommen, als er nach

20-stündiger (!) Vernehmung zusammengebrochen sei. In Wirklichkeit sei er zur Tatzeit daheim in Gmunden gewesen.

Die Staatsanwaltschaft Salzburg begründet auf 22 Seiten, warum sie Peter H. des Mordes und des schweren Raubes für schuldig hält. Sie bietet 14 Zeugen auf und geht aufgrund der ursprünglichen Aussage des Angeklagten davon aus, dass die Tatwaffe ein umgebauter Signalstift mit Munition vom Kaliber 22 ist. Am 10. Juni 1994 wird Peter H. vom Geschworenengericht Salzburg einstimmig zu 17 Jahren Haft verurteilt. Im anschließenden Revisionsverfahren erhöht der Oberste Gerichtshof Österreichs (OGH) die Strafe auf 20 Jahre.

Am 20. Juni 1994 wird der 17-jährige Daniel N. wegen Diebstahlsverdacht von der Polizei vernommen. Während des Verhörs erzählt er plötzlich, er sei bei dem Mord an Claudia D. dabei gewesen. Sein Freund Tomi S. habe die Tat verübt. Die Tatwaffe, eine alte Pistole, habe er ins Gebüsch geworfen. Daniel wiederholt seine Angaben drei Tage später bei einer erneuten Vernehmung, widerruft sie jedoch am gleichen Tag. Kurz darauf kehrt er zu seiner ersten Aussage zurück, widerruft sie 1995 jedoch erneut.

Der Antrag auf Wiederaufnahme des Verfahrens, den der Anwalt von Peter H. eingereicht hat und der sich im Wesentlichen auf die Aussage von Daniel N. stützt, wird vom Landgericht Salzburg 1995 zurückgewiesen. Die Ablehnung wird vom OLG Linz bestätigt. Doch der OGH hebt diese Beschlüsse auf und weist das Landgericht Salzburg an, eine Ergänzung des Verfahrens durchzuführen, bevor erneut über eine Wiederaufnahme entschieden werde. Daraufhin führt der Untersuchungsrichter ergänzende Zeugenvernehmungen durch. Der Verteidiger von Peter H. legt Privatgutachten vor, nach denen der tödliche Schuss mit einer Kleinkaliberpatrone nicht aus dem aufgeschraubten Lauf eines Signalstiftes abgegeben worden sein könne. Außerdem sei der Schuss von vorne und nicht von der Seite abgefeuert worden. Im erneuten Wiederaufnahmeverfahren begründen die drei Richter des Landgerichts Salzburg in einem 35 Seiten langen, nicht öffentlich ergangenen Beschluss, es seien keine neuen Beweismittel aufgetaucht, die eine Wiederaufnahme rechtfertigen. Der Antrag wird zurückgewiesen.

Nachdem Peter H. mehr als fünf Jahre Haft abgesessen hat, richtet sein Salzburger Anwalt Franz Gerald Hitzenbichler 1998 einen dritten Wiederaufnahmeantrag an das Landgericht. Er stützt ihn vor allem auf die Gutachten zweier Waffentechniker, die »mit hoher Wahrscheinlichkeit« ausschließen, dass der Schuss aus einem umgebauten Signalstift abgegeben worden ist. Sie halten eine Waffe und ein Geschoss Kaliber 9 mm Parabellum für möglich.

Diesmal gibt das Landgericht Salzburg dem Antrag statt. Im April 2001 ordnet das Oberlandesgericht Linz gegen eine Kaution von 800 000 Schilling (heute 58 138 Euro) die sofortige Freilassung von Peter H. an.

Die erneut eingeleitete Voruntersuchung dauert ein Jahr. Dann erhebt Staatsanwältin Barbara F. eine neue Anklage. Mit 55 Seiten ist sie nunmehr doppelt so dick wie die erste. 44 Zeugen sollen vernommen und vier Gutachter gehört werden. Rechtsanwalt Hitzenbichler erhebt Einspruch gegen die Anklage. Das OLG Linz weist ihn jedoch mit der Begründung zurück, die Behauptungen der Anklage »entbehren nicht der Schlüssigkeit« und es bestehe ein »nach wie vor dringender Tatverdacht«. Fragen der Beweiswürdigung seien dem neuen Geschworenengericht vorbehalten. Das Oberlandesgericht Linz äußert sich auch zu der alten Wehrmachtspistole, die nach der Aussage von Daniel N. von seinem Freund Tomi nach der Tat über eine Mauer geworfen wurde. Diese Pistole, die im April 1999 in einem Gebüsch gefunden wurde, sei »nicht mehr beschießbar«. Deshalb sei eine Zuordnung dieser Waffe zur Tat nicht möglich. Im übrigen sei Peter H. »eine nachvollziehbare Erklärung dafür, warum er die Tat zunächst gestanden hat, schuldig geblieben«. Allerdings gelte für ihn, bis es ein neues Urteil gibt, die Unschuldsvermutung.

Im April 2003 beginnt vor dem Landgericht Salzburg der neue Prozess gegen Peter H. Er sei kein Opfer der Justiz, behauptet die Staatsanwältin. »Er ist nach wie vor dringend tatverdächtig.« Die Verteidigung hält dagegen: »Die Ermittlungsbehörden haben sich geirrt. Die ganze Geschichte ist konstruiert.« Der Tatort sei mangelhaft abgesperrt worden. Aktenvermerke fehlten, Beweisstücke seien verspätet vorgelegt worden, in der Handakte herrsche

Chaos. Das veranlasst den Richter Peter Reifenberger zu der Äußerung: »Wir wollen nicht hoffen, dass hier manipuliert worden ist.« Es bestehe der Eindruck, dass nur Beweisergebnisse zum Nachteil von Peter H. vorgelegt worden seien. Die Verteidigung erstattet Strafanzeige wegen Verdachts des Missbrauchs der Amtsgewalt, der falschen Beweisaussage, der Urkundenunterdrückung sowie der Urkundenfälschung gegen sechs Kriminalbeamte der Gendarmerie, die 1993 die Ermittlungen durchgeführt haben.

Der Angeklagte beteuert erneut: »Ich bin unschuldig und habe nichts mit der Tat zu tun.« In der zweiten Verhandlungswoche erklärt seine Mutter als Zeugin, ihr Sohn sei am 5. Juli 1993 keinesfalls in Salzburg gewesen, sondern in der elterlichen Wohnung in Gmunden. Er sei um 22.30 Uhr angetrunken nach Hause gekommen und habe sich dann gleich ins Bett gelegt. Seine damals 15-jährige Schwester macht die gleichen Angaben. Und der Zeuge Daniel N. erklärt erneut, er sei dabei gewesen, als sein Freund Tomi die blonde Taxifahrerin mit einer alten Wehrmachtspistole erschossen habe. Sie seien mit dem Vorsatz, einen Taxifahrer zu berauben, in das Auto von Claudia D. eingestiegen. Auf der Fahrt habe Tomi einen Bauchkrampf vorgetäuscht. Als die Frau daraufhin angehalten habe und zu Tomi hingegangen sei, habe er sie in den Hals geschossen.

Zu den fünf falschen Geständnissen erklärt der Angeklagte, nach zahlreichen Vernehmungen und Beschimpfungen durch die ermittelnden Gendarmen sei er mit den Nerven fertig gewesen und habe Angst gehabt. »Mir ist vorgehalten worden, dass meine Haare im Taxi gefunden und meine Fingerabdrücke sichergestellt worden sind.« Außerdem sei ihm gesagt worden, bei einem Geständnis komme er billiger davon. Wenn er allerdings weiter leugne, würde er in eine Anstalt für abnorme Rechtsbrecher kommen. Daraufhin habe er ein Geständnis abgelegt, »damit Ruhe ist«. Er habe gedacht, dass »sowieso weiter ermittelt wird und die Wahrheit herauskommt«.

Am 16. Mai 2003 kommt das Geschworenengericht Salzburg zu dem Ergebnis, dass Peter H. unschuldig ist, und spricht ihn frei. Die Staatsanwaltschaft verzichtet auf Rechtsmittel, das Ur-

teil wird rechtskräftig. Gleichzeitig werden Ermittlungen wegen Mordverdachts gegen Tomi S. und Daniel N. eingeleitet.

Nun steht es fest: Peter H. wurde um acht Jahre seines Lebens gebracht. Er ist Opfer eines Justizirrtums und eines unerhörten polizeilichen Ermittlungsskandals. Die österreichische Presse reagiert aufgebracht und spricht von einer »Katastrophe für den Rechtsstaat«. Der Fall zeige exemplarisch, wie überfällig die Reform des Strafprozesses sei. Das weitgehend »freihändige« Agieren der Ermittler müsse auf jeden Fall der Leitung eines Staatsanwaltes unterstellt werden.

Peter H. erhält eine gesetzlich vorgesehene Entschädigung für die unrechtmäßig verbüßte Haft. Nach Auffassung seiner Anwälte muss jedoch unabhängig davon die Republik Österreich für das schuldhafte Verhalten ihrer Organe haften. Die Anwälte reichen daher im Juli 2003 beim Landgericht Salzburg eine Zivilklage in Höhe eines Gesamtstreitwerts von 1,2 Millionen Euro ein, mit der Ersatz für den erlittenen immateriellen Schaden verlangt wird. Dieses Schmerzensgeld ist eins der höchsten, das in Österreich je geltend gemacht wurde. Es soll die seelischen Qualen abgelten, fast acht Jahre unschuldig in einer Haftanstalt für Schwerverbrecher eingesperrt gewesen zu sein. Die umfangreiche Amtshaftungsklage wirft nicht nur der Kripo massive Rechtsverletzungen vor. Auch der Justiz werden »rechtswidrige und schuldhafte Handlungen« angelastet.

Im Oktober 2004 wird Peter H. ein Großteil seiner Ansprüche in Form einer Rente zuerkannt. Außerdem wird ihm der entgangene Verdienst ersetzt. Insgesamt erhält er 950 000 Euro. Das österreichische Parlament beschließt ein neues »Strafrechtliches Entschädigungsgesetz«, das generell ein pauschales Schmerzensgeld für zu Unrecht erlittene »Haftübel« vorsieht.

Das Jahre dauernde Verfahren gegen die sechs Gendarmen, denen vorgeworfen wurde, dem Gericht und der Staatsanwaltschaft gezielt Informationen vorenthalten zu haben, wird Ende 2005 nach Genehmigung durch das Justizministerium mit der Begründung eingestellt, die meisten erhobenen Vorwürfe seien bereits verjährt.

Der Fall der »Chengde Vier«

(Volksrepublik China, 1994–2003)

In den letzten Jahren sind einige schlimme Fälle aus der Volksrepublik China publik geworden. Insbesondere der Fall der »Chengde-Vier« hat die Weltöffentlichkeit erschüttert. Die Einzelheiten sind durch ein Interview bekannt geworden, das der Hauptangeklagte Chen G. der chinesischen Zeitung »China Youth Daily« am 27. Dezember 2000 gegeben hat.

Im Juli 1994 werden in der Provinzstadt Chengde, einige Kilometer nordöstlich von Peking gelegen, zwei Taxifahrer ermordet. Zwei Monate lang hat die Polizei keine heiße Spur. Dann bekommt sie einen Hinweis auf Chen G., der angeblich »niedergeschlagen und unglücklich« sein und sich in einer »ungewöhnlichen Stimmung« befinden soll. Außer ihm werden daraufhin noch drei weitere junge Männer verhaftet, Yang S., He G. und Zhu Y. Sie geben an, mit dem Taximord nichts zu tun zu haben und beteuern ihre Unschuld.

Aber dann werden sie von den Vernehmungsbeamten gefoltert. Chen G. wird mehrere Male so lange geschlagen, bis er bewusstlos ist. Man jagt Stromstöße in seine Genitalien und befestigt Telephonkabel an seinen großen Zehen, so dass er bei jedem »Anruf« hochspringen muss. All vier Männer gestehen das Verbrechen unter der Folter. Die Polizeioffiziere werden mit Auszeichnungen belohnt.

Während ihres ersten Prozesses im Jahr 1996 vor dem Volksgerichtshof von Chengde entblößen die vier Angeklagten vor dem Richter ihre Narben und Brandwunden, die sie von den Folterungen zurückbehalten haben. Ihre Geständnisse seien erpresst worden, tragen sie vor. Aber der Richter will davon nichts hören. Was sie gestanden haben, sei auf Band aufgenommen worden, hält er ihnen vor. Die Fakten seien klar und es gäbe genug Beweise für ihre Schuld. Alle vier werden zum Tode verurteilt.

Doch auf ihre Berufung hebt der Oberste Volksgerichtshof von Hebei am 6. Oktober 1996 die Urteile auf, weil mehr als 20 »Beweise« der Anklagevertretung noch näherer Klärung bedürfen.

Der neue Prozess gegen die »Chengde Vier« beginnt am 12.

August 1997. Trotz der Zweifel, die das Berufungsgericht hatte, werden die Angeklagten erneut zum Tode verurteilt, und zwar aufgrund derselben Beweismittel aus dem ersten Verfahren. Wiederum weigert sich das Gericht, den Behauptungen der Angeklagten nachzugehen, sie seien während ihrer Vernehmungen gefoltert worden. Die betreffenden Polizeioffiziere sind während der Verhandlung anwesend und bestreiten derartige Torturen. Die Angeklagten beteuern ihre Unschuld und behaupten, sie hätten Alibis für die Tatzeit. Aber es wird ihnen nicht erlaubt, sie vorzubringen.

Ihre Berufung ist jedoch wiederum erfolgreich, und der Oberste Gerichtshof ordnet am 16. Februar 1998 einen dritten Prozess an, weil die Fakten noch immer nicht klar seien. Das Gericht von Chengde hält allerdings stur an seiner Auffassung fest und verurteilt die Angeklagten am 13. Oktober 1998 aufgrund derselben Beweismittel ein drittes Mal zum Tode.

Der Oberste Volksgerichtshof von Hebei hebt auch dieses Urteil auf. Im vierten Prozess werden Chen G. und Yang S. am 20. Oktober 2000 ein weiteres Mal zum Tode verurteilt, die anderen erhalten eine lebenslängliche Haftstrafe. Wieder werden die Urteile in der Berufungsinstanz aufgehoben, ein ständiges, unbegreifliches Hin und Her. Es dauert drei Jahre, bis der fünfte Prozess beginnt. Diesmal findet er in der ersten Instanz vor dem Obersten Gerichtshof in Hebei statt, wohl, weil das Volksgericht in Chengde nicht in der Lage war, zu einem Urteil zu gelangen, das Bestand hat.

Das Verfahren beginnt am 21. Juli 2003. Während der öffentlichen Anhörung wird den Angeklagten gestattet, dem Gericht ihre Alibis vorzulegen. Sie dürfen auch ihre Wunden vorzeigen und die Namen der Polizisten angeben, die sie misshandelt haben. Über den Ausgang dieses Verfahrens ist nichts bekannt geworden. Amnesty International, das sich in den Fall eingeschaltet hat, hofft auf einen Freispruch und auf eine Entschädigung für die »Chengde Vier«.

Der falsche Mann? Der Fall Harry W.

(Deutschland, 29. April 1997–?)

Andrea und Harry kennen sich schon seit ihrer Jugend, sie sind Freunde. Erst im Sommer 1993 wird daraus eine intime Beziehung. Als die 23-jährige Bereitschaftspolizistin Andrea schwanger wird, heiratet der fünf Jahre ältere Harry W. sie im September 1994. Im März 1995 wird der gemeinsame Sohn Kai geboren. Nach seiner Umschulung zum Bauzeichner ist Harry bis 1996 arbeitslos. Andrea tut seit 1994 ihren Dienst bei der Polizeidirektion Pforzheim im Range einer Polizeimeisterin. Hier verliebt sie sich im Januar 1996 in ihren 37-jährigen, verheirateten Kollegen Thomas H., der mit ihr als Partnerin in Pforzheim im Streifendienst tätig ist. Ihre intime Liebesbeziehung führt zu Spannungen in beiden Ehen. Thomas H. befindet sich in einem ständigen Gefühlskonflikt. Einerseits liebt er Andrea, andererseits will er seine Frau Daniela und seine Familie nicht aufgeben.

Andrea verlässt Harry W. im März 1996, zieht aus der gemeinsamen Wohnung aus und reicht im November 1996 die Scheidung ein. Zusammen mit ihrem Sohn Kai bewohnt sie ein Reihenhaus in Birkenfeld, das ihr Vater Wolfgang Z., ebenfalls Polizeibeamter, für sie erworben hat. Im Februar 1997 ziehen jedoch ihre Eltern dort ein und Andrea wohnt fortan in der Erdgeschosswohnung des Einfamilienhauses ihrer Eltern im gleichen Ort. Ihr Vater übernachtet häufig in der Einliegerwohnung im Souterrain. Andrea und Harry haben sich darauf geeinigt, dass Harry seinen Sohn alle 14 Tage jeweils samstags abholen kann, um den Tag mit ihm zu verbringen. Seit dem Sommer 1996 hat Harry ein intimes Liebesverhältnis mit der ledigen 24-jährigen Claudia F., die er schon seit vielen Jahren kennt. Sie leben zwar nicht zusammen, die Wochenenden verbringen sie jedoch gemeinsam.

Am Montag, dem 28. April 1997, hat Andrea dienstfrei. Nachdem sie ihren Sohn am Abend zu Bett gebracht hat, kommt ihr Vater, der an diesem Tag Geburtstag hat, etwa gegen 21.30 Uhr zu Besuch. Da Wolfgang Z. am nächsten Tag Frühdienst hat, zieht er sich schon eine Stunde später in die Einliegerwohnung im Keller zurück, um dort zu übernachten. Auch Andrea begibt sich in ihr

Schlafzimmer, wo Kai in der rechten Hälfte des Doppelbettes bereits tief schläft. Was sich nun wirklich in dieser Nacht in dem Schlafzimmer abgespielt hat, konnte bis heute nicht einwandfrei geklärt werden. Nach den späteren Feststellungen des Schwurgerichts Karlsruhe ist Andrea zwischen 2.16 Uhr und 2.31 Uhr nachts aus dem Schlaf erwacht, weil sie wohl Geräusche im Haus gehört hat.

Sie schaltet die Nachttischlampe ein und erblickt den Mann, der sie umbringen will. Er trägt Einweghandschuhe aus Vinylmaterial und hat einen graubraunen, etwa 1,20 m langen Wollschal in der Hand, den er einmal fest um ihren Hals schlingt. Dann überkreuzt er die beiden Enden und zieht sie mit beiden Händen so fest zusammen, dass Andrea die Luftzufuhr abgeschnitten wird. Sie versucht vergeblich, sich zu wehren. Sie hat nur ein rosa T-Shirt an, darunter ist sie nackt. Ihr Schließmuskeltonus verändert sich reflexartig, sie muss unwillkürlich Wasser lassen. Bei der späteren Spurensicherung findet sich Urin auf dem Boden vor der Längsseite des Bettes und eine Wischspur bis hin zur Schlafzimmertür. Daraus wird geschlossen, dass Andrea sich bereits aus dem Bett erhoben hatte, als der Täter etwa drei bis fünf Minuten lang versucht hat, sie mit dem Schal zu erdrosseln. Andrea wird bewusstlos. Der Täter glaubt, sie sei tot. Er schleift sie aus dem Schlafzimmer in den Flur, wo sie unmittelbar vor der Tür zur Treppe in das Souterrain zu liegen kommt.

Nach den Feststellungen des Schwurgerichts ist Wolfgang Z., Andreas Vater, der in der Einliegerwohnung im Keller schläft, von den »Rumpel-Geräuschen« über ihm erwacht. Er schaut auf die Uhr, es ist genau 2.34 Uhr. Er geht die Treppe hinauf, um die Ursache der Geräusche zu erforschen. Aber er kann die zum Flur aufgehende Tür nicht ganz öffnen, er stößt auf Widerstand. Durch den Türspalt erkennt er die nackten Beine seiner auf dem Boden liegenden Tochter. »Andrea, was ist denn los?«, ruft er laut und wird im selben Moment von dem Türblatt am Kopf getroffen. Der Täter drückt die Tür wieder zu und stemmt sich dagegen. »Ich hole jetzt meine Dienstwaffe und erschieße dich!«, ruft der Vater und geht die Treppe hinunter in die Einliegerwohnung.

Diese Zeitspanne nutzt der Täter zur Flucht. Er verlässt das Haus durch die nicht abgeschlossene Haupteingangstür. Wolfgang Z. gelingt es nun, die Tür zum Flur zu öffnen, indem er die Beine seiner Tochter verschiebt. Er zwängt sich durch den Spalt und findet Andrea auf dem Flurboden auf dem Rücken liegend. Er entfernt den fest um ihren Hals geschlungenen Wollschal und beginnt sogleich mit Mund-zu-Mund-Beatmung. Da die Wiederbelebungsversuche erfolglos sind und er keine Atmung bei seiner Tochter feststellen kann, ruft er um 2.40 Uhr die Notrufzentrale der Polizei Pforzheim an und bittet um Entsendung eines Notarztes. Er schildert die Situation und äußert den Verdacht, es handele sich um eine Beziehungstat, für die entweder Thomas H. oder Harry W. als Täter in Betracht kämen.

Polizei und Notarzt treffen wenig später am Tatort ein. Als Andrea zu röcheln beginnt, wird sie sofort künstlich beatmet und ins Krankenhaus eingeliefert. Die Ärzte retten ihr Leben, aber sie bleibt für immer ein Pflegefall. Durch die zeitweilige Unterbrechung der Sauerstoffzufuhr sind die Gehirnzellen so sehr geschädigt, dass schwerste neurologische und psychopathologische Schädigungen zurückbleiben. Sie hat schwere Schluckstörungen, muss künstlich ernährt werden und kann Harn und Stuhl nicht halten. Sie kann weder sprechen noch komplexe Sprachinhalte verstehen. Ihre Gedächtnisfunktionen, ihre Konzentrationsfähigkeit und ihr Antrieb sind dauerhaft aufs Schwerste geschädigt. Sie wird wohl nie mehr etwas zur Tat sagen können. Da auch Arme und Beine funktionell beeinträchtigt sind, ist Andrea für immer auf einen Rollstuhl angewiesen.

Die Polizei kann am Tatort keinerlei Einbruchsspuren feststellen. Die Einsatzleitung ordnet die sofortige Observation der Wohnungen von Thomas H. und Harry W. an. Kurz vor drei Uhr nachts treffen die Beamten vor der Wohnung von Harry ein, nehmen aber seinen etwa 200 m entfernten PKW trotz Ringfahndung nicht wahr. Ein schweres, unbegreifliches Versäumnis. Eine sofortige Überprüfung des Motors auf Restwärme erfolgt nicht. Erst um 5.17 Uhr wird Harry von einem Kriminalhauptkommissar angerufen und darüber informiert, dass mit seiner Frau etwas passiert sei, er möge sofort herauskommen. Warum hat man über

zwei Stunden verstreichen lassen? Als Harry um 5.25 Uhr seine Wohnung verlässt, wird er auf der Straße sofort festgenommen. Er bestreitet energisch, zur Tatzeit am Tatort gewesen zu sein. Er sei kurz nach 22.00 Uhr zu Bett gegangen und habe sich die ganze Nacht über in seiner Wohnung aufgehalten.

Die Kriminalbeamten glauben ihm nicht. Sie gehen davon aus, dass er am 29. April 1997 um 2.00 Uhr nachts seine Wohnung verlassen hat und mit seinem PKW zu dem etwa 3,5 Kilometer entfernten Anwesen Andreas gefahren ist. Mit einem noch in seinem Besitz befindlichen Schlüssel habe er dann die Eingangstür zur Einliegerwohnung aufgeschlossen und anschließend wieder verschlossen und sei dann, ohne Licht zu machen, vom Souterrain aus die Treppe hinauf in Andreas Schlafzimmer gegangen.

In dem Zimmer werden abgerissene Fingerlinge von Latexhandschuhen sichergestellt und im Labor auf DNA-Spuren untersucht. Harry W. sind nach einem Motorradunfall die Endglieder zweier Finger amputiert worden. Nun vermutet man, dass es sich bei den Fingerlingen genau um jene Glieder handelt und dass sie beim Würgen und dem Kampf mit Andrea abgerissen sind. Der Sachverständige Dr. F. isoliert an der Innenseite des im Bett gefundenen Fingerlingsabschnitts kleinste Mengen kernhaltigen Zellmaterials. Die Untersuchung ergibt, dass der mengenmäßig größte Anteil dem Tatopfer Andrea zuzuordnen ist und weitere, weitaus schwächere und mengenmäßig sich an der Nachweisgrenze bewegende »Banden« auf einen zweiten Spurenverursacher hinweisen. Sie würden nicht mit den Vergleichsblutproben von Thomas H., Daniela H. und Wolfgang Z. übereinstimmen, sodass sie als Mitverursacher ausscheiden. Mit der Blutprobe von Harry W. würden sie jedoch weitgehend übereinstimmen.

Auch eine auf der Kellertreppe gefundene Plastiktüte wird Harry W. zugeordnet. Darin befinden sich zwei Zigarettenschachteln mit sieben Portionen Amphetaminen. Eine Packung ist mit einem Kreuz versehen. Es ist genau die Marke, die Harry raucht. Seine Frau rauche dieselbe Marke, versichert er. Sie habe illegale Drogen genommen und die Schachtel mit dem Rauschgift stets mit einem Kreuz markiert.

Aber die Vernehmungsbeamten nehmen ihm das nicht ab. Bei seiner Vernehmung am 13. Mai 1997 legt ihm der Polizist K. nahe, ein Geständnis abzulegen, andernfalls würde er keinen Besuch mehr bekommen. Daraufhin erwidert Harry W., er würde alles zugeben, »ohne wenn und aber«. Er räumt auch ein, in der Tatnacht auf dem Anwesen gewesen zu sein. Nach seiner Vernehmung fertigt er am Abend in seiner Zelle eine pauschale Geständnisnotiz, die auch den Satz enthält, er wolle nur noch seine Ruhe haben. Dieser Zettel wird bei der Durchsuchung seiner Zelle in einem Aktenordner gefunden. Harry widerruft später dieses Geständnis mit der Behauptung, nach mehrstündigen Vernehmungen von den Polizeibeamten dazu genötigt worden zu sein. Sie hätten ihm gedroht, ihm eine zu »schießen«, falls er das angefertigte Vernehmungsprotokoll nicht unterschreibe. Und die Notiz in seiner Zelle sei nur für seinen Verteidiger bestimmt gewesen, um ihm zu zeigen, was alles mit dem Vernehmungsbeamten K. beprochen worden sei.

Aufgrund des Sachverständigengutachtens wird Harry W. vor dem Landgericht Karlsruhe des versuchten Totschlags angeklagt. Die Jury folgt dem Gutachten und glaubt auch dem Nachbarn Rudolf K., der im Prozess aussagt, er habe in der Tatnacht aus der Richtung der Wohnung des Tatopfers eine laute Männerstimme gehört. Ein Mann habe in erregtem Ton laut ausgerufen: »Ich bring dich um, ich schlag dich tot! Mit mir kannst du das nicht machen!« Sekunden später habe er eine weinerliche Frauenstimme gehört. Die Frau habe gerufen: »Was willst du denn von mir? Ich habe dir doch nichts getan. Mach mir doch nichts!«

Als Grund für die Tat nimmt die Strafkammer einen Streit um das Sorgerecht für den gemeinsamen Sohn an. Sie verurteilt Harry W. am 16. Januar 1998 zu elf Jahren Haft. Die gegen das Urteil eingelegte Revision wird vom 1. Strafsenat des Bundesgerichtshofs am 11. August 1998 als unbegründet verworfen. Auf einer halben (!) Seite wird lapidar gesagt, die Nachprüfung des Urteils habe keinen Rechtsfehler zum Nachteil des Angeklagten ergeben. Die Kosten habe der Angeklagte zu tragen.

Wahrscheinlich hätte Harry W. die ganzen elf Jahre im Gefängnis absitzen müssen, wenn nicht Andreas Eltern auf die Idee ge-

kommen wären, Harry auf 300 000 DM Schmerzensgeld und Ersatz allen künftigen Schadens zu verklagen. Denn jetzt kommt es zu dem in der deutschen Rechtsgeschichte äußerst seltenen Fall, dass eine Zivilkammer den gleichen Sachverhalt anders beurteilt als das Schwurgericht. Das Landgericht Karlsruhe weist die Zivilklage nach 18-monatiger Prozessdauer nämlich am 6. Januar 2001 mit der Begründung ab, die Schuld des Beklagten sei nicht zweifelsfrei nachgewiesen.

Mitentscheidend für dieses sensationelle Urteil ist die Tatsache, dass der Gutachter vom Landeskriminalamt Stuttgart seine noch im Strafprozess eindeutige Zuordnung der Spuren sehr stark relativiert. Nun sagt Dr. F., die Analyse habe ein Gemisch ergeben, für das viele mögliche Verursacher in Betracht kämen. Harry W. könne als Mitverursacher der Mischspuren an den Fingerlingen nicht festgestellt, aber auch nicht ausgeschlossen werden. Auch die anderen Personen, deren DNA mit der in den Asservaten verglichen wurde, könnten nicht als Spurenverursacher festgestellt, aber mit einer höheren Wahrscheinlichkeit, als dies bei Harry W. der Fall sei, ausgeschlossen werden. Außerdem wird jetzt festgestellt, dass die beiden abgerissenen Fingerlinge von verschiedenen Handschuhen stammen.

Der Vorsitzende Richter Wolf-Rüdiger Waetke richtet schwere Vorwürfe an die Pforzheimer Polizei. Den Ermittlern seien schwere Fehler und Versäumnisse unterlaufen. »Das mag verstehen, wer will«, sagt der Richter, »wir tun es jedenfalls nicht.« Dass das Auto von Harry W. nicht sofort kontrolliert worden ist, bezeichnet er als »Unterlassung, die sich verhängnisvoll ausgewirkt hat«. Es sei recht merkwürdig, wie mit Belastungsmaterial umgegangen worden sei. Die Tatsache, dass weder zwei Tagebücher noch Schlüssel und ein Haushaltsführungsbuch mit einer ausgerissenen Seite des Tattags vom Morddezernat an die Kriminaltechnik zur Überprüfung weitergeleitet worden seien, habe der Sachbearbeiter mit Wirtschaftlichkeitserwägungen begründet. Darüber könne man nur ebenso den Kopf schütteln wie darüber, dass nicht sofort eine andere Dienststelle mit der Aufklärung des Verbrechens beauftragt worden sei. Denn Opfer, Vater und Geliebter waren Polizisten auf dem gleichen Revier.

Hat die Pforzheimer Polizei gezielt und einseitig in Richtung Harry W. ermittelt, dem einzigen Nichtpolizisten unter den Verdächtigen? Er könne sich des Eindrucks nicht erwehren, bekennt der Vorsitzende Richter Waetke, dass »in manchen Punkten nicht objektiv ermittelt« wurde. »Es bleibt nichts, absolut gar nichts übrig, was als Indiz eindeutig gegen W. spricht!« Das bedeute allerdings nicht, fügt Waetke hinzu, dass er tatsächlich unschuldig sei.

Gestützt auf diese neuen Beweismittel und Erkenntnisse reicht der Verteidiger von W., Rechtsanwalt Hubert Gorka, am 3. Mai 2001 einen erneuten Antrag auf Zulassung eines Wiederaufnahmeverfahrens ein, nachdem zuvor ein solcher Antrag vom Landgericht Mannheim bereits abgelehnt worden war. Das gleiche Gericht weist am 28. September 2001 auch diesen Antrag zurück. Gorka legt Beschwerde ein. Am 30. November 2001 hebt der 3. Strafsenat des Oberlandesgerichts Karlsruhe den Beschluss des Landgerichts Mannheim auf und ordnet die Durchführung eines Wiederaufnahmeverfahrens an. Außerdem verfügt es die sofortige Freilassung des Verurteilten. Harry W. wird nach vier Jahren und sieben Monaten verbüßter Haft aus der Justizvollzugsanstalt Heimsheim »bedingt« entlassen.

Fast vier Jahre muss Harry warten, bis die Mannheimer Richter seinen Fall erneut prüfen. Seine Hoffnung ist groß, dass das neue Verfahren mit einem Freispruch und seiner vollständigen Rehabilitation endet. Freiwillig hat er sich einem Lügendetektortest durch Professor Undeutsch unterzogen, den er mit der höchstmöglichen Punktzahl besteht. Das Gutachten endet mit dem Satz: »Harry W. ist mit an Sicherheit grenzender Wahrscheinlichkeit nicht der Täter jener grauenvollen Tat.«

Das Landgericht Mannheim verschiebt den Prozess immer wieder. »Die lassen mich in der Luft hängen!«, sagt Harry W. verbittert, der in seiner Gemeinde viel Solidarität erlebt und auch Arbeit in einem Autolager gefunden hat. Die Pforzheimer Ankläger rechnen fest damit, dass es bei der Verurteilung bleibt. Denn andere Täter würden ausscheiden, meint Oberstaatsanwalt Hans-Werner S. Der Vater habe kein Motiv und der Geliebte hat ein Alibi.

Endlich beginnt am 30. Mai 2005 das Wiederaufnahmeverfahren vor dem Landgericht Mannheim. Zwei Gerichte haben festgestellt, dass die Indizienkette gegen Harry W. sehr dünn ist. Wird das Landgericht Mannheim dies ebenfalls so sehen und Licht in das Dunkel der Nacht des 29. April bringen? Wird sich das Schwurgerichtsurteil des Landgerichts Karlsruhe vom 16. Januar 1998 als krasses Fehlurteil herausstellen? Oder kann man Harry W. nun zweifelsfrei die Schuld nachweisen? Sichtlich nervös, beteuert er auch zu Beginn des neuen Verfahrens seine Unschuld. In der Tatnacht sei er nicht bei seiner Frau, sondern allein zu Hause gewesen. Sein Verhältnis zu ihr sei nach der Trennung gut gewesen, wenngleich es immer wieder mal Reibereien um seinen Kontakt zu dem gemeinsamen Sohn gegeben habe.

Die ursprünglich für den 15. Juli 2005 vorgesehene Urteilsverkündung verzögert sich um mehrere Monate, weil die Staatsanwaltschaft zahlreiche Beweisanträge stellen will. Auch der Anwalt der Nebenklage stellt neue Beweisanträge. Der Vorsitzende Richter Karl A. terminiert daraufhin weitere Sitzungen bis Ende September 2005. Das Medieninteresse an dem Fall ist nach wie vor groß. Denn man vermutet dahinter einen der größten Ermittlungsskandale in der Kriminal- und Rechtsgeschichte der Bundesrepublik.

Am 6. Oktober 2005 ist es endlich so weit. Das Landgericht Mannheim spricht Harry W. frei, weil ihm seine Schuld »nicht mit der notwendigen Sicherheit« nachgewiesen werden könne. Gleichzeitig wird festgestellt, dass Harry W. für die vier Jahre und sieben Monate, die er unschuldig im Gefängnis verbracht hat, entschädigt werden muss. Allerdings steht mit diesem Urteil noch immer nicht endgültig fest, dass das Urteil des Schwurgerichts Karlsruhe vom 16. Januar 1998 ein Fehlurteil ist. Denn die Staatsanwaltschaft, die zehn Jahre Haft forderte, hat Revision eingelegt. Nun werden weitere Jahre vergehen, bis die Gerechtigkeit – hoffentlich – endlich siegt.

4 Skrupellose Staatsanwälte

Im deutschen Rechtssystem steht der Staatsanwalt als Beamter und Organ der Rechtspflege in den Diensten des Staates. Er muss zum Richteramt befähigt sein und ist an die Rechtsordnung gebunden. Im Verfahren muss er gegenüber einem Angeklagten auch entlastendes Beweismaterial berücksichtigen. Auch in Deutschland hat es Fälle gegeben, in denen Staatsanwälte ihre Dienstpflicht verletzt, das Recht gebeugt und dadurch zu Fehlurteilen entscheidend beigetragen haben. Aber solche Fälle sind relativ selten.

Ganz anders ist dies wiederum in den USA. Hier kann jeder zugelassene Anwalt die Rolle des Staatsanwaltes übernehmen. Ein »Canon of Legal Ethics" schreibt jedem als öffentlicher Ankläger auftretenden Anwalt zwar vor, die vorrangige Pflicht sei nicht, anzuklagen, sondern dafür zu sorgen, dass Recht und Gerechtigkeit geschehen. Er dürfe Fakten nicht unterdrücken oder Beweismaterial vorenthalten, das die Unschuld des Angeklagten beweisen könnte. Aber die Praxis sieht leider anders aus. Die Verlockung, den übernommenen Fall unbedingt gewinnen zu wollen, dadurch viel Geld verdienen zu können und vielleicht sogar berühmt zu werden, ist groß. Und immer wieder ereignen sich in den USA Fälle, in denen ehrgeizige, skrupellose und verantwortungslose Anwälte die Sache des Staates vertreten. Sie wollen die Verurteilung des Angeklagten um jeden Preis erreichen. Sie betrügen, erfinden oder fälschen Beweise, präsentieren manipulierte Falschaussagen von Zeugen oder halten entlastende oder gar eindeutige, die Unschuld darlegende Beweismittel bewusst zurück.

In Louisiana wird Curtis K. zum Tode verurteilt und erst 14 Jahre später in die Freiheit entlassen, nachdem sich herausgestellt hat, dass der Anklagevertreter den Geschworenen entlastende Beweise vorenthalten hat. Außerdem verschwieg er ihnen, dass seine, den Angeklagten belastenden Beweise von einem Mann stammten, den er dafür bezahlt hatte und der wahrscheinlich sogar selbst der wahre Täter war.

In Alabama sitzt Walter M. fünf Jahre unschuldig in der Todeszelle, weil der Staatsanwalt entlastendes Beweismaterial vorenthielt und statt dessen drei Belastungszeugen präsentierte, die sämtlich einen Meineid schworen.

In Texas wird Ricardo G. wegen Mordes an einem Polizeibeamten verurteilt, obwohl sämtliche Beweise gegen ihn frei erfunden sind. Das stellt sich leider erst später heraus, als ein Gericht, das den Fall überprüft, feststellt, das Verhalten der Anklagevertretung sei »empörend, absichtlich und böswillig« gewesen. Ricardo G. wird freigelassen, nachdem er 15 Jahre unschuldig in der Todeszelle gesessen hat.

Auch im Mordprozess gegen Wilbert L. und Freddie P. werden in Florida Todesurteile ausgesprochen, weil die Staatsanwaltschaft entlastende Beweise zurückhält und die Aussage eines angeblichen Augenzeugen vorlegt. Zwölf Jahre später gesteht der wahre Täter die Morde, und die beiden zu Unrecht Verurteilten werden freigelassen.

Von besonderer politischer Brisanz ist das Verfahren gegen den farbigen, 1982 zum Tode verurteilten Mumia Abu J., das größte Aufmerksamkeit erregt und zu internationalen Protesten geführt hat. Da es sich weitgehend um einen politischen Prozess gehandelt hat, wird darauf näher im Kapitel »Der Druck der öffentlichen Meinung« eingegangen.

Diese wenigen Beispiele sowie die nachfolgenden drei ausführlicheren Fallschilderungen mögen genügen, um die dunkle Seite des amerikanischen Rechtssystems aufzuzeigen, alles Fälle, in denen das Fehlverhalten der Anklagevertreter tatsächlich aufgedeckt worden ist. Seit 1963 sind in Mordprozessen mindestens 380 Urteile aufgehoben worden, weil Staatsanwälte Entlastungsbeweise unterschlagen haben. Kein einziger dieser Staatsanwälte wurde strafrechtlich verfolgt. Die Zahl der Fälle, in denen derartige Pflichtverletzungen nicht bekannt geworden sind, kennt niemand. Genauso wenig wie die Zahl der Fälle, in denen Unschuldige hingerichtet worden sind. Dennoch befürworten nach neuesten Umfragen nach wie vor zwei Drittel der Amerikaner die Todesstrafe.

Die Bombe von San Francisco. Der Fall Mooney-Billings

(USA, Kalifornien, 22. Juli 1916–19. Oktober 1939)

Von den vielen Verfehlungen und Verirrungen der Justiz, die in diesem Buch geschildert werden, ist der Fall Mooney-Billings einer der ungeheuerlichsten. Er zeigt ein korruptes amerikanisches Rechtssystem in seinen schlimmsten Auswirkungen. Die verbrecherischen Manipulationen erinnern an die Dreyfus-Affäre in Frankreich (vgl. Otto, »Das Lexikon der Justizirrtümer«, Ullstein, 2. Auflage 2004, S. 235 ff.). Nur gibt es in den USA keinen Emile Zola, der die Rechtsbrüche anklagt. In seinen politischen Perspektiven hat die Justiztragödie auch Parallelen zu dem Fall Sacco und Vanzetti (vgl. Otto, a. a. O., S. 359 ff.), der sich vier Jahre später ereignet und die Menschen in aller Welt ebenso erschüttert.

Am 22. Juli 1916 haben sich in San Francisco an der Ecke Stewart und Market Street Hunderte von Menschen versammelt, um den Vorbeizug der Bereitschaftsparade zu beobachten. Die Parade ist von der Handelskammer von San Francisco organisiert. Über 22 000 Arbeitgeber und ihre nicht in der Gewerkschaft organisierten Angestellten marschieren durch die Stadt. Die Gewerkschaftsmitglieder bleiben fern. Die große Straßenuhr in der Market Street zeigt 14.06 Uhr, als ein ohrenbetäubender Knall die Luft erzittern lässt. Eine Bombe ist explodiert. Zehn Zuschauer werden getötet und über 50 zum Teil schwer verletzt. Mehrere Augenzeugen haben gesehen, wie eine etwa 30 Zentimeter lange und zehn Zentimeter breite zylinderartige Bombe vom Dach eines Eckhauses hinuntergeworfen worden ist.

Doch die Ermittlungsbehörden laden diese Zeugen nie vor. Sie sind auf zwei Verdächtige fixiert, die der in weiten Kreisen der Bevölkerung verhassten Gewerkschaftsbewegung angehören: die radikalen Arbeiterführer Thomas J. Mooney und Warren K. Billings.

Der 33-jährige Mooney und der erst 22-jährige Billings sind führende, militante Funktionäre einer Transportarbeitergesellschaft, die in dauerndem Kampf mit Privatunternehmen steht, insbesondere mit der United Railroads Company. Diese Gesell-

schaft hat sich von dem berühmten Pinkerton-Detektivbüro einen »Sicherheitsbeamten« mit Namen Martin Swanson geholt, der gegen die aufrührerische und für soziale Besserstellung kämpfende Arbeiterschaft eingesetzt wird. Dieser Swanson hat es sich zum Ziel gesetzt, Mooney und Billings unschädlich zu machen. Er beschuldigt beide, das Bombenattentat durchgeführt zu haben, und lässt sich von dem mit der Untersuchung beauftragten Staatsanwalt Charles Fickert als Ermittler und Rechercheur anheuern.

Charles Fickert ist ein ehrgeiziger, skrupelloser Mann. Er will Gouverneur von Kalifornien werden. Um dieses Ziel zu erreichen, ist ihm jedes Mittel recht. Wenn er die radikalen »Anarchisten« Mooney und Billings endlich ans Messer liefert, wird seine Popularität sicher steigen. Davon ist Fickert überzeugt. Und auch sein Stellvertreter Cunhae. Deshalb lassen sie am 26. und 27. Juli 1916 Billings, Mooney und seine Frau sowie zwei weitere angebliche Mittäter, Weinberg und Nolan, ohne Haftbefehle festnehmen. Billings wird in einem Krankenhaus verhaftet, in das er sich zur Behandlung begeben hat. Mooney und seine Frau befinden sich auf einer kleinen Erholungsreise. Sie erfahren aus der Zeitung, dass sie als Täter des Bombenattentats gesucht werden. Mooney ruft in der Redaktion an und sagt, sie würden sich nach der Rückkehr den Behörden sofort zur Verfügung stellen. Fickert wartet ihre Ankunft jedoch nicht ab, sondern lässt sie aus einem Zug holen und gefesselt nach San Francisco überführen. Die Zeitungen überschlagen sich in Lobeshymnen. Endlich sind diese »Banditen und Ruhestörer«, diese »Bande von Mördern« gefasst.

Thomas Mooney und seine Frau haben ein stichhaltiges Alibi. Sie befanden sich am 22. Juli zur Tatzeit auf dem Dach ihres Wohnhauses in der Market Street, um sich den Vorbeimarsch anzusehen. Das Haus ist zwei Kilometer von der Kreuzung entfernt, wo die Bombe explodierte. Ein Fotograf hat zwischen 13.58 Uhr und 14.04 Uhr mehrere Aufnahmen von ihnen gemacht. Da im Hintergrund eine Straßenuhr mit der genauen Uhrzeit zu sehen ist, beweisen die Aufnahmen eindeutig, dass das Ehepaar Mooney zur Tatzeit nicht am Tatort war.

Warren Billings befand sich ebenfalls nicht in der Nähe des Tatorts, sondern vor einem Haus in der Market Street, das etwa eine Meile von der Kreuzung entfernt ist. Aber er hat keine Zeugen, die das bestätigen können. Weinberg befand sich in seiner Wohnung und Nolan in einem weit entfernten Stadtteil von San Francisco. Dennoch kommen alle fünf »Verschwörer« ohne gerichtlichen Haftbefehl in ein Gefängnis. Ihre Wohnungen werden durchsucht, ebenfalls ohne gerichtliche Genehmigung.

Am 1. August 1916 werden die fünf Festgenommenen des Mordes angeklagt. Gewerkschaftsfeindliche private Unternehmer haben 17 000 Dollar Belohnung für die Ergreifung und Überführung der Täter ausgesetzt. Die Presse hat durch ihre einseitige und tendenziöse Berichterstattung längst ihren Schuldspruch gefällt. In hasserfüllten Artikeln fordert sie die Verurteilung der »Mafiosi«. Die Arbeitgeber der Stadt haben 400 000 Dollar gesammelt, um den »anarchistischen Elementen« ein für allemal das Handwerk zu legen.

Die Staatsanwaltschaft versucht, einen Angeklagten gegen den anderen auszuspielen und sie in getrennten Prozessen zu überführen. Im September 1916 beginnt zunächst der Prozess gegen Billings. Die Anklage wirft ihm vor, er sei zusammen mit seinen Komplizen mit einem Auto an die Kreuzung herangefahren. Dort sei Billings vom Auto gesprungen und habe einen Aktenkoffer mit der Zeitbombe an einer Häuserecke deponiert. Eine abenteuerliche These, denn die Kreuzung und die angrenzenden Straßen waren für jeden Autoverkehr gesperrt. Doch das kümmert die Anklagevertretung nicht. Zwei vorbestrafte Zeugen bestätigen unter Eid diesen von ihnen angeblich beobachteten Tatablauf. Andere Zeugen erklären, darauf käme es gar nicht an, denn Billings verdiene es ohnehin, als Aufrührer gehängt zu werden.

Die Staatsanwaltschaft versucht, Billings zu bestechen, um mit seiner Aussage den »Hauptschuldigen« Mooney an den Galgen zu bringen. Er brauche nur zu bestätigen, versichert man Billings, dass er den Aktenkoffer mit dem Dynamit zum Tatort getragen habe, dann sei er sofort frei. Billings hätte sich seine Freiheit erkaufen können. Aber er sagt nicht gegen seinen Freund Mooney aus. Ebenso wenig Weinberg, bei dem ein Bestechungsversuch

ebenfalls scheitert. Weinberg wird freigesprochen. Aber Warren Billings wird zu lebenslänglichem Zuchthaus verurteilt.

Als am 3. Januar 1917 der Prozess gegen das Ehepaar Mooney beginnt, fährt die Verteidigung 26 Zeugen auf, die alle die Zeitbombentheorie der Staatsanwaltschaft widerlegen. Die völlig unvoreingenommenen Zeugen bestätigen, sie hätten gesehen, wie die Bombe von einem Häuserdach geworfen worden sei. Außerdem befinden sich neun Fotos bei den Gerichtsakten, die das Ehepaar auf dem Dach eines zwei Kilometer entfernten Hauses zeigen. Man hat sie allerdings so retuschiert, dass die genaue Uhrzeit auf der Uhr im Hintergrund nicht mehr erkennbar ist.

Die Staatsanwälte Fickert und Cunhae haben einen Kronzeugen ausfindig gemacht, einen Viehhändler und Großgrundbesitzer aus Oregon mit Namen Frank Oxman. Er sei am 22. Juli mit dem Zug in der Stadt angekommen, sagt er mit Bestimmtheit aus, und dann zur Parade gegangen. Er habe die Angeklagten mit einem Auto in Richtung Tatort fahren sehen und auch beobachtet, wie Billings einen Aktenkoffer an der Mauer des Eckhauses abgestellt habe. Staatsanwalt Fickert hat ihm bedeutet, er brauche einen zweiten, »über alle Zweifel erhabenen« Zeugen, der das ebenfalls so schildern könne. Oxman schreibt an seinen Freund Rigall in Illinois und bittet ihn herzukommen und für 5000 Dollar entsprechend auszusagen. Rigall kommt tatsächlich und wohnt auf Kosten der Staatsanwaltschaft in einem feudalen Hotel. Seine Zeugenaussage wird ebenso wie die von Oxman eingeübt.

Das Ungeheuerliche geschieht. Die Geschworenen, die vorher über eine Woche lang ausgelost worden waren, folgen der Aussage des Kronzeugen und sprechen Thomas Mooney am 9. Februar 1917 schuldig. Der Vorsitzende Richter Franklin Griffith setzt 15 Tage später die Strafe fest: Tod durch den Strang. Weinberg und Mooneys Ehefrau werden in getrennten Verfahren freigesprochen.

Doch Rigall sind Bedenken gekommen. Was die Öffentlichkeit wohl sagen werde, will er von Fickert wissen. Sie werde froh sein, Mooney losgeworden zu sein, antwortet Fickert lachend. Daraufhin telefoniert Rigall mit seinen Anwälten, erzählt ihnen die

ganze Geschichte und schickt ihnen auch Oxmans kompromittierende Briefe. Die Anwälte informieren Mooneys Verteidiger Maxwell McNutt. Und der findet eine mutige Zeitung, das »San Francisco Bulletin«, die in einer morgendlichen Extraausgabe das monströse Komplott enthüllt.

Nun schlägt der Fall hohe Wellen. Die Gewerkschaften in den USA und Europa machen Front gegen das Urteil, drucken Tausende von Flugblättern und halten Protestversammlungen ab. Immer mehr Menschen sind davon überzeugt, dass die Staatsanwaltschaft in diesem Verfahren die Beschuldigungen erfunden und bestochene Zeugen vorgeführt hat, um unliebsame Elemente aus der Stadt zu entfernen.

Oxmans Zeugenaussage wird als Fälschung entlarvt. Es stellt sich heraus, dass Oxman am 22. Juli 1916 erst um 17.30 Uhr nachmittags in San Francisco angekommen ist, also fast vier Stunden nach der Explosion. Er wird wegen Meineids angeklagt. Doch die Geschworenen sprechen ihn frei und schütten höchstes Lob über den Staatsanwalt aus. In einer veröffentlichten Erklärung heißt es: »Einstimmig sprechen wir Charles Fickert für seine glänzende und fruchtbare Tätigkeit unsere Anerkennung aus, mit der er seine Pflichten gegenüber dem Volke von Kalifornien erfüllt hat.« Und in der San Franciscoer Zeitung »Survey« kann man am 7. Juli 1917 lesen: »Jeder der Angeklagten (Mooney und Billings) ist ein dreckiger Anarchist, und jeder von ihnen sollte schon aus prinzipiellen Gründen im Zuchthaus sitzen.«

Mooneys Verteidiger ruft den Supreme Court von Kalifornien an. Doch das Oberste Gericht des Bundesstaates bestätigt am 1. März 1918 das erstinstanzliche Urteil. Im Hinblick auf die inzwischen bekannt gewordenen Fakten eine geradezu unglaubliche Entscheidung!

Nun entschließt sich der amerikanische Präsident Wilson, eine »Vermittlungskommission » einzusetzen. Sie berichtet ihm, dass Mooney und Billings keinen fairen Prozess gehabt haben. Es kommt heraus, dass im Billings-Prozess in der Jury ein Mann dabei war, der bereits über 500-mal als Geschworener aufgetreten ist und offenbar von den Honoraren und der freien Verpflegung lebte. Die Geschworenen hatten im Prozess gegen

Billings ihre Beratungen um zwei Stunden verlängert, um auf Kosten des Staates noch ein weiteres Mittagessen einnehmen zu können.

Im Oktober 1918 kommt ein weiterer Untersuchungsbericht zu dem Ergebnis, Staatsanwalt Fickert sei kein unparteiischer und ehrenhafter Mann. Er sei seit langem mit Schiebern verbunden, die »fixe« Fälle manipulieren, und habe Menschen fälschlich angeklagt. Zeugen seien beeinflusst und sogar bedroht worden. Fickert habe sein hohes Amt »prostituiert«. Aber er bleibt unbehelligt und ist später als Anwalt tätig.

US-Präsident Wilson drängt den kalifornischen Gouverneur, den beiden Verurteilten einen neuen Prozess zu gewähren. Doch es tut sich nichts. Wilson telegraphiert zweimal an den Gouverneur und ersucht ihn, das Urteil gegen Mooney nicht zu vollstrecken. Daraufhin wird Mooney zu lebenslänglichem Zuchthaus begnadigt.

Im Februar 1921 gesteht ein Zeuge aus dem Billings-Prozess, einen Meineid geleistet zu haben. Weitere Zeugen tun das Gleiche. Auch Richter Griffith ist zu der Überzeugung gekommen, dass er einen Unschuldigen verurteilt hat, und setzt sich nun aktiv für ein Wiederaufnahmeverfahren ein. Er wendet sich an den Generalstaatsanwalt, der die Eingabe an den Supreme Court mit einer positiven Empfehlung weiterleitet. Das Gericht erklärt sich jedoch für nicht zuständig, nur die Exekutive könne korrigierend eingreifen. Daraufhin schreibt Griffith an den neu gewählten Gouverneur, vergebens.

Auch Mooney reicht 1926 und noch einmal 1931 Gnadengesuche ein. Beide werden abgelehnt. Ein Untersuchungsausschuss wird eingesetzt, der den Fall Mooney-Billings eingehend untersucht. Als der Bericht fertig ist, verschwindet er auf geheimnisvolle Weise und taucht nie wieder auf.

Jetzt greift Mooney zu einem letzten, verzweifelten Mittel: Er zeigt sich selber des Mordes an. Doch der neue Staatsanwalt bringt kein Belastungsmaterial vor. Mooney wird im Mai 1933 mangels Beweises freigesprochen. An dem Urteil vom Februar 1917 ändert das jedoch nichts. Mooney bleibt weiterhin hinter Zuchthausmauern, wo er mehr und mehr verkümmert.

1936 verlangen seine Anwälte mit einer Habeas-Corpus-Klage vor dem Supreme Court seine Freilassung. Auch dieses Bemühen bleibt ohne Erfolg. Die Justiz verteidigt ihr begangenes Verbrechen mit ungeheuerlicher Hartnäckigkeit. Im Landtag wird eine Resolution zur Begnadigung Mooneys mit 45 gegen 28 Stimmen angenommen, im Senat aber mit fünf gegen 34 Stimmen abgelehnt. Nach fast 23 Jahren erhält Mooney am 10. März 1938 Gelegenheit, seinen Fall der Legislative vorzutragen. Im Senat äußern sich Stimmen, die den Fall als Justizskandal größten Ausmaßes bezeichnen und als »eine der schlimmsten Verschwörungen, die in diesem Lande begangen wurden«. Es nutzt alles nichts, Mooney bleibt hinter Gittern.

Die Gouverneurswahlen des Jahres 1938 gewinnt nach 40-jähriger Herrschaft der Republikaner der Demokrat Culbert Olson. Er begnadigt Thomas Mooney und Warren Billings aufgrund einer Empfehlung der Mehrheit der Richter des Supreme Court am 19. Oktober 1939. Als er die Urkunde unterschreibt, sagt er: »Ich glaube, sie sind für eine Tat verurteilt worden, die sie nie begangen haben.«

Nach über 23 Jahren unschuldig verbüßter Haft kommen Mooney und Billings endlich frei. Mooney ist ein gebrochener Mann, er stirbt drei Jahre später. Billings lässt sich in Oklahoma als Uhrmacher nieder und erreicht ein hohes Alter. Am 21. Dezember 1961 erhält er die bürgerlichen Ehrenrechte zurück, nach 45 Jahren. Die wahren Täter des Bombenattentats sind bis heute nicht ermittelt worden.

Kirk Noble B. und die ermordete Neunjährige

(USA, Maryland, 1984–2003)

Der 23-jährige ehemalige Marinesoldat Kirk Noble B. wird beschuldigt, am 25. Juli 1984 die neunjährige Dawn H. vergewaltigt und ermordet zu haben. Am 7. August wird er verhaftet, weil fünf Augenzeugen ihn als Täter wiedererkannt haben wollen. Ein Sachverständiger ist außerdem davon überzeugt, dass die auf dem Körper des Opfers gefundenen Abdrücke von Kirk Nobles Schu-

hen stammen. Das Schwurgericht von Baltimore County verurteilt ihn 1985 zum Tode.

Der Court of Appeals von Maryland hebt das Urteil 1986 auf, weil die Verteidigung nachweist, dass die Staatsanwaltschaft entlastende Beweismittel zurückgehalten hat. In dem neuen Prozess wird Kirk Noble B. jedoch erneut verurteilt, diesmal zu zweimal lebenslänglich. Das Berufungsgericht bestätigt das Urteil 1988.

In der Gefängniszelle unter ihm sitzt Kimberley Shay R., der wahre Täter, verurteilt wegen einer anderen Vergewaltigung. 1992 ergibt eine DNA-Analyse, dass Kirk Noble B. nicht der Täter sein kann. Das FBI bestätigt die neuen Ergebnisse. Am 28. Juni 1993 wird B. freigelassen.

Er ist der erste unschuldig Verurteilte, der aufgrund einer DNA-Analyse voll rehabilitiert wird. Das geschieht im Dezember 1994. Der tatsächliche Täter wird im September 2003 angeklagt und später verurteilt. Der Staat Maryland zahlt Kirk Noble B. für die neun Jahre unschuldig verbüßte Haft eine Entschädigung von 300 000 Dollar.

Der mysteriöse Tod des Multimillionärs

(USA, Nevada, 17. September 1998–2004)

Las Vegas, die Stadt der Spielhöllen und Casinos, der Nachtklubs und Stripteaselokale inmitten einer trockenen und heißen Wüste, Amerikas »Disneyland« für Erwachsene, ist mit all seinem Glanz und Glitzer rund um die Uhr auch für junge, attraktive Frauen ein Anziehungspunkt. Sie kommen zu Hunderten aus Kalifornien herüber, um hier als Tänzerinnen das schnelle Geld zu machen. Eine von ihnen ist die 23-jährige Sandra Renee M., eine blonde Schönheit mit braunen Augen, langen hübschen Beinen und einem wohlgeformten Körper. Der Besitzer des »Cheetahs-Nachtklubs« findet Sandras Brüste so sexy, dass er ihr Anfang 1995 sofort eine Anstellung als Oben-ohne-Tänzerin gibt.

In den Nächten, in denen Sandra, nur mit einem schmalen Slip bekleidet, als »irische Venus« tanzt, ist der Klub gut besucht. Häufig ist auch Lonnie »Ted« B. unter den Zuschauern, ein 53-

jähriger Playboy und Multimillionär aus Las Vegas. Mit seinem »Horseshoe«-Spielcasino hat er in kurzer Zeit Millionen verdient. Luxus und Reichtum haben seine Gesundheit ruiniert. Ted B. ist alkohol- und drogenabhängig. Seine Zähne sind braun gefärbt vom ständigen Marihuanarauchen und Heroinkonsum, und es vergeht kaum ein Tag, an dem er nicht eine ganze Flasche Wodka leert. Aber die Tänzerinnen in den Nightclubs mögen ihn, weil er großzügig ist und mit dem Geld nur so um sich wirft. Für 500 Dollar verbringen viele von ihnen die Nacht mit ihm.

Als er Sandra M. tanzen sieht, ist er sofort hingerissen von ihr. Er bittet sie an seinen Tisch und spendiert ihr Drinks. Spät in der Nacht fordert er sie auf, sofort und auf der Stelle mit ihm zu schlafen. Doch Sandy wirft ihm beleidigt die 1700 Dollar ins Gesicht, die er ihr als Dirnenlohn in die Hand gedrückt hat. Ted B. ist beeindruckt. Denn bisher haben ihm die Mädchen für Geld stets alle Wünsche erfüllt. Nun hat er eine aufreizende Frau voller erotischer Ausstrahlung getroffen, die offenbar nicht zu kaufen ist.

Einige Nächte später kommt er wieder und bittet erneut um Sandras Gesellschaft. Sie hat inzwischen erfahren, wer Ted B. ist, und nimmt seine Einladung für eine Dinnerparty auf seiner luxuriösen Ranch an. Von diesem Tag an sieht man sie in Las Vegas häufig zusammen. Der schwerreiche Lebemann aus der Spielerhölle Las Vegas und die arme Nackttänzerin aus Downey, Kalifornien, werden ein Paar.

Teds Ehefrau bleibt nicht lange verborgen, dass er eine Geliebte hat. Gemeinsam mit der 15-jährigen Tochter zieht sie aus dem Haus aus, um sich von ihrem untreuen und drogensüchtigen Gatten scheiden zu lassen. Schon wenige Tage später holt er Sandra M. zu sich auf seine Ranch, um mit ihr dort zusammenzuleben. Sandy gibt ihren Job als Tänzerin auf und beginnt Reichtum und Luxus an Teds Seite zu genießen. Sie hat endlich gefunden, was sie gesucht hat. Und für zwei, drei Jahre sieht es so aus, als sei das Glück in das prunkvolle Haus an der Palomino Lane eingezogen. Doch der Schein trügt. Ted B. wird gesundheitlich immer mehr zum Wrack und kann Sandras Verlangen nach heißem Sex bald nicht mehr stillen. Außerdem will man ihm wegen seiner Drogensucht die Konzession zum Betrieb seines Spielkasinos entziehen.

Da lernt er eines Abends auf der Herrentoilette einer Bar den 33-jährigen Rick T. kennen, der ebenfalls nach Las Vegas gekommen ist, um hier sein Glück zu machen. Er ist mehrfach vorbestraft, unter anderem wegen Diebstahls und Kokainhandels, und hat Frau und Kinder verlassen und ein Transportunternehmen gegründet, für das er dringend Investoren sucht. Als er Ted B. trifft, von dem er schon gehört hat, scheint es ihm, als nehme sein Schicksal nun eine glückliche Wendung.

Rick T. und Ted B. kommen sich näher. Als Rick auf die Ranch eingeladen wird, lernt er auch Sandra kennen. Ted bittet ihn, sie in die Stadt zu begleiten, wenn sie Einkäufe macht, und auf sie aufzupassen. Im Juli 1998 beauftragt er Rick, einen unterirdischen Tresorraum für ihn zu bauen, in dem er seine sieben Millionen Silberdollar unterbringen kann. Als der Safe fertig ist, ändert Ted nicht einmal die Nummernkombination für das Schloss. So sehr vertraut er seinem neuen Freund Rick.

Am frühen Morgen des 17. September 1998 kommt der Gärtner wie gewöhnlich auf das Anwesen an der Palomino Lane, um das Gras zu mähen. Er wundert sich, dass alle Vorhänge im Wohnzimmer zugezogen sind, was in den letzten 14 Jahren noch niemals geschehen ist. Es kommt ihm auch merkwürdig vor, dass es in dem Haus immer noch ruhig ist und sich niemand blicken lässt, als er zwischen 13.00 Uhr und 14.00 Uhr das Grundstück wieder verlässt.

Kurz darauf kommen Sandra M. und Rick T. aus dem Haus, um ins »Horseshoe«-Spielkasino zu fahren. Dort überreichen sie Teds Sekretärin einen von ihm unterschriebenen Scheck mit der Bitte, ihn einzulösen. Ted brauche das Geld dringend, um sich sofort neues Heroin zu besorgen, erklärt Sandra ihr. Er habe Depressionen und sei wieder auf dem »Trip«. Sie habe sich die ganze Nacht um ihn gesorgt. Nun schlafe er tief und fest, weshalb er nicht selbst kommen könne.

Um 16.00 Uhr erhält das Las Vegas Metropolitan Police Departement einen Anruf einer Frau, die aufgeregt und hysterisch ins Telefon schreit: »Mein Ehemann ist tot!« Ohne ihren Namen zu nennen, legt sie wieder auf. Aber man kann das Gespräch zurückverfolgen und feststellen, dass es aus dem Haus von Ted B. ge-

kommen ist. Als ein Notfall-Ambulanzwagen mit drei Sanitätern dort eintrifft, stürzt ihnen völlig aufgelöst Sandra M. mit den Worten entgegen: »Er atmet nicht mehr! Er atmet nicht mehr!«

Die Sanitäter finden auf dem Fußboden des Wohnzimmers vor dem Fernseher einen offenbar schon seit einigen Stunden toten Mann. Es ist Ted B. Er liegt rücklings auf einer Matratze, die Arme sind an beiden Hüften lang ausgestreckt und der Kopf ruht friedlich auf einem Kissen. Die in eine Steppdecke gehüllten Beine sind ebenfalls lang ausgestreckt. Neben dem Körper liegen eine leere Medizinflasche mit der Aufschrift »Xanax« und eine angebrochene Schachtel Zigaretten. Sandra wirft sich auf den Leichnam und umarmt ihn weinend und kreischend und kann ihm nur mit Mühe entrissen werden. »Ich werde mich umbringen! Oh, Gott! Oh, Gott!«, schreit sie. Die Sanitäter bringen sie in eine Klinik, wo man ihr Valium gibt. Detective Jim M. wacht vor ihrem Krankenzimmer und beginnt einige Stunden später, als Sandra sich beruhigt hat, mit ihrer ersten Befragung.

»Nachdem Ted die Lizenz entzogen worden war, hat er wieder mit dem Konsum starker Drogen begonnen und auch mehrmals mit Selbstmord gedroht«, versichert Sandra. Wenn er »high« war, habe er sich eine Waffe in den Mund gehalten. In der Nacht vor seinem Tod habe er Xanax eingenommen. Daran sei er vermutlich gestorben. Die Pillen habe ihm sein Nachbar, ein gewisser Dr. L., gegeben. »Ted hat einen Anfall befürchtet und mich deshalb gebeten, die Nacht über bei ihm Wache zu halten«, sagt sie. »Als ich am Morgen das Haus verließ, hat er noch fest geschlafen.«

Als Teds Schwester Becky vernommen wird, widerspricht sie energisch der Selbstmordthese. Er sei in den letzten Tagen vor seinem Tod überhaupt nicht depressiv gewesen und habe niemals Selbstmordabsichten geäußert. Und von einem Arzt verordnete Drogen habe er sowieso nie genommen.

Bei einer näheren Untersuchung von Teds Haus wird festgestellt, dass die Alarmanlage außer Kraft gesetzt worden ist. Nun verstärkt sich der Verdacht der Ermittler, dass der Millionär ermordet worden ist. Detective James B., der die Koordination der weiteren Untersuchungen übernommen hat, ist davon überzeugt, dass dem Getöteten die Überdosis Drogen gewaltsam beige-

bracht wurde. Denn Menschen, die eine zu hohe Dosis Rauschgift eingenommen haben und daran sterben, verkrampfen im Tode. Teds Leiche lag aber ganz entspannt da.

Für Fremdeinwirkung scheint auch das Ergebnis der Obduktion zu sprechen. Die Gerichtsmediziner entdecken auf Teds rechter Körperseite blaue Flecken, typische Anzeichen postmortaler Blutansammlung. Das beweist, dass der Tote mehrere Stunden auf der rechten Seite gelegen haben muss. Jemand hat also die Leiche bewegt und auf den Rücken gelegt. Leichte Wischspuren im Gesicht, vor allem in der Nähe des Mundes, deuten darauf hin, dass die Leiche auch gesäubert worden ist. Als Todesursache wird zwar Vergiftung infolge einer Überdosis Heroin und Xanax angegeben. Diese Spuren werden aber nur im Magen gefunden, nicht im Lungengewebe, was ebenfalls auffällig ist. Denn in all den Jahren seines Rauschgiftkonsums hat Ted B. die Drogen immer nur geraucht, niemals geschluckt oder durch die Nase inhaliert. Als wahrscheinlichen Todeszeitpunkt geben die Mediziner den 17. September zwischen 5.30 Uhr und 10.00 Uhr morgens an.

In den Mittagsstunden des 19. September werden Rick T. und zwei weitere Männer bei dem Versuch überrascht, die sieben Millionen Dollar in silbernen Barren und Münzen aus Teds unterirdischem Tresorraum zu rauben. In Ricks Auto findet man eine Notiz mit der Nummernkombination für den Safe. Auf einem weiteren Zettel stehen die handschriftlichen Worte: »Ich liebe Dich! Sandy. P.S. Ich liebe meinen Liebhaber.«

Nun hat Detective James B. den ersten Beweis für seine Vermutung: Ted B. ist von Sandra M. hintergangen und betrogen worden. In mühseliger Kleinarbeit findet er weitere Beweise. Wenige Tage vor Teds Tod haben sich beide als »Mr und Mrs T.« in einem Hotel in Beverly Hills eingetragen und dort in einem Doppelzimmer mehrere Tage und Nächte verbracht. Sie bestellten eine Masseuse und haben sich von ihr mehrfach massieren lassen. Bezahlt hat alles Sandra, mit Teds Geld. Auch im August 1998 lebten sie mehrere Tage in einem exklusiven und sehr teuren Etablissement in Beverly Hills zusammen.

Aber Ted B. hat offenbar Verdacht geschöpft. Denn im September 1998 hat er überall in seinem Haus und auf seinem Grund-

stück Überwachungskameras installieren lassen. Doch jemand hat die Drähte und Kabel zu den acht Kameras durchtrennt, so dass das System an Teds Todestag nicht funktionierte. Der Videorekorder ist ebenfalls beschädigt. Detective James B. kann deshalb auf den Videokassetten nicht sehen, wer in der Nacht vor Teds Tod in seinem Haus ein und aus gegangen ist.

Aber James B. ist sich nun sicher: Sandra M. und Rick T. sind die Täter. Sie haben Ted B. mit einer Überdosis Rauschgift umgebracht und alles so arrangiert, dass sein Tod wie ein Selbstmord aussieht. Kurz nach Teds Tod hat Sandra bei seiner Versicherungsgesellschaft angerufen und die eine Million Dollar aus der Lebensversicherung beansprucht, die Ted ihrer Meinung nach für sie abgeschlossen hat. Aber zu ihrer großen Enttäuschung musste sie feststellen, dass Teds Nichten und Neffen die Bezugsberechtigten sind. Und Rick T. musste zwei Tage nach Teds Tod eine hohe Kreditsumme zurückzahlen, die er für die Gründung seines Unternehmens aufgenommen hatte. Die Mittel dazu besaß er überhaupt nicht.

Nach Meinung von Staatsanwalt David R. sind das alles gute Motive für einen Mord. Er erhebt daher am 21. Juli 1999 Mordanklage gegen Sandra M. und Rick T. Vier Tage später werden beide in einem Supermarkt verhaftet und ins Gefängnis überführt.

Der Prozess beginnt am 24. März 2000 vor dem Clark County Court in Las Vegas. Den Vorsitz hat Richter Joseph B. Der Gerichtssaal ist mit Zuschauern überfüllt. Jede Minute der zwei Monate dauernden Verhandlung wird live von Fernsehkameras aufgenommen. Die beiden Angeklagten werden von den besten Anwälten verteidigt, die man in Las Vegas bekommen kann. Sie geben sich alle Mühe, die Jury von der Unschuld ihrer Mandanten zu überzeugen. Nach den Schlussplädoyers brauchen die Geschworenen acht Tage, um zu einem Ergebnis zu kommen. Schließlich verkünden sie ihr Urteil: Sandra M. und Rick T. sind in allen Anklagepunkten schuldig. Am Freitag, dem 15. September 2000, verurteilt Richter B. beide zu einer lebenslänglichen Haftstrafe. Sie zeigen keinerlei Regung, als das Urteil gesprochen wird, kündigen aber sofort an, dass sie in die Berufung gehen wer-

den. Doch ihre Berufung wird vom Nevada Supreme Court zurückgewiesen. Die Urteile bleiben in Kraft.

Sandra M. beteuert weiterhin ihre Unschuld. Sie habe mit dem Tod von Ted B. nichts zu tun, versichert sie ihrem neuen, zusätzlichen Verteidiger Alan Dershowitz. Er ist ein bekannter Professor von der Harvard-Universität und Spezialist für wieder aufgenommene Prozesse vor dem High Court. Sandra kann sich diesen Experten leisten, weil sich inzwischen ein Wohltäter gefunden hat, der alle Kosten der Verteidigung übernimmt. Es ist der reiche 86-jährige irische Geschäftsmann Bill Fuller, der in Las Vegas lebt.

Dershowitz reicht einen umfangreichen Schriftsatz ein, mit dem er einen neuen Prozess für Sandra M. verlangt. Es gäbe keine Beweise für ihre Schuld. Die Jury sei sowohl vom Richter als auch von der Staatsanwaltschaft in unzulässiger Weise zu Ungunsten von Sandra M. beeinflusst worden. Zugleich verlangt er die sofortige Freilassung seiner Mandantin gegen Kaution. Richter B. weist am 12. Oktober 2001 diesen Antrag zurück.

Doch am 14. Juli 2003 kommt der Nevada Supreme Court zu dem Ergebnis, dass Sandra M. keinen fairen Prozess hatte. Der Richter sei voreingenommen gewesen und der Staatsanwalt habe Zeugen und Jury beeinflusst. Der Supreme Court ordnet ein neues Verfahren an, in dem zwei neue Staatsanwälte die Anklage vertreten werden.

Sofort beantragt der Verteidiger Dick DeGuerin beim Las Vegas District Court erneut die sofortige Freilassung von Sandra M. gegen Zahlung einer Kaution von 250 000 Dollar. Diesmal gibt Richter B. im Dezember 2003 dem Antrag statt. Der wohlhabende Gönner Bill Fuller zahlt die Kaution und nach vier Jahren Haft kommt Sandra M. frei und kehrt ins Haus ihrer Eltern nach Kalifornien zurück.

Am 14. Oktober 2004 beginnt der neue Prozess. Der Verteidigung gelingt es, durch neue medizinische Gutachten zu beweisen, dass Ted B. freiwillig aus dem Leben geschieden ist. Sandra M. und Rick T. werden im November 2004 vom Vorwurf des Mordes freigesprochen. Sie erhalten lediglich Strafen dafür, dass sie das Geld des Multimillionärs vereinnahmt haben.

5 Unzureichende Verteidigung

L'enfer, c'est les autres«, »die Hölle, das sind die anderen.« So steht es bei Jean Paul Sartre im letzten Akt seines Schauspiels »Bei verschlossenen Türen« (»Huis clos«). Während der Strafverteidiger einen Angeklagten verteidigt, so ist, wie der Strafverteidiger Dr. Paul Ronge gesagt hat, der Angeklagte in der Hölle. Und es sind die anderen, die ihn böswillig oder fahrlässig beschuldigen und ihm an den Kragen wollen. Auch der Verteidiger muss durch diese Hölle gehen. Es ist nicht seine eigene, sondern die seines Mandanten, den er aus der Hölle herausholen will. Die Kunst seiner Verteidigung ist meist die einzige Hoffnung für den Angeklagten, nicht für immer in dieser Hölle bleiben zu müssen, sondern wieder den Himmel der Freiheit zu erlangen.

Deshalb schreibt unsere Strafprozessordnung (§ 140) vor, dass in bestimmten Fällen die Mitwirkung eines Verteidigers »notwendig« ist. Wenn der Angeklagte noch keinen Verteidiger auf eigene Kosten beauftragt hat, muss der Vorsitzende Richter einen Pflichtverteidiger bestellen, wobei die Wünsche des Angeklagten berücksichtigt werden müssen, »wenn nicht gewichtige Gründe entgegenstehen«. Der Pflichtverteidiger wird nach bescheidenen Gebührensätzen von der Staatskasse bezahlt, die oft nicht einmal die Bürounkosten des Anwalts decken. Wird der Angeklagte verurteilt, werden ihm auch die Kosten seines Pflichtverteidigers auferlegt. Die Staatskasse nimmt nachträglich Regress für die von ihr verauslagten Verteidigerkosten. Da der Pflichtverteidiger aus einem Strafverfahren nicht »aussteigen« kann, können länger dauernde, viel Zeit in Anspruch nehmende Prozesse wegen der sehr niedrigen Gebühren die Existenz eines Pflichtverteidigers gefährden.

»Audiatur et altera pars«, »es möge auch der andere Teil gehört werden.« Diese auf Seneca zurückgehende Überlegung ist der Grundgedanke jeder Verteidigung. Das war schon im alten Rom so. Einer seiner berühmtesten Strafverteidiger war Marcus Tullius Cicero. Als er im Jahre 80 v. Chr. in einer »causa publica«, einem öffentlichen Strafprozess, sein erstes Plädoyer hält, erregt

er großes Aufsehen. Kurz darauf wird der junge Sextus Roscius aus Ameria angeklagt, seinen vermögenden Vater ermordet zu haben. Der Prozess ist nicht mehr als ein abgefeimtes Schurkenstück des Diktators Sulla. Er bezeichnet den alten Roscius nachträglich als Staatsfeind, zieht sein Vermögen ein und bezichtigt den Sohn des Mordes. Aus Angst vor Sulla will keiner der etablierten Anwälte Roms die Verteidigung übernehmen. Der junge Cicero hat den Mut. In einem langen, schwungvollen Plädoyer widerlegt er den Schuldvorwurf und deckt die wahren Motive der Hintermänner auf. Sextus Roscius wird freigesprochen.

In den meisten Diktaturen und autoritären Rechtsordnungen werden Strafverteidiger als überflüssig angesehen. Roland Freisler, der Vorsitzende des berüchtigten nationalsozialistischen Volksgerichtshofs, bezeichnete den Verteidiger als Verbrechergehilfen. Er stand der staatlichen Allmacht im Wege, einem System, in dem nach Freislers Ansicht ein Irrtum ausgeschlossen war.

In der heutigen Zeit ist das Bild des Strafverteidigers in der Volksmeinung nicht ohne Ressentiments: Der Anwalt als Rechtsverdreher, der aus »Schwarz« »Weiß« macht und alles daransetzt, einen in den Augen der Öffentlichkeit schuldigen und bereits vorverurteilten Verbrecher vor einer gerechten Strafe zu bewahren. Während der Terroristenprozesse gegen Mitglieder der so genannten »Baader-Meinhof-Bande« kamen in der Bundesrepublik in der Tat einige Strafverteidiger selbst mit dem Gesetz in Konflikt, indem sie sich zu Handlangern ihrer kriminellen Mandanten machten. Natürlich kann es keinem Zweifel unterliegen, dass in unserer Rechtsordnung kein Platz ist für »berufsmäßige Begünstiger«.

Die Aufgabe des Verteidigers ist es, die Zweifel zu sehen und immer wieder auf die Möglichkeit des menschlichen Irrtums hinzuweisen. Er muss nach Möglichkeit verhindern, dass die Gerichte Urteile »im Namen des Irrtums« verkünden. Der Verteidiger ist, wie Ronge es zutreffend formuliert hat, kein »advocatus diaboli«, sondern ein »advocatus dubii«, kein Anwalt des Teufels, sondern ein Anwalt des Zweifels. Den Satz von Christian Morgenstern, dass »nicht sein kann, was nicht sein darf«, muss der Verteidiger in seinen Bemühungen ersetzen durch die logi-

sche Forderung, dass »nicht sein darf, was nicht sein kann«. Aber nur allzu oft gelingt das leider nicht, weil die Verteidigung unzureichend ist oder der Verteidiger selbst unfähig und dem Fall nicht gewachsen.

Guter oder schlechter Anwalt

Sicherlich ist es auch im deutschen Straf- und Strafprozessrecht von Bedeutung, welche Qualitäten der Strafverteidiger eines Angeklagten hat. Insbesondere für das Revisionsverfahren gibt es in Deutschland ausgesprochene Spezialisten. Aber wegen des gänzlich anders gestalteten Verfahrensrechts spielt die Frage »guter oder schlechter Anwalt« bei uns nicht eine so große Rolle, wie zum Beispiel im angloamerikanischen Rechtsraum. Hier führt der Richter nicht durch aktives Fragen und Vernehmen die Verhandlung wie bei uns, sondern er hört sich nur an, was die gleichgestellten Parteien, Staatsanwalt und Verteidiger, vortragen. In diesem Duell wirkt es sich sehr deutlich aus, wenn der Verteidiger dem Fall nicht gewachsen ist und insbesondere in Mordfällen nicht über die erforderliche Qualifikation verfügt. In den USA entscheiden seine Fähigkeiten oft genug über Leben und Tod. Im Bundesstaat New Jersey gibt es zum Beispiel 30 000 Anwälte. Davon befassen sich aber nur ein paar Hundert mit Strafrecht.

Mangelhafte Qualifikation der Pflichtverteidiger

Besonders krass macht sich in den USA dieses Problem bemerkbar, wenn der Angeklagte mittellos ist und sich keinen eigenen Anwalt leisten kann. Dann wird ihm, auch in Todesstrafenfällen, ein Pflichtverteidiger zugewiesen. Häufig verfügen die Pflichtverteidiger in solchen Prozessen nicht über die nötige Erfahrung, oftmals nicht einmal über Kenntnisse im allgemeinen Strafrecht.

Die meisten Pflichtverteidiger investieren nicht mehr als 40 bis 50 Stunden in die Vorbereitung eines Mordprozesses. Erfahrene, qualifizierte Anwälte benötigen allein für Ermittlungen und Stu-

dium der Gesetze und der für den Fall einschlägigen Urteile zwischen 500 und 1000 Stunden. Die meisten Pflichtverteidiger können mangels Geld gar nicht ausreichend recherchieren, weil öffentliche Mittel für Ermittlungen selten in ausreichendem Maße bewilligt werden. Um Detektive einzuschalten oder Gutachter zu beauftragen, müssten sie tief in die eigene Tasche greifen. Die wenigsten sind dazu bereit und können es sich auch gar nicht leisten. Denn in den meisten US-Bundesstaaten erhalten sie für ihre gesamte Arbeit an einem Mordfall nicht mehr als 1000 Dollar. An einer Pflichtverteidigung können Anwälte kaum etwas verdienen. Daher fehlt ihnen in der Regel das nötige Interesse an einem Fall.

Die texanische Zeitung »Dallas Morning News« hat im Herbst 2000 eine Untersuchung veröffentlicht, in der 461 Todesstrafenfälle mit tätigen Pflichtverteidigern geprüft wurden. Das Ergebnis war erschreckend. Vielfach wurden den mittellosen Angeklagten Verteidiger zugewiesen, die Drogen- oder Alkoholprobleme hatten, nur über zeitlich begrenzte Lizenzen verfügten, sich in Interessenkollisionen befanden oder bereits wegen schlechter, zum Teil katastrophaler Leistungen in anderen Fällen aufgefallen waren.

Die »Chicago Tribune« hat 1999 rund 300 Todesurteile in Illinois untersucht und herausgefunden, dass 33 Angeklagte von Pflichtverteidigern vertreten wurden, die überhaupt nicht mehr zugelassen waren. Und im US-Staat Alabama wurde festgestellt, dass trotz des gesetzlich verankerten Rechts auf einen Anwalt von den 185 zum Tode Verurteilten etwa 40 im Berufungsverfahren überhaupt nicht mehr durch einen Verteidiger vertreten waren.

Beispiele für eine schlechte Verteidigung

Im Mordprozess gegen Gary B. unternimmt sein Verteidiger C. so gut wie nichts, um seinen Mandanten vor der Todesstrafe zu bewahren. Später stellt sich heraus, dass der Anwalt geisteskrank war. Auch im Fall des hingerichteten Ronald W. in North Carolina bringt der Verteidiger kaum entlastende oder strafmildernde

Beweise bei. Er ist Alkoholiker und trinkt jeden Nachmittag eine Flasche hochprozentigen Rum.

Calvin B. und Douglas McC. sind angeklagt, 1983 in Texas einen Mann ermordet zu haben. Der mutmaßliche Täter Douglas McC. lässt sich auf einen Deal mit der Anklagevertretung ein, sagt als Kronzeuge gegen Calin B. aus und wird lediglich zu einer Haftstrafe verurteilt. Bereits 1992 wird er wieder entlassen. Calvin B. dagegen, der hartnäckig seine Unschuld beteuert, wird zum Tode verurteilt. Sein Pflichtverteidiger schläft während des Prozesses mindestens fünfmal für längere Zeit ein. Ist ein solcher Zustand nicht dasselbe, als wenn gar kein Anwalt anwesend wäre? Nein. Im Berufungsverfahren gegen den verklagten Verteidiger entscheidet das Gericht, dass ein Angeklagter zwar ein Recht auf einen Verteidiger habe, aber nicht auf einen Verteidiger, der auch wach ist. Solche Vorfälle sind in Mordprozessen gar nicht so selten. Auch im Verfahren des zum Tode verurteilten Anthony P. (siehe Kapitel 3: »Die ›Engel der Todeszelle‹«) ist der Verteidiger Akim G. eingeschlafen.

Der Pflichtverteidiger von James W. vergisst, rechtzeitig einen Berufungsantrag für seinen in Texas zum Tode verurteilten Mandanten einzulegen. Er tut es erst, als die Frist bereits verstrichen ist. Die Berufung hatte gute Aussichten auf Erfolg. James W. wird am 11. Juli 2001 hingerichtet.

Im Mordprozess gegen Walter M. ist der ihm zugewiesene Pflichtverteidiger bis zur Ermordung des Opfers dessen Anwalt gewesen. Staatsanwalt und Richter wissen von dieser Interessenkollision, aber nicht der Angeklagte. Er wird verurteilt und im Juni 2002 in Virginia hingerichtet.

6 Falsche Geständnisse

Für einen Richter ist es häufig sehr schwer, den rechten Weg zu wahren und die Gerechtigkeit zu erkennen. Besonders schwierig ist die kritische Würdigung eines Geständnisses, das schon im Römischen Recht als die Krone des Beweises galt. In einem Strafverfahren erscheint es als die ideale Lösung. Der Täter übernimmt die Verantwortung für ein Verbrechen, und der Fall ist erledigt.

Viele Richter sind geneigt, einem geständigen Angeklagten zu glauben, weil sie in ihm nur allzu gern einen reuigen und aus diesem Grund auch aufrichtigen Sünder sehen. Aber erstaunlich viele Fälle im In- und Ausland, in der Vergangenheit und auch in der Gegenwart, zeigen, dass wir uns nicht darauf verlassen können, dass ein Geständiger die Tat auch wirklich begangen hat. Nicht immer sind Geständnisse auf Reue und den aufrichtigen Willen zur Sühne zurückzuführen. Nur allzu oft sind sie falsch und entsprechen überhaupt nicht oder nur zum Teil den Tatsachen. Deshalb darf ein Richter ein Geständnis nicht ungeprüft zur Grundlage seiner Entscheidung machen.

Bereits die preußische »Criminalordnung« vom 11. Dezember 1805 bestimmte im Paragraphen 300: »Das Geständnis des Angeschuldigten macht die Aufnahme des Beweises in der Regel nicht überflüssig; der Richter ist vielmehr verbunden, die Wahrheit … möglichst zu erforschen.« Und im Paragraphen 370 hieß es: »Das Geständnis eines Beschuldigten hat nur alsdann volle Beweiskraft, wenn es … mit anderen erwiesenen Umständen nicht im Widerspruch steht.«

Vernünftige Bestimmungen, die recht fortschrittlich erscheinen, wenn man den antiquierten und primitiven Gerichtsgebrauch betrachtet, der lange Zeit das englisch-amerikanische Strafrecht beherrschte: Danach schloss eine in der Hauptverhandlung abgegebene Anerkennung der Schuld »jede Einmischung in das Geständnis und die darin begründete Überführung« aus und führte ohne weiteres zur Verurteilung des Angeklagten. Ein Rechtsbrauch, der Justizirrtümer begünstigte,

ja geradezu provozierte. Sicherlich eine wichtige Ursache für die vielen Fehlurteile, die gerade in den USA und Großbritannien auf falsche Geständnisse zurückzuführen sind. Ein Rechtssystem, in dem die kritische Überprüfung eines jeden Geständnisses nicht ausnahmslos selbstverständlich ist, bietet keine Gewähr dafür, Fehlurteile möglichst zu vermeiden.

Selbstverständlich haben Polizei, Staatsanwaltschaft und auch das erkennende Gericht die Pflicht, mit allen Mitteln, die unsere Strafprozessordnung nicht verbietet (vgl. § 136 a StPO), den Beschuldigten oder Angeklagten zu einem Geständnis zu bewegen. Ein nicht erzwungenes, auf seine Richtigkeit hinreichend überprüftes Geständnis ist von allen Überführungsmöglichkeiten immer noch die beste. Aber leider sind die Fälle nicht selten, in denen falsche Geständnisse durch unzulässige, gesetzeswidrige Verhörmethoden der Ermittlungsbeamten erpresst werden.

In den USA und Großbritannien wurden Foltermethoden angewandt, um Verdächtige zu zwingen, ein Verbrechen zu gestehen. Im US-Bundesstaat Illinois wurden mehr als 60 Menschen Plastiktüten über das Gesicht gestülpt. Sie erhielten Elektroschocks an den Ohren und im Genitalbereich oder wurden gezwungen, »Russisches Roulette« zu spielen. Die Verhöre dauern manchmal 30 Stunden und mehr. Den Verdächtigen wird der Schlaf entzogen, sie erhalten nichts zu essen oder zu trinken oder sie dürfen nicht zur Toilette gehen. Viele brechen dann unter dem ständigen Druck immer wiederkehrender Fragen erschöpft zusammen und gestehen eine Tat, die sie gar nicht begangen haben. Sie wollen einfach nur Ruhe haben und »nur wieder nach Hause«.

Auch in der Bundesrepublik gibt es Mordfälle, in denen mit unzulässigen Methoden ermittelt worden ist. In Fürstenfeldbruck in der Nähe von München wird 1998 ein Landwirt im Schlaf mit einem Kantholz erschlagen. Reinhold E. gerät schnell in Verdacht, der Täter zu sein, da er mit dem Getöteten ständig in Streit lebte. Aber er bestreitet die Tat hartnäckig. Beweise gibt es nicht. Als Reinhold E. in eine Reha-Klinik muss, werden in seinem Zimmer Wanzen installiert. Alles, was der Verdächtige sagt, wird abgehört und aufgezeichnet. Auch das Telefonat mit einer

Bekannten, der er von polizeilichen Fragen zu seiner angeblichen Aggressivität erzählt. Nach Beendigung des Telefongesprächs sagt Reinhold E. zu sich selbst: »Sehr aggressiv! Sehr aggressiv! In Kopf hätt i eam schießen sollen!« Die Staatsanwaltschaft wertet dieses Selbstgespräch als Beweismittel und erhebt Mordanklage, da Reinhold E. tatsächlich auch eine Waffe besaß. Das Landgericht München verurteilt ihn im Dezember 2003 zu lebenslanger Haft. Ein Fehlurteil, das allerdings nicht rechtskräftig wird. Aufgrund der von der Verteidigung eingelegten Revision hebt der Bundesgerichtshof das Urteil am 10. August 2005 auf und verweist den Fall zur erneuten Verhandlung zurück an eine andere Münchner Strafkammer. Selbst die Bundesanwaltschaft hatte die Aufhebung des Urteils beantragt. Der BGH ist der Auffassung, dass lautes Denken in privaten Räumen – auch über Verbrechen aus dem Bereich der Schwerstkriminalität – vor staatlichem Zugriff geschützt ist. Das hat das Bundesverfassungsgericht im März 2004 in seinen eng gefassten Richtlinien zum Lauschangriff festgelegt. Ein Selbstgespräch, meint der BGH, sei keine Kommunikation wie etwa ein Gespräch mit einem Dritten oder eine schriftliche Niederlegung der Äußerungen, sondern eine »der Gedankenwelt zugeordnete Kategorie«. Als Geständnis dürfe es nicht verwertet werden.

Nicht selten sind auch Fälle, in denen die Beschuldigten später wahrheitswidrig behaupten, zu ihren Aussagen durch unzulässige Methoden der Ermittler veranlasst worden zu sein, ihre Erklärungen folglich reine Ausflüchte sind. Ebenso gefährlich wie die erpressten Geständnisse sind die, durch die ein Angeklagter andere als Mitschuldige an seinem Verbrechen bezeichnet. Die meisten Bezichtigungen durch Mittäter sind öfter falsch als richtig. Sie erfolgen meist aus Bosheit, Rache oder der Hoffnung auf einen eigenen Vorteil.

Häufig glauben die Ermittler, sie könnten richtig einschätzen, ob der Verdächtige lügt oder die Wahrheit sagt. Deshalb greifen sie zu gefährlichen Verhörmethoden, die meist darin bestehen, Unwahres zu behaupten. »An deiner Kleidung haben wir das Blut des Opfers gefunden«, wird dem Beschuldigten vorgehalten. Oder er wird mit der Feststellung konfrontiert: »Dein Fingerab-

druck ist auf der Waffe.« Oder: »Dein Komplize hat bereits gestanden, dass ihr die Tat begangen habt.«

Beamte, die so vorgehen, gehen meist schon von der Schuld des Verdächtigen aus. Sie überschätzen ihr Urteilsvermögen. Nicht selten wird während der Vernehmungen auch der Eindruck erweckt, ein rasches Geständnis würde mit einer milderen Strafe belohnt. Oder der Beamte täuscht Verständnis vor, indem er sagt: »Du wurdest doch provoziert!«, oder »Das hast Du doch nicht mit Absicht gemacht!« Die Ermittler neigen dazu, durch Schnelligkeit, Schneidigkeit und Rücksichtslosigkeit die Autorität und Macht des Staates zu wahren und auch dadurch bedingte Fehlgriffe in Kauf zu nehmen. Derartiges polizeiliches Zweckdenken bringt die Gerechtigkeit in Gefahr.

Besonders anfällig für derartige Methoden sind Inhaftierte mit einem niedrigen Intelligenzquotienten. Sie verstehen manchmal gar nicht, was ihnen vorgehalten wird, oder sie können die Konsequenzen eines falschen Geständnisses nicht abschätzen. Auch ängstliche oder leicht beeinflussbare Menschen erliegen oft solchen Methoden. Drogenabhängige gestehen manchmal nur, um schnell wieder auf die Straße zu kommen.

Ob man allerdings soweit gehen soll, wie manche Kritiker und Juristen fordern, polizeiliche Geständnisse überhaupt nicht mehr als Beweismittel anzuerkennen und alle Vernehmungen nur noch vor einem Richter und in Gegenwart von Zeugen durchzuführen, ist mehr eine akademische Frage. Denn das würde ein Vielfaches an zusätzlichem Richterpersonal erfordern und die Prozesse noch mehr in die Länge ziehen. In der Praxis ist das nicht durchführbar. Wohl aber ist daran zu denken, den Staatsanwaltschaften aufzuerlegen, die Kontrolle und Beaufsichtigung ihrer Hilfsorgane zu verstärken. Denn es kann keinen Zweifel daran geben, dass viele Ursachen für Fehlurteile bereits in der ersten Phase eines Verfahrens liegen und schon im Ermittlungsbereich angesiedelt sind.

Fälle, in denen der Beschuldigte seinem Verteidiger die Tat gesteht, trotzdem aber von ihm verlangt, auf Freispruch zu plädieren, sind selten. Zumindest werden sie selten bekannt. Ein Anwalt, der dem Täter in einem solchen Fall hilft, der Bestrafung zu

entgehen, macht sich der Begünstigung schuldig. Er darf ein solches Mandat nicht übernehmen. Anders ist die Lage, wenn der Angeklagte zwar nicht gesteht, sein Verteidiger aber dennoch davon überzeugt ist, dass er schuldig ist. In diesem Fall darf der Anwalt die Verteidigung nicht ablehnen. Denn er darf die Schweigepflicht nicht verletzen und den Angeklagten nicht durch ein weiteres wichtiges Indiz belasten.

Nun folgen aus drei Jahrhunderten insgesamt sieben amerikanische, deutsche und französische Mordprozesse, in denen falsche Geständnisse zu einem Fehlurteil geführt haben.

Mord ohne Leiche

(USA, Vermont, 1812–1820)

Dem ersten Fehlurteil in der US-Rechtsgeschichte seit Gründung der Vereinigten Staaten von Amerika liegt ein Fall zugrunde, über dessen unerhörte Geschehnisse wir lachen könnten, wären sie nicht so traurig und schrecklich. Die Ursachen dieses Irrtums sind charakteristisch für eine fehlgeleitete Strafjustiz. Wir werden ihnen in vielen in diesem Buch geschilderten Fällen wieder begegnen. Sie sind heute genau so aktuell wie vor 200 Jahren.

In dem kleinen US-Bundesstaat Vermont, an den Ufern des Hudson River zwischen New York und der kanadischen Grenze gelegen, lebt im Jahre 1812 in der Nähe von Manchester ein Mann mit dem Namen Russell Colvin. Er arbeitet dort auf der Farm seines Vaters mit seinen beiden Schwägern Jesse und Stephen Boorn zusammen. Die Boorn-Brüder machen keinen Hehl daraus, dass sie den Gatten ihrer Schwester nicht sonderlich mögen. In ihren Augen ist Russell Colvin ein Nichtsnutz, der Stammgast in der Kneipe des Orts ist und seinem Job häufig fernbleibt. Er liege der Familie ständig auf der Tasche, meinen sie, und bekräftigen diese Ansicht auch in der Öffentlichkeit.

Plötzlich ist Russell Colvin von einem auf den anderen Tag von der Bildfläche verschwunden. Niemand weiß, wo er ist. Keinem hat er gesagt, wohin er gehen und dass er überhaupt den kleinen Ort verlassen wird. Bald munkelt man in Manchester, er sei tot

und die Boorn-Brüder hätten ihn umgebracht. Es gibt zwar keine Anhaltspunkte dafür, aber das Gerücht hält sich hartnäckig.

Sieben Jahre später behauptet Amos Boorn, ein Onkel der beiden Brüder, Russell Colvin sei ihm wiederholt im Traum erschienen. Er habe auf seiner Bettkante gesessen und ihm erzählt, er sei ermordet worden. Die Täter habe er nicht erkennen können. Sie hätten seine Leiche auf dem Kartoffelfeld der Boorn-Farm eingebuddelt.

Die Zeitungen, die es zu dieser Zeit nicht nur in den USA schon gibt, greifen diese Story begierig auf und tragen damit erheblich zu der schlimmen Entwicklung bei, die der Fall nun nimmt. Zunächst stochert man überall auf dem Kartoffelfeld herum und stößt auf eine Grube, in der außer zerbrochenem Steingut zwei Messer liegen, ein Klappmesser und ein Taschenmesser. »Ja«, sagt Sally Colvin, »die gehören meinem Mann.« Menschliche Überreste werden nicht gefunden. Sally ist sich keineswegs sicher, dass es sich um Messer ihres Gatten handelt. Aber sie behauptet es einfach, weil sie ein Interesse daran hat, dass man glaubt, ihr Mann sei tot. Denn sie hat inzwischen ein uneheliches Kind geboren, für das sie nach den damaligen Gesetzen nur finanzielle Unterstützung bekommt, wenn ihr verschwundener Ehemann für tot erklärt wird.

Kurz nach dem Messerfund brennt der Schafstall der Boorn-Farm ab, und wenig später gräbt ein Hund unter einem Baumstumpf einige Knochenteile aus. Drei Ärzte aus dem Ort bestätigen, dass es sich um Menschenknochen handelt. Und nun hat die öffentliche Meinung schnell eine abenteuerliche Erklärung parat, wie der Mord an Russell Colvin abgelaufen ist: Die Boorn-Brüder haben seine Leiche zuerst im Kartoffelacker vergraben und sie nach einigen Jahren in den Schafstall umgebettet und dann später unter dem Baumstumpf vergraben. Den Schafstall hätten sie angesteckt, um Beweise für den Mord zu beseitigen. Eine reine Spekulation. Dennoch nimmt die Polizei Jesse Boorn nun fest. Und für seinen kürzlich nach New York umgezogenen Bruder Stephen wird ein Haftbefehl ausgestellt.

Im Gefängnis muss Jesse Boorn seine Zelle mit Silas Merrill teilen, einem verurteilten Fälscher, der mit den Ermittlungsbehör-

den kooperiert. Merrill behauptet alsbald, Jesse Boorn habe ihm den Mord an Russell Colvin, nachdem ihn sein Vater Barney Colvin im Gefängnis besucht hatte, gestanden. »Stephen Boorn hat während eines Streits den verhassten Colvin mit einem Knüppel niedergeschlagen«, versichert Merrill dem Staatsanwalt Calvin Sheldon. Das habe ihm Jesse Boorn in der Zelle anvertraut. Dann sei der Vater der Brüder dazugekommen und habe dem schwer verletzten Colvin mit Stephens Taschenmesser die Kehle durchgeschnitten. Aufgrund dieser Aussage wird Merrill sofort freigelassen. Staatsanwalt Sheldon hat ihm das zugesichert, wenn er gegen die Boorn-Brüder aussagt.

Als Jesse mit dieser Beschuldigung konfrontiert wird, ist er entsetzt. Die Todesstrafe vor Augen und auch, um seinen Vater zu retten, gesteht er die Tat. Da er seinen Bruder Stephen in New York sicher glaubt, wälzt er alle Schuld auf ihn ab. Aber die Behörden machen Stephen in New York ausfindig. Als er freiwillig in Manchester erscheint, um sich gegen die Beschuldigungen zur Wehr zu setzen, widerruft Jesse sein Geständnis. Er habe es in seiner Verzweiflung nur abgelegt, um sein Leben und das seines Vaters zu retten, erklärt er. Daraufhin präsentiert Staatsanwalt Sheldon einige Zeugen, die sieben Jahre nach der angeblichen Tat behaupten, sie hätten gehört, wie die Boorn-Brüder gedroht hätten, Russell Colvin umzubringen. Zweifelhafte Aussagen, die kaum etwas wert sind. Doch sie versetzen Stephen so in Panik, dass er nun seinerseits gesteht. Er habe allerdings in Notwehr gehandelt, sagt er, als Colvin ihn angriff.

Nachdem in Manchester einem Mann ein Bein amputiert werden musste, vergleichen die Ärzte diesen Knochen mit dem größten der von dem Hund gefundenen Knochen. Entgegen ihrer ursprünglichen Meinung kommen sie jetzt zu der eindeutigen Feststellung, dass es sich nicht um menschliche Knochen, sondern um Tierknochen handelt. Nun hat Staatsanwalt Sheldon ein Problem. Er hat zwar ein Geständnis, aber keine Fakten, die es stützen. Es gibt keinerlei Indizien. Stephens Verteidigern, Richard Skinner und Leonard Sargeant, fällt zwar auf, dass sein Geständnis in präziser Schrift und recht gewählter Sprache abgefasst ist, die seinem niedrigen Bildungsstand und seiner geringen Intel-

ligenz ganz und gar nicht entspricht. Die Wortwahl lässt die Vermutung zu, dass Stephen dabei geholfen worden ist, ihm die Worte vielleicht sogar in den Mund gelegt worden sind. Aber die Anwälte gehen dem nicht weiter nach, weil sie selbst von der Schuld ihres Mandanten überzeugt sind.

So nimmt die Verkettung unglückseliger Umstände ein Ausmaß an, das den Boorn-Brüdern zum Verhängnis wird. Als der Prozess gegen sie beginnt, beantragt Sheldon die Todesstrafe. Seine Zeugen bekräftigen nun sogar, sie hätten die Morddrohungen der Brüder exakt an dem Tag gehört, an dem Russell Colvin verschwunden sei.

Die Geschworenen sprechen im November 1819 Jesse und Stephen Boorn des Mordes schuldig. Sie werden zum Tode verurteilt. Drei Richter setzen sich dafür ein, Gnade walten zu lassen. Daraufhin wird das Urteil gegen Jesse, dessen Schuld man als geringer ansieht, in eine lebenslange Haftstrafe umgewandelt. Das Urteil gegen Stephen bleibt bestehen. Seine Hinrichtung wird für den 28. Januar 1820 festgesetzt.

Die Zeitungen berichten in großer Aufmachung über den Fall, auch in New York. In der »New York Evening Post« vom 26. November 1819 ist zu lesen, göttliche Eingebung habe die beiden Killer nun endlich ihrer gerechten Strafe zugeführt. Und dann wird noch einmal ausführlich der Traum von Onkel Amos Boorn geschildert. Diesen Artikel liest in einem New Yorker Hotel auch Tabor Chadwick, ein Reisender aus New Jersey. Er erinnert sich an einen Mann namens Russell Colvin, den er vor einiger Zeit in New Jersey kennen gelernt hat. Er arbeitete dort in Dover auf einer Farm und sprach oft von seiner Heimat Vermont. Das kommt Chadwick äußerst merkwürdig vor. Sofort setzt er sich hin und schreibt einen Brief an den Postmeister von Manchester und einen weiteren an die »New York Evening Post«. Darin schildert er den Mann, den er getroffen hat, als kleinwüchsigen, sehr schnell sprechenden Mann zwischen 30 und 40 Jahren mit zwei Narben an seinem runden Kopf. Die Beschreibung passt genau auf Russell Colvin.

Aus Manchester erhält Chadwick nie eine Antwort. Aber die New Yorker Zeitung veröffentlicht seinen Brief am 6. Dezember

1819. So kommt er auch James Whelpley zur Kenntnis, der aus Manchester stammt und jetzt in New York lebt. Er reist sofort nach New Jersey und findet in Dover ohne große Mühe einen quicklebendigen Russell Colvin. Die Boorn-Brüder seien ihm auf die Nerven gegangen, berichtet er. Von der ganzen Sippe habe er derart die Nase voll gehabt, dass er in einem plötzlichen Entschluss Manchester verlassen habe, ohne vorher irgendjemand etwas davon zu erzählen, auch nicht seiner Frau.

Er schickt eine Nachricht nach Manchester, in der er seine und Colvins Ankunft ankündigt. Als beide am 22. Dezember 1819 eintreffen, werden sie von einer neugierigen Menschenmenge erwartet. Einige ehemalige Nachbarn erkennen Colvin sofort wieder. Es dauert nicht lange, bis beide Fehlurteile aufgehoben werden.

»Ein bedauerliches Missgeschick in einem sonst durchaus funktionierenden Rechtssystem«, heißt es offiziell. Davon, dass Stephen Boorn es nur einem glücklichen Zufall zu verdanken hat, dass er noch am Leben ist, spricht kaum jemand. Und auch über die Gründe, die zu den Irrtümern geführt haben, macht man sich keine großen Gedanken und zieht auch keine Lehren daraus.

Vatermord? Der Fall der Madame Gardin

(Frankreich, 1861)

Einschüchternde und erpresserische Methoden zur Erzwingung eines Geständnisses sind nicht neu und wurden zu allen Zeiten angewandt, auch gegenüber Frauen. Ein besonders krasses Beispiel liefert dafür die französische Rechtsgeschichte.

In einem kleinen Ort des Département Nord wird 1861 ein reicher Bauer in seiner Wohnung erschlagen aufgefunden. Da seine Tochter, Madame Gardin, sich schon immer gehässig über ihn geäußert hat und der alte Mann sich sogar vor ihr fürchtete, sind die Einwohner des Dorfs der festen Überzeugung, dass sie ihn umgebracht hat. Tatzeugen gibt es nicht, nicht einmal ausreichende Indizien, nur diese Leumundszeugen.

Obwohl Madame Gardin ihre Unschuld beteuert, wird sie verhaftet und zwei Monate lang in eine Einzelzelle gesperrt, in die

Licht und Luft nur durch einen schmalen Spalt kommen. Flehentlich bittet sie, man möge sie »aus diesem dunklen Loch« nehmen. Sie sei schwanger und halte das nicht länger aus. Sie werde sich das Leben nehmen, droht sie.

Aber man lässt sie weiter in dem gesundheitsschädlichen Loch schmoren und verspricht ihr, sie in eine andere, bessere Zelle zu verlegen, wenn sie gestehe. Um von ihren Qualen erlöst zu werden, gibt sie schließlich zu, ihren Vater erschlagen zu haben.

Vor dem Schwurgericht widerruft sie jedoch ihr Geständnis und erklärt erneut, sie sei vollkommen unschuldig. Sie habe nur gestanden, um aus dem dunklen Loch herauszukommen. Wegen ihres Kindes habe sie alles gesagt, was man von ihr hören wollte.

Der Gerichtspräsident wischt diese Äußerungen als »kindische Unwahrscheinlichkeit« vom Tisch und hält das Geständnis trotz des Widerrufs für richtig. Madame Gardin wird zu lebenslanger Zwangsarbeit verurteilt.

Die Frau ist bereits derart zerstört, dass sie auf eine Revision an den französischen Kassationshof verzichtet. Ihr Verteidiger sagt später dazu: »Die tobende öffentliche Meinung und die feindseligen Äußerungen der Zeugen, die weniger ein Zeugnis abzulegen als ein blutiges Opfer zu fordern schienen, überzeugten die Angeklagte davon, dass sie auf Gerechtigkeit bei den Menschen nicht mehr hoffen dürfe.« Als Madame Gardin bereits über ein Jahr im Gefängnis sitzt, werden die wahren Täter entdeckt und verhaftet. Sie kennen Madame Gardin überhaupt nicht und gestehen die Tat sofort in allen Einzelheiten. Der eine wird zum Tode verurteilt, der andere zu lebenslanger Zwangsarbeit. In einem neuen Verfahren wird Madame Gardin freigesprochen.

Grausige Bluttat im Allgäu. Der Fall Johann Lettenbauer

(Deutschland, 16. Juli 1947–11. August 1965)

Fast 20 Jahre lang sind Gerichte der Bundesrepublik Deutschland mit einem Mordfall beschäftigt, der sich noch vor ihrer Gründung ereignete. Auf den ersten Blick vermittelt er den Eindruck, dass

der Justizirrtum, der auch in diesem Fall geschah, unvermeidbar war. Doch es gibt keine unvermeidbaren Justizirrtümer. Und sie machen auch vor hohem Alter nicht Halt. Denn das Opfer ist schon im Greisenalter. Bei genauerem Hinsehen zeigt sich, dass gravierende Fehler der Ermittlungsbehörden und des erkennenden Gerichts dazu beigetragen haben.

Der 1890 geborene Johann Evangelist Lettenbauer ist ein frommer, simpler und einfältiger Mensch mit sehr geringer Intelligenz. Mit neun Jahren ist er ins bayrische Allgäu gekommen und lebt seitdem hier im beschaulichen Dorf Oberreitnau als Streckenbauarbeiter in einer Holzhütte. Sie hat nur eine Küche und zwei Zimmer und keine Toilette. Auf einem kleinen Wiesengrundstück hält Lettenbauer eine Ziege und ein paar Hühner. Er wohnt in der Hütte mit seiner Frau und zwei Töchtern zusammen. Die ältere, Maria, hat einen unehelichen Sohn von einem französischen Besatzungssoldaten. Sie gilt als faul und schlampig, und jeder im Dorf weiß, dass das Verhältnis zwischen Vater und Tochter nicht gut ist. Ständig gibt es Streit. Der 65-jährige, reizbare Großvater mag den kleinen Artur nicht, der ihm ständig zwischen den Beinen herumkrabbelt.

In den frühen Morgenstunden des 16. Juli 1947 ruft Lettenbauer einer Nachbarin zu, sie solle die Polizei holen, ein Unglück sei geschehen. Als eine Stunde später der junge Wachtmeister Rietzler von der Landpolizei Friedrichshafen eintrifft, hat er sofort den Eindruck, dass sich in der kleinen Hütte eine furchtbare Familientragödie abgespielt hat. Auf dem Sofa liegt blutüberströmt die 24-jährige tote Maria, offenbar ebenso mit einem mittelgroßen Küchenbeil brutal misshandelt und erschlagen wie ihr zweijähriger Sohn Artur. Die Tatwaffe liegt auf dem Fußboden neben den Glassplittern einer zerbrochenen Bierflasche. In einer Zimmerecke hockt, blutbespritzt und völlig apathisch, der alte Lettenbauer. Der Landpolizist Rietzler hat Mühe, ihm überhaupt einige Äußerungen zu entlocken. Er sei in der Frühe vom Heuholen zurückgekommen, sagt er. Da habe er seine Tochter tot auf dem Sofa vorgefunden. Den kleinen Artur, der noch lebte, habe er in der Aufregung vom Fußboden aufgehoben und zur Mutter gelegt. Um das Blut zu entfernen, mit dem er dabei in Berührung ge-

kommen sei, habe er sich am Brunnen gewaschen. Danach sei er ins Wohnzimmer zurückgegangen, um dort sein Frühstück zu verzehren.

Rietzler ist entsetzt und macht sich ein paar Notizen. Dann entfernt er sich, um die Mordkommission zu holen, ohne Lettenbauer festzunehmen oder durch Nachbarn beaufsichtigen zu lassen. Als er nach einiger Zeit in Begleitung von Kriminalkommissar Dorsch aus Ravensburg zurückkommt, fallen ihm am Tatort einige Veränderungen auf. Lettenbauer hat offenbar in recht primitiver Weise versucht, einen Raubmord vorzutäuschen. Denn im ehelichen Schlafzimmer sind nun Schränke und Schubladen geöffnet und durchwühlt und Gegenstände sind überall im Raum verstreut. Auf den Bettkissen liegen wertlose alte Geldscheine und ein paar Briefe.

Kommissar Dorsch ist erbost, packt den alten Mann hart an und nimmt ihn in die Mangel. Er glaubt ihm kein Wort, als Lettenbauer seine Schilderung wiederholt, und ist von Anfang an von seiner Schuld überzeugt. Bei Dorsch gibt es keine ungeklärten Fälle. Deshalb wird Lettenbauer sofort verhaftet. Wer soll den Mord denn sonst begangen haben? Wer sonst hatte ein Motiv? Und bereits am nächsten Tag hat Dorsch ein schriftliches Geständnis.

»Es hat Streit mit der Maria gegeben«, schildert Lettenbauer den Tathergang. »Sie ist so frech gewesen. Deshalb habe ich die Axt geholt, da hat die Maria eine Flasche ergriffen und nach mir geschlagen. Da habe ich so eine Wut gekriegt, dass ich die Tochter und den Artur erschlagen habe.«

Na also, ein völlig klarer Fall, und einfach dazu. Schnell und ohne Bedenken gelöst. Die Schilderung des Täters deckt sich völlig mit den Spuren. Und ist die Wut eines jähzornigen Mannes, der nahezu schwachsinnig ist, nicht auch ein tragbares Motiv? Als die 19-jährige Creszenzia Klauber, eine Nachbarin, berichtet, sie habe zur Tatzeit zwei fremde Handwerksburschen aus Lettenbauers Hütte kommen und davonlaufen sehen, beachtet man diese Aussage nicht. Die Ermittler gehen dieser Spur nicht nach. Wozu auch? Der Täter ist ja bereits gefasst. Auch weitere Indizien werden außer Acht gelassen.

Ein Amtsarzt untersucht Lettenbauer und rät dazu, ihn in einer psychiatrischen Anstalt auf seinen Geisteszustand untersuchen zu lassen. Als er nach einigen Wochen daraus zurückkehrt, widerruft er sein Geständnis. Das passt dem Ersten Staatsanwalt Ludwig Fink überhaupt nicht. Er hat inzwischen Anklage wegen Totschlags an der Tochter Maria und wegen Mordes an dem Enkel Artur erhoben. Lettenbauer wird noch einmal ausführlich vernommen mit dem Ergebnis, dass er den Widerruf widerruft und noch ein zweites Mal ein schriftliches Geständnis ablegt. Aber seine Unterschrift steht auch diesmal nicht darunter.

Nun kann am 26. November 1947 der Prozess vor der Großen Strafkammer des Landgerichts Lindau beginnen. Schwurgerichte sind zu dieser Zeit noch nicht wieder eingeführt. Den Vorsitz führt Landgerichtspräsident Dr. Müller-Eisert, erst kurz zuvor von den Besatzungsmächten ernannt. Als ehemaliger Privatdozent verfügt er über keinerlei Gerichtspraxis. Aber geeignete deutsche Richter sind rar in diesen Tagen. Viele Urteile dieses Richters sind später von höheren Instanzen aufgehoben worden.

Der hagere, weißhaarige Mann auf der Anklagebank hat wenig Sympathien im voll gefüllten Gerichtssaal. Seine Vernehmung ist mehr ein Gestammel, er kann keine klaren, zusammenhängenden Sätze sprechen. Er zeigt weder Einsicht noch Reue und hält seine früheren Geständnisse nicht aufrecht. »Ich hab es nicht getan!«, schreit er laut in den Saal. »Gott ist mein Zeuge! Ich war es nicht! Ich beschwöre es!«

Vergeblich versucht Dr. Müller-Eisert den Angeklagten zu bewegen, sein Geständnis zu wiederholen. Lettenbauer beteuert weiterhin seine Unschuld. Und als sein Pflichtverteidiger Dr. Kurt Stock die junge Frau Klauber in den Zeugenstand ruft, scheint sich eine Sensation anzubahnen. Sie habe zwar lauten Streit aus dem Nachbarhaus zwischen Vater und Tochter gehört, sagt sie aus, aber sie habe auch zwei junge Burschen gesehen, die auf Lettenbauers Hof herumstrichen. Nun ja, es sei doch Hochsommer gewesen, stellt der Vorsitzende Richter fest. Und dies könnten doch zwei harmlose Wanderer gewesen sein. Die Zeugin bleibt unvereidigt, das Gericht wischt ihre Aussage vom Tisch. Sie hätte, wäre man ihr nachgegangen, zum wahren Täter geführt.

Niemand fragt sich, ob es nicht recht unüblich ist, dass der Täter selbst die Polizei alarmiert und dann neben den Leichen seiner Opfer frühstückt. Und niemand räumt ein, dass Lettenbauers Fingerabdrücke, die auf der Tatwaffe gefunden wurden, im Grunde nichts beweisen. Denn er hat ständig mit dem Beil Holz gehackt. Auch über die Tatsache, dass der altersschwache und kranke Mann seiner kräftigen Tochter körperlich weit unterlegen war, denkt niemand ernsthaft nach. Und als ein Gerichtsmediziner aussagt, die Tat könne sich nicht so abgespielt haben, wie sie Lettenbauer in seinem Geständnis geschildert hat, weil die Frau nicht sofort tot war, sondern erst etwa eine Stunde danach starb, stößt diese Erkenntnis beim Gericht hinsichtlich der Schuldfrage auf keinerlei Zweifel. Die Strafkammer ist davon überzeugt, dass Lettenbauer der Täter ist. Denn warum hätte er sonst einen Raubmord vortäuschen sollen?

Zu der nur zweitägigen Verhandlung wird kein Psychiater geladen. Auf Antrag des Verteidigers wird lediglich das Gutachten des Anstaltsarztes vom 28. August verlesen, der Lettenbauer untersucht hat. Es bescheinigt dem Angeklagten zur Tatzeit eine vorübergehende Störung der Geistestätigkeit. Seine Einsicht in das Strafbare seines Handelns und die Fähigkeit, nach dieser Einsicht zu handeln, seien erheblich gemindert gewesen. Mit einer Besserung seines Geisteszustands sei nicht zu rechnen, wohl aber mit Wiederholungen von gewalttätigen Delikten. Das bedeutet für den alten Mann, dass er für immer hinter Schloss und Riegel bleiben soll. Ein Gegengutachten wird nicht eingeholt.

Am 27. November 1947 verkündet das Landgericht Lindau sein Urteil. Es verurteilt Johann Lettenbauer wegen Mordes an seinem Enkel und wegen Totschlags unter mildernden Umständen an seiner Tochter zu einer Gesamtzuchthausstrafe von zehn Jahren. Die bürgerlichen Ehrenrechte werden ihm aberkannt. Ferner wird angeordnet, ihn nach Verbüßung der Strafe in eine Heil- und Pflegeanstalt zu überführen. Die Öffentlichkeit ist über das ihrer Ansicht zu milde Urteil empört. Hätte der bestialische Mörder nicht die Todesstrafe verdient?

Der Verteidiger Dr. Stock legt sofort Revision ein. Aber am 4. Dezember lässt Landgerichtspräsident Dr. Müller-Eisert den

Verurteilten zu sich rufen und fordert ihn auf, da er nun doch nichts mehr zu verlieren habe, die Tat jetzt endlich einzugestehen. Am Ende des Gesprächs, bei dem der Verteidiger erstaunlicherweise nicht zugegen ist, erklärt Lettenbauer schriftlich:

»Ich will die Tat eingestehen. Ich habe meine Tochter Maria und ihr Kind Artur so, wie ich es früher schon angegeben habe, mit dem Beil erschlagen. Ich bereue die Tat. Sie tut mir leid.«

Daraufhin zieht der Verteidiger die Revision wegen Aussichtslosigkeit zurück. Das Urteil wird rechtskräftig und hinter Lettenbauer schließen sich die Türen des Zuchthauses Keisheim bei Donauwörth für zehn lange Jahre.

Obwohl er auch hier ständig seine Unschuld beteuert, wird ein Gnadenerlass nicht in Betracht gezogen. Der alte Mann sitzt seine Strafe bis auf den letzten Tag ab und wird danach in einer Irrenanstalt weggeschlossen, weil man ihn für gemeingefährlich hält. Sein tragischer Fall wäre wohl nie bekannt geworden und in die Rechtsgeschichte eingegangen, wenn nun nicht ein kleines Wunder geschehen wäre. Schon 1950 hat ein Mann der Polizei einen Hinweis gegeben, dass zwei Handwerksburschen mit den Namen Manfred Jung und Paul Schwall in Lettenbauers Hütte gewesen seien und Jung dort die Morde begangen habe. Die Polizei leitet den Hinweis an die Kripo Ravensburg weiter, wo er aber zu den Akten gelegt wird. Nach Auffassung des betreffenden Beamten ist der Fall ja durch Urteil und Geständnis des Täters bereits aufgeklärt. Eine unverzeihliche Schlamperei, die auch den Landtag von Baden-Württemberg noch beschäftigen wird.

Aber 15 Jahre später, am 25. März 1965, macht derselbe Mann wieder eine Anzeige gegen Manfred Jung, der jetzt 38 Jahre alt, verheiratet und als Busfahrer tätig ist. Jung wird sofort verhaftet und legt vor der Kripo und Staatsanwaltschaft Kempten ein volles Geständnis ab. Er sei mit seinem Freund als Landstreicher unterwegs gewesen, bekennt er, und wollte sich an jenem 16. Juli 1947 im Haus des Lettenbauer Essen besorgen. Er fand auch Brot und Speck, wurde aber von Maria Lettenbauer überrascht. Sie schrie laut und schlug mit einer Bierflasche nach ihm, worauf er erst sie und dann auch das Kind mit einem Beil, das in der Küche lag, erschlug.

Am 11. August 1965 wird Johann Lettenbauer in einem sofort eingeleiteten Wiederaufnahmeverfahren vor dem Schwurgericht Kempten wegen erwiesener Unschuld freigesprochen. »Mir reicht's!«, ist Lettenbauers Kommentar vor der Urteilsverkündung gewesen. Man erkennt ihm eine Entschädigung für erlittenes Unrecht zu. Aber auch darüber müssen erst langwierige Prozesse geführt werden. Nach 18 Jahren Haft im Zuchthaus und Irrenhaus verlässt ein 83-jähriger Greis die Einsamkeit seiner Zelle, 18 Jahre, die ihm nicht zurückgegeben werden können. Er findet nicht mehr ins Leben zurück und verbringt die letzten Jahre seines Lebens in einem Altersheim.

Man fragt ihn, warum er denn damals die Tat gestanden habe. Lettenbauer antwortet: »Ja, mei! Die hohen Herren! Die Inspektoren und die anderen Herrn! Mal sind sie bös, mal freundlich, was kann man da schon machen?« Sein schlichtes Gemüt war während der Verhöre so verwirrt, dass er, wie er in einem seiner Geständnisse gesagt hat, »es auf sich nimmt«. Die Beamten glaubten, dass er damit die Tat meinte.

Es sind nicht nur die zweifelhaften Verhörmethoden, die zu diesem Justizirrtum geführt haben. Maßgebend dafür waren auch die eingleisigen, fehlerhaften Ermittlungen, die frühe Festlegung auf einen Täter und die Verhandlungsführung durch einen völlig unerfahrenen Richter. Nach dem Kemptener Freispruch bekennt sich die Justiz zu Lettenbauers Unglück. Aber sie verweist auch auf die unglückseligen Umstände, die in seinem Fall zusammen kamen wie allenfalls einmal in 100 Jahren.

Der Fall Lettenbauer ist mit dem Freispruch nach 18 Jahren jedoch noch nicht beendet. Es folgt noch ein weiteres Fehlurteil nach. Derselbe Staatsanwalt, der damals die Anklage gegen Lettenbauer vertreten hat, klagt nun auch den jetzt 40-jährigen Manfred Jung des Mordes an. Und zwar vor der Jugendstrafkammer des Landgerichts Kempten, da er zur Zeit, als er die Tat beging, noch Jugendlicher im Sinne des Gesetzes war. Manfred Jung hat die Tat dreimal gestanden.

Vielleicht hat die Problematik des falschen Geständnisses im Prozess gegen Lettenbauer noch nachgewirkt und das Gericht verunsichert. Drei Richter und zwei Schöffen beraten im Juni

1966 einen ganzen Tag lang. Dann sprechen sie den Angeklagten frei, weil Doppelmord und schwerer Raub nicht zu beweisen und Totschlag oder Körperverletzung mit Todesfolge verjährt seien. Nach 19 Jahren hätten sie nicht mehr mit dem nötigen Grad von Gewissheit verurteilen können, meinen die Richter. Im Gerichtssaal mischen sich Beifallskundgebungen mit Pfuirufen. Jung kommt frei. Die Staatsanwaltschaft legt jedoch Revision ein und der Bundesgerichtshof hebt das Urteil auf und verweist den Fall an das Landgericht Augsburg zur erneuten Verhandlung zurück. Im Oktober 1967 wird Jung zu sieben Jahren Freiheitsstrafe verurteilt.

Eddie Joe L. und die Handschrift Gottes

(USA, Michigan, 24. Januar 1984–August 2002)

In den Straßen von Detroit im US-Staat Michigan liegt am frühen Morgen des 24. Januar 1984 hoher Schnee. Die 16-jährige Schülerin Michelle J. steht allein an einer Bushaltestelle und wartet auf den Bus, um zur Murray-Wright High School zu fahren und ihre Prüfung in amerikanischer Geschichte abzulegen. Es ist noch dunkel draußen. Michelle stapft abwechselnd mit den Füßen auf den gefrorenen Boden. Sie friert. Ihre Jeans, ihr weinrotes Cordsamt-Jackett und die Mütze auf dem Kopf schützen nur unzureichend gegen die Kälte. Über Michelles Schulter hängt ein mit Büchern vollgestopfter Beutel.

An diesem Tag kehrt Michelle von der Schule nicht nach Hause zurück. Ihre Mutter wartet vergebens auf sie. Als Michelle auch am Abend noch nicht daheim ist, organisiert die Familie zusammen mit einigen Nachbarn eine Suchaktion. Man verfolgt ihren Weg von der Bushaltestelle zurück und findet in einer in der Nähe gelegenen verlassenen Garage ihre Leiche. Michelles bis zur Taille nackter Körper lehnt an einer Wand. Um den Hals sind ihre langen Strumpfhosen gebunden, mit denen sie erdrosselt worden ist. Die gerichtsmedizinische Untersuchung ergibt, dass Michelle mehrfach vergewaltigt worden ist. Der Täter ist sowohl von vorn als auch anal in sie eingedrungen.

Die Öffentlichkeit ist im höchsten Maße aufgebracht und beunruhigt. In den letzten Monaten sind in der Fünfmillionenstadt rund 50 junge Schülerinnen und Studentinnen sexuell belästigt oder missbraucht worden, ohne dass der oder die Täter gefasst werden konnten. Diese Angriffe und Vergewaltigungen seien das ernsthafteste Problem, mit denen die Bürger Detroits in diesen Tagen konfrontiert würden, gibt die Polizeiführung zu. Trotz intensiver, monatelanger Fahndung fehlt auch von Michelles Täter jede Spur.

Da geschieht etwas Merkwürdiges. Bei der Polizei gehen mehrere Briefe ein, manchmal sogar drei pro Tag. Sie stammen alle von demselben Mann, einem 36-jährigen Farbigen mit dem Namen Eddie Joe L. Er ist Patient in einer psychiatrischen Detroiter Klinik. Vor einiger Zeit hat man ihn hier eingeliefert, nachdem er im Haus seines Vaters sämtliche Scheiben zertrümmert und den Beamten einer Wohlfahrtsbehörde tätlich angegriffen hatte. Nach der Diagnose der Ärzte ist Eddie Joe L. »manisch depressiv«. Sie bescheinigen ihm schwerwiegende Wahnvorstellungen und verordnen ihm hohe Dosen Navane, ein Psychopharmakon, das ihn ruhigstellen soll. Diese Droge kann zu deliriumsähnlichen Desorientierungen führen und nervöse Angstzustände hervorrufen.

Die Briefe aus der Klinik betreffen die ermordete Michelle J. und enthalten detaillierte Angaben über das Mädchen und die näheren Umstände der Tat. Nun gerät Eddie Joe L. in Verdacht. Als die Polizei gegen ihn ermittelt, verlangt er von ihr eine Kopie der Akte. Nachdem er Akteneinsicht erhalten hat, schildert er minutiös, wie er Michelle an der Bushaltestelle warten sah. Sie hatte offenbar ihren Bus verpasst, erklärt er. Er hätte gefragt, ob er sie ein Stück mit dem Wagen mitnehmen könne. Eddies Beschreibungen sind sehr exakt. Er erwähnt Michelles halbmondförmige Ohrringe ebenso wie die langen Strumpfhosen und die Vanderbilt-Jeans mit den gelben Verzierungen. Und er spricht auch von einem Messer mit rotem Knauf, mit dem er das Mädchen bedroht und gefügig gemacht haben will.

Wie kann Eddie Joe L. derartige Einzelheiten wissen, wenn er nicht selbst der Täter ist? Viermal wird er in der Klinik von der Polizei verhört. Der Polizeibeamte Thomas D. versucht, ihn zu

einem Geständnis zu bringen. In einem weiteren Brief an die Polizei gibt Eddie an, er habe gehört, der Täter habe eine schmutzige grüne Flasche in Michelles After stecken lassen. Das ist eine Einzelheit, die nur der Mörder wissen kann. Denn die Polizei hat sie bisher nicht öffentlich bekannt gegeben.

Daraufhin wird Eddie Joe L. verhaftet. Im Gefängnis unterschreibt er ein sechsseitiges Geständnis, in dem er die detaillierten Angaben aus seinen Briefen wiederholt. Aber als er vom Staatsanwalt Timothy K. wegen Mordes angeklagt wird und der Schwurgerichtsprozess gegen ihn beginnt, widerruft er das Geständnis und beteuert seine Unschuld. Er sei hereingelegt worden, behauptet er. Der Polizeibeamte Thomas D. habe ihm alle Einzelheiten des Falles geschildert und sie ihm dann als Eddies eigene Angaben in den Mund gelegt. Das sei etwa so abgelaufen: »Was denken Sie, welche Art von Jeans hat Michelle J. getragen?« Als er eine Marke nannte, habe Thomas D. geantwortet: »Nein, es waren Vanderbilt-Jeans.« Der Beamte habe ihn immer wieder gefragt: »Sie wollen uns doch helfen, nicht wahr?« Und er habe stets erwidert, dass er das durchaus wolle. Er habe Drogen bekommen und sei von Thomas D. psychologisch so lange bearbeitet worden, bis er alles unterschrieben habe, was er gesagt und vorgelegt bekam. Er sei regelrecht ausgetrickst worden. Man habe ihm eingeredet, sein Geständnis würde helfen, den wahren Täter zu finden. Nur deshalb habe er Sachen gestanden, die er nicht begangen habe. Er habe Michelle J. nie zuvor in seinem Leben gesehen, er sei nicht ihr Mörder.

Da Eddie Joe L. vollkommen mittellos ist, kann er sich keinen Anwalt leisten. Als Pflichtverteidiger wird ihm Charles L. beigeordnet. Der fragt das Gericht, ob ihm ein zusätzlicher Ermittler bewilligt werde, damit er sich besser und eingehender in den Fall einarbeiten und auf den Prozess vorbereiten könne. Doch die finanziellen Mittel sind knapp. Es reicht gerade für eine ehemalige Jurastudentin, die drei Jahre wegen Totschlags im Gefängnis saß, weil sie einen Mann im Schlaf erschossen hatte. Sie ermittelt nur sporadisch und unzulänglich und trifft den Verteidiger in den Monaten, in denen sie für ihn tätig ist, nur ein einziges Mal. Vielleicht wäre auch ein Gerichtsmediziner von Nutzen gewesen, der

der Verteidigung hätte helfen können, Spuren des Verbrechens wie Blut, Haare oder Fingernägel zu untersuchen. Aber der Anwalt beauftragt keinen, weil kein Geld dafür da ist.

Als der Prozess gegen Eddie Joe L. am 22. April 1985 vor dem Richter Leonard T. beginnt, ist der Verteidiger nicht anwesend. Er liegt mit heftigen Brustschmerzen im Krankenhaus. Aber er stellt keinen Vertagungsantrag, das Verfahren beginnt ohne ihn. Dem Richter kommt das sehr entgegen. Er ist dafür bekannt, Fälle schnell durchzuziehen, und der Verteidiger will es sich mit ihm in der Hoffnung auf weitere künftige Mandate nicht verscherzen. Richter Leonard T. ordnet dem Angeklagten einen anderen Strafverteidiger zu, Stanford R. Er ist ein älterer, erfahrener Anwalt, der in den 60er-Jahren in Pferderennen mit dem Start von käuflich erworbenen Zuchtpferden sein Geld verdiente. Stanford R. gilt als Lakai des Gerichts. Er ist den Richtern gefällig und bekannt dafür, die ihm zugeschanzten Fälle ohne großen Widerstand problemlos abzuwickeln. Das ermöglicht ihm, »schnelles Geld« zu verdienen. Trotzdem ist er aber ein Mann mit hohen Idealen und gefestigter Moral.

Richter Leonard T. gibt ihm nur eine Woche zur Einarbeitung und Vorbereitung auf das Verfahren, eine völlig unzureichende Zeitspanne für einen derart schwierigen Fall. Sie ermöglicht es dem Verteidiger nicht, Zeugen ausfindig zu machen, Polizei- und Autopsieberichte sorgfältig zu studieren, den Tatort zu besichtigen, Sachverständige zu befragen und vor allem viele Stunden mit dem Mandanten zu verbringen. Obwohl Stanford R. all das nicht möglich ist, erklärt er sich mit der Wochenfrist einverstanden. Er besucht den Angeklagten nur ein einziges Mal im Gefängnis.

Nach diesem Besuch hat er allerdings den Eindruck, dass Eddie Joe L. an einer paranoiden Schizophrenie leidet. Deshalb stellt er den Antrag, ihn von einem Psychiater ausführlich untersuchen zu lassen. Er hat Zweifel an seiner Zurechnungsfähigkeit. Aber bevor Richter Leonard T. darüber entscheiden kann, bringt Eddie dieses Vorhaben zu Fall. Er verweigert eine solche Untersuchung. Der Verteidiger respektiert das sofort. Er unternimmt keinerlei Versuche, seinen Mandanten von der Notwendigkeit einer solchen Untersuchung zu überzeugen. Auch der Richter ordnet kein

derartiges Gutachten an, sodass die Frage der Zurechnungsfähigkeit in dem Prozess überhaupt nicht erörtert wird.

Wenige Tage vor Prozessbeginn ist ein neuer Ermittler für den Angeklagten tätig, John T. Er ist heute unter anderem Namen als forensischer Psychologe tätig. Nachdem er Eddie im Gefängnis aufgesucht hat, ist er von dessen Geisteskrankheit überzeugt. »Seine Augen waren hervorgetreten wie zwei hartgekochte Eier«, berichtet er nach dem Prozess. »Er war vollgepumpt mit Psychopharmaka und glaubte, er befände sich in einem Zeugenschutzprogramm. Er war davon überzeugt, die Polizei benutze ihn, um den wahren Täter zu fassen.«

Der Prozess dauert nur drei Tage. Die Verteidigung verzichtet darauf, den Gerichtsmediziner, der Michelles Leiche untersucht hat, ins Kreuzverhör zu nehmen. Von irgendwelchen Spuren, Haaren oder Kleiderfasern ist ebenso wenig die Rede wie von der Art und Weise, in der Michelle vergewaltigt und anschließend stranguliert worden ist. Auch der Staatsanwalt fragt nicht danach, und der Verteidiger stellt keine einzige Frage. Auch nicht, als die Anklagevertretung den Psychiater in den Zeugenstand ruft, der Eddie im Gefängnis untersucht hat. So bleibt auch die Frage unerörtert, ob die Drogen nicht zu Eddies Bereitschaft beigetragen haben, sich zu seinen Aussagen vor der Polizei bewegen zu lassen. Die Staatsanwaltschaft konfrontiert das Gericht mit mehreren Präzedenzfällen und einer Fülle einschlägiger Urteile. Der Verteidiger Stanford R. zitiert nicht einen einzigen Fall. Sein Schlussplädoyer dauert ganze fünf Minuten.

Die Jury braucht weniger als eine Stunde, um Eddie Joe L. schuldig zu sprechen. Das Gericht verurteilt ihn zu einer lebenslangen Haftstrafe, worauf Eddie laut in den Saal ruft: »Gott sei mit dir, Michelle J., Gott sei mit uns allen! Ich werde wieder rauskommen!«

Eddie Joe L. sitzt 18 Jahre unschuldig im Gefängnis. Denn den Mord an Michelle hat er nicht begangen. In New York befasst sich das Cardoso-Rechtsinstitut mit seinem Fall. Es hat sich zur Aufgabe gemacht, in allen nordamerikanischen Bundesstaaten durch DNA-Analysen zu überprüfen, ob verurteilte Straftäter möglicherweise unschuldig sind. In einer ganzen Reihe von Fällen

haben diese Untersuchungen zu Freilassungen geführt. Eddie wendet sich in einem Brief an diese Institution, die seinen Fall auch untersucht. Die Überprüfung wird dadurch erschwert, dass die meisten Akten bereits vernichtet worden sind. Doch einige Asservate sind noch vorhanden, so dass eine DNA-Analyse durchgeführt werden kann. Sie ergibt, dass Eddies Sperma nicht mit den Samenspuren übereinstimmt, die auf der Strumpfhose und der grünen Flasche gefunden worden waren.

»Das ist Gottes Handschrift!«, ruft Eddie Joe L. aus, als er nach 18 Jahren unschuldig verbüßter Haft freigelassen wird. »Gottes Handschrift ist niemals eine Fälschung!« Eddie erteilt seine Zustimmung, sich auf Staatskosten in einem ihm zur Verfügung gestellten Appartement einer langfristigen Therapie zu unterziehen. Und er hat seinen Anwalt beauftragt, zu prüfen, ob gegen den inzwischen im Ruhestand befindlichen Polizeibeamten Thomas D. strafrechtlich und zivilrechtlich vorgegangen werden kann.

Barry L. und die ermordete Greisin

(USA, Wisconsin, 1987–2003)

Am 13. August 1987 wird die 85-jährige Edna L. in ihrem Haus tot aufgefunden. Der Oberkörper liegt auf dem Bett, die Füße stehen auf dem Fußboden. Bis auf einen über die Brüste hochgezogenen Büstenhalter ist die alte Frau nackt. Ihr Gesicht ist mit einem Kleid bedeckt. In der rechten Hand hält sie ein Fläschchen mit Tabletten. Einige Pillen sind ihr in den Mund gestopft worden. Auf dem Boden liegen eine leere Marlboro-Zigarettenschachtel und mehrere Kippen.

Die Autopsie ergibt, dass Edna L. vergewaltigt worden ist. Auf ihrem Leib befinden sich Samenspuren. Und die Arme und Beine sind voller blauer Flecken und Quetschungen, was darauf schließen lässt, dass das Opfer sich heftig gewehrt hat. Eine Wunde auf dem Hinterkopf deutet darauf hin, dass die Frau mit einem harten, kantigen Gegenstand niedergeschlagen wurde. Ein Nachbar weist die Polizisten sofort darauf hin, dass er am Tag der Tat einen braunhaarigen, schnurrbärtigen Mann in einem blauen Arbeits-

anzug hinter seinem Haus gesehen habe. Als er ihn ansprach, habe der Fremde eine Zigarette aus einer rotweißen Schachtel geholt. Es können durchaus Marlboro gewesen sein, sagt der Nachbar. Aber die Fahndung nach diesem Mann verläuft ergebnislos, er wird nie ermittelt.

Statt dessen fällt der Verdacht auf den 24-jährigen Barry L., der mit seinen Eltern und zwei Brüdern nur zwei Häuser weiter wohnt. Er ist ein entfernter Verwandter von Edna L. und nennt sie stets »Tante«. Barry besitzt nur einen IQ von 70 und den geistigen Level eines Zehnjährigen. Er arbeitet in einer Chemiefabrik und hat den Job nur unter größten Schwierigkeiten bekommen. Zur Arbeit fährt er mit dem Rad, da er zu dumm dafür war, einen Führerschein zu machen.

Als Detective Jack H., ein Star unter den örtlichen Polizeibeamten, den Fall übernimmt, setzt er Barry unter Druck. Er hat beobachtet, dass Barry seinen kleinen Finger nicht krümmen kann. Da an den Armen des Opfers jeweils nur die Abdrücke von drei Fingern festgestellt wurden, schließt Detective Jack H. daraus, dass sie von einem Mann stammen, der einen seiner Finger nicht schließen kann. Und dieser Mann ist für ihn Barry L.

Er hat zwar ein Alibi für die Nacht zum 13. August. Seine Familie bestätigt, dass er die ganz Zeit auf der Couch geschlafen habe, bis ihn sein Vater am Morgen weckte. Aber für Detective Jack H. zählt das nicht. Während einer intensiven Vernehmung hält er Barry wahrheitswidrig vor, man habe seine Fingerabdrücke auf der in Ednas Wohnung gefundenen Marlboroschachtel sichergestellt. Deshalb sei es für ihn nur von Vorteil, wenn er gestehe, was in dieser Nacht geschah.

Daraufhin gibt Barry die Tat zu. Er wolle nur nicht, dass seine Eltern davon erfahren. In der Nacht sei er durchs Fenster in Ednas Schlafzimmer eingestiegen und habe sie mit einer Taschenlampe erschlagen. Dann habe er sie vergewaltigt. Als Grund gibt er an, er habe niemals ein Mädchen besitzen können. Die 400 Dollar, die er mitnahm, habe er anschließend in Kneipen und Restaurants ausgegeben.

Barry wird am 8. September 1987 verhaftet und im Dezember 1988 des Mordes angeklagt. Eine Aufzeichnung seines Geständ-

nisses gibt es nicht. Das Gericht begnügt sich mit der Aussage von Detective Jack H. Ein Sachverständiger erklärt, das sichergestellte Sperma stamme von einem Mann mit der Blutgruppe A. Barry hat jedoch die Blutgruppe B. Die könne sich allerdings durch Bakterien im Körper des Opfers verändert haben, erläutert der Gutachter seine abenteuerliche Theorie.

Das Schwurgericht von Adams County verurteilt Barry L. zu einer lebenslangen Haftstrafe. Seine Berufung bleibt erfolglos.

Barry L. sitzt 16 Jahre in seiner Zelle. Dann findet ein Reporter einer örtlichen Zeitung heraus, dass die damals am Körper des Opfers sichergestellten DNA-Proben nicht, wie ursprünglich angenommen, vernichtet worden sind, sondern sich im Besitz eines Professors befinden. Er ist jetzt in Leipzig in Deutschland tätig und hat die Proben aufbewahrt. Im Juli 2003 werden sie mit Methoden untersucht, die 1987 noch nicht zur Verfügung standen. Das Ergebnis ist eindeutig: Der Samen im Körper des Opfers stammt nicht von Barry L. Er wird daraufhin im November 2003 aus der Haft entlassen. Auf die Frage, warum er denn eine Tat gestand, die er nicht begangen habe, antwortet er, die Beamten hätten ihn mit langen Verhören gequält und ihm sowieso nicht geglaubt. Da wollte er einfach seine Ruhe haben.

Schülerinnenmord in Oberfranken. Der Fall Ulvi K.

(Deutschland, 2000–2004)

Im Mordfall der neunjährigen Peggy K. aus dem oberfränkischen Lichtenberg fällt das Landgericht Hof am 2. Mai 2004 gegen den angeklagten Ulvi K. aufgrund seines Geständnisses einen Schuldspruch und verurteilt ihn zu lebenslanger Haft sowie Einweisung in eine geschlossene Psychiatrie auf unbestimmte Zeit. Die Indizien sind mager. Es gibt keine Zeugen für die Tat, nicht einmal eine Leiche.

Peggy ist seit dem 7. Mai 2000 verschwunden. Ihre Leiche ist bis heute nicht gefunden worden. Der 26-jährige, geistig behinderte Aushilfskellner Ulvi K. mit einem Körpergewicht von 96 Kilo gerät ins Fadenkreuz der Ermittler, weil er wegen sexueller

Übergriffe auf Kinder vorbestraft ist und angeblich zur vermutlichen Tatzeit am Tatort gesehen worden ist.

Peggy K. ist eins seiner früheren Opfer. Als er sie am 7. Mai 2000 auf einem Waldweg wiedertrifft, will er sich nach Auffassung der Staatsanwaltschaft für seinen damaligen sexuellen Missbrauch bei ihr entschuldigen. Aber Peggy flüchtet voller Angst vor dem Mann, stolpert dabei über einen auf dem Weg halb herausragenden Stein und ist Minuten später tot. Dieser Stolperstein wird zum Hauptindiz der Anklagevertreter im Prozess. Denn bei einer Tatrekonstruktion hat Ulvi K. die Ermittler exakt und zielstrebig zu dem Stein geführt. Und er hat auch den Todeskampf des Kindes sehr genau beschrieben.

»Solche Details erfindet man nicht«, sagt Richter Georg H. nach dem 27 Prozesstage dauernden Verfahren, das nach fünf Verhandlungstagen noch einmal angesetzt werden musste, weil das Gericht eine Schöffin mit einer Ersatzschöffin verwechselt hatte.

Eine Schulfreundin hat die blonde Peggy aus einem Bus heraus am Tattag um 13.14 Uhr am Henri-Marteau-Platz in Tatortnähe gesehen. Und auch Ulvi K. ist von einer weiteren Zeugin um 13.00 Uhr dort gesehen worden. Das hat diese Zeugin allerdings erst bei der Polizei angegeben, nachdem ihr eigener Sohn von Ulvi K. des Mordes an Peggy bezichtigt wurde. Und es gibt andere Kinder, die Peggy nach der konstruierten Tatzeit am Nachmittag in Lichtenberg gesehen haben wollen.

Die Beamten der Sonderkommission konfrontieren Ulvi K. bei seiner Vernehmung am 7. Mai 2002 mit der Feststellung, an seinem Arbeitsoverall sei »großflächig Blut gefunden worden«. Daraufhin gesteht Ulvi die Tat, widerruft allerdings sein Geständnis später, das nicht auf Tonband aufgenommen worden ist. Die Aufzeichnungen über die tatsächlichen Ergebnisse der Untersuchung des Overalls sind verschwunden. Er habe sie »weggeschmissen«, gesteht Chefermittler G. während des Prozesses. Und er räumt auch ein: »Es gab kein Blut an Ulvis Overall.« Wurde der Beschuldigte getäuscht, um ein Geständnis zu erlangen? Dann wäre es wertlos.

Die Hofer Strafkammer hat sich dennoch bei ihrer Urteilsfindung auf dieses widerrufene Geständnis gestützt. Den Widerruf

und die spätere Begründung, Ulvi K. habe seine Ruhe vor den Polizeibeamten haben wollen, lässt das Gericht nicht gelten. Und unzulässige Vernehmungsmethoden habe es seiner Ansicht nach auch nicht gegeben. Ebenso hat sich die Strafkammer auch nicht von den Verdachtsmomenten überzeugen lassen, die Peggys türkischen Stiefvater Erhan Ü. belasten. Im Prozess verwickelt er sich in Widersprüche. Er gibt zu, Peggy misshandelt und ihre Mutter, seine damalige Lebensgefährtin, mit dem Tode bedroht zu haben. Außerdem wollte er ihre zweite Tochter in die Türkei entführen. Es gibt sogar Anhaltspunkte, dass dies auch mit Peggy geschehen ist. Denn im Prozess sagen Zeugen aus, sie hätten Peggy im November 2003 lebend in der Türkei gesehen. »Sie haben sich getäuscht!«, sagt der Vorsitzende Richter H. dazu. Die Jury folgt nicht der These der Verteidigung, nach der auch Erhan Ü. als Täter in Betracht kommt. Immerhin hat er für die Zeit von Peggys Verschwinden zwischen 13.15 und 13.45 Uhr kein Alibi.

Für die Jury steht fest, dass Ulvi K. den Mord begangen hat. Ein Urteil, über das Verteidiger Wolfgang Schwemmer den Kopf schüttelt: »Es gibt keine Beweise, nur Indizien, ein fragwürdiges, widerrufenes Geständnis und nicht einmal eine Leiche!« Außerdem sei höchst zweifelhaft, ob Ulvi K., wenn er wirklich die Tat begangen habe, überhaupt schuldfähig sei.

Doch im Februar 2005 verwirft der BGH die Revision. Seiner Ansicht nach ist die Beweiswürdigung der Hofer Strafkammer ohne Rechtsfehler verlaufen. Dass sie sich bei ihrer Urteilsfindung auf ein unglaubwürdiges, zweifelhaftes Geständnis gestützt habe, kann der BGH nicht feststellen. Damit ist das Urteil des Landgerichts Hof vom 2. Mai 2004 rechtskräftig.

Dennoch bleiben Zweifel an seiner Richtigkeit. Eine Korrektur kann nun aber nur noch durch ein Wiederaufnahmeverfahren herbeigeführt werden. Dafür sind neue Beweismittel erforderlich. Und ob die beigebracht werden können, erscheint ebenso fraglich.

Inzwischen hat sich in Ulvi K.'s Heimatdorf Lichtenberg eine Bürgerinitiative gebildet, die Anfang 2006 einen Anwalt für ihn engagiert und damit beauftragt hat, einen Wiederaufnahmeantrag vorzubereiten. Nach ihrer Einschätzung sind fast Zweidrittel der Dorfbewohner davon überzeugt, dass Ulvi K. unschuldig ist.

Seine schlechteste Rolle. Der Fall Günther K.

(Deutschland, 2. Februar 2001–2005)

Hasenbergl, das ist Münchens verrufenstes, ärmstes Viertel. Hier prallen die sozialen Spannungen und Probleme aufeinander wie sonst nirgendwo in der Stadt. In diesem Milieu wird Günther K. als unehelicher Sohn eines US-Soldaten und einer deutschen Mutter am 16. Juni 1947 geboren. Deshalb bezeichnet er sich später selbst gern als »Neger vom Hasenbergl«, der es geschafft hat, da unten rauszukommen. Der 117-Kilo-Mann macht eine Lehre, leistet Dienst bei der Bundeswehr, ist als Zeitungswerber unterwegs und landet schließlich bei der Theatergruppe und linken Film-Avantgarde von Rainer Werner Fassbinder. Der berühmte Regisseur wird auf ihn aufmerksam und gibt ihm ein paar Rollen. Günther K. spielt in einigen Filmen neben namhaften Schauspielern wie Hanna Schygulla und in der Krimiserie »Der Alte«. Er genießt es, plötzlich im Rampenlicht zu stehen. Auf der ständigen Suche nach Liebe und Anerkennung wird er zwar kein großer Star, aber immerhin ein bekannter Schauspieler. Sein Lebenswandel ist unstet, zwei Ehen scheitern.

Dann begegnet er seiner großen Liebe Alexandra. Er heiratet die attraktive Frau 1986 und zieht mit ihr an die sonnige Algarve, wo er für 620 000 Mark ein Grundstück mit Haus gekauft hat. Nun beginnt seine größte und tragischste Rolle. Er spielt sie nicht im Film, sondern im wirklichen Leben. Im Jahr 1992 erkrankt Alexandra an Knochenkrebs. Kostspielige Spezialbehandlungen in den USA zehren bald alle Ersparnisse auf. Es geht bergab. Rollenangebote für Günther K. gibt es kaum noch.

Da kommt die verzweifelte Frau auf die Idee, sich Geld von einem guten Freund zu besorgen, dem 60-jährigen Steuerberater Hartmut H. Sie erfindet eine abenteuerliche Geschichte. Ein Berliner Bauunternehmer plane, auf dem Grundstück der Eheleute K. in Portugal eine Hotelanlage zu errichten, die ein amerikanischer Rocksänger finanzieren wolle. Er habe sich bereits zu einer Zahlung von 70 Millionen US-Dollar verpflichtet, sei dann aber vertragsbrüchig geworden, weshalb Alexandra ihn jetzt verklagen wolle. Um die hohen Anwalts- und Prozesskosten finanzie-

ren zu können, brauche sie Geld. Der Steuerberater glaubt ihr die Geschichte und leiht dem Ehepaar 830 000 Mark für gute Zinsen und die angeblich beste Aussicht, das Darlehen bald zurückzubekommen.

Und auch Günther K. glaubt die Story. Als Alexandra ihm 1999 erklärt, sie müsse für ein halbes Jahr nach New York, um dort für den bevorstehenden Prozess präsent zu sein, glaubt der Ehemann ihr das auch. Sie werde ihn einmal die Woche anrufen, sagt sie ihm. Post oder Telefonate dürfe sie nicht empfangen. Sehnsüchtig wartet Günther K. auf die wöchentlichen Anrufe seiner Frau. Er denkt, sie kommen aus den USA. Aber in Wahrheit kommen sie aus Berlin.

Dort lebt Alexandra mit ihrem Geliebten Hans-Joachim U., einem vorbestraften Kriminellen aus der Berliner Unterwelt, in einer Wohnung zusammen. Gemeinsam verprassen sie auf rauschenden Festen und Partys, was von dem Kredit noch übrig ist. Der Steuerberater H. ist inzwischen misstrauisch geworden und verlangt Beweise für die angebliche Millionenklage. Alexandra zeigt ihm Kopien ihrer Briefe an ihren Rechtsanwalt »Dr. Gallert«, einen Mann, den es überhaupt nicht gibt. H. ist jetzt davon überzeugt, dass er einem groß angelegten Schwindel aufgesessen ist. Er bestellt Günther K. in seine Münchner Kanzlei und verlangt von ihm als Entschädigung die Überschreibung des Algarve-Grundstücks.

Am 2. Februar 2001 geht kurz vor 18.00 Uhr ein Notruf bei der Münchner Polizei ein. Er kommt aus dem Haus des Steuerberaters H. in München-Großhadern. Am Apparat ist Günther K. Er habe Hartmut H. bäuchlings auf dem Fußboden des Wohnzimmers seiner Villa gefunden, sagt er. Das Gesicht sei seitlich verdreht und in eine karierte Wolldecke gepresst. Der Mann sei tot. Kurz darauf sind die Ermittler am Tatort. Sie erkennen sofort, dass hier ein Verbrechen geschehen ist. Um das linke Handgelenk des Toten ist ein Kabel geknotet. Daneben liegt ein Streifen Klebeband, mit dem er offenbar gefesselt worden ist. Seine Hose ist heruntergezogen, vermutlich, um einen Sexualmord vorzutäuschen. Die ganze Wohnung ist durchwühlt, kostbare Bilder und andere wertvolle Gegenstände fehlen. Die Gerichtsmediziner

stellen fest, dass H., augenscheinlich nach heftigem Kampf, »durch Druckbelastung des Brustkorbs« qualvoll erstickt ist. Das Gesicht sei zugleich »auf eine weiche Bedeckung« aufgedrückt worden.

Der Münchner Mordkommission ist schnell klar, dass der Täter bewusst falsche Spuren gelegt hat. Sofort verdächtigen die Beamten Günther K. Man sagt ihm das auf den Kopf zu. Denn Spuren von ihm sind am Tatort gefunden worden. Sie können allerdings auch daher rühren, dass K. bis acht Wochen vor dem Tod des Steuerberaters einige Zeit in dessen Haus gewohnt hat. Jetzt lebt er möbliert in einer Münchner Wohnung.

Ein überprüfbares Alibi hat Günther K. nicht. Vielleicht habe er ja gar nicht töten wollen, sagt der vernehmende Beamte am Morgen des 8. Februar 2001 zu ihm. Ein Geständnis könne die Strafe mildern. K. bricht der Schweiß aus. In stundenlangen Vernehmungen erfährt er, dass seine Frau ihn schmählich betrogen und die ganze Geschichte mit dem New Yorker Prozess erfunden hat. Da bricht er zusammen und gesteht, den Steuerberater getötet zu haben. Bei einem Besuch habe es Streit gegeben. Während der Auseinandersetzung sei er auf H. gefallen und mit seinen 117 Kilo Körpergewicht so lange auf ihm liegen geblieben, bis er sich nicht mehr gerührt habe.

Alexandra schickt ihm Liebesbriefe ins Untersuchungsgefängnis. Sie enthalten kein einziges entlastendes Wort. Die Staatsanwaltschaft erhebt Anklage wegen Mordes. Zwei Wochen vor Prozessbeginn stirbt Alexandra K. an Krebs. Man gestattet dem Angeklagten nicht, an der Beerdigung in Berlin teilzunehmen. Er lässt eine Traueranzeige in den Zeitungen veröffentlichen, in der es heißt: »Wenn die letzten Schatten fallen, dann gib mir Deine Hand, damit ich den letzten Weg getrost gehen kann.«

Als der Schwurgerichtsprozess gegen Günther K. im November 2002 vor dem Landgericht München I beginnt, macht er unter Tränen mit großer Geste und geschulter Stimme seine Aussagen. Am vierten Verhandlungstag gesteht er plötzlich dem Vorsitzenden Richter, dass er ihn belogen habe. Er benennt zwei angebliche Mittäter, einer davon ist Hans-Joachim U., der Geliebte seiner verstorbenen Frau, der im Prozess zunächst als Zeuge

ausgesagt hat. Beide kommen in Untersuchungshaft. Doch man kann ihnen nichts nachweisen. Nach einigen Tagen müssen sie wieder freigelassen werden. Daraufhin kehrt Günther K. zu seiner ursprünglichen Version zurück: Er alleine habe den Steuerberater umgebracht. In seinem Schlusswort sagt er: »Mir ist klar, dass ich in meinem ganzen Leben diese Rolle am allerschlechtesten gespielt habe.«

Am 27. November 2002 wird Günther K. wegen versuchter räuberischer Erpressung mit Todesfolge zu 15 Jahren Haft verurteilt. Er bedankt sich für den »fairen Richterspruch«. Aber fast jeder im Schwurgerichtssaal denkt und fühlt: So kann es nicht gewesen sein. Vieles ist offen geblieben. Der Fall sei damit nicht erledigt, sagt der Richter. Die Ermittlungen würden weitergehen und man werde die Mittäter finden. K. wird in das Gefängnis nach Berlin-Tegel überführt, wo er bald als »Profi« in der Theatergruppe mitwirkt. Ein Dreiviertel Jahr später geschieht etwas, was sein Geständnis zu Makulatur werden lässt.

Am 14. August 2003 erscheint die Kellnerin Sarah H. bei der Berliner Polizei und erklärt, sie müsse Angaben zum Fall Günther K. machen. Der Mann sitze völlig unschuldig im Gefängnis, denn die Tat sei vielmehr von ihrem Lebensgefährten Heinz K. zusammen mit zwei anderen Komplizen begangen worden.

Nun laufen die Ermittlungen auf Hochtouren, alte Spuren mischen sich mit neuen Erkenntnissen. Die Mordkommission rekonstruiert folgendes Tatgeschehen: Alexandra K. hat ihren Geliebten Hans-Joachim U. gebeten, bei dem Steuerberater H. einzubrechen, um alle Dokumente verschwinden zu lassen, die das betrügerische Kreditgeschäft betreffen. Aber wegen der schwer überwindbaren Alarmanlage an H.s Haus hält es U. für besser, den Steuerberater »ruhig zu stellen« und einen Raubüberfall vorzutäuschen. Er selbst ist zu schmächtig dafür. Also heuert er kräftige Komplizen aus dem Berliner Rockermilieu an, Heinz und Wolfgang.

Die Drei besorgen sich weiße Einweganzüge, um am Tatort jegliche Faserspuren zu vermeiden, Latexhandschuhe, Masken und ein festes Klebeband zum Fesseln. Am 1. Februar fährt das Trio nach München, spioniert das Haus aus und klingelt dann an

H.s Tür. Als er sie öffnet und die maskierten Männer sieht, ruft er sofort um Hilfe. Sie überwältigen ihn und werfen ihn bäuchlings auf den Boden. Heinz K., ein kräftiger, hünenhafter Schlägertyp, legt sich mit seinem ganzen Körpergewicht auf das Opfer. Mit dem Klebeband wird ihm der Mund verschlossen und die Hände werden mit dem Kabel auf dem Rücken gefesselt. Als die beiden anderen Männer mit Beutestücken aus den Nebenräumen in das Wohnzimmer zurückkehren, ist Hartmut H. schon tot. Die Täter sitzen bereits wieder in ihrem Auto, da steigt Hans-Joachim U. noch einmal aus und geht in die Villa zurück. Hier durchschneidet er H.s Fesseln, entfernt das Klebeband vom Mund und zieht dem Toten die Hose herunter, um einen Homosexuellenmord vorzutäuschen.

Obwohl die Täter Schutzkleidung getragen haben, werden am Tatort DNA-Spuren sichergestellt, die eindeutig Heinz K. zugeordnet werden können. Die drei Täter werden verhaftet. Bei den Vernehmungen legen sie ein Geständnis ab und werden wegen Mordes angeklagt. Sie erklären auch, dass Günther K. nicht am Tatort war. Das Landgericht München verurteilt das vorbestrafte Mördertrio im November 2004 wegen Raubes mit Todesfolge zu Haftstrafen zwischen zehneinhalb und 14 Jahren. Der Vorsitzende Richter Manfred G. bezeichnet Günther K. in seinem Urteil als »Drahtzieher«.

Bereits am 2. September 2001 hat K. sein Geständnis widerrufen. Er habe es nur aus Liebe zu seiner Frau abgegeben, erklärt er, und um sie zu schützen. Mit dem Mord habe er nichts zu tun.

Daraufhin ordnet das Landgericht Augsburg eine Haftunterbrechung und die Wiederaufnahme des Verfahrens an. Am 25. November 2003 wird Günther K. nach 33 Monaten hinter Gittern aus der Haft entlassen.

Der neue Prozess beginnt im Januar 2005. Schluchzend und mit großer Geste entschuldigt sich K. bei zwei unbeteiligten Freunden, die er bei seinem falschen Geständnis als Komplizen bezeichnet hatte. Das Gericht spricht ihn am 26. Januar 2005 frei. Günther K. bedankt sich mit einer Kusshand bei der Staatsanwältin, die selbst auf Freispruch plädiert hatte. Mit Tränen in den Augen sagt er: »Ich habe nie etwas Böses getan. Mein falsches Ge-

ständnis war ein fataler Fehler. Ich wollte meine todkranke Frau raushalten. Sie starb jeden Tag ein Stückchen mehr. Auch ich wollte damals sterben.«

Die Augsburger Kammer sieht dieses Motiv jedoch nicht als zwingend an. »Es macht uns nach wie vor Probleme«, sagt der Vorsitzende Richter Wolfgang Rothermel. »Mit Sicherheit ist dieses Verfahren ein Schulfall für alle Juristen, über die Richtigkeit von Geständnissen nachzudenken.« Es gäbe auch unverändert den Verdacht, dass K. kurz nach dem Überfall am Tatort gewesen sei. Das reiche aber zu einer Verurteilung nicht aus.

Günther K. will den Fall verfilmen und sich selbst spielen. Doch zunächst wartet ein weiterer Strafprozess wegen Freiheitsberaubung auf ihn, weil seine von ihm bezichtigten Freunde wochenlang in Untersuchungshaft saßen.

7 Der Druck der öffentlichen Meinung

Im Strafrecht der meisten Länder finden sich genug Beispiele, die beweisen, dass der Ausgang eines Mordprozesses in erheblichem Maße davon abhängt, welcher Zeitgeist die öffentliche Meinung bestimmt und wie sehr diese festgelegte Meinung Druck auf Richter, Staatsanwälte, Geschworene und auch Zeugen und Sachverständige ausüben kann und sie derart beeinflusst, dass bereits eine Verurteilung der in Verdacht geratenen Person stattfindet, bevor der Prozess gegen sie überhaupt begonnen hat. Die Gefahr eines Fehlurteils ist dann besonders groß.

Die Emotionen des Volkes werden vor allem dann angesprochen, wenn die Straftat besonders verwerflich erscheint. Das ist zum Beispiel der Fall, wenn eine Mutter angeklagt ist, ihr Kind ermordet zu haben. Sie hat selten die Sympathien auf ihrer Seite. Bereits 1771 im tragischen Fall des 25-jährigen Dienstmädchens Susanna Margaretha Brandt ist das schon so. Die unbescholtene Jungfrau wird in Frankfurt vom Lakai eines holländischen Kaufmanns verführt. In einem grausamen Konflikt zwischen Mutterliebe, Angst und Scham verbirgt Margaretha ihre Schwangerschaft und tötet ihr Kind nach der Geburt. Die Öffentlichkeit sieht sie nicht als Opfer, sondern als gewissenlose Täterin, die den Tod verdient hat. Nach einem Aufsehen erregenden Prozess, dem der 22-jährige Johann Wolfgang von Goethe während seiner juristischen Ausbildung in Frankfurt beiwohnt, wird Margaretha Brandt zum Tode verurteilt und durch das Beil hingerichtet. Goethe ist von dem Schicksal der jungen Frau so tief berührt, dass er sie in seinem »Faust« als Gretchen unsterblich macht.

Wie sehr die Volksseele kocht, wenn eine Mutter angeklagt ist, ihre Kinder umgebracht zu haben, ist in erschreckendem Ausmaß auch im Fall Monika Weimar deutlich geworden. Als die Angeklagte am 8. Januar 1988 vom Landgericht Fulda wegen Mordes in zwei Fällen zu einer lebenslangen Freiheitsstrafe verurteilt wird, applaudieren die Menschen im Gerichtssaal laut. Monika Weimar wird bespuckt und als »Hexe« und »Amihure« beschimpft. (Siehe die detaillierte Darstellung des Falles bei Otto,

»Das Lexikon der Justizirrtümer«, Ullstein. 2. Auflage 2004, S. 193 f.).

Am 31. Juli 2005 werden in dem brandenburgischen Dorf Brieskow-Finkenheerd bei Frankfurt an der Oder in einer alten Garage hinter dem Elternhaus der 39-jährigen Sabine H. neun Kinderleichen entdeckt. In Eimern, in Blumentöpfen, unter Teppichen und in einem Aquarium. Die arbeitslose Zahnarzthelferin hat zwischen 1988 und 2004 alle Säuglinge gleich nach der Geburt getötet und verscharrt. Jahrelang hat sie Leichenteile ihrer Kinder, die alle von ihrem inzwischen geschiedenen Mann stammen, auf dem Plattenbau-Balkon ihrer Wohnung in Blumentöpfen aufbewahrt, die Blumen darin gegossen und sich manchmal dazu gesetzt. »Ich wollte alle in meiner Nähe haben«, sagt sie bei ihrer ersten Vernehmung Anfang August 2005 ruhig und gelassen und ohne die geringsten Anzeichen einer geistigen oder seelischen Verwirrung.

Insgesamt 13 Kinder hat sie geboren. Das vierte ist das erste Baby, das sie 1988 gleich nach der Geburt umbringt. Denn sie will in der zerrütteten Ehe keinen Nachwuchs mehr. Doch sie wird immer wieder schwanger, neunmal in elf Jahren. Sabine H. sucht nie einen Arzt oder die Gesundheits- oder Sozialbehörde auf. Sie entbindet allein daheim, benebelt von Alkohol, ihrem ständigen Begleiter. Und tötet dann. In sieben Fällen will sie nach dem Alkoholrausch erst wieder zu sich gekommen sein, als die wahrscheinlich mit einem Kissen erstickten Neugeborenen bereits verscharrt waren. Ein Aufschrei geht angesichts dieser grauenhaften Taten durch den deutschen Blätterwald. Fassungslos stellen die Medien in diesem wohl schlimmsten Fall von Säuglingstötung in der europäischen Kriminalgeschichte immer wieder die Frage: Wie war es möglich, dass Sabine H. neun Kinder austragen und dann umbringen konnte, ohne dass irgendjemand etwas davon bemerkte? An die Stelle von Mitleid oder gar Verständnis für die offenbar vereinsamte und sozial ausgegrenzte Frau treten Abscheu und Hass auf die böse »Andersartige«. In dem kommenden Prozess wird zu klären sein, ob »minderschwere Fälle von Totschlag« entsprechend § 213 unseres Strafgesetzbuches vorliegen oder ob Sabine H. ihre ehelichen Kinder »aus niederen Beweg-

gründen« umgebracht hat. Dann müsste die Strafkammer von Mord ausgehen, und der hübschen, dunkelhaarigen Frau droht lebenslänglich.

Auch und gerade in den USA spielt ein Hass auf »andersartige« Beschuldigte, die in ihrer Lebensweise dem temporären Meinungsbild der Öffentlichkeit nicht entsprechen, in vielen Prozessen eine unrühmliche Rolle. Drei prägnante Fallbeispiele werden das unmissverständlich aufzeigen. Ebenso hat es in Frankreich Verfahren gegeben, die von der öffentlichen Meinung entscheidend beeinflusst worden sind. Ein solcher Fall soll zunächst dargestellt werden.

Paul Gorguloff und die Ermordung des Staatspräsidenten

(Frankreich, 6. Mai–14. September 1932)

Am 6. Mai 1932 eröffnet der 75-jährige Paul Doumer, erst vor knapp einem Jahr zum Präsidenten der Französischen Republik gewählt, in Paris eine Ausstellung der Schriftsteller, die am Ersten Weltkrieg teilgenommen haben. Auf seinem Rundgang bleibt Doumer etwa gegen 15.00 Uhr nachmittags einen Augenblick stehen, um ein paar Worte mit dem Vorsitzenden der Vereinigung zu wechseln. Da tritt plötzlich ein hünenhafter, breitschultriger Mann mit dicht gekräuseltem Haar auf ihn zu und gibt aus einem Revolver in schneller Folge fünf Schüsse auf ihn ab. Zwei davon treffen ihn. Doumer sackt zusammen und verstirbt am nächsten Morgen in einer Klinik.

Der Attentäter versucht nicht, zu fliehen, und leistet auch keinen Widerstand, als er festgenommen wird. »Das ist erst der Anfang!«, schreit er und fuchtelt wild mit den Armen in der Luft herum. Dabei fällt ein Manuskript aus seiner Tasche. Es ist überschrieben mit »Memoiren von Paul Gorguloff, Chefpräsident der russischen faschistischen politischen Partei, der den Präsidenten der Französischen Republik getötet hat.« So kann die Polizei schnell die Identität des Attentäters feststellen und seinen Lebenslauf ermitteln.

Paul Gorguloff wird 1895 als Sohn reicher Bauern in Russland geboren. Als er 1913 zum Militärdienst eingezogen wird, muss er sein Medizinstudium unterbrechen. Er dient im Krieg in einem Kosakenregiment und wird am Kopf verwundet. Man verleiht ihm das St.-Georgs-Kreuz, den höchsten russischen Kriegsorden. 1921 heiratet er in Rostow die Tochter eines seiner Professoren, emigriert nach Warschau und geht dann nach Prag, um sein Medizinstudium abzuschließen. Hier heiratet er, ohne zuvor geschieden zu sein, die 19-jährige Tochter eines Friseurs. Er misshandelt und schlägt sie, worauf sie sich scheiden lässt. Danach nimmt er sich eine ältere, wohlhabende Frau als Geliebte und lässt sich von ihr die Veröffentlichung seiner Romane finanzieren. Er gründet eine russische Bauernpartei und gibt ihr den Namen »Grüne Partei«. Seine politischen Ideen, angesiedelt zwischen Zarismus und Leninismus, sind jedoch so verworren, dass die Mitglieder ausbleiben.

Ende der 20er-Jahre lässt sich Gorguloff als Arzt nieder, muss sich aber alsbald vor den tschechischen Behörden und der Ärztekammer verantworten. Sie wirft ihm vor, von Patienten viel zu hohe Honorare verlangt zu haben, zum Teil für behandelte Krankheiten, die sie gar nicht hatten. Als mehrere seiner weiblichen Hausangestellten ihn wegen versuchter Notzucht anzeigen, kommt er vor Gericht. Das sei ein politisches Komplott gegen ihn, behauptet er, eine Provokation der Kommunisten. Er wird freigesprochen. Und auch ein neues Verfahren gegen ihn wegen Abtreibung führt nicht zur Verurteilung. Allerdings wird ihm die Approbation entzogen, so dass er sich nach einer neuen Existenz umsehen muss.

Gorguloff geht nach Frankreich und heiratet in Paris eine vermögende Schweizerin. Er gibt ihr Geld mit vollen Händen aus und versucht auch hier vergeblich, seine Landsleute von seinen politischen Ideen zu überzeugen. Die Kommunisten in der Sowjetunion sind ihm verhasst. Und als Frankreich die Sowjetunion offiziell anerkennt, fasst er den Entschluss, einen der dafür verantwortlichen französischen Politiker zu ermorden.

Als er aus den Zeitungen erfährt, dass der französische Staatspräsident am 6. Mai 1932 eine Ausstellung eröffnen werde,

scheint ihm das eine gute Gelegenheit zu sein, seinen Plan in die Tat umzusetzen. Am Morgen des 5. Mai betet er im Dom »Notre Dame« für seine Idee und verfasst dann in der Nacht in einem Hotel seine Denkschrift. Am nächsten Vormittag kauft er sich eine Eintrittskarte und zwei Revolver mit 27 Patronen. Anschließend trinkt er in einem Café einige Gläser Wein und eine kleine Flasche Cognac und begibt sich dann gegen 14.00 Uhr in den Ausstellungsraum.

Der Prozess gegen ihn beginnt unter lebhafter Anteilnahme der Bevölkerung schon am 25. Juli 1932. Vor dem Gerichtsgebäude bilden sich lange Schlangen Einlass begehrender Menschen. Statt die Fragen des Gerichts zu beantworten, verkündet der Angeklagte wort- und gestenreich seine politischen Ideen. Er vertrete 180 Millionen russischer Bauern, sagt er, die zur Zwangsarbeit verdammt seien, weil sie nichts vom Kommunismus wissen wollen. Er sei ihr Chef, der Apostel einer Idee, der die Sowjets hasse und das sozialistische Frankreich liebe. Diese Idee sei ihm teurer als das Leben. »Mein Attentat ist ein Protest im Namen des versklavten russischen Volkes!«, ruft er in den Saal. »Frankreich, höre mich an!« Und als er nach Verlesung der Anklageschrift gefragt wird, ob er sich schuldig bekenne, antwortet er: »Die Justiz wird mir gegeben werden durch den da oben!« Die Staatsanwaltschaft hat ihn durch drei Ärzte untersuchen lassen. Alle drei Gutachter halten ihn für zurechnungsfähig. Die Verteidigung ist dagegen der Auffassung, dies sei keineswegs der Fall.

Warum er sich denn gerade den französischen Staatspräsidenten als Opfer ausgesucht habe, will der Gerichtspräsident Eugène Dreyfus wissen. Er trägt eine weite rote, mit einem Hermelinkragen besetzte Robe. Doumer habe die französische Politik dirigiert und führe auch den Vorsitz im Ministerrat, antwortet Gorguloff. Der Präsident habe Hand in Hand mit dem Völkerbund gearbeitet, um Russland auszulöschen. Gegen Doumer persönlich habe er nichts gehabt. Aber der unbekannte Richter in seiner Seele habe ihm gesagt, dass dieser Mann getötet werden müsse. Er habe ihm gesagt: »Bring dich zum Opfer, Paul, aber rette das russische Volk!« Er habe geschossen, ohne zu zielen. Monsieur Doumer sei ein Opfer des politischen Kampfes geworden, ebenso wie er

selbst. »Ich verlange Gerechtigkeit!«, ruft er in den Saal. »Verurteilen Sie mich zum Tode, aber retten Sie meine Idee, die eine Weltkatastrophe verhindern wird!«

Ob denn die Gründung einer russischen national-demokratischen Partei und ihre Verbindung mit Frankreich sein Ziel gewesen sei, will sein Verteidiger von ihm wissen. Gott habe ihm diese Idee eingegeben, erwidert Gorguloff. »Das nennt man in der Medizin Größenwahn und Verfolgungswahn!«, stellt der Verteidiger daraufhin fest und legt dem Gericht einen Brief vor, den Gorguloff 1929 an einen Prager Gelehrten geschrieben hat und in dem er sich nach den Möglichkeiten eines interplanetaren Verkehrs erkundigte. Er habe nämlich, weil er die Erde verabscheue, den Wunsch, der erste Mensch zu sein, der auf dem Mond landen werde. »Spricht das nicht dafür«, fragt der Verteidiger, »dass dieser Mensch nicht ganz normal ist?«

Die vielen Zuhörer im Gerichtssaal spüren, dass der Prozess an dem Verhandlungstag in die entscheidende Phase tritt, an dem die psychiatrischen Sachverständigen gehört werden. Als Erster erklärt Dr. Genil-Perrin, er habe bei Gorguloff keine Geistesstörung und keine seelischen Abnormitäten feststellen können. Er besitze zwar eine eigenartige Mentalität, sie beruhe jedoch nicht auf pathologischen Ursachen, sondern auf ethnischen Gründen. Gorguloff sei eben ein Kaukasus-Russe. Manche Frauen hätten ihn zwar als verrückt bezeichnet, nachdem sie von ihm gezüchtigt und misshandelt worden waren. Aber das Wort »verrückt« hätten sie nur im vulgären Sinne gebraucht, es besage nichts. Der russische Kollege Dr. Lvoff habe Gorguloff zwar für unzurechnungsfähig erklärt. Er habe sich mit diesem Arzt ausführlich unterhalten und dabei beobachtet, dass dessen Haltung und Gesten sich kaum von denen Gorguloffs unterscheiden. Dr. Lvoff sei aber ganz gewiss nicht verrückt, sondern ein sehr guter Arzt. Doch er sei eben auch ein Russe mit einer slawischen Mentalität. »Gorguloff leidet nicht an Verfolgungswahn«, beendet Dr. Genil-Perrin seine Ausführungen. »Er ist auch kein Paranoiker.«

Gorguloff schüttelt heftig den Kopf, springt auf und ruft erregt: »Dieser französische Arzt hat kein Gewissen! Dieser Mann hat mich niemals untersucht. Er hat sich nicht für meinen Geis-

teszustand interessiert.« Er sei selber Arzt und könne deshalb beurteilen, dass dieser Sachverständige sich überhaupt nicht richtig mit seinem Fall beschäftigt habe.

Gorguloff braust erneut auf, als der zweite Gutachter, Dr. Truelle, sich den Ausführungen seines Kollegen anschließt und erklärt, der Angeklagte zeige keinerlei Anzeichen von allgemeiner Paralyse oder anderen Leiden. »Sie haben mich untersucht, wie ein Lazarettgehilfe einen Soldaten untersucht!«, schreit Gorguloff. »Es ist ein Verbrechen, jemanden fünf Minuten zu untersuchen und dann zu sagen, dass er keine Geisteskrankheit habe!« Die Verteidigung fragt den Arzt, was er von dem unbekannten Richter halte, von dem Gorguloff gesprochen habe, jenem Wesen, das angeblich seine Persönlichkeit verdopple. »Eine literarische Formel wie der Dämon, von dem Sokrates sprach«, antwortet Dr. Truelle. »Das ist in keiner Weise pathologisch!«

Nachdem auch der dritte Gutachter der Staatsanwaltschaft die gleiche Auffassung geäußert hat, kommen die Sachverständigen der Verteidigung zu Wort. »Der Fall Gorguloff ist schwierig«, räumt Dr. Logre ein. »Er ist das, was man einen Grenzfall nennt. Gorguloff gehört zur Kategorie der ›Halb-Verrückten‹, das heißt zu denen, von denen man nicht weiß, wie man sie behandeln soll.« Die Gutachter der Staatsanwaltschaft hätten sich für eine zu radikale Deutung von Gorguloffs Geisteszustand entschieden. Dagegen habe er große Bedenken. Er hätte Gorguloff für geisteskrank gehalten, wenn er ihm am Abend vor dem Verbrechen vorgeführt worden wäre. Gorguloff erhebt sich nach diesen Worten und sagt mit tränenerstickter Stimme: »Ein einziger Mann hat mich verstanden. Das ist dieser Arzt. Ich kann jetzt wie ein Apostel, wie ein Soldat auf dem Felde der Ehre sterben.«

Zur Überraschung der Verteidigung lehnt es Dr. Toulouse, ihr zweiter Gutachter, ab, sich zum Geisteszustand des Angeklagten zu äußern. Er könne das nur, wenn er Gorguloff zuvor mehrere Tage gesehen habe. Das sei aber nicht der Fall gewesen. Und nur anhand der schriftlichen Unterlagen könne er, so wie es Dr. Logre getan habe, kein Gutachten erstellen. Es sei auch nicht richtig, die Sachverständigen vor Gericht auf zwei Lager zu verteilen und sie einander gegenüberzustellen. Sie müssten vielmehr zusammenar-

beiten und einen Obergutachter wählen, wenn sie sich nicht einigen könnten. Dessen Auffassung müsse dann für das Gericht verbindlich sein.

Auch Dr. Legrain, der dritte Gutachter der Verteidigung und ehemaliger Chefarzt der Irrenanstalten des Departements Seine, kann sein Gutachten nur auf die schriftlichen Niederschriften des Angeklagten stützen. Für ihn ist der Fall sehr einfach. »Gorguloff ist ein Paranoiker, der sich in eine irreale Welt verrannt hat«, erklärt er mit Bestimmtheit. »Dieser Delirant ist ein Irrer. Er hält sich in seinen Schriften für den Messias. Er vergleicht sich mit Jesus, der über Jerusalem Tränen vergossen hat, so wie er über die Welt weint, die der Bolschewismus zerstört hat. Diese Welt will er retten. Er verkörpert alle Typen eines Irren.«

Nun macht der Verteidiger einen bedeutsamen Fehler. Er nimmt den Ball, den ihm sein zweiter Gutachter zugespielt hat, nicht auf und verzichtet darauf, angesichts der widersprüchlichen ärztlichen Aussagen den Antrag auf Einholung eines Obergutachtens zu stellen. Das hätte zu einer Vertagung des Falles geführt, die seiner Meinung nach nutzlos und unpassend wäre. Statt dessen beantragt er, den Geschworenen zwei Zusatzfragen zu stellen: »Erstens: Steht es fest, dass Gorguloff im Augenblick seines Verbrechens wahnsinnig war? Zweitens: Steht es fest, dass er zu diesem Verbrechen durch eine Macht getrieben worden ist, der er nicht widerstehen konnte?« Das Schwurgericht müsse sich auf Ehre und Gewissen äußern, ob der Angeklagte verantwortlich sei oder nicht, begründet er seinen Antrag. »Wenn ich damit das Schafott abwehre, so bedeutet das nicht, dass ich für ihn Freiheit fordere. Man möge ihn auf Lebenszeit internieren.« Welchen Urteilsspruch das Schwurgericht auch immer fällen werde, er werde sich ihm beugen.

Damit wird die Entscheidung über die schwierige Frage der Zurechnungsfähigkeit allein in die Hände der Geschworenen gelegt. Sie sollen darüber entscheiden, was letztlich nur kompetente psychiatrische Experten nach längerer Untersuchung hätten verbindlich herausfinden können. Der Generalstaatsanwalt beantragt, diesen Antrag zurückzuweisen. »Im Namen der Rechtswissenschaft, der Justiz und des guten Menschenverstandes.« Die

Frage, ob Gorguloff wahnsinnig sei, werde schon durch die Antwort darauf mit entschieden, ob er schuldig sei. Als der Gerichtspräsident den Angeklagten fragt, was er von den Anträgen halte, erwidert Gorguloff: »Ich verlange von der Justiz, mich zum Tode zu verurteilen, denn die französische Regierung hat meine Idee, meine Politik und meine Partei getötet. Ohne meine Idee kann ich nicht leben.«

Als seine schwangere Frau mit Tränen in den Augen im Zeugenstand erscheint, erhebt sich Gorguloff und schluchzt: »Oh, Verzeihung, Verzeihung!« Sie sei glücklich gewesen, erklärt sie. Ihr Mann sei immer sehr freundlich zu ihr gewesen. Etwa zwei Wochen vor dem Verbrechen hätte sie allerdings eine totale Veränderung an ihm bemerkt. Nachts hätten ihn Erstickungsanfälle geplagt und er sei gezwungen gewesen, sich fünf oder sechs Mal zu erheben. Sie bittet das Gericht um Mitleid für ihren Mann und das Kind, das sie für ihn gebären werde. Sie blickt Gorguloff an, der sich bei ihren Worten erhoben hat, und stößt dann einen Schreckensruf aus: »Oh, mein Gott, er ist wahnsinnig!«

Als am späten Nachmittag die Schlussanträge gestellt werden, ist der Saal wieder überfüllt. Fast alle Pariser Richter sind gekommen, um das Plädoyer des Generalstaatsanwaltes, eines brillanten Redners, zu hören. Er lässt kein gutes Haar an dem Angeklagten. Er sei ein Kurpfuscher, ein Spieler, ein Bigamist und ein Sadist, der Frauen gequält habe. Er sei nicht nur der Rasputin der Emigranten, er sei auch ein großer Schauspieler. Mit großem Geschrei wünsche er den Tod und das Schafott herbei, stelle aber alle Anträge, um die Stunde der Gerechtigkeit hinauszuzögern. Er halte Gorguloff für einen Simulanten. Das habe sich offenbart, als ein Arzt erklärte, man dürfe ihn nicht guillotinieren. Da habe Gorguloff vor Freude geweint. Die Gutachten der Anklagevertretung seien unwiderlegbar. Die Gutachter der Verteidigung hätten den Angeklagten dagegen nicht einmal gesehen. Ihre Ausführungen seien infolgedessen theoretisch und willkürlich. Deshalb käme nur die Todesstrafe für Gorguloff in Betracht. »Meine rote Robe ist keine Livree«, erklärt er. »Ich gehorche nicht den Menschen, auch nicht den Regierungen, die kommen und gehen, nicht einmal dem Gesetz, sondern allein meinem Gewissen. Ich würde nie-

mals eine Anklage aufrechterhalten, die mir ungerecht oder unbegründet vorkäme.«

Und dann richtet er das Wort unmittelbar an die Geschworenen: »Die Nation erwartet Ihren Spruch gefasst, meine Herren Geschworenen, weil sie Vertrauen in sie hat. Die Hand eines ausländischen Mörders hat unsere Fahnen auf halbmast gesetzt. Ich stelle hier meine Anträge im Namen des Landes, und das Gold meiner Robe ist mit Trauerflor bedeckt! Ich sage, dass dieser Mann dem Scharfrichter überliefert werden muss. Jede andere Lösung erscheint meinem Geist wie eine widersinnige Freveltat, wie eine Herausforderung an den gesunden Menschenverstand, fast wie eine Beleidigung gegenüber einer Familie in Trauer. Das öffentliche Gewissen würde es nicht verstehen, wenn man Mitleid mit einem Ausländer hätte, der auf diese Weise die französische Politik hat richtig stellen wollen. Geschworene der Seine, denken Sie an das Urteil der Geschichte!«

Dann plädiert zunächst der jüngere der beiden Verteidiger, Maître Marcel Roger. Er verteidige gegen den Willen seines Mandanten einen Mann, der in dem Delirium seines verwundeten Gehirns nicht aufgehört habe, die Todesstrafe für sich zu verlangen. »Lassen Sie Gnade walten, meine Herren Geschworenen, diesem Manne gegenüber, weil er im Wahnsinn gehandelt hat. Weil er fortgerissen worden ist durch seinen inneren Dämon, weil er Opfer seiner fixen Ideen geworden ist, die ein aus dem Gleichgewicht geratenes Wesen so leicht mitreißen.«

Im Anschluss daran appelliert auch Maître Gérard, einer der bekanntesten Pariser Strafverteidiger, an die Geschworenen, kein irreparables Urteil zu fällen. Hinter Gorguloffs Tat stehe die sinnlose Verirrung einer patriotischen Leidenschaft. Dem Angeklagten müssten auf jeden Fall mildernde Umstände zugebilligt werden, auch im Hinblick auf Madame Gorguloff und das Kind, das möglicherweise an demselben Tag geboren werde, an dem sein Vater das Schafott besteige. Einen Menschen, der seelisch völlig durcheinander sei, dürfe man nicht zum Tode verurteilen. Er gehöre in eine Heil- und Pflegeanstalt. »Dieser Mann ist ein Anomaler, ein Verrückter!«, schließt der Verteidiger sein Plädoyer. »Sie können ihn darum nicht verurteilen!«

Gorguloff springt auf, reißt seinen Kragen ab und zerreißt sein Hemd. »Warum martern Sie mich mit dieser Rede?«, schreit er in den Saal. »Sie töten meine Idee!« Nur mit Mühe gelingt es, seinen Wortschwall zu unterbrechen und ihn dazu zu bewegen, sich wieder zu setzen. Um 18.45 Uhr ziehen sich die Geschworenen zur Beratung zurück. Sie brauchen nur 20 Minuten, um den Angeklagten für schuldig zu befinden. Als Gorguloff das Todesurteil bekannt gegeben wird, ereifert er sich erneut in wilden Zornesausbrüchen. Er wolle mit der Guillotine nichts zu tun haben, ruft er mit überlauter Stimme. »Man erschieße mich wie einen Soldaten. Ich will nicht auf dem Schafott sterben wie ein Bandit oder ein Bolschewik!«

Das Urteil wird rechtskräftig. Und die Justiz beeilt sich auch, es schnell zu vollstrecken. Nur wenige Wochen danach, am 14. September 1932, wird Paul Gorguloff hingerichtet. Die öffentliche Meinung, die zweifellos starken Druck auf das Gericht ausgeübt hat, will es so. Sie hat auch dazu beigetragen, die Frage der Zurechnungsfähigkeit des Täters nur unzureichend zu klären. Unter Missbrauch des Gastrechts hat es ein Ausländer gewagt, das Staatsoberhaupt zu töten. Darauf kann es nur eine Antwort geben: Die totale Vernichtung des Täters.

Aber aus den Akten und den schriftlichen Unterlagen ergibt sich, dass er nicht hätte verurteilt werden dürfen. Denn seine Geisteskrankheit, welcher Art sie immer auch gewesen sein mag, ist offensichtlich. Gorguloff ist zur Zeit der Tat nicht voll zurechnungsfähig gewesen. Er hätte in eine Heil- und Pflegeanstalt eingewiesen werden müssen, wie es die Verteidigung auch gefordert hat. Erstaunlicherweise hat sie auf Rechtsmittel verzichtet und damit dazu beigetragen, dass das Fehlurteil bis auf den heutigen Tag Bestand hat.

Als der deutsche Diplomat Dr. Ernst Eduard vom Rath im November 1938 in Paris durch den polnischen Juden Herschel Grynszpan ermordet wird, erinnern 3000 Großplakate und 50 000 in der Stadt verteilte Handzettel auch an das Gorguloff-Attentat. Am Schluss des Textes heißt es: »Wir wollen nicht mehr, dass Ausländer bei uns morden. Es ist genug, Frankreich erwache!«

»Wo sind die Kinder?« Der Fall Alice C.

(USA, New York, 1965–1977)

Der Fall Alice C. ereignet sich 1965 in New York City und sorgt zwölf Jahre lang für Schlagzeilen in der Presse. Zwei Kriminalromane werden darüber geschrieben und Mary Higgins Clarks Reißer »Where are the children?« wird sogar zum Bestseller. 1994 folgt der TV-Film »The Small bodies« nach.

Die Ehe zwischen Alice und Edmund C. ist anfangs sehr glücklich. Sie leben im New Yorker Stadtteil Queens in einem Parterre-Appartement und haben zwei gut erzogene, reizende Kinder. Aber dann ist der als Flugzeugmechaniker tätige Edmund immer seltener zu Hause. Er trinkt mit Freunden in Kneipen und vernachlässigt seine Frau. Die hübsche blauäugige Alice mit den auffälligen roten Haaren und der blendenden Figur ist frustriert und fühlt sich einsam. Sie nimmt einen Job als Kellnerin in einer Cocktailbar an und beginnt Affären mit anderen Männern.

Am 14. Juli 1965 sind die beiden Kinder, die vierjährige blonde Missy und der fünfjährige Eddie, plötzlich verschwunden. Als Alice frühmorgens in den Schlafraum der Kinder kommt, ist das Fenster weit geöffnet und die Betten sind leer. Das gibt sie jedenfalls bei ihren polizeilichen Vernehmungen zu Protokoll. Einige Stunden später wird Missy auf einem unbewohnten, nicht weit entfernten Grundstück tot aufgefunden. Sie trägt nur ein weißes T-Shirt und gelbe Schlüpfer. Das Oberteil eines Pyjamas ist wie ein Strick um ihren Hals geknotet. Missy ist erdrosselt worden. Als Alice die Leiche identifizieren soll, sind die Polizeibeamten erstaunt, wie gefasst die Mutter ist. Sie vergießt keine einzige Träne. Das erweckt sofort den Verdacht der Ermittler.

Einige Tage später wird auf einem anderen Grundstück auch die schon stark zersetzte Leiche von Eddie gefunden. Auch jetzt ist Alice nach dem Eindruck der Beamten nicht geschockt. Sie scheint gefühllos und abgestumpft und erscheint zu den Vernehmungen mit einem aufgedonnerten Make-Up, kurzem Rock und hochhackigen weißen Schuhen. Ihre Abende verbringt sie in Bars und Nightclubs und tanzt immer häufiger die ganze Nacht hindurch mit fremden Männern. Sie will Sex und bringt oft einen

Liebhaber mit nach Hause, um sich mit ihm im Ehebett zu vergnügen. Der Ehemann schläft im Haus längst getrennt. Er installiert Abhörvorrichtungen im Schlafzimmer und kann so mit anhören, wenn Alice bei den Vereinigungen mit anderen Männern lustvoll stöhnt. Einmal stürmt Edmund ins Schlafzimmer und wirft den nackten Lover kurzerhand auf die Straße.

Kann man einer Frau, die gerade ihre beiden Kinder verloren hat und nun einen derart unsoliden, freizügigen Lebenswandel führt, nicht auch einen Mord zutrauen? 1965 ist die Emanzipation der Frau noch nicht so weit fortgeschritten, dass die öffentliche Meinung in New York ein ausschweifendes Sexualleben mit mehreren wechselnden Partnern toleriert. Im Gegenteil, sie verurteilt ein solches Verhalten. Und als die ersten Berichte über Alice C. in den Zeitungen erscheinen, wird immer deutlicher, dass man in ihr eine grausame, mitleidlose Kindesmörderin sieht.

Aber es gibt keine Beweise für ihre Schuld. Alice erklärt, sie habe den Kindern etwa um 19.30 Uhr abends Kalbfleisch zu essen gegeben. Als Missys Leiche obduziert wird, ist der Magen voll von Makkaroni. Der Tod ist nach den Feststellungen der Gerichtsmediziner auf jeden Fall zwischen sechs und zwölf Stunden vor dem Auffinden der Leiche eingetreten und etwa zwei Stunden nach dem Verzehren der Nudeln. Wenn Alice nicht gelogen hat, kann daher durchaus angenommen werden, dass ihre Tochter vielleicht von einem Pädophilen durch das offene Fenster entführt worden ist, der das Mädchen noch einmal beköstigt hat, bevor er es ermordete. Hat Alice dagegen ihre Kinder getötet, muss sie einen Komplizen gehabt haben, der zumindest eine Leiche fortschaffte. Aber dafür fehlt jede Spur.

Die Ermittlungen ziehen sich über mehr als anderthalb Jahre hin. Dann geht am 30. November 1966 ein anonymer Brief bei der Staatsanwaltschaft ein. Der Schreiber behauptet, in der Nacht vor dem 14. Juli 1965, der Tag, an dem die Kinder verschwanden, aus dem Fenster etwas beobachtet zu haben. Er habe gesehen, wie nachts um 2.00 Uhr ein Mann und eine Frau die Straße hinunter kamen. Die Frau trug in der linken Hand ein weißes Deckenbündel, an ihrer rechten Hand ging ein kleines Kind. »Beeil dich!«, habe der Mann gerufen. Und die Frau habe geantwortet, er soll

still sein, sonst würden sie noch von jemand entdeckt werden. Der Mann habe das kleine Bündel genommen und es auf den Rücksitz eines Autos geworfen. Daraufhin habe die Frau gesagt: »Mein Gott, wirf sie doch nicht so!« Dann seien beide mit dem Auto davongefahren.

Die Polizei kann herausfinden, dass Sophie E., eine Frau Mitte Vierzig, diesen Brief geschrieben hat. Sie wird vernommen und identifiziert Alice als die Frau, die das weiße Bündel getragen hat. Etwa zur gleichen Zeit macht auch einer von Alices früheren Liebhabern eine Aussage, die sie sehr belastet. Joseph R. behauptet, Alice habe einmal zu ihm gesagt, sie würde ihre Kinder lieber tot sehen, als sie bei ihrem Ehemann Edmund zu wissen. Nun haben die Ermittler auch ein Motiv: Alice hat ihre Kinder getötet, um zu verhindern, dass sie nach der Scheidung bei ihrem Ex-Ehemann leben.

Am 11. September 1967 wird Alice C. des Mordes an ihrer Tochter angeklagt. Wegen des Todes ihres Sohnes wird sie nicht angeklagt, da nicht zweifelsfrei nachzuweisen ist, dass Eddie tatsächlich ermordet worden ist. Die Presse berichtet von der Angeklagten als einer »amoralischen Circe«, die unglaublich viele zügellose Sexaffären gehabt habe.

Der Prozess beginnt im Mai 1968 vor dem Richter Peter F. Die Beweisaufnahme verläuft nicht gut für Alice. Joseph R. sagt aus, Alice habe ihn gebeten: »Bitte verzeih mir, ich habe sie getötet!« Und auch Sophie E. schildert ihre nächtlichen Wahrnehmungen in allen dramatischen Einzelheiten. Alice bestreitet energisch, ihre Kinder getötet zu haben, und beteuert ihre Unschuld. Der Staatsanwalt unterzieht sie einem scharfen Kreuzverhör, in dem er nichts unversucht lässt, im Detail auf ihre sexuellen Abenteuer und unzüchtigen Liebespraktiken einzugehen. In der Jury sitzen ausschließlich konservative Männer, die alsbald von Alices Schuld überzeugt sind. Ein Geschworener äußert sich während der Verhandlung über die Angeklagte: »Eine Schlampe wie die ist zu allem fähig!« Als Alice das Urteil »Schuldig!« vernimmt, fällt sie in Ohnmacht. Sie wird zu einer Haftstrafe von 20 Jahren verurteilt.

Der bekannte New Yorker Anwalt Herbert Lyon ist von Alices Unschuld überzeugt und übernimmt ihren Fall, ohne ein Ho-

norar dafür zu verlangen. Er erreicht, dass Alice nach 24 Tagen aus dem Gefängnis entlassen wird, weil ihr vom Berufungsgericht ein neuer Prozess zugestanden wird. Er beginnt im März 1971. Alice ist nun auch wegen Mordes an ihrem Sohn Eddie angeklagt.

Die öffentliche Meinung hat sich inzwischen etwas geändert. Weibliche Promiskuität wird nicht mehr als so schockierend empfunden wie noch vor fünf Jahren. Die Frauenbewegung hat immer mehr Zulauf. Und es gibt immer mehr Frauen, die öffentlich behaupten, Alice sei nur wegen ihres ausschweifenden Lebenswandels verurteilt worden. Die Verteidigung versucht insbesondere, die Aussage von Sophie E. zu erschüttern, indem sie deren geistigen Gesundheitszustand in Zweifel zieht. Die Frau sei neurotisch und neige zu unbewussten Übertreibungen. Außerdem habe sie von ihrem Fenster aus über die Distanz von über hundert Metern die Einzelheiten der Unterhaltung zwischen dem Mann und der Frau unmöglich hören können. Doch die Staatsanwaltschaft präsentiert eine neue Zeugin, die das verdächtige Pärchen ebenfalls zur selben Zeit gesehen haben will. Die Verteidigung kontert mit einem Zeugen, der angibt, er sei mit seiner Frau und seinen beiden Kindern zu dieser Zeit dort unterwegs gewesen. Seine kleine Tochter habe er unter dem Arm getragen.

Erneut lautet das Urteil: »Schuldig!«. Alice schluchzt: »Lieber Gott, nein! Bitte, lieber Gott!« und bricht in Tränen aus. Viele Zuschauerinnen weinen ebenfalls. Und Edmund C., von seiner Frau längst geschieden, ruft mit Tränen im Gesicht in den Saal: »Das ist keine Gerechtigkeit!« Eine Frau schreit: »Sie sollten die Jury töten!«

Alice C. verschwindet für den Rest ihres Lebens hinter Gefängnismauern, so scheint es wenigstens. Doch nach zwei Jahren wird sie gegen eine Kaution von 25 000 Dollar freigelassen. Der Supreme Court von Brooklyn hat ihre Verurteilung mit der Begründung aufgehoben, im Falle des Todes des Sohnes Eddie gäbe es überhaupt keine Anhaltspunkte für einen Mord. Doch im Februar 1975 bestätigt das Berufungsgericht Alices Verurteilung hinsichtlich der Tötung ihrer Tochter. Alice muss wieder ins Gefängnis, wo sie ihren Jugendfreund Anthony G. heiratet. Dann wird sie im November 1977 plötzlich freigelassen. Aber ihre Verurtei-

lung bleibt in Kraft. Ihr Verlangen nach einem neuen Prozess wird endgültig zurückgewiesen. Bis heute ist ihr Name mit dem Makel der Tötung ihrer Tochter behaftet. Angesichts der keineswegs lückenlosen Indizienkette eine höchst fragwürdige Entscheidung.

Ein politischer Prozess. Der Fall Mumia Abu J.

(USA, Pennsylvania, 1981–?)

Der damalige Direktor des FBI, Edgar Hoover, setzt in den Vereinigten Staaten am 25. August 1967 das Counter Intelligence Program durch, ein Verfassungsschutz-Programm, mit dem die radikale, systemkritische Opposition beseitigt werden soll. Besonders betroffen sind linksradikale Gruppen und die Black Panther Party, eine radikale Bürgerrechtsbewegung der farbigen Bevölkerung der USA. Das Programm erlaubt spezielle Maßnahmen wie Mordanklagen mit gefälschten Beweismitteln und sogar Morde in staatlichem Auftrag. In den ersten drei Jahren werden 31 Führer der Black Panther durch die Polizei getötet und über 1000 inhaftiert.

Als der 14-jährige Wesley C. , der sich Mumia Abu J. nennt, 1968 an einer Protestdemonstration gegen den rassistischen Gouverneur von Alabama und Präsidentschaftskandidaten der Republikaner George Wallace teilnimmt, wird er von der Polizei misshandelt und verhaftet. Das ist für ihn der Anlass, sich den Black Panther anzuschließen. Er gründet in Philadelphia einen Ortsverein und wird dessen Pressesprecher. Mumia Abu arbeitet als Rundfunkjournalist und wird als unerbittlicher Kritiker der Stadtpolizei von Philadelphia bekannt, deren brutale Übergriffe gegen Afroamerikaner und andere ethnische Minderheiten er immer wieder öffentlich scharf verurteilt. Das FBI setzt ihn 1970 wegen dieser politischen Aktivitäten auf die »Sicherheitsliste« und beginnt, ihn zu beschatten und all seine Tätigkeiten zu überwachen. Man versucht, ihm einen Mord anzuhängen. Aber als er ein lückenloses Alibi nachweist, verläuft die Sache im Sande. Mumia Abu verliert seinen Job und verdient sich künftig seinen Lebensunterhalt in Philadelphia als Taxifahrer.

In der Nacht des 9. Dezember 1981 hält der Polizist Daniel F. in der Innenstadt von Philadelphia einen VW-Käfer an, weil dessen Fahrer eine Einbahnstraße in verkehrter Richtung befährt. Der Fahrer ist Billy C., der Bruder von Mumia Abu. Der Polizist fordert ihn auf auszusteigen und schlägt ihm während der Kontrolle mit einer Stabtaschenlampe über den Kopf. Über Funk fordert er um 3.51 Uhr einen Gefangenentransportwagen an. Warum er das tat, ist bis heute unklar geblieben. Es ist auch unbekannt geblieben, wie viele Personen in dem VW saßen und warum sie verhaftet wurden.

Dieses Geschehen wird von Mumia Abu J. beobachtet, der zufällig mit seinem Taxi in der Nähe und gerade dabei ist, eine Eintragung in sein Fahrtenbuch zu machen. Er hört die Schreie, erkennt seinen Bruder und springt aus dem PKW, um zu ihm zu eilen. Als er die Straße überquert, sieht er, wie ein uniformierter Polizist mit einer Waffe in der Hand sich zu ihm umdreht. Dann sieht er einen Lichtblitz und fällt, in die Brust getroffen, auf die Knie. Was genau geschehen ist, konnte nie geklärt werden. Fest steht lediglich, dass F. von einer Kugel in den Rücken getroffen und dass er von einem Schuss in den Kopf getötet wurde.

Mumia Abu wird festgenommen und wegen Mordes angeklagt. Die Ermittler behaupten, seine Pistole sei die Tatwaffe. Aber unmittelbar nach dem Geschehen wird weder die Waffe untersucht noch Mumia Abus Hand nach etwaigen Schmauchspuren. Seine Pistole hat das Kaliber 0.38. Die beiden Kugeln im Körper des Polizisten haben aber nach dem Autopsiebericht das Kaliber 0.44. Die Ballistikexperten können die verformten Geschosse nicht eindeutig Mumia Abus Pistole zuordnen.

Aber die Staatsanwaltschaft beruft sich auch auf die Aussagen zweier angeblicher Augenzeuginnen. Die Prostituierte Cynthia W. behauptet, sie habe gesehen, wie Mumia Abu den Polizisten in den Rücken geschossen habe. Im Fallen habe er zurückgeschossen. Dann habe Mumia Abu sich über ihn gestellt und ihm direkt eine Kugel ins Gesicht verpasst. Die Zeugin macht vier unterschiedliche Aussagen vor der Polizei, die aber nicht in die Akten übernommen werden. Protokolliert wird nur die Schilderung, die Mumia Abu als Täter identifiziert.

Auch die zweite angebliche Zeugin, Veronica J., ist eine Prostituierte. Man droht ihr an, ihr die Kinder wegzunehmen, wenn sie nicht gegen Mumia Abu J. aussage. Wenn sie allerdings aussage, könne sie künftig ihrem Gewerbe ungehindert nachgehen. Veronica J. gibt später öffentlich zu, im Prozess gegen Mumia Abu J. gelogen zu haben. Auch Cynthia W. erklärt später, sie sei von der Polizei sogar mit dem Tod bedroht worden, wenn sie nicht gegen den Beschuldigten aussage.

Fünf andere Zeugen versichern während ihrer Vernehmungen, sie hätten gesehen, wie ein Afroamerikaner vom Tatort weggelaufen sei. Der Zeuge S. erklärt, dieser Mann habe den Polizisten erschossen. Das stimmt auch mit dem gerichtsmedizinischen Gutachten überein, das feststellt, der Schusskanal in F.s Körper verlaufe von oben nach unten, sodass Mumia Abu nicht von dem fallenden Polizisten getroffen worden sein kann. Doch die Ermittler zerreißen die schriftliche Aussage des Zeugen S. Sie bedrohen ihn und fordern ihn auf, zu erklären, er habe die Schießerei nicht gesehen. Der Zeuge wird so sehr eingeschüchtert und unter Druck gesetzt, dass er die gewünschte Erklärung schließlich abgibt. Er flieht aus Philadelphia, um den andauernden Beschattungen und Schikanen der Beamten zu entgehen. Im Verfahren gegen Mumia Abu J. wird er überhaupt nicht gehört.

Aber damit sind die fragwürdigen, ungesetzlichen Methoden und Machenschaften der Anklagevertreter noch nicht erschöpft. Als Krone ihrer »Beweise« warten sie mit einem angeblichen Geständnis des Beschuldigten auf. Drei Monate nach der Tat behaupten sie, er habe sie im Krankenhaus kurz vor seiner Operation gestanden. Das geschieht, nachdem er eine förmliche Beschwerde gegen die Polizei von Philadelphia vorgebracht hat, in der er von den schweren Misshandlungen durch die Polizisten nach seiner Festnahme berichtet. Die Staatsanwaltschaft präsentiert zwei Zeugen, die gehört haben wollen, Mumia Abu J. habe im Krankenhaus laut gerufen: »Ich habe den verdammten Mutterficker abgeknallt! Hoffentlich krepiert er!« Einen schriftlichen Bericht gibt es darüber nicht. Und Mumia Abu hat stets behauptet, zu keiner Zeit irgend etwas gestanden zu haben. Einer der Zeugen, der im Prozess das angebliche Geständnis erwähnt, ist

der beste Freund des getöteten Polizisten. Der Beamte W., der Mumia Abu J. von seiner Festnahme bis zur Operation ständig bewacht hat, erklärt dagegen, Mumia Abu habe ein solches Eingeständnis nicht gemacht. Später im Prozess wird der Jury dieser schriftliche Bericht des Polizisten vorenthalten. Der Mann wird nicht einmal geladen. Als Begründung wird angegeben, er sei nicht erreichbar, weil er in Urlaub gefahren sei. Das stimmt aber nicht. W. ist zu Hause und wartet vergeblich auf seine Ladung.

Im Vorverfahren lehnt die Staatsanwaltschaft elf Afroamerikaner als Jurymitglieder ab. Nur eine farbige Geschworene wird in die Jury gewählt, aber von dem Vorsitzenden Richter Albert S. wieder mit der Begründung entfernt, sie habe kurz vor Beginn des Verfahrens ihre Katze zum Tierarzt gebracht. Deshalb sei nicht auszuschließen, dass sie in dieser Zeit zugunsten des Angeklagten beeinflusst worden ist.

Mumia Abu J. möchte sich selbst verteidigen. Doch das Gericht verbietet ihm das, obwohl nach der amerikanischen Verfassung dieses Recht jedem Angeklagten zusteht. Das Gericht ordnet ihm einen Pflichtverteidiger bei, der den Angeklagten gar nicht verteidigen will und sich auch nicht auf das Verfahren vorbereitet hat. Für die gesamte Verteidigung bewilligt das Gericht lediglich 300 Dollar. Die Summe reicht nicht, um ballistische und gerichtsmedizinische Sachverständige zu bezahlen. Sie reicht gerade aus, einen Privatdetektiv zu entlohnen. Er ermittelt und befragt zwei Entlastungszeugen, deren Adressen in der Ermittlungsakte geschwärzt worden sind. Die Staatsanwaltschaft hat dagegen vor Prozessbeginn über 100 Zeugenbefragungen durchgeführt.

Als Mumia Abu J. während des Verfahrens immer wieder auf seinem Recht besteht, sich selbst zu verteidigen, wird er über längere Zeit und in entscheidenden Abschnitten des Prozesses vom Verfahren einfach ausgeschlossen. Und als er die angeblichen Augenzeuginnen Cynthia W. und Veronica J. danach fragen will, ob sie von der Polizei eingeschüchtert oder bedroht worden seien, verbietet ihm das Gericht diese Frage. Die Staatsanwaltschaft unterdrückt entlastendes Beweismaterial, die Geschworenen bekommen es nicht zu sehen. Auch im Schlussplädoyer verstößt die

Staatsanwaltschaft mehrfach gegen das Gebot eines rechtsstaatlichen Verfahrens. Sie fordert die Jury auf, den Tod des Polizisten an Mumia Abu J. zu rächen, weil die Bevölkerung von Philadelphia dies verlange. Er sei schon deswegen als schuldig anzusehen, weil er von seinem Aussageverweigerungsrecht Gebrauch gemacht habe. Es gäbe nur eine Strafe für ihn, und das sei die Todesstrafe. Denn seine Zugehörigkeit zu der Black-Panther-Partei beweise eindeutig seine Verachtung für den Staat.

Mumia Abu J. hat in dem Verfahren nicht die geringste Chance. Das Urteil steht im Grunde schon fest, bevor der Prozess beginnt. Am 13. März 1982 wird er zum Tode verurteilt. Der Supreme Court von Pennsylvania verwirft am 6. März 1989 die Revision ohne mündliche Verhandlung. Nach dem Geschäftsplan sind sieben Richter für diese Entscheidung vorgesehen, aber nur vier werden tätig. Darunter befindet sich auch Richter C., der der Polizeigewerkschaft angehört und zur Zeit des ersten Prozesses gegen Mumia Abu J. als Distriktstaatsanwalt von Philadelphia mit dem Fall befasst gewesen ist.

Die Verteidigung appelliert 1990 an den United States Supreme Court, das höchste amerikanische Gericht, und beantragt, die Entscheidung des Revisionsgerichts aufzuheben. Der Antrag wird zurückgewiesen.

Inzwischen finden sich im In- und Ausland immer mehr Menschen, die Mumia Abu J. in seinem Kampf gegen seine Verurteilung auch finanziell unterstützen. Im Jahr 1992 ist genug Geld beisammen, um einen fähigen Verteidiger für das beabsichtigte Wiederaufnahmeverfahren zu bezahlen. Als das öffentlich bekannt wird, unterzeichnet der Gouverneur von Pennsylvania, Thomas Ridge, 1995 einen Hinrichtungsbefehl. Verteidiger Weinglass beantragt, den Hinrichtungsbefehl so lange auszusetzen, bis über den Antrag auf Wiederaufnahme entschieden ist. Darüber hat derselbe Richter zu befinden, der Mumia Abu J. im ersten Prozess verurteilt hat: Richter S. Er war früher Sheriff und Mitglied der Polizeigewerkschaft und ist längst pensioniert. Doch er lässt sich extra für dieses Wiederaufnahmeverfahren reaktivieren. Richter S. weist das Ersuchen um Hinrichtungsaufschub mit der unglaublichen, geradezu abenteuerlichen Begründung zu-

rück, Mumia Abu J. habe Jahre ungenutzt verstreichen lassen, ohne einen Wiederaufnahmeantrag zu stellen. Jetzt sei es zu spät, der Hinrichtungsbefehl sei schon unterzeichnet.

Zehn Tage vor dem Hinrichtungstermin gelingt es doch noch, die Exekution auszusetzen. Aber in der Sache selbst befindet Richter S., er habe keine Verfahrensfehler begangen. Und die neuen, von der Verteidigung vorgebrachten Beweismittel, darunter Zeugenaussagen über die Manipulationen der Ermittler, seien nicht geeignet, eine Wiederaufnahme zu begründen.

Mumia Abu J. legt 1998 Beschwerde gegen diese Entscheidung beim Supreme Court von Pennsylvania ein. Ohne mündliche Verhandlung entscheidet dieses Gericht nach Aktenlage, die Wiederaufnahme des Verfahrens sei zu Recht abgelehnt worden. Erneut wendet sich die Verteidigung an das höchste amerikanische Gericht, diese Entscheidung des Supreme Court aufzuheben. Aber der Antrag wird im Oktober 1999 gar nicht erst angenommen, da der Rechtsweg nicht ausgeschöpft sei. Gouverneur Ridge unterzeichnet am 13. Oktober 1999 einen erneuten Hinrichtungsbefehl und setzt Mumia Abus Exekution auf den 2. Dezember 1999 fest.

Die Verteidigung erhebt am 15. Oktober 1999 Klage vor dem Bundesgericht. Sie ist sehr zuversichtlich, denn in dem Fall scheint sich eine Wende anzubahnen. Gegenüber dem Bezirksgericht von Pennsylvania hat ein Mann namens Arnold B. am 8. Juni 1999 eine eidesstattliche Erklärung abgegeben, in der er versichert, nicht Mumia Abu J., sondern er habe den Polizisten F. erschossen. Er sei zusammen mit einem anderen Mann gegen Bezahlung beauftragt worden, diesen Mann zu beseitigen, weil er ein Problem für die Unterwelt und korrupte Polizisten geworden sei. Denn F. habe dem »Fluss von Schmier- und Bestechungsgeldern im Wege gestanden, mit denen die Nichtverfolgung illegaler Aktivitäten wie Prostitution, Spiel und Drogenhandel im Gebiet des Stadtzentrums erkauft wurde«. F. sei in den Rücken und anschließend ins Gesicht geschossen worden, bevor Mumia Abu J. am Tatort eintraf. Er habe mit der Tat nicht das Geringste zu tun.

Der zuständige Bundesrichter William Y. hebt den Hinrichtungsbefehl auf. Am 17. Februar 2000 veröffentlicht Amnesty In-

ternational eine vernichtende Kritik über die Behandlung des Falles durch die amerikanischen Gerichte. Sie hätten minimale rechtsstaatliche Standards nicht eingehalten und rassistische und politische Vorurteile gegen den Angeklagten gehabt. Der Fall Mumia Abu J. sei ein besonders verabscheuungswürdiges Beispiel dafür, wie das amerikanische Rechtssystem, das schwerwiegende Defizite aufweise, mit Angeklagten umgehe, die einer ethnischen Minderheit angehören und eines Kapitalverbrechens beschuldigt würden. Hier gehe es nicht nur um das Leben eines Menschen, sondern um die Prinzipien der Gerechtigkeit.

Doch dieser Aufruf und die internationalen Proteste verhallen ungehört. Am 18. Dezember 2001 lehnt Bundesrichter Y. zwei Habeas-Corpus-Anträge auf Überprüfung der verfassungsmäßigen Rechtmäßigkeit von Mumia Abus Inhaftierung in allen 39 Punkten ab, bis auf einen: Die Instruktionen von Richter S. an die Geschworenen und das an sie 1981 ausgehändigte Urteilsformular entsprachen nicht den gesetzlichen Anforderungen. Deshalb solle eine neue Jury darüber befinden, ob Mumia Abu J. erneut zum Tode oder nur zu lebenslänglicher Haft verurteilt wird. Der Schuldspruch selbst wird ausdrücklich aufrecht erhalten. Der zweite Antrag, der einen alternativen Tathergang beinhaltet und mit dem Geständnis des Berufskillers Arnold B. handfeste Beweise für Mumia Abus Unschuld vorlegt, wird auf lediglich 27 Seiten pauschal und mit rein formaljuristischen Argumenten abgeschmettert. Mumia Abu J. habe nicht beweisen können, »dass es die Präsentation des Zeugen B. im ursprünglichen Prozess mehr als wahrscheinlich gemacht habe, dass kein vernünftiger Geschworener ihn verurteilt hätte«. Eine fadenscheinige Begründung, die nichts anderes aussagt als: Der Beweis kann nicht gehört werden, weil der Richter ihn nicht hören will. Das Urteil wird in allen Einzelheiten bestätigt.

Doch Mumia Abu J. gibt nicht auf. Sein neuer Verteidiger Robert Bryan reicht unter Vorlage der neuen Beweismittel einen neuen Antrag auf Wiederaufnahme des Verfahrens ein. Arnold B., der bestätigt hat, er allein habe den Polizisten erschossen, soll gehört werden. Das Gericht weigert sich jedoch, ihn anzuhören. Und auch die Zeugin Terri M., die während des ersten Prozesses

Gerichtsstenographin war, will es nicht hören. Sie hat gegenüber der Verteidigung bekundet, gehört zuhaben, wie Richter S. während des Verfahrens zum Staatsanwalt gesagt hat: »Ich werde dabei helfen, den Nigger zu grillen!« Das Gericht begründet die Ablehnung damit, die Frage der Befangenheit von S. sei bereits vor Jahren behandelt worden und man habe keine Voreingenommenheit des Richters feststellen können. Richter C., der stets für die Hinrichtung Mumia Abus eingetreten ist, wird von der Verteidigung wegen Befangenheit abgelehnt. Aber er entscheidet selbst, er sei nicht befangen. Wiederum ein höchst fragwürdiges Geschehen, das mit rechtsstaatlichen Prinzipien nichts mehr gemein hat.

Der Oberste Gerichtshof von Pennsylvania weist den Wiederaufnahmeantrag am 8. Oktober 2003 zurück. Für Verteidiger Bryan ist klar: Das Gericht hat mit allen Mitteln verhindern wollen, dass durch die Aussage der beiden Zeugen das ganze amerikanische Justizsystem angeklagt wird.

Mumia Abu J., 2003 zum Ehrenbürger von Paris ernannt, hat durch seinen Verteidiger Bryan erneut das Oberste Bundesgericht angerufen. Der Schwerpunkt seiner Eingabe liegt darauf, dass er im ersten Prozess die Hälfte der Zeit vom Verfahren ausgeschlossen war und sich nicht selbst verteidigen durfte. Mumia Abu J. hat den Kampf nicht aufgegeben. Die Solidaritätsbewegung für ihn ist mittlerweile international und ungeheuer angewachsen. Vielleicht trägt sie dazu bei, das Leben von Mumia Abu J. zu retten. Vielleicht erreicht sie, dass er doch noch einen fairen Prozess bekommt und ihm nach über 20 Jahren Haft, davon die meisten in der Todeszelle, endlich Gerechtigkeit widerfährt.

»The Memphis Three«

(USA, Arkansas, 1993–?)

Am 6. Mai 1993 werden in West Memphis, einer am westlichen Ufer des Mississippi gelegenen Stadt, in einem Bach die nackten toten Körper von drei acht Jahre alten Jungen gefunden. Ihre Hände und Füße sind mit Schuhbändern zusammengebunden.

Die Knaben sind mit einem Messer verstümmelt, einem sind die Genitalien abgeschnitten worden. Die Polizei geht wenig professionell vor. Die Leichen werden vom Fundort entfernt, noch bevor der Gerichtsmediziner da ist. Für die Ergreifung der Täter werden 30 000 Dollar Belohnung ausgesetzt.

Bei den ersten Ermittlungen nennt ein Jugendbewährungshelfer den Namen Damien E. als möglichen Verdächtigen. Der 18-Jährige habe schwarz gefärbte Haare, sei immer dunkel angezogen, höre »Heavy Metal«-Musik vermutlich satanistischer Gruppen, praktiziere die Wicca-Religion und huldige dem Satanskult und der Hexerei. Er lese Horrorgeschichten, trinke Blut und sei außerdem bisexuell. Dieser Hinweis bringt die Polizei auf die Idee, die Tat könne ein satanisches Ritual gewesen sein. Damien E. und zwei seiner ebenfalls verdächtigten Freunde, der 16-jährige Jason B. und der 17-jährige Jessie M., werden verhaftet.

Die Bürger von West Memphis sind erleichtert, dass die »Monster« so schnell gefasst sind und die Gerechtigkeit ihren Lauf nimmt. Die örtlichen Zeitungen befriedigen die »Blutlust« ihrer Leser, indem sie laufend über die scheußlichen Praktiken der »Satanssekten« berichten. Die schockierte, ganz überwiegend von konservativen religiösen Vorstellungen geprägte Bevölkerung wird aufgestachelt. Kontinuierlich schüren die Medien den Hass gegen die »Memphis Three«. Einen Beweis für ihre Schuld gibt es nicht. Aber die öffentliche Meinung lässt keinen Zweifel daran, dass nur sie die Mörder sein können. Sie werden schuldig gesprochen, lange bevor der Prozess gegen sie beginnt.

Während des Verfahrens wird im Fernsehen über den Fall mit Ermittlern und Zeugen diskutiert. Informationen, die nur den Ermittlern und Staatsanwälten bekannt sind, geraten in die Öffentlichkeit. Die Geschworenen lesen in den Zeitungen und erfahren aus dem Fernsehen, dass der brutale Mord an den drei Knaben Teil eines satanistischen Rituals gewesen ist, und welche Beweismittel der Polizei die Täter überführen werden. Die Ermittler wissen, dass die Indizien gegen die Beschuldigten kaum ausreichen. Deshalb greifen sie in dem Bestreben, das Bedürfnis der Bürger nach Gerechtigkeit schnell zu befriedigen und die Beweismittel zu bekommen, die sie für eine Überführung der Täter be-

nötigen, zu fragwürdigen Methoden. Viele Zeugen werden mit Geld gelockt oder mit dem Versprechen, strafrechtliche Verfehlungen nicht weiter zu verfolgen, dazu veranlasst, bestimmte Aussagen zu machen. Andere werden eingeschüchtert und zu Aussagen bewogen, die in die Theorie der Kripobeamten passen. Was nicht dazu passt, wird kaum beachtet. Als man bei dem Vater eines der Opfer, der für die Tatzeit kein Alibi hat, ein blutverschmiertes Messer findet, wird die Spur nicht weiter verfolgt.

Auch Jessie M. wird in endlosen Verhören, von denen nur wenige Minuten aufgezeichnet werden und in denen ein Anwalt nicht zugegen ist, gezielt »bearbeitet«. Er beschuldigt und belastet seine Freunde Damien und Jason und gesteht schließlich ein, an den grausamen Morden mitgewirkt zu haben. Aber als der Mordprozess am 19. Januar 1994 gegen ihn beginnt, beteuert er seine Unschuld und behauptet, das Geständnis sei erpresst worden.

Die Jury ist voreingenommen und glaubt ihm nicht. Jessie wird für schuldig befunden und zu lebenslanger Haft verurteilt. Auch Damien und Jason bestreiten in dem am 4. Februar 1994 gegen sie beginnenden Prozess vehement ihre Schuld. Am 18. April werden auch sie für schuldig befunden. Jason bekommt ebenfalls lebenslänglich. Damien leugnet nicht, dem Satans- und Hexenkult zu frönen, bisexuell zu sein, Horrorgeschichten von Stephen King, Dean Koontz und Anne Rice gelesen und auch schon mal Blut getrunken zu haben. Obwohl er für die Tatzeit ein Alibi nachweist, wird er zum Tod durch die Giftspritze verurteilt. Der Arkansas Supreme Court verwirft die Berufungen der Verurteilten.

Zehn Jahre danach sind viele Amerikaner davon überzeugt, dass es sich um Fehlurteile handelt. Immer mehr Menschen glauben, dass in dem Bestreben, den Ruf der Öffentlichkeit nach Rache schnell zu stillen, in den Verfahren gegen die »Memphis Three« das rechtsstaatliche Prinzip der Unschuldsvermutung verletzt worden ist. Interessengruppen und Initiativen bilden sich und bemühen sich, neue Prozesse zu erreichen. Bücher werden über den Fall geschrieben, zuletzt im Jahr 2002 »The Devil's Knot« (»Der Teufelsknoten«) von Mara Leveritt. Das Buch nimmt für sich in Anspruch, »die wahre Geschichte« zu erzählen

und zu beweisen, dass die Verfahren gegen die »Memphis Three« zu den ungeheuerlichsten Justizirrtümern der neueren amerikanischen Rechtsgeschichte zählen.

Der Fall ist inzwischen zum Politikum geworden. Zahlreiche prominente Musiker, Filmschauspieler und Politiker, unter anderen auch Bill Clinton, haben sich dazu geäußert, einige haben ihre aktive Unterstützung zugesagt. Seit zwölf Jahren sitzen die »Memphis Three« nun, wahrscheinlich unschuldig, im Knast. Jason B. arbeitet im Büro der Gefängnisschule und absolviert College-Kurse in Soziologie und amerikanischer Politik. Jessie M. arbeitet im Gefängnis von Grady, Arizona, in der Reinigung. Sein neuer Anwalt, Dan Stidham, bereitet weitere Eingaben an die Gerichte vor. Damien E., der immer als Kopf und Anführer galt und nun die 30 bereits überschritten hat, sitzt weiterhin im Todestrakt von Tucker, Arkansas, und wartet auf seine Hinrichtung. Er absolviert College-Kurse in Psychologie und Deutsch und hat ebenfalls ein neues Verteidigerteam. Nachdem seine Berufung, ebenso wie die seiner beiden Freunde, vom Obersten Gerichtshof von Arkansas zurückgewiesen wurde, sind neue Beweismittel aufgetaucht. An einem der Opfer hat man Bissspuren gefunden, die nach Ansicht der Verteidigung von keinem der drei Verurteilten stammen können. Damiens Schicksal ist jetzt an einem entscheidenden Punkt angelangt: Der Oberste Gerichtshof wird den Fall erneut prüfen, vielleicht ein letztes Mal.

8 Suggestive Beeinflussung durch die Medien

Die harte Justizpraxis der Amerikaner findet auch in Deutschland Anhänger. Auch hier ruft man zunehmend nach strengen Richtern, drakonischen Strafen und kurzen Prozessen. Die Stimme des Volkes hat keine Nachsicht mehr für Täter. Fast zwei Drittel der Deutschen fordern härtere Strafen und 71 Prozent glauben, die Strafjustiz arbeite zu langsam. Und nicht selten maßen sich die Medien schon vor oder bei Beginn eines Prozesses an, das Urteil des Gerichts vorweg zu nehmen. »Lasst ihn nie wieder raus!« schreibt die »Bild«-Zeitung am 13. März 2001 und verurteilt den mutmaßlichen, gerade eben festgenommenen Mörder der kleinen Ulrike B. aus Eberswalde schon vorab zu einer lebenslangen Haftstrafe. Später folgt ein offener Brief an den Untersuchungshäftling: »Du Mördergesicht.« Ein schlimmer Journalismus, oft auch praktiziert in Fällen, in denen die Beweislage höchst zweifelhaft ist.

Die suggestive Beeinflussung beginnt schon damit, dass in den Zeitungen, im Rundfunk und im Fernsehen die Einzelheiten eines Mordfalles häufig in tendenziöser, sensationslüsterner Art und Weise schon lange vor dem Urteil geschildert werden. Verantwortungslose Journalisten, die allzu gerne in die Robe des Richters schlüpfen, äußern manchmal bereits kurz nach der Tat ihre persönliche Meinung über die Schuld des Angeklagten, frei nach dem Motto: »Keine Frage, er war es!« Das ist dann eine »Wahrheit«, die nicht der Gerechtigkeit dient, sondern dazu führt, dass die Auflage der Zeitung steigt.

Eine derartige emotionale Berichterstattung entfaltet eine hohe Suggestivkraft, nicht nur auf die Bevölkerung im Allgemeinen, sondern auch im Besonderen auf die Zeugen, Geschworenen und Richter. Denn jeder Mensch ist beeinflussbar. Es ist kaum mehr als eine Farce, wenn die Geschworenen vom Vorsitzenden Richter ermahnt werden, vor der Beratung keine Berichte über den Fall zu lesen oder zu hören und auch nicht untereinander oder mit

anderen über den Fall zu sprechen. Die suggestive Beeinflussung durch die Medien hat schon in manchem Fall dazu beigetragen, den Mechanismus der »reinen« Wahrheitsfindung außer Kraft zu setzen und die Gefahr eines Fehlurteils heraufzubeschwören. Das war schon vor 100 Jahren so, wie der skandalöse Fall Mooney-Billings aus Kalifornien gezeigt hat (vgl. Kapitel 4, Fall 1). Auch die beiden folgenden Fälle aus Italien und Deutschland liegen schon einige Jahrzehnte zurück.

Skandal im Fall Wilma Montesi
(Italien, 1953–1957)

Ein herausragendes Beispiel für die verhängnisvolle suggestive Beeinflussung durch die Medien ist der geheimnisvolle Tod der jungen, schönen Schreinerstochter Wilma Montesi aus Rom. In den Jahren 1953–1957 ist die italienische Justiz mit einem Mammutverfahren beschäftigt, das jeden Kriminalroman von Edgar Wallace oder Agatha Christie an Spannung und unerwarteten Wendungen übertrifft. Der »Prozess des Jahrhunderts« wird zu einem »Colpo di scena«, zu einem grandiosen Theatercoup, zu einer Farce. Schuld daran sind die öffentliche Meinung und die italienische Presse. Sie macht aus dem Schicksal eines toten Mädchens einen Skandal, der die italienische Gesellschaft an den Rand eines Aufruhrs bringt.

Am 11. April 1953 morgens findet ein Junge am Sandstrand von Ostia, etwa 25 Kilometer südlich von Rom, den halb im Wasser liegenden, nur noch spärlich bekleideten Leichnam der 21-jährigen Wilma Montesi. Schuhe, Strümpfe, Rock und Strumpfhaltergürtel fehlen. Unfall, Selbstmord oder Verbrechen? Die polizeiliche Routineuntersuchung ergibt, dass die junge Frau wahrscheinlich ihre Füße im Meer waschen wollte, um eine Fersenverletzung zu kurieren. Dabei muss sie ohnmächtig geworden und ertrunken sein. Die Staatsanwaltschaft schließt den Fall als Unglücksfall mit Todesfolge ab. Sicherlich hätte man nie wieder etwas davon gehört, wenn nicht im Mai 1953 in einer halbfaschistischen italienischen Wochenzeitung eine merkwürdige Karikatur erschienen

wäre. Sie zeigt eine Brieftaube, die einen Strumpfhaltergürtel im Schnabel trägt. Eine kaum falsch zu verstehende Anspielung auf den italienischen Außenminister Piccioni, denn das italienische Wort für Brieftaube ist »piccione«. Damit betritt die Hauptfigur des späteren Prozessdramas die Bühne: das Gerücht.

Im Oktober 1953 veröffentlicht Silvano Muto in seinem Nachrichtenmagazin alle bekannten Details der Geschichte. Wie ein Staatsanwalt maßt er sich an, zu behaupten, Wilma Montesi sei ermordet worden, und zwar von angesehenen Mitgliedern der römischen Oberschicht. Von Orgien ist die Rede, von Schmuggel und von Handel mit Mädchen und Rauschgift. Zwei Frauen äußern sich als angebliche Zeuginnen. Eine davon ist die 23-jährige Anna Maria Caglio. Sie hat zahlreiche Bekannte unter den reichen Leuten von Rom. Innerhalb weniger Monate wird die junge Frau mit ihren fantastischen Enthüllungen und Beschuldigungen zu einer Berühmtheit. Ihre Aussagen erschüttern die Republik. Später wird sich herausstellen, dass Maria Caglio eine notorische Lügnerin ganz großen Stils ist, die sich ihre frei erfundenen Geschichten von den Zeitungen gut bezahlen ließ.

Noch ehe die Justiz sich erneut mit dem Fall beschäftigt, hat die Presse schon den Prozess eröffnet. Angeklagt scheint zunächst die mächtige, verrottete High Society Roms, die in einem sündigen »dolce vita« von Laster und Korruption zu versinken droht. Aber dann tauchen konkrete Namen auf: Pietro Piccioni, der Sohn des italienischen Außenministers, die Marquesa Montagna, der Polizeichef von Rom Polito und Prinz Moritz von Hessen, der Enkel des italienischen Königs Victor Manuel III. Sie alle sollen etwas mit der Tötung von Wilma Montesi zu tun haben. Und der jungen Römerin unterstellt man ein ausschweifendes Doppelleben. Das zunächst gegen den Journalisten Muto wegen Veröffentlichung falscher Nachrichten eingeleitete Verfahren wird auf unbestimmte Zeit ausgesetzt.

Über Nacht erscheinen Zehntausende von Plakaten an den Mauern Roms, in denen der Sizilianer Montagna als Verbrecher bezeichnet wird, als Zuhälter und Spion und als Werkzeug der Mafia. Die Presse läuft Amok. Sie überschlägt sich in Forderungen, Gerüchten und Mutmaßungen. Ohne zu zögern, spricht die

öffentliche Meinung alle schuldig: Minister, Untersuchungsrichter, Polizeichefs und Staatsanwälte. Kaum jemand zweifelt mehr daran, dass die Behörden von Anfang an versucht haben, die Untersuchung über den Tod der Wilma Montesi im Keim zu ersticken. Der Chef der italienischen Polizei reicht daraufhin seinen Abschied ein, und auch der italienische Außenminister Piccioni tritt im September 1954 zurück. Die Nation ist von einer Hysterie geschüttelt. Fast täglich werden immer neue Namen genannt.

Im März 1954 wird unter dem Vorsitz des Richters Raphael Sepe eine gerichtliche Voruntersuchung über den Tod von Wilma Montesi eröffnet. Der Richter wird eine Zeit lang zum bekanntesten Mann Italiens. Bereits im September erlässt er Haftbefehle gegen Piccioni wegen fahrlässiger Tötung und gegen Montagna und Polito wegen Beihilfe. Extrablätter verkünden die Neuigkeit. Rom spricht von nichts anderem. Das Volk jubelt: Endlich wird der Sumpf ausgerottet, endlich Gerechtigkeit! Die Voruntersuchung dauert fast drei Jahre. Über dreihundert Zeugen werden gehört. Immer neue, weitere tauchen auf, die irgendetwas über den Fall zu wissen glauben. Das Verfahren wird zu einer Art Industrie. Viele italienische Journalisten leben jahrelang von diesem Prozess. Fast jeder Zeuge publiziert, noch ehe er vor Gericht aussagt, seine »Erkenntnisse« in Illustrierten und Zeitungen, auch die Angehörigen der Familie Montesi. Ein Journalist schreibt fast 600 Artikel über den Fall. Für Geld ist in Rom jede Information zu haben. In dieser Atmosphäre muss die italienische Justiz die Wahrheit über den Tod von Wilma Montesi herausfinden.

Das Hauptverfahren wird am 20. Januar 1957 im Palazzo Nuovo in Venedig eröffnet. Die Angeklagten bestreiten, Wilma Montesi gekannt zu haben. Pietro Piccioni hat für die Tatzeit ein hieb- und stichfestes Alibi. Es findet sich kein einziger Zeuge dafür, dass er Wilma Montesi überhaupt jemals begegnet ist. Und die Vernehmung der Hauptbelastungszeugin Maria Caglio wird für die Staatsanwaltschaft zur Katastrophe. Sie weiß angeblich alles, aber immer nur aus zweiter Hand. Ihre Aussagen sind nichts weiter als Klatsch. Das Drama um Leben und Tod wird immer mehr zur Posse.

Auch Montesis Onkel Giuseppe gerät in Verdacht, am Tod seiner Nichte schuld zu sein. Doch das Beweismaterial gegen ihn ist nicht ausreichend für eine Anklage. Und auch die Anklagen gegen Piccioni, Montagna und Polito fallen bald in sich zusammen. Aufgrund neuer Obduktionsergebnisse kann lediglich festgestellt werden, dass der Tod von Wilma Montesi weder auf einem Unglücksfall noch auf Selbstmord beruht. Am 21. Mai 1957 beantragt die Staatsanwaltschaft Freispruch für alle drei Angeklagten, da sich nicht der geringste Beweis für ihre Schuld hat finden lassen.

Die Jury berät siebeneinhalb Stunden. Am Ende steht ein Freispruch für alle Angeklagten wegen erwiesener Unschuld fest. Danach findet noch ein jahrelanger erbitterter Kleinkrieg statt, mit Klagen und Gegenklagen wegen Beleidigung, Verleumdung, übler Nachrede, falscher Aussage und Meineid. Am Ende des Montesi-Prozesses fragen sich die Italiener ratlos: Wie hat er überhaupt zustande kommen können? Wie war es möglich, dass eine Staatsanwaltschaft aufgrund derart unzureichender Beweise eine Anklage hat erheben können?

Die Antwort ist einfach: Weil eine gewissenslose Presse und der Druck der öffentlichen Meinung es so wollten. Das Volk hat jedes Wort der Anna Maria Caglio geglaubt. Der Tod von Wilma Montesi war der lang erwartete Anlass, mit der verhassten Oberschicht abzurechnen. In den Angeklagten sah das Volk das Gesicht seiner Peiniger. Die Wahrheit über den Tod von Wilma Montesi ist bis heute im Dunkeln geblieben. Die Schuldigen – wenn es sie denn überhaupt gegeben hat – wurden nie gefunden.

»Reicher Arzt und blondes Gift.« Zwei Verurteilungen für Vera Brühne

(Deutschland, 14. April 1960–31. Dezember 1979)

München, Juli 1957. Der wohlhabende Arzt Dr. Otto P. sitzt in Begleitung seiner langjährigen Lebensgefährtin Elfriede K. in einem Schwabinger Lokal. Er hat den Ruf eines Lebemannes, dessen zahlreiche Liebesverhältnisse mit attraktiven Frauen nicht

verborgen geblieben sind. Und er ist in dunkle Waffengeschäfte im Dienst des Bundesnachrichtendienstes verstrickt und trägt, weil er um sein Leben fürchtet, immer eine Pistole bei sich. Dr. Otto P. wird an diesem Abend in Schwabing auf eine hübsche, hochgewachsene Blondine am Nebentisch aufmerksam. Sie heißt Vera Brühne und ist die 44-jährige ehemalige Ehefrau des bekannten Filmkomponisten Lothar Brühne, von dem sie nach vierjähriger Ehe gerade geschieden worden ist. Seitdem lebt sie allein in einer Eigentumswohnung in Schwabing. Aus ihrer ersten, 1953 geschiedenen Ehe mit dem Schauspieler Hans Cossy stammt ihre 1941 geborene Tochter Sylvia.

Dr. Otto P. beginnt einen Flirt mit der Frau und bittet sie an seinen Tisch. Als er im Laufe des Abends merkt, dass sie auf seine Annäherungsversuche eingeht, schickt er Elfriede K. kurzerhand nach Hause. Vera Brühne weiß in diesem Augenblick noch nicht, dass die Begegnung mit diesem Mann ihr Schicksal entscheidend beeinflussen und sie für fast zwei Jahrzehnte hinter Gefängnismauern bringen wird. Sie wird in dem späteren Prozess heftig bestreiten, dass es sich um ein Liebesverhältnis gehandelt hat. Sie sei nur eine »Angestellte« gewesen. Das Gericht wird ihr dies und vieles andere mehr nicht glauben. Stichhaltige Beweise für eine Liaison aus Liebe gibt es nicht.

Fest steht nur, dass Dr. Otto P. sich fortan regelmäßig mit Vera Brühne in München trifft, jeden Montag- und Donnerstagabend nach Dienstschluss. Er stellt ihr einen gebrauchten VW zur Verfügung und lässt sich darin von ihr durch die Stadt chauffieren. Für diese Dienste zahlt er ihr monatlich 200 Mark. Außerdem muss sie ihn zweimal im Jahr in den Urlaub nach Spanien begleiten, wo er an der Costa Brava eine luxuriöse weiße Villa besitzt. Sie wird von einer Geliebten verwaltet, die dort kostenlos wohnen darf und das kostbare Traumhaus in Lloret de Mar nach Dr. P.s Tod erben soll. Das hat der Arzt testamentarisch so verfügt. Als er aber im Oktober 1957 dort mit Vera Brühne erscheint, kommt es zum Streit. Im Sommer 1958 entzieht er der Geliebten das Wohnrecht und hebt auch das Testament auf. Fortan kümmert sich Vera Brühne um die Verwaltung der Villa. In einem neuen Testament legt Dr. Otto P. am 23. Mai 1959 vor

einem spanischen Notar fest, dass sie nach seinem Tod den wertvollen spanischen Besitz erben soll. Das wird ihr zum Verhängnis.

Pöcking, Ostern 1960. Der Gärtner, der in Dr. Otto P.s Villa am Starnberger See über die Feiertage arbeitet, wundert sich, dass im Haus alles so ruhig ist und sich niemand blicken lässt. Auch der Spaniel »Pitti« strolcht nicht wie sonst im Garten umher. Doch der Gärtner schöpft keinen Verdacht. Am 19. April, dem Dienstag nach Ostern, erscheint Dr. P. nicht in seiner Praxis. Seine Sprechstundenhilfe Renate M., eine wichtige Zeugin im späteren Prozess, versucht vergeblich, ihn telefonisch zu Hause zu erreichen. Sie macht sich Sorgen. Deshalb sucht sie zusammen mit ihrem Freund Hans Joachim V. spätabends P.s Villa in Pöcking auf. Die Terrassentür ist nicht verschlossen, so dass jedermann hinein gelangen konnte. Hans Joachim V. findet im Haus Dr. P.s Leiche und alarmiert sofort die Polizei. Sie entdeckt im Kellergeschoss auch die Leiche von Elfriede K. und den in einem Kellerraum eingeschlossenen, halb verhungerten Hund.

Da neben Dr. P.s Leiche die Tatwaffe liegt, geht Kriminalobermeister Karl R. sofort von einem Selbstmord aus. Es sieht so aus, als ob Dr. Otto P. zuerst seine Lebensgefährtin und Haushälterin Elfriede K. durch einen Genickschuss getötet und dann sich selbst erschossen hat. Sein herbeigerufener Sohn Günther P., Arzt wie sein Vater, glaubt das auch. Und auch Rechtsanwalt Konrad K., der ihn begleitet, ist dieser Ansicht.

Die Frage, warum der lebensfrohe Dr. P. das getan haben soll, wird nicht gestellt. Man sucht nach einem Abschiedsbrief, findet aber keinen. In einem Schreibtischfach entdeckt ein Beamter einen mit Schreibmaschine auf blauem Papier geschriebenen Brief älteren Datums. Da er nichts mit den Toten zu tun zu haben scheint, lässt der Beamte ihn achtlos auf dem Esszimmertisch liegen. Auf demselben Tisch stehen vier Gläser und eine Flasche Cognac. Niemand sichert Spuren, sucht nach Projektilen oder prüft den Grad der Leichenstarre. Wozu auch? Der Fall ist doch klar. Die Armbanduhr Dr. P.s ist stehen geblieben. Die Ermittlungsbeamten nehmen sie ab, ohne sich um Fingerabdrücke zu kümmern, und händigen sie dem Sohn aus.

Sie mögen doch den Hund töten, bittet Günther P. Kriminalobermeister R. nimmt die Pistole, die er zuvor im Nachttisch gefunden hat, geht in den Keller und erschießt den Hund. Günther P. bedankt sich mit einem Schluck Cognac. Man trinkt gemeinsam aus den Gläsern, die auf dem Tisch stehen, ohne darauf zu achten, ob sie zuvor schon benutzt worden sind und Spuren aufweisen.

Unglaublich, aber wahr. Selbst in einem Groschenkrimi unterlaufen Ermittlern nicht solche haarsträubenden Fehler. Handelte es sich wirklich um reine Schlamperei? Oder wurden bewusst alle Spuren verwischt und Indizien beseitigt, um die Hintergründe der Tat im Dunkeln zu lassen? Ohne weitere Ermittlungen werden die Leichen zur Bestattung freigegeben und wenige Tage später beerdigt.

Gleich am nächsten Tag, dem 20. April 1960, unterrichtet Günther P. telefonisch Vera Brühne von dem Tod seines Vaters. Sie weilt gerade in Bonn, wo ihre Mutter im Krankenhaus liegt. P. junior sucht in den nächsten Tagen vergeblich nach einem Testament. Er findet nur den blauen Brief, den er später der Staatsanwaltschaft übergibt. Sie wird ihn zum Kernstück ihrer Beweisführung machen. Der Brief ist an Elfriede K. gerichtet und hat folgenden Wortlaut:

»Costa Brava, 28. September 1959. Liebe Friedl!

Der Überbringer dieses Briefes ist Herr Dr. Schmitz aus dem Rheinland, von dem ich Dir schon gesprochen habe. Er ist ein sehr wichtiger Mann für mich hier in Spanien, deshalb sei besonders nett zu ihm. Ich habe von Dir als meiner Frau gesprochen und ihm von unserem schönen Haus in Pöcking erzählt. Zeige ihm alles, er hat übrigens eine großartige Idee für den unteren Raum. Koche ihm auf, er isst gerne gut! Herr Dr. Schmitz hat übrigens eine sehr nette Frau, die ihn auf allen Reisen begleitet und die Dir gefallen wird. Ich hoffe, dass es Dir gut geht. Alles Gute und ein Bussi, auch für Pitti, Dein Otto.«

Als Monate später vor dem spanischen Notar das Testament des Dr. Otto P. verlesen wird und der überraschte Sohn erfährt, dass Vera Brühne die spanische Finca erben sollte, ist er entsetzt. Erstmals hegt er Zweifel an der Selbstmordthese. Sein Vater habe diese Villa veräußern und sich von Vera Brühne trennen wollen,

erklärt er gegenüber der Polizei. Deshalb sei diese Frau verdächtig, irgendetwas mit dem Tode seines Vaters zu tun zu haben. Günther P. erstattet über seinen Anwalt K. Strafanzeige gegen unbekannt und erwirkt die Erlaubnis, beide Leichen obduzieren zu lassen.

Das Ergebnis ist schockierend. Im Schädel von Dr. Otto P. steckt eine zweite Kugel. Die Beamten am Tatort hatten sie nicht bemerkt. Die Gerichtsmediziner schreiben zwar in ihr Gutachten, ein Selbstmord könne nach wie vor nicht ausgeschlossen werden, da auch Selbsttötungen mit mehr als einem Schuss bekannt seien. Aber Günther P. bezichtigt Vera Brühne nun öffentlich, seinen Vater ermordet zu haben, um in den Besitz der spanischen Villa zu gelangen.

Das zuständige Morddezernat beginnt mit den Ermittlungen. Sie ziehen sich fast zwei Jahre hin. Während dieser Zeit macht sich Vera Brühne mehr und mehr verdächtig. Sie legt falsche Spuren und bittet Bekannte und Freunde, ihr bei der Beschaffung eines Alibis zu helfen. In der späteren Anklageschrift wird ihr das als Beweis ihrer Schuld ausgelegt.

Etwa ein Jahr nach dem Verbrechen kommen die Ermittler auch Vera Brühnes langjährigem Freund Johann F. auf die Spur. Er hat sie und ihre Tochter Sylvia im Krieg in Köln aus einem Keller gerettet, in dem sie nach einem Bombenangriff verschüttet waren. Die Beamten kommen zu dem Ergebnis, dass zwischen Vera Brühne und dem einfachen Handwerker offenbar mehr bestand als nur ein Gefühl der Dankbarkeit. Sie definieren die Beziehung als ein »Verhältnis sexueller Abhängigkeit«.

Beide werden das im Prozess als infame Unterstellung zurückweisen. Allerdings ohne Erfolg. Die Jury wird ihnen kein Wort glauben, sondern davon ausgehen, dass Johann F. der »mondänen Blondine« sexuell hörig war. Denn nur so erklärt sich das Tatmotiv, das die Staatsanwaltschaft zusammenbastelt: Vera Brühne schenkte F. den alten VW von Dr. Otto P. und verlangte dafür, dass er den Arzt töte. Sie habe außerdem versprochen, nach dem Mord mit F. in der spanischen Villa zusammenleben.

Im Sommer 1961 verbringt Vera Brühne zusammen mit ihrer Tochter Sylvia noch einmal einen Urlaub in der spanischen Villa,

die nun – so glaubt sie jedenfalls – ihr gehört. Nach ihrer Rückkehr nach Deutschland wird sie am 3. Oktober 1961 verhaftet und zusammen mit Johann F. des gemeinschaftlichen Mordes angeklagt.

Noch bevor der Prozess beginnt, wird das Urteil schon gefällt. Der reiche Arzt und das blonde Gift! Die skrupellose Verführerin, die mit Dr. Otto P. in wilder Ehe lebte und ihn aus Habgier tötete! Die deutsche Boulevardpresse macht den Fall in einer beispiellosen Hetzjagd zum nationalen Ereignis. Zahlreiche schmutzige Geschichten aus Vera Brühnes Liebes- und Sexleben werden erfunden, um die Auflagen der Blätter zu steigern. Über die Menschenwürde setzt man sich gewissenlos hinweg. Und über jede Moral. Mit einer seriösen Berichterstattung hat das, was die Menschen in Deutschland nun ständig zu lesen bekommen, nichts mehr zu tun. Die Presse und die öffentliche Meinung haben Vera Brühne bereits schuldig gesprochen. Die Illustrierte »Quick« druckt am 15. November 1961 auf einer reißerisch aufgemachten Doppelseite die Schlagzeile: »Sehen Sie sich diese Frau an! Sie ist verdächtig der Anstiftung zum Doppelmord aus reiner Geldgier.« Darunter sind fünf Faschingsfotos von Vera Brühne in freizügiger Kleidung abgebildet.

Dem »Quick«-Reporter Nils von der H. gelingt ein besonderer Coup. Er macht sich an Brühnes hilflose und nun auf sich allein gestellte Tochter Sylvia heran und entlockt ihr die Aussage, ihre Mutter habe ihr das Verbrechen gestanden. Er drängt sie dazu, die Aussage vor der Polizei und dem Untersuchungsrichter zu wiederholen, was sie tatsächlich tut. Bis heute ist unklar geblieben, warum das geschah. Die Gründe werden für immer im Dunkeln bleiben, denn Sylvia kann dazu nichts mehr sagen. Sie starb am 5. Oktober 1990, noch vor ihrer Mutter.

Ein schrecklicher Verdacht drängt sich auf. Sollte hier im Auftrag des Bundesnachrichtendienstes eine falsche Fährte gelegt werden? Denn Nils von der H. sei ein »Soldschreiber des BND«, behauptet Erich Schmidt-Eenboom in seinem Buch »Undercover – wie der BND die deutschen Medien steuert«. Der Reporter habe bei »Quick« dann Karriere gemacht, unter den Fittichen des Redaktionschefs, der ebenfalls für den BND arbeitete.

Sylvia wird mit ihrer sensationellen Aussage zur Hauptbelastungszeugin des Staatsanwalts Karl R. Die Tochter belastet ihre eigene Mutter! Ein gefundenes Fressen für die Skandalpresse. Der »Stern« veröffentlicht einige intime Fotos von den beiden und schreibt, die »Zeugin der Anklage« habe »den Verdacht gegen Vera Brühne und ihren Komplizen Johann F. zur prozessreifen Gewissheit« gemacht. Sylvia sei, wie viele andere Freunde auch, ein Leben lang von Vera Brühne nur ausgenutzt worden. Am 12. November ist in dieser Zeitschrift unter der Überschrift »Frau Veras Gewerbe« zu lesen, die »lebenshungrige, schöne Frau« habe »ihren Charme in ein finanziell gesichertes Dasein umgesetzt«, das nun »hinter Gefängnismauern« endete.

Der »Stern«-Reporter Fred I. scheint schon mehr zu wissen als die Staatsanwaltschaft. Er lässt sich über den »blauen Brief« aus und schreibt: »Außerdem ist jetzt erwiesen, das Vera Brühne dieses Schreiben verfasst hat. Sie hat es auf einer Schreibmaschine geschrieben, die ihrem Untermieter gehörte.« Es sei »erwiesen«, ganz ohne die Prüfung von Sachverständigen, die erst im Prozess darüber streiten werden! Der Deutsche Presserat erteilt eine Rüge und untersagt weitere denunzierende Berichte.

Wie soll in einem derartigen Klima noch ein fairer Prozess zustande kommen? Als er am 25. April 1962 vor dem Schwurgericht München beginnt, übersteigt der Ansturm des schaulustigen und sensationsgierigen Publikums alle Erwartungen. Ein solches Spektakel hat es in der bundesdeutschen Justiz bisher noch nicht gegeben. Alle wollen die verruchte, genusssüchtige, geldgierige Verführerin sehen, den »Teufel im Engelskostüm«. Täglich warten Tausende vor dem Münchner Gerichtsgebäude, vor allem Frauen. Biedere Hausfrauen und ärmliche Rentnerinnen aus einer anderen Welt, denen der Ruf »Rübe ab!« auf den Lippen zu liegen scheint.

Das Urteil vom 4. Juni 1962 entspricht ihren Erwartungen. Vera Brühne und Johann F. werden wegen Doppelmords zu lebenslangem Zuchthaus verurteilt. Vera Brühne soll »aus hemmungsloser Gewinnsucht, Habgier und … tiefster Gesinnungslosigkeit« getötet haben. »Ich bin doch unschuldig!«, ruft Vera Brühne bei der Urteilsverkündung entsetzt aus. Alle Bedenken

hat das Schwurgericht vom Tisch gewischt. Es gibt genug Zweifel an der Schuld der Angeklagten, aber sie werden nicht zu ihren Gunsten ausgelegt. Schon allein aus diesem Grund ist dieser Richterspruch ein Fehlurteil. Der Fall Vera Brühne wird zum größten Justizskandal in der Geschichte der Bundesrepublik.

Der fünfwöchige Prozess gleicht von Anfang an einer Posse. Monatelang haben Hunderte Beamte versucht, Material zusammenzutragen. Aber die widersprüchliche Beweiskette, die am Ende dabei herausgekommen ist, ist mehr als dünn. Es gibt keine Tatzeugen, lediglich fragwürdige Indizien, fadenscheinige Schuldzuweisungen Dritter sowie zum Teil haarsträubende Vermutungen. Fast alle Zeugen zeichnen ein wenig sympathisches Charakterbild von der Angeklagten. Aus dem Zuschauerraum schlägt ihr offene Abneigung entgegen.

Der Sitzungstag, an dem Sylvia im Zeugenstand steht, wird zur Sensation. Sie widerruft ihre früheren Aussagen! Ihre Mutter habe ihr nichts gestanden. Was sie gesagt habe, sei alles gelogen. Nils von der H. habe sie massiv unter Druck gesetzt. Doch der Vorsitzende Richter Klaus S. misst diesem Widerruf keine entscheidende Bedeutung bei. Er geht vielmehr davon aus, dass Sylvias Aussage vor Gericht nicht der Wahrheit entspricht, sondern dass das, was sie früher gesagt hat, wahr ist. Warum?

Das Gericht glaubt auch vorbehaltlos alles, was die Belastungszeugin Renate M., Dr. P.s ehemalige Sprechstundenhilfe, sagt, obwohl ihre Aussagen widersprüchlich sind. Einige Jahre nach dem Prozess ergeben sich Hinweise, dass Renate M. möglicherweise ebenfalls für den Bundesnachrichtendienst gearbeitet hat. Das ließ sich aber nicht mehr aufklären, weil sie kurz darauf plötzlich verstarb. Renate M. spricht im Zeugenstand von dem ominösen Dr. Schmitz, der die spanische Villa käuflich erwerben wollte. Dr. Otto P. wollte sie ebenso loswerden wie Vera Brühne, über die sich der Arzt mehr und mehr beklagt hätte. Vera Brühne bestreitet das heftig. Ihre Beziehung zu Dr. P. sei völlig intakt gewesen, und von einem angeblichen Verkauf hätte er nie etwas gesagt. Konkrete Beweise für die Behauptungen der Zeugin gibt es nicht. Das Schwurgericht nimmt ihre vagen Bekundungen zum Anlass, daraus das Tatmotiv für Vera Brühne abzuleiten.

Wer war nun dieser Dr. Schmitz? Nach der Theorie der Staatsanwaltschaft hat sich Johann F. als Dr. Schmitz ausgegeben, um Einlass in P.s Pöckinger Haus zu bekommen. Um diese These durch eine Zeugenaussage untermauern zu können, steckt man den mehrfach wegen Betrug, Denunziation und Falschaussage vorbestraften und gerade erneut in Untersuchungshaft sitzenden Siegfried S. als Polizeispitzel zu Johann F. in die Zelle. Im Prozess erklärt Siegfried S., während dieser Zeit habe Johann F. ihm den Mord gestanden.

Das Gericht hält alles für glaubwürdig, was S. unter Eid aussagt. Welch ungeheuerlicher Vorgang! Kurz darauf wird S. in dem gegen ihn laufenden Strafverfahren zu 18 Monaten Haft verurteilt. In dem Urteil heißt es wörtlich, S. sei »ein Hochstapler, ein für die Justiz gefährlicher Intelligenzverbrecher mit einer für die Rechtsordnung gefährlichen Lust zum Lügen«. Unterschrieben hat das Urteil Landgerichtsrat J. Der gleiche Mann ist Beisitzer im Mordprozess gegen Vera Brühne und Johann F.! Schon nach sechs Monaten ist S. wieder frei, möglicherweise als Belohnung für seine Spitzeldienste. Später geben einige seiner Zellengenossen an, S. hätte ihnen gegenüber damit geprahlt, seine Aussage gegen Johann F. habe nicht der Wahrheit entsprochen.

Noch hat die richterliche Konstruktion der Beweiskette ein Loch. Warum hat Dr. P.s Haushälterin Elfriede K. diesen Dr. Schmitz alias Johann F. bedenkenlos ins Haus gelassen, als er spät abends an der Tür klingelte und einen vor einem halben Jahr geschriebenen Brief ihres Lebenspartners vorzeigte? Das Gericht unterstellt, Elfriede K. habe den blauen Brief »offensichtlich kurz vor ihrem Tode gelesen«. Das sei daraus zu schließen, dass er nach der Behauptung der Staatsanwaltschaft »am Tatort auf dem Sekretär neben der Lesebrille der Frau Kloo« gefunden worden ist. Das ist ersichtlich falsch. Im Polizeiprotokoll, das dem Gericht vorlag, steht unmissverständlich, dass der Brief im verschlossenen Schreibtisch des Arztes gefunden und erst später als offenbar bedeutungslos auf dem Tisch abgelegt wurde.

Wer hat diesen blauen Brief geschrieben? Natürlich Vera Brühne, meint die Staatsanwaltschaft. Und zwar auf der alten, inzwischen verschrotteten Schreibmaschine ihres Untermieters H.

Schriftvergleiche mit anderen Schreiben überzeugen das Gericht davon, dass auch der blaue Brief auf dieser Maschine geschrieben worden ist. Die weitere Behauptung, die Unterschrift habe Vera Brühne gefälscht, wird von den Sachverständigen nicht bestätigt. Noch ein weiterer Umstand macht diesen Brief als Beweismittel untauglich. Nach der These der Anklage hat Vera Brühne im April 1960 erstmals den Mord geplant. Dann muss sie den Brief zu diesem Zeitpunkt oder später getippt haben. Ihr Untermieter H. ist aber nachweislich bereits Anfang März 1960 samt Maschine ausgezogen.

Auch mit dem Tatmotiv haben die Richter kein Problem. Die testamentarisch vermachte spanische Villa ist für sie Grund genug, ein solches Motiv zu konstruieren und im Urteil mit einem Satz zu begründen, an dem so gut wie alles falsch ist: »Berücksichtigt man, dass es sich bei ihr um eine alternde Frau ohne wesentliches Vermögen handelt, die nicht hoffen konnte, noch einmal einen Mann von der finanziellen Potenz Dr. P.s zu finden, dann ist die Frage nach dem Motiv hinsichtlich ihrer Person eindeutig beantwortet.« Vera Brühne hatte genug Vermögen, sie besaß allein drei Wohnungen.

Und auch Dr. P.s Testament wird im Urteil unrichtig wiedergegeben. Es enthält eine Klausel, die Vera Brühne verpflichtete, die Villa an P.s Sohn weiterzuvererben. Eine freie Verfügungsgewalt war ihr folglich gar nicht eingeräumt. Darauf hat der bekannte Kriminologe und Schriftsteller Frank Arnau bereits 1965 hingewiesen. In seinem Buch »Der Fall Brühne/Ferbach« prangerte er die »schweren Fehlleistungen« dieses Prozesses an. Vera Brühne durfte in der Villa wohnen, aber verkaufen durfte sie sie nicht. Da dieser Umstand nicht ins richterliche Konzept passt, setzt man sich einfach darüber hinweg.

Einen ähnlichen Spagat vollzieht das Gericht bei der Festsetzung der genauen Tatzeit auf den 14. April 1960, 19.45 Uhr. Für diesen Zeitpunkt hat Vera Brühne kein stichfestes Alibi. Die dem Toten abgenommene Uhr zeigte jedoch »nach der glaubhaften Aussage des Dr. P. jun.« 20.45 Uhr. Nach seiner Bekundung war das Glas der Uhr beim Sturz des Getöteten abgesprungen und der kleine Zeiger umgebogen, so dass der Minutenzeiger nicht weiter-

laufen konnte. Aber auch diese bedeutsame eine Stunde ist für das Gericht keine Hürde. Es stellt lapidar fest, dass die Uhr nach dem Sturz noch eine Stunde weitergelaufen sein muss, bevor beide Zeiger zum Stillstand kamen. So einfach ist das! Abgesehen davon, dass die Uhr gar nicht mehr als Beweismittel hätte zugelassen werden dürfen, nachdem Günther P. sie, wie er angab, ein Jahr lang in einer Kassette verwahrt hatte, zeigte sie 9.48 Uhr an, als er sie der Staatsanwaltschaft aushändigte. Obwohl die Zeiger ineinander verhakt waren, meint das Gericht, das Uhrwerk sei halt noch weitergelaufen. Eine abenteuerliche Beweisführung! Einen Kriminalroman, in dem dem Leser derartige Kunststückchen »aus dem Off« serviert werden, würde man verärgert zur Seite legen.

Die Angaben in den Ermittlungsakten über die Leichenstarre der Toten widerlegen die Schlussfolgerung des Gerichts, der Tod sei am 14. April 1960 um 19.45 Uhr eingetreten. Zwei von Brühnes Anwalt Wilhelm Haddenhorst in Auftrag gegebene Gutachten kommen zu dem Ergebnis, der Tod sei in der Nacht vom 16. zum 17. April gegen 24.00 Uhr oder am 16. April um 20.00 Uhr eingetreten. Professor Forster von der Universitätsklinik Freiburg erklärt unmissverständlich: »Der vom Schwurgericht festgestellte Todeszeitpunkt ist ausgeschlossen. Der Tod muss vielmehr wesentlich später eingetreten sein.« Das heißt, der Mord geschah zu einem Zeitpunkt, als Vera Brühne am Krankenbett ihrer Mutter in Bonn saß.

Ausreichende neue Beweismittel für einen Wiederaufnahmeantrag, sollte man meinen. Aber das Gericht weist Haddenhorsts Antrag zurück. Bis 1972 werden insgesamt sieben Wiederaufnahmeanträge abgelehnt. Die Münchner Justiz weigert sich beharrlich, den Fall Vera Brühne erneut aufzurollen, obwohl die Bedenken und Beweise gegen die Richtigkeit des Urteils immer umfassender geworden sind, auch von namhaften Richterkollegen. Der renommierte BGH-Richter Heinrich Jagusch weist in einem Aufsatz in der »Neuen Juristischen Wochenschrift« von 1971 etliche Mängel in der Beweisführung und auch einige Verfahrensfehler nach. Die Anklage sei nach dem berühmten Spruch verfahren: »Ob Wilhelm Tell gelebt hat, weiß man nicht. Aber dass er den Landvogt Geßler umgebracht hat, steht fest.«

Ein Jahr zuvor hat der Philosoph Professor Ulrich Sonnemann in seinem Buch »Der bundesdeutsche Dreyfus-Skandal« behauptet, Vera Brühne und Johann F. seien ungewollt zum Spielball der großen Politik geworden. Die Richter seien politischem Druck ausgesetzt gewesen. In Wahrheit sei der in Waffenschmuggel verstrickte Dr. Otto P. von einem Oberstleutnant S. vom Bundesnachrichtendienst ermordet worden. Auch der damalige Bundesverteidigungsminister Franz Josef Strauß sei in die Sache verwickelt. Daraufhin stellt Strauß Strafantrag und Sonnemanns Buch wird verboten. Ebenso eine 1985 erweiterte und aktualisierte Ausgabe. Beide Bücher sind bis heute nicht erschienen.

Die Presse macht eine Kehrtwendung und kritisiert ebenfalls das Urteil. Auf der Titelseite der »Bild«-Zeitung vom 6. September 1969 steht die Schlagzeile: »Der Brühne-Mord war Geheimdienst-Arbeit!« Und es wird auch bekannt, dass Johann F.s Anwalt Heinz P. mit 35 000 Mark dafür bestochen wurde, nicht nach anderen Tätern zu suchen. Tatsächlich kamen für die Staatsanwaltschaft von Anfang an nur Vera Brühne und Johann F. als Täter in Frage. Anderen Spuren ging man gar nicht erst nach.

Bereits 1967 hat der ehemalige Agent des Bundesnachrichtendienstes, Roger H., gegenüber der Bonner Staatsanwaltschaft zu Protokoll gegeben, er sei am 14. April 1960 um Mitternacht in Begleitung von Oberstleutnant S. und Oberstleutnant R., dem persönlichen Referenten von Verteidigungsminister Strauß, bei Dr. Otto P. in der Villa in Pöcking erschienen, um ihn zur Rede zu stellen. Dr. P. habe in mehreren Auszahlungen rund 300 000 DM für seine Dienste erhalten. Er forderte aber immer mehr. Als Dr. P. bei der Auseinandersetzung eine Pistole gezogen habe, sei er von Oberstleutnant S. erschossen worden.

Johann F. verstirbt im Juni 1970 in seiner Zelle in Straubing an Herzversagen. 1975 lehnt der bayrische Ministerpräsident Alfons Goppel ein Gnadengesuch von Vera Brühne ab. Sie sitzt 18 Jahre, sehr wahrscheinlich unschuldig, hinter den Gittern des Frauengefängnisses Aichach. Ende 1979 wird sie vom neuen Ministerpräsidenten Franz Josef Strauß begnadigt. Rehabilitiert wurde sie nie. Ihr Leben wurde verfilmt. Und 20 Jahre nach ihrer Entlassung stellt sie sich im WDR-Fernsehen einem zweieinhalbstündi-

gen Gespräch mit dem Autor Michael Gramberg. Davon werden 45 Minuten unter dem Titel »Ich bin doch unschuldig!« gesendet. Die Presse habe schon vor dem Prozess eine Story erfunden, sagt Vera Brühne, von der sich auch die Richter nicht mehr befreien konnten. »Ich war vorverurteilt, wie ich den Gerichtssaal betrat.«

Am 17. April 2001 stirbt Vera Brühne in München im Alter von 91 Jahren. Der spektakulärste Fall der bundesdeutschen Kriminalgeschichte ist bis heute ungeklärt.

9 Das »Unheil« im Zeugenstand

Wenn wir einmal den Verstoß gegen die allgemeine Beweisregel »im Zweifel für den Angeklagten« außer Acht lassen, sind unrichtige Zeugenaussagen die häufigste Ursache für Fehlurteile im Strafprozess. Das ist in allen Ländern gleich. In den USA wurden im Zuge des »Innocent Project« 62 Fälle untersucht, in denen zum Tode verurteilte Straftäter unschuldig waren und aus der Todeszelle in die Freiheit entlassen werden mussten. Es wurde festgestellt, dass allein 84 Prozent dieser Fehlurteile, also weitaus die meisten, auf falsche Zeugenaussagen zurückzuführen waren. Viele Zeugen gehen geradezu leichtfertig mit ihrer Aussage um.

Insbesondere die Gefahr des falschen Wiedererkennens durch einen Zeugen ist recht groß. Darin sollte der Richter niemals allein einen vollen Schuldbeweis sehen. Zufällig sieht jemand dem Täter ähnlich und schon gerät er wegen eines schweren Verbrechens in die Mühlen der Justiz. Das kann jedem von uns passieren. Ein Schulspiel dafür ist der folgende, schon über 100 Jahre zurückliegende Fall. Er ist derart grotesk, dass eine kurze Schilderung in diesem Buch nicht fehlen darf, obwohl kein Tötungsdelikt zugrunde liegt.

Adolf Beck wird 1895 in London von mehreren Frauen auf der Straße angesprochen und als Betrüger und Dieb bezichtigt. Als er festgenommen wird, bestätigen zehn von 15 Damen, dass er der Mann sei, der sie um ihr Geld gebracht habe. Alle verwechseln ihn mit dem Hochstapler und Heiratsschwindler John Smith. Richter Sir Forrest Fulton, derselbe Richter, der vor 15 Jahren die Anklage gegen ihn vertreten hat, verurteilt Adolf Beck im März 1896 zu sieben Jahren Zuchthaus, weil er glaubt, Beck sei Smith, und die Betrugsmethoden genau übereinstimmen. Nach fünf Jahren unschuldig verbüßter Haft wird Beck auf Bewährung entlassen. Als 1904 die Betrügereien ihren Fortgang nehmen, wird Beck aufgrund der Beschuldigungen von fünf Frauen erneut verhaftet und verurteilt. Doch nun geschieht etwas Unvorhergesehenes, die Betrügereien gehen weiter. Der wahre Täter wird ermittelt, verhaftet und verurteilt. Alle Frauen geben zu, dass sie sich geirrt haben.

Beck wird 1904 begnadigt. Dieser schlimme Fall, in dem ein völlig Unschuldiger zweimal zu Unrecht verurteilt worden ist, verändert die britische Strafjustiz. Der Gesetzgeber sieht sich nämlich veranlasst, eine Berufungsinstanz einzuführen, den Court of Appeal, durch den Schwurgerichtsurteile auch im Hinblick auf die Tatsachen überprüft werden können.

An einem Vorlesungstag des Jahres 1902 trägt der damalige bekannte Kriminologe Professor von Liszt an der Berliner Universität vor einer Gruppe von Studenten aus einem alten Buch vor. Anschließend diskutiert man darüber. Das sei ihm alles zu weltlich, erklärt ein älterer Student wütend. Er möchte das mehr vom Standpunkt der christlichen Moral aus betrachten, schreit er den Professor an. Die anderen Studenten sind erschrocken über diesen plötzlichen Zornesausbruch. Ein jüngerer Student erhebt sich und verspottet den ersten wegen seiner Meinungsäußerung, das sei ja nicht zum Aushalten. »Du hast mich beleidigt!«, brüllt der ältere Student. »Wenn du noch ein Wort sagst!«, droht der jüngere. Da zieht der ältere Student einen Revolver. Der jüngere stürzt sich auf ihn und versucht ihm die Waffe zu entreißen. Im Nu ist ein wildes Handgemenge im Gange. Plötzlich fällt ein Schuss. Die Menge ist zu Tode erschrocken, erfährt aber sogleich vom Professor, dass die ganze Szene nur gestellt war. Er fordert seine Studenten auf, detaillierte Aussagen darüber zu machen, was sie gerade eben erlebt und beobachtet hatten. Das Experiment ist in die Kriminalgeschichte eingegangen. Der Student mit der besten Erinnerung irrte sich bei 26 Prozent aller wesentlichen Einzelheiten. Andere lagen bei dem Versuch, sich an den Vorfall zu erinnern, bis zu 80 Prozent falsch.

Eine Frau geht einen Flur entlang. Ein mit einem Hut, Lederjacke und Turnschuhen bekleideter Mann lauert ihr in einem Türeingang auf und entreißt ihr die Handtasche. Der Mann flieht an einer installierten Kamera vorbei, sodass sein Gesicht voll zu erkennen ist. Der ganze Vorfall dauert 12 Sekunden und ist in einem Film festgehalten worden. Das New Yorker Fernsehmagazin NBC zeigt ihn am 19. Dezember 1974. Anschließend werden sechs Fotos von verdächtigen Personen mit der Bitte eingeblendet, den Täter auf den Fotos zu finden oder mitzuteilen, ob er

nicht darunter ist. Exakt 2145 Anrufe gehen ein. Der Täter befindet sich auf dem zweiten Foto. Doch nur 14,1 Prozent (302 Anrufer) erkennen ihn. Ein erschreckendes Ergebnis. Als das Experiment mit Richtern und Anwälten wiederholt wird, ist die Quote auch nicht viel besser.

Beide Experimente veranschaulichen nachdrücklich, wie groß die Gefahr ist, dass Menschen mit Verbrechen in Verbindung gebracht werden, die sie nicht begangen haben. Ursache dafür ist das Phänomen der »unbewussten Übertragung«. Der menschliche Verstand schafft das Bild eines in bestimmter Weise vertrauten Gesichts, das dann in der Erinnerung auftaucht und sich nach vorne drängt. Führende Forscher auf diesem Gebiet, insbesondere Elisabeth Loftus und Professor Robert Buckhout vom Brooklyn College, haben nachgewiesen, dass das Erinnerungsvermögen von Menschen dann am schlechtesten ist, wenn sie unter Stress stehen. Und jeder, der ein Verbrechen beobachtet, steht unter einer extremen Anspannung. Die Experimente und Studien haben auch gezeigt, dass die Personen, die sich bei ihren Identifikationen am sichersten waren, die niedrigste Trefferquote hatten. Ähnlich verhält es sich mit weißen Personen, die Farbige identifizieren sollen, oder umgekehrt. Sie sind besonders unzuverlässig

Der Richter muss daher nicht nur prüfen, ob ein Zeuge die Wahrheit sagen will, sondern er muss auch prüfen, ob er die Wahrheit sagen kann, ob er wirklich wissen kann, was er zu wissen glaubt. Nicht allein die unzuverlässigen Aussagen der gutgläubigen Zeugen bereiten ihm oft genug Kopfschmerzen. Ebenso verhängnisvoll können sich bewusst falsche Aussagen von Zeugen auf den Ausgang des Strafverfahrens auswirken. Die Zahl der Meineide ist tatsächlich sehr hoch. Auch die Angst vor einer späteren Verurteilung wegen Meineids kann sie nicht verhindern. Wenn der Angeklagte erst einmal verurteilt ist, ist die Bereitschaft des Staatsanwalts, seinen eigenen Belastungszeugen wegen Meineids zu verfolgen, gering.

Für derartige bewusst falsche Aussagen gibt es die unterschiedlichsten Gründe. Erfolgen sie zum Beispiel durch einen Mitangeklagten, geschieht das häufig aus Bosheit, Rache oder der Hoffnung auf einen eigenen Vorteil. Beschuldigungen durch Mitan-

geklagte sind meist unwahr. Aber es gibt auch Fälle, in denen auch an der Tat nicht beteiligte Zeugen nicht die geringsten Bedenken haben, einen Unschuldigen zu belasten. Als klassisches Beispiel in der Kriminalgeschichte gilt bis heute der Fall Lesurques aus Frankreich. Er liegt schon über 200 Jahre zurück, kann aber schon morgen oder übermorgen irgendwo auf der Welt in ähnlicher Weise wieder passieren.

Joseph Lesurques und die sieben Zeugen

(Frankreich, 1796)

Der Plan der fünf Männer wird in einem Gasthaus ausgeheckt. Sie besprechen einen Raubüberfall. Es ist der 27. April 1796, heute soll die Postkutsche zwischen Paris und Lyon überfallen werden. Die Männer kommen überein, dass einer von ihnen als Fahrgast in der Kutsche mitfahren soll. Sie trinken und reden ungeniert und kehren dann noch in ein weiteres Gasthaus ein, um auf den großen Coup anzustoßen. Auch hier werden sie von zahlreichen anderen Gästen aus nächster Nähe gesehen und beobachtet.

Alles läuft wie geplant. Vier Männer reiten mit gezogenen Waffen auf die Postkutsche zu und töten den Schaffner und den Postillon, während der fünfte Komplize in der Kutsche schon damit beginnt, die anderen Fahrgäste auszurauben. Die Bande erbeutet eine große Geldsumme sowie Wertpapiere und andere Kostbarkeiten.

Die ersten Ermittlungen der Behörden laufen schnell an. Der Friedensrichter von Paris lädt zahlreiche Zeugen vor, die möglicherweise etwas zur Aufklärung des brutalen Raubmordes beitragen können. Auch jene, die in den beiden Wirtshäusern die verdächtigen fünf Männer gesehen haben.

Während die Zeugen im Gericht befragt werden, macht der 35-jährige, verheiratete Joseph Lesurques, Vater dreier Kinder und Sergeant der französischen Armee mit hervorragenden Beurteilungen, in der Stadt einen Spaziergang. Dabei trifft er zufällig einen alten Freund. Er ist gerade auf dem Wege zum Gericht, um

dort einige Papiere abzuholen, und überredet Lesurques, ihn dorthin zu begleiten. Das wird Lesurques zum Verhängnis.

Als sie das Vorzimmer des Richters betreten, warten dort zwei Mägde auf ihre Vernehmung. Sie arbeiten in einem der Gasthäuser, in dem die Räuber vor der Tat gezecht haben. Die Frauen erschrecken. Denn sie sind sofort der Meinung, diese beiden gehören zu den Fünf aus der Gaststube. Lesurques und sein Freund versichern, noch niemals dort gewesen zu sein. Doch als sie weiteren fünf Zeugen gegenübergestellt werden, erklären auch diese übereinstimmend, in ihnen die gesuchten Mitglieder der Bande wiederzuerkennen.

Joseph Lesurques beteuert seine Unschuld und benennt mehrere Alibizeugen, unter ihnen ein Juwelier und ein Goldschmied. Doch man glaubt ihm nicht und erhebt Anklage gegen ihn. Vorsitzender Richter des Verfahrens, das nun gegen ihn beginnt, ist Gerichtspräsident Gohier. Er wird als einer der unrühmlichsten Richter in die Rechtsgeschichte eingehen.

Während der Hauptverhandlung sagen Juwelier und Goldschmied aus, Lesurques sei am Mordtag von 10.00 bis 2.00 Uhr dauernd mit ihnen zusammen gewesen. Der Goldschmied habe dem Juwelier in dieser Zeit einen silbernen Löffel verkauft und das auch in sein Geschäftsbuch eingetragen. Das Gericht will das Geschäftsbuch sehen. Dabei stellt sich heraus, dass das Geschäft zwar auf den Tag nach dem Raubüberfall eingetragen, das Datum jedoch nachträglich vordatiert worden ist. Noch im Gerichtssaal wird der Goldschmied wegen Urkundenfälschung verhaftet.

Beide Zeugen halten ihre ursprünglichen Aussagen jetzt nicht mehr aufrecht. Für die Jury haben sie jede Glaubwürdigkeit verloren. Die Geschworenen glauben auch den anderen Alibizeugen nicht, sondern folgen den sieben Zeugen, die Lesurques wiedererkannt haben wollen. Als Gohier die Beweisaufnahme schließt, ist die Jury bereits überzeugt: Joseph Lesurques ist schuldig. Und auch der ebenfalls angeklagte Couriol, der tatsächlich zu der Bande gehört.

Nun erscheint Couriols Geliebte beim Gerichtspräsidenten Gohier und versichert ihm, Lesurques gehöre nicht zu der Bande. Das wisse sie genau. Und auch Couriol selbst erklärt, Joseph Le-

surques sei unschuldig und habe mit der ganzen Sache nicht das Geringste zu tun.

Jetzt geschieht etwas Ungeheuerliches. Gohier weist diese Aussagen mit der Feststellung zurück, er könne sie nicht mehr berücksichtigen, weil die Verhandlung schon geschlossen sei! Für immer wird dieser Schandfleck in der Geschichte der Justiz bestehen bleiben.

Lesurques wird zum Tode verurteilt und hingerichtet. Und mit ihm sechs weitere Personen, obwohl nur fünf den Raubmord begingen. Wenig später wird der Mann, mit dem sieben Zeugen Lesurques verwechselt haben, entdeckt und nachträglich ebenfalls verurteilt. Sieben felsenfest überzeugte Zeugen haben sich komplett geirrt und damit eine Mitschuld an diesem Fehlurteil auf sich geladen. Einen schlagenderen Beweis für die Unzulänglichkeit der menschlichen Wahrnehmungsfähigkeit kann es kaum geben.

Die falschen Drei aus Delmenhorst

(Deutschland, 28. November 1913–6. Dezember 1929)

Zwei Kassenboten einer Jute-Spinnerei in Delmenhorst verlassen am 28. November 1913 kurz vor 18.00 Uhr das Firmengelände mit einer Aktentasche, in der sich 8750 Mark Lohngelder befinden. Sie sollen am nächsten Morgen ausgezahlt und über Nacht in einem Banksafe aufbewahrt werden. Die enge, schmale Straße ist menschenleer und nur schwach von einigen Gaslaternen erhellt. Auf der einen Seite liegen Gärten, auf der anderen erhebt sich ein Bahndamm. Nur etwa 100 Meter von dem Tor des Betriebs entfernt stürzen sich plötzlich aus dem Dunkel drei Männer auf die Boten und entreißen ihnen die Geldtasche. Der Wärter Henke steht am Tor und kommt den Überfallenen zur Hilfe. Da fallen drei Schüsse. Tödlich getroffen bricht Henke zusammen, er stirbt noch am Tatort. Die Täter entkommen mit der Beute.

Es gibt kaum Spuren, und die Suche nach den Mördern bleibt zunächst erfolglos. Die Polizei durchkämmt mehrere Gasthöfe in Delmenhorst und Bremen und stößt dabei auf drei junge Männer, Adolf Lehing und die Brüder Engelbert und Louis Schmidt, die

gemeinsam ein Wandergewerbe ausüben. Seit Jahren ziehen sie von Haus zu Haus durch das Land. Im Sommer auf Fahrrädern und im Winter zu Fuß oder mit der Bahn, um Kleiderstoffe zu verkaufen, die sie in Kommission erhalten haben. Gerade sind sie von einer langen Verkaufstour in Bremen zurückgekehrt. Zwei von ihnen quartieren sich in einer Bremer Gastwirtschaft in der Abbentorstraße 16 bei der Witwe Tiemann ein, seltsamerweise unter falschem Namen. Warum sie das tun, ist nie geklärt worden. Louis Schmidt kommt in einer anderen Pension in Bremen unter und nennt seinen richtigen Namen. Die Kriminalpolizei zieht daraus den Schluss, dass zumindest die andern beiden den Raubmord geplant haben. Sie leugnen bei ihrer Vernehmung, etwas damit zu tun zu haben. Aber man glaubt ihnen nicht. Als die Staatsanwaltschaft Anklage gegen sie erhebt und die Hauptverhandlung vor dem Schwurgericht Bremen eröffnet wird, haben sie kein Geld für einen Strafverteidiger ihrer Wahl.

Einige Zeugen sagen aus, sie hätten am Tatort drei Personen stehen sehen, die auf irgendetwas zu warten schienen. Sie sagen unter Eid aus, »mit mehr oder minder großer Bestimmtheit«, die drei Angeklagten seien diese Burschen gewesen. Niemand kommt auf die Idee, zu überprüfen, ob sie in der Dunkelheit die Täter von ihrer Position aus überhaupt erkennen konnten. Ein Augenscheintermin bei ähnlichen Lichtverhältnissen findet nicht statt.

Als der Wirt, bei dem Louis Schmidt wohnte, vernommen wird, äußert er den Verdacht, der Angeklagte sei nur deshalb in seine Pension gekommen, um sich ein Alibi zu verschaffen. Diese Aussage ist gar nicht zulässig, denn ein Zeuge hat nur Tatsachen zu bekunden. Die Meinungsäußerung macht aber großen Eindruck auf die Geschworenen. Ebenso wie das Geständnis, dass Louis Schmidt nach Monaten zermürbender Einzelhaft gegenüber dem Polizeibeamten Rehrig abgelegt hat. Obwohl das Verfahren bereits ein Stadium erreicht hatte, in dem nur noch der Staatsanwalt oder der Untersuchungsrichter Vernehmungen durchführen durften, hat Rehrig den jungen Mann in seiner Zelle aufgesucht. Er hat ihn dazu gebracht, seinen Bruder Engelbert sowie Adolf Lehing der Tat zu beschuldigen. Vielleicht glaubte Louis wirklich, die beiden hätten den Überfall verübt, ohne ihn

einzuweihen, vielleicht wollte er aber mit dieser Aussage auch nur seine Haut retten.

Noch verheerender für die Angeklagten ist die Aussage der Kronzeugin der Staatsanwaltschaft, bei der Engelbert und Adolf vor und nach der Tat wohnten. Die Witwe Tiemann erklärt, beide hätten am 28. November, also am Tage der Tat, zwischen 7.00 Uhr und 7.30 Uhr mit verschmutzten Hosenbeinen in ihrer Gaststube gesessen. Mit anderen Gästen hätten sie über den Delmenhorster Raubmord gesprochen und ihr gegenüber angesichts des draußen herrschenden Regens und Schlamms geäußert: »Ja, Frau Tiemann, so schwer müssen wir unser Brot verdienen.« Engelbert habe dann noch bedauert, dass bei dem Überfall ein Mann getötet worden sei. Und er hätte hinzugefügt: »Das mit dem Geld allein wäre ja weniger schlimm.«

Diese Aussage kommt wie gerufen für das Gericht. Es bezieht die Äußerungen der Angeklagten allein auf den Raubüberfall, sie passen zu gut in die Kette der Indizien. Die Frau irre sich, beteuern die Angeklagten. Das Gespräch habe nicht am 28. November stattgefunden, zu einer Zeit also, als in der Gaststube noch niemand von dem Raubmord wusste, sondern einen Tag später, am 29. November.

Das Gericht lässt sich davon nicht beeindrucken. Es wartet mit einer haarstäubenden Unterstellung auf: Da die Angeklagten bereits am 28. November zwischen 7.00 Uhr und 8.00 Uhr von dem Raubüberfall wussten, können nur sie selbst ihn begangen haben! Denn zu dieser Zeit wussten davon nur die Polizei und die Täter selbst.

Die Verteidigung tritt dem nicht entgegen, obwohl ja feststand, dass an diesem Abend bereits in der ganzen Gastwirtschaft über die Tat gesprochen worden war. Es konnte also nicht der 28. November gewesen sein. Eine solche Argumentation hätte der Glaubwürdigkeit der Zeugin Tiemann den Boden entzogen. Und der Verteidiger weist auch nicht darauf hin, dass die Angeklagten, angenommen, sie seien die Täter, wohl kaum so dumm gewesen wären, selbst von dem den anderen noch völlig unbekannten Raubmord zu reden. Und auch um die Frage, was sie mit dem geraubten Geld in den wenigen Tagen bis zu ihrer Verhaftung getan

haben und wo es geblieben ist, kümmert sich niemand. Die geraubte Aktentasche wird niemals gefunden.

Dennoch geht der schneidige Staatsanwalt in seinem Schlussplädoyer davon aus, dass alle drei Angeklagten des Raubmords überführt seien. Nur wegen ihrer großen Jugend und der bisherigen Unbescholtenheit beantragt er nicht die Todesstrafe, sondern nur 15 Jahre Zuchthaus.

Am 27. Juni 1914 befinden die Geschworenen alle drei für schuldig. Das Gericht verurteilt sie zu je 14 Jahren Zuchthaus und zehn Jahren Ehrverlust. Die Angeklagten schreien auf, als sie dieses Urteil vernehmen, und beteuern weinend abermals ihre Unschuld. Zu allem Unglück wird das Urteil auch noch rechtskräftig. Ein weiteres schweres Versäumnis der Verteidigung, die wohl selbst von der Schuld ihrer Mandanten überzeugt ist. Anders lässt sich der Verzicht auf das Rechtsmittel der Revision nicht erklären.

Die drei jungen Männer verschwinden für Jahre in den grauen Einzelzellen des Zuchthauses Vechta am Rande des großen Moores. Sie verfallen in Haftpsychose und schlagen mit ihren Köpfen gegen die schwere Eisentür. Der Jüngste schreit, auf den Fliesen der Zelle liegend, nach seiner Mutter. Aber niemand hilft ihnen. Sie werden stumm und resignieren in der harten Anstaltszucht. Der Erste Weltkrieg geht vorüber. Sie nehmen ihn nur wahr, weil die schmalen Rationen nun noch schmäler werden. Sie magern zu Gerippen ab und geben es auf, die Tage, Wochen und Monate bis zu ihrer Entlassung zu zählen. Einmal in Monat dürfen sie einen Brief empfangen und auch selbst einen schreiben. Das ist die einzige Verbindung zur Außenwelt. Und die Zensoren wachen über jedes Wort. Schreiben die Gefangenen etwas, was sie nicht dürfen, kommen sie in einer fensterlosen Kellerzelle in Dunkelarrest bei Wasser und Brot.

Acht Jahre sitzen die drei nun schon, ohne Mittel und ohne Hoffnung. Noch immer beteuern sie ihre Unschuld. Aber niemand interessiert sich dafür, auch der Pfarrer nicht. Er empfiehlt ihnen, Reue zu zeigen. Reue wofür? Sie haben diesen Mord nicht begangen.

Dann werden sie an einem Tage des Jahres 1922 plötzlich zum Direktor gerufen. Der Erste Staatsanwalt Riesebieter ist da, der-

selbe, der sie mit unerbittlicher Härte vor acht Jahren angeklagt und ihnen kein Wort geglaubt hat. Der ihr Alibi und alle ihre Unschuldsbeteuerungen unbarmherzig zerpflückt hat. Nun stehen sie wieder vor ihm in ihren gestreiften Kitteln und mit kahlgeschorenen Köpfen, das braune Käppi in der Hand, und hören zu ihrem großen Erstaunen, dass sie mit sofortiger Wirkung aus dem Zuchthaus entlassen werden. Der Herr Reichsjustizminister habe diesen Gnadenakt gestern verfügt. Man habe alle Urteile aus der Monarchie überprüft, eine Maßnahme der neuen Weimarer Republik. Und dabei habe man festgestellt, dass das Urteil aus dem Jahre 1914 gegenüber den noch sehr jungen Tätern wohl doch zu hart gewesen sei. Acht Jahre Zuchthaus seien eine ausreichende Sühne. Und deshalb seien sie nun frei. Aber von einem Justizirrtum spricht keiner. Es gibt niemanden, der daran denkt, das Urteil könne vielleicht falsch sein.

Von einem auf den anderen Tag stehen sie nun am Abend vor dem Zuchthaustor. Mit einem Pappkarton unter dem Arm, der ihre ganze Habe enthält, und einigen wenigen Geldscheinen, die man ihnen bei der Entlassung gegeben hat. Was sollen sie nun mit ihrer plötzlichen Freiheit anfangen als begnadigte Mörder? Ihnen kommt es vor, als seien seit ihrer Verhaftung Jahrzehnte vergangen. Die Welt hat sich verändert. Es herrschen Arbeitslosigkeit und Währungsverfall und zunehmender Terror der radikalen Parteien. Nur langsam fassen Engelbert und Louis Schmidt und Adolf Lehing neuen Lebenswillen und neuen Mut. Sie bestreiten ihren Unterhalt durch kleinere Gelegenheitsarbeiten. Aber am nächsten Tag ist das Geld nur noch ein Tausendstel wert. Und bald kostet ein Brot zehn Millionen Mark. Wie sollen sie da einen Anwalt finden, der sich ihrer Sache annimmt und für ein Wiederaufnahmeverfahren kämpft?

Sechs weitere Jahre vergehen, in denen sie mit dem Makel des Mörders leben müssen. Da ist endlich ein Anwalt bereit, ihren Fall zu übernehmen. Er findet drei Zeugen, die zumindest die Unschuld Engelbert Schmidts beweisen. Warum hat der Staatsanwalt sie vor 15 Jahren nicht gefunden, was seine Aufgabe war? Eine Frau ist bereit zu beeiden, dass sie Engelbert zur Tatzeit in einem Schlachterladen in Bremen gesehen habe. Eine weitere Frau er-

klärt, sie habe Engelbert am Tattag um 17.00 Uhr nachmittags ebenfalls in der Abbentorstraße in Bremen gesehen. Er kann folglich unmöglich zur selben Zeit in Delmenhorst an dem Raubmord beteiligt gewesen sein. Und ein Fuhrmann aus Diepholz kann bezeugen, dass er zur Tatzeit mit Engelbert Schmidt im Gasthaus der Frau Tiemann zusammensaß.

Das sind kräftige neue Beweismittel, die für eine Wiederaufnahme reichen müssten. Hoffnungsvoll reicht der Anwalt daher auch am 24. Mai 1928 einen Wiederaufnahmeantrag beim Landgericht Bremen ein. Doch es lehnt den Antrag ab. Der Anwalt legt gegen diesen Beschluss sofortige Beschwerde ein. Daraufhin ordnet das Oberlandesgericht die sofortige Vernehmung dieser drei Zeugen an.

Über das, was nun folgt, könnte man laut lachen, wenn es nicht so traurig wäre. Für die Vernehmung der Zeugen ist das Landgericht zuständig, das das Wiederaufnahmegesuch schon einmal verworfen hat. Es lehnt den Antrag erneut ab. Die erste Zeugin sei unglaubwürdig, erklärt die Kammer lapidar. Und zur zweiten Zeugin stellt sie fest, es sei durchaus möglich, um 5.00 Uhr in Bremen und dann um 6.00 Uhr in Delmenhorst zu sein. Um 17.05 Uhr verlasse ein Zug den Bremer Hauptbahnhof und um 17.39 Uhr treffe er in Delmenhorst ein. Wenn die Zeugin Engelbert Schmidt um 17.00 Uhr in der Abbentorstraße in Bremen gesehen haben will, so habe sie sich eben um einige Minuten geirrt, eine geradezu groteske Unterstellung. Und das Gericht unterstellt auch weiterhin, dass Engelbert binnen weniger Minuten vom Bahnhof zum Tatort gelangt ist, was innerhalb dieser kurzen Zeitspanne unmöglich ist. Und mit der Aussage des Diepholzer Fuhrmanns setzt sich die Kammer überhaupt nicht auseinander.

Wieder legt der Anwalt Beschwerde ein. Aber auch das Oberlandesgericht Bremen lehnt nun den Antrag auf Wiederaufnahme des Verfahrens ab. Jetzt sind alle prozessualen Möglichkeiten ausgeschöpft, ein deprimierendes Ergebnis. Doch der Verteidiger gibt nicht auf. In mehreren Zeitungsartikeln wendet er sich an die Öffentlichkeit. Alle, die noch etwas über den Raubmord vor 16 Jahren wissen, werden gebeten, sich zu melden. Eine Belohnung wird ausgesetzt.

Zehn Tage vergehen, ohne dass sich jemand meldet. Aber dann erscheint ein Mann in der Anwaltskanzlei und behauptet, die wahren Täter des Raubmords zu kennen. Man schickt ihn wieder nach Hause, weil man glaubt, es handele sich um einen Fantasten oder einen Betrüger, der die ausgesetzte Belohnung kassieren will. Dann setzt sich der Anwalt aber doch mit ihm in Verbindung. Und am 6. Dezember 1929 werden im Anwaltsbüro die Namen und Adressen dreier Männer zu Protokoll gegeben, die die Tat am 28. November 1913 begangen haben sollen. Die Kriminalpolizei wird benachrichtigt. Sie nimmt die Männer unmittelbar darauf fest. Es handelt sich um angesehene und wohlhabende Kaufleute und Inhaber diverser Ehrenämter, zwei aus Bremen und einer aus Dortmund. Alle drei gestehen sofort. Wenige Wochen später werden sie vom Schwurgericht Bremen zu je zehn Jahren Zuchthaus rechtskräftig verurteilt.

Nun wird auch endlich dem erneuten Wiederaufnahmeantrag des Adolf Lehing und der Gebrüder Schmidt statt gegeben. Alles, was sich jetzt als wahr erweist, hätte auch schon 1913/14 festgestellt werden können. Die beeidigten Aussagen der Belastungszeugen sind komplett widerlegt. Innerhalb weniger Minuten werden die drei Männer wegen erwiesener Unschuld freigesprochen. Aber eine Entschädigung für die acht Jahre im Zuchthaus unschuldig verbüßte Haft erhalten sie nicht.

Hans Burkert und der Mord im Zollhaus
(Deutschland, 11. September 1946–13. November 1952)

In dem kleinen bayrischen Grenzdorf Mammersreuth, nur 300 Meter von der tschechischen Grenze entfernt, blüht im Jahr 1946 der Schmuggel und Schwarzhandel. Die Zöllner haben alle Hände voll zu tun. Der 33-jährige, nach dem Krieg aus Breslau hierher verschlagene Hans Burkert ist einer von ihnen. Seit kurzem ist er Postenchef in dem Ort. Er gilt als korrekt, kameradschaftlich und völlig unbestechlich. Und als »preußisch« streng, auch seinen eigenen Leuten gegenüber. Die Kollegen fürchten sein oft scharfes Vorgehen.

Ein besonders angespanntes Verhältnis hat er zu dem Grenzbeamten August Bolz, einem unverheirateten, lebensfrohen Mann, der den Freuden der Liebe und des Trunkes sehr zugetan ist. Seit kurzem hat er ein intimes Verhältnis mit der Gaststättenangestellten Anna, der Frau des Försters Plechinger. Im Dorf hat sie keinen guten Ruf. Man sagt ihr nach, Kontakte mit Schmuggler- und Schieberkreisen zu haben. Einige Male ist der gute Gustl statt um 8.00 Uhr erst um 11.00 Uhr zum Dienst erschienen, mit einer Alkoholfahne. Hans Burkert hat ihn deshalb mehrfach gerügt und sich diese Nachlässigkeiten verbeten.

Auch am Abend des 11. September 1946 gibt es zwischen beiden ein erregtes Gespräch. Es endet mit beiderseitigen Drohungen. Zornig verlässt Burkert die Zolldienststelle und begibt sich nach Haus zu seiner Frau. Er ahnt nicht, dass es für viele Jahre die letzte Nacht sein wird, die er neben ihr in seinem Bett verbringt. Nach dem von ihm erstellten Dienstplan hat Bolz in dieser Nacht ab 23.00 Uhr Dienst. Er trägt auch seinen Dienstantritt noch im Dienstbuch ein.

Aber hat er dann wirklich seinen Außendienst angetreten? Niemand weiß es. Nach der Dienstvorschrift darf sich ein Beamter, der als Einzelposten Außendienst hat, nicht im Dienstzimmer, sondern nur im Freien aufhalten. Um 6.00 Uhr früh wird Bolz mit zertrümmerter Schädeldecke, durchschossener Lunge und Schläfe und verletzter Wirbelsäule auf dem Boden des Dienstzimmers neben dem Schreibtisch tot aufgefunden. Was ist in dieser Nacht geschehen?

Das Ehepaar Köstler glaubt es zu wissen. Die alten Leute wohnen im ersten Stock des Diensthauses, im zweiten Stock schläft ihr erwachsener Sohn in einer Kammer. Er verkehrt in Schwarzhandelskreisen und ist nicht sehr beliebt im Dorf. In der Nacht seien sie aufgewacht von einem heftigen Wortwechsel im Dienstzimmer unter ihnen, sagt das Ehepaar bei der Polizei aus. Sie hätten laute Stimmen gehört, eine davon sei die des Bolz gewesen. Plötzlich seien zwei Schüsse gefallen, kurz darauf wäre ein heftiges Ächzen und Stöhnen zu hören gewesen, das in immer leiser werdendes Röcheln überging. Dann hätten sie Schritte gehört, jemand ging unten im Zimmer auf und ab.

»Ich habe auf die Uhr geschaut«, sagt Vater Köstler. »Es war genau 3.45 Uhr.«

Aber statt nach unten zu gehen, ihren Sohn zu wecken oder Hilfe zu holen, löschen sie voller Angst alles Licht in ihrer Wohnung und stellen sich an zwei verschiedene Fenster. Von hier aus können sie beide Ausgänge des Hauses überblicken. Eine Viertelstunde stehen sie in ihren Nachthemden fröstelnd und lautlos und wie gebannt vor den Fenstern und rühren sich nicht von der Stelle. Unten im Dienstzimmer ist alles still. Da öffnen sich die beiden Flügel des unteren Fensters und ein Mann mit einem Umhang und einer Schirmmütze springt ins Freie. Mit den Händen und Füßen landet er auf dem Boden, richtet sich schnell wieder auf und stürzt dann die Böschung hinauf auf den Weg in Richtung Grenze. Für einen Augenblick sieht Vater Köstler das Gesicht des Mannes schräg von oben und von der Seite. Er ist sich sicher, das ist der Zollbeamte Hans Burkert. Der hell scheinende Mond habe sein Gesicht voll beleuchtet, sagt er vor der Polizei und beschwört das später im Prozess. Noch als sie oben am Fenster stehen, fragt er seine Frau, ob sie Burkert erkannt habe. »Ja«, sagt sie. »Das war der Burkert.«

Auch jetzt denken sie nicht daran, irgendetwas zu unternehmen, unten nachzusehen, Hilfe zu holen, einen Arzt und die Polizei zu benachrichtigen. Sie kriechen wieder in ihre Betten und liegen dort bis 5.30 Uhr. Erst jetzt steht der alte Mann auf, kleidet sich an und geht zu dem Haus, in dem die Zollbeamten Bolz und Hüther eine Wohnung haben. Als er beide dort nicht antrifft, kehrt er wieder nach Hause zurück, ohne eine Anzeige zu machen.

Indessen hat Hans Burkert sich von seiner Frau verabschiedet und das Haus verlassen, um seinen Dienst anzutreten. Er schließt die Haustür des Zollhauses auf und wundert sich, dass der Schlüssel zum Dienstzimmer nicht wie sonst unter der Treppe an einem Nagel hängt. Der Gustl hat ihn wieder mal stecken lassen, denkt er und betritt die Dienststube. Der Papierkorb ist umgeworfen, überall liegen Papierschnitzel auf dem Boden. Dann prallt er entsetzt zurück. In der Nähe des Schreibtischs liegt Gustav Bolz in einer breiten Blutlache auf dem Fußboden. In seiner Schläfe klafft

ein Loch und sein Herz schlägt nicht mehr, wie Burkert schnell feststellt. Eiligst verschließt er den Raum wieder und geht hinauf zur Wohnung der Köstlers. »Haben Sie in der Nacht nichts gehört?«, fragt er die Frau. »Ich habe alles gehört«, antwortet sie. »Wir sagen aus, wenn die Polizei kommt.«

Burkert rennt zum Gasthaus. Da bei der Kriminalpolizei so früh noch niemand da ist, ruft er die Landpolizei aus dem Ort Waldsassen an und schildert dem Dienststellenleiter, was er gesehen hat. Er bittet ihn, seine vorgesetzte Dienststelle und die Kripo zu verständigen. Auf dem Rückweg zum Zollhaus trifft er den alten Köstler, der grußlos an ihm vorübergeht und auf seine Fragen nicht antwortet. Erst als er ihn einholt und ihm mitteilt, dass er soeben die Polizei verständigt habe, erwidert der Alte, dass er das auch gerade tun wollte. Offenbar hat er dafür gesorgt, dass sich die Tat im Ort herumspricht. Neugierige erscheinen vor dem Diensthaus. Köstler scheucht sie zurück. Niemand dürfe in die Nähe des Fensters treten, schreit er, außer Burkert, der sei im Dienst.

Burkert tritt nun tatsächlich mehrere Male unter das Fenster und schaut ins Dienstzimmer hinein. Das wird ihm zum Verhängnis, denn später wird man ihm vorwerfen, er habe damit seine eigenen Spuren verwischen wollen. Burkert sieht Pistolenmunition auf dem Boden liegen und unter dem Bett eine Patrone aus einem Gewehr. Halb unter dem Mantel des Toten bemerkt er den abgeschlagenen Handschutz eines Dienstkarabiners. Nach etwa 15 Minuten trifft der Dienststellenleiter, mit dem er vorhin telefoniert hat, in Begleitung eines Beamten mit dem Motorrad ein. Burkert geht ihnen entgegen. Die Beamten werfen nur einen kurzen Blick auf den Tatort und sperren dann die Haustür zu. Alles Weitere soll die Kripo machen. Wer denn das Fenster aufgemacht habe, will einer der Beamten wissen. »Ich habe die Tür aufgemacht und vielleicht auch das Fenster«, antwortet Burkert. »Das weiß ich nicht so genau.« Da schreit der alte Köstler, der oben aus dem Fenster schaut und alles mitgehört hat, Burkert habe das Fenster geöffnet. Aber nicht um 6.00 Uhr, als er kam, sondern um 4.00 Uhr, als er aus dem Fenster gesprungen sei. Der Beamte greift nach Burkerts Gewehr und nimmt es ihm ab. »Sie sind festgenommen!«, sagt er.

Im Gefängnis Waldsassen wird Burkert richterlich vernommen. Obwohl er bestreitet, mit dem Mord etwas zu tun zu haben, ergeht Haftbefehl gegen ihn. Die Mordkommission rekonstruiert den Tathergang: Bolz steht im Dienstzimmer mit dem Rücken zur Tür, als ihn aus nächster Nähe der erste Schuss aus seinem eigenen amerikanischen Dienstkarabiner trifft. Der Täter sitzt wahrscheinlich auf einem Stuhl oder hält die Waffe ziemlich tief. Der Brustkorb von Bolz ist durchschossen und die Lunge getroffen. Nach dem ersten Schuss bricht Bolz an der Tür zusammen. Da er noch lebt, schlägt der Täter ihm mit dem Gewehrkolben mehrmals auf den Kopf. Die Schädeldecke wird zertrümmert, der Handschutz des Gewehrs bricht ab. Dann schleift der Täter Bolz in die Mitte des Raumes und versetzt ihm mit einer Pistole Kaliber 7,65 einen tödlichen Schuss in die linke Schläfe. Beide Tatwaffen werden nicht gefunden.

Die schwangere Frau Burkert versichert immer wieder, ihr Mann habe die ganze Nacht im Schlafzimmer neben ihr gelegen. Man glaubt ihr nicht. Vorrübergehend wird sie sogar wegen Begünstigung verhaftet, bald aber wieder freigelassen. Im tiefen Schlaf habe sie eben nicht gehört, wie ihr Mann mitten in der Nacht aufgestanden und weggegangen sei, meint Staatsanwalt Herzog. Und sie habe auch nicht bemerkt, wie er nach 4.15 Uhr zurückgekehrt sei, sich und seine blutbefleckten Kleider gesäubert habe und wieder zu Bett gegangen sei. Eine Konstruktion, die geradezu grotesk anmutet.

Die Ermittlungen dauern über ein Jahr. Endlich, am 2. Oktober 1947, beginnt vor dem Landgericht Weiden unter Vorsitz von Landgerichtsdirektor Trabert der Prozess gegen Hans Burkert.

Seine Verteidigung hat Rechtsanwalt Martin Hirsch aus Marktredwitz übernommen. Er ist von der Unschuld seines Mandanten zutiefst überzeugt. Er weiß, dass es entscheidend auf die Aussage der Kronzeugen, des Ehepaars Köstler, ankommt. Deshalb versucht Dr. Hirsch, ihre Glaubwürdigkeit zu erschüttern. Er beantragt, den kurzsichtigen Brillenträger Köstler augenärztlich untersuchen zu lassen und auch einen nächtlichen Lokaltermin mit gleicher Beleuchtung wie zur Tatzeit durchzuführen. Damit soll unter Beweis gestellt werden, dass die Eheleute Köstler den Täter

gar nicht erkennen konnten. Doch das Gericht lehnt beide Anträge ab. Das Ehepaar Köstler bleibt mit Bestimmtheit bei der Aussage, sie hätten Burkert erkannt. Köstler leistet darauf sogar einen Eid. Anna Plechinger beschwört ebenfalls ihre Aussage, Bolz habe sich bei ihr über die ständigen Schikanen durch Burkert beklagt und sechs Tage vor seiner Ermordung von dunklen Todesahnungen gesprochen.

Staatsanwalt Herzog beantragt in seinem Schlussplädoyer die Todesstrafe für Burkert. Anderthalb Jahre nach Ende der Nazidiktatur gibt es sie noch in Deutschland. Sie wird erst 1949 durch das Grundgesetz der Bundesrepublik abgeschafft. Dr. Hirsch plädiert auf Freispruch wegen erwiesener Unschuld. Ein Mörder ist nach dem damaligen § 211 StGB eine Person, die aus Mordlust, zur Befriedigung des Geschlechtstriebs, aus Habgier oder sonstigen niedrigen Beweggründen heimtückisch oder grausam oder mit gemeingefährlichen Mitteln oder um eine andere Straftat zu ermöglichen oder zu verdecken einen Menschen tötet. Dr. Hirsch ist davon überzeugt, dass seinem Mandanten keins dieser Merkmale nachgewiesen werden kann.

Die drei Berufsrichter – das Schwurgericht ist noch nicht wieder eingeführt – beraten am 3. Oktober 1947 mehr als zwei Stunden über das Urteil. Dann steht es fest: Zwölf Jahre Zuchthaus wegen Totschlags und Aberkennung der bürgerlichen Ehrenrechte auf zehn Jahre.

Das Gericht bleibt das Motiv für die Tat schuldig. Und wenn Burkert seinen Untergebenen tatsächlich töten wollte, warum erschoss er ihn ausgerechnet unter dem Schlafzimmer der Köstlers und nicht bei einem einsamen Grenzgang im Wald, wo irgendein Grenzgänger leicht als Täter hätte vermutet werden können? Warum sprang er aus dem Fenster und warum verließ er das Haus, in dem er sich bestens auskannte, nicht durch die unverschlossene Tür?

Dr. Hirsch legt am 10. November 1947 gegen das Urteil beim Oberlandesgericht Nürnberg Revision ein, einen Bundesgerichtshof gibt es zu dieser Zeit noch nicht. Die Revisionsbegründung umfasst 30 Seiten. Sie rügt vor allem die Verletzung des alten Rechtsgrundsatzes »in dubio pro reo«, »im Zweifel für den An-

geklagten«. Das Oberlandesgericht braucht ein halbes Jahr für sein Urteil. Es bestätigt das Urteil des Landgerichts Weiden in vollem Umfang. Die Strafkammer habe deutlich erkennen lassen, dass sie von der Täterschaft des Angeklagten überzeugt war und »nicht etwa trotz noch bestehender Zweifel verurteilt hat«.

Nun ist das Urteil rechtskräftig. Hans Burkert ist verzweifelt. Hinter den undurchdringlichen Mauern des Zuchthauses Straubing, abgeschnitten von der Welt und seiner Familie, vergehen für ihn qualvolle Jahre. Aber sein Verteidiger gibt nicht auf. Er mobilisiert die Presse, Parlamentarier und Minister. Das bayrische Justizministerium hegt Zweifel an der Richtigkeit des Urteils, das der amerikanische Gerichtsoffizier für Nordbayern »primitiv und anfechtbar« genannt hat.

Die Mordkommission der Münchener Polizei wird 1950 mit der nochmaligen Aufklärung des Falles beauftragt. Sie kommt zu dem Ergebnis, im Streit und Handgemenge mit Bolz habe sich versehentlich ein Schuss gelöst. Danach habe Burkert dann aus Furcht einen zweiten tödlichen Schuss abgegeben. Kein Wort von seiner Unschuld. Die Münchener Beamten haben ihn noch nicht einmal verhört, weil die Strafanstaltsleitung befürchtet, er könne »Selbstmord aus Protest« begehen.

Aber Dr. Hirsch gelingt es dennoch, eine Reihe neuer Beweismittel beizubringen. Er stellt Strafantrag wegen Meineids von Anna Plechinger im Verfahren gegen Burkert. Sie wird überführt und zu einem Jahr Gefängnis verurteilt. Da ihre Aussage sicherlich die Urteilsfindung beeinflusst hat, beantragt Dr. Hirsch Ende Februar 1951 die Wiederaufnahme des Verfahrens gegen seinen Mandanten.

Ein ganzes Jahr lang braucht die Strafkammer Weiden für ihren Beschluss, die Wiederaufnahme abzulehnen. Es ist dieselbe Kammer, die Burkert verurteilt hat. Die deutsche Strafprozessordnung sieht das damals noch so vor. Erst Jahre später endet der Kampf um diese sehr bedenkliche Gesetzesbestimmung erfolgreich. Hirsch legt Beschwerde gegen diesen Beschluss beim Oberlandesgericht Nürnberg ein. Am 16. April 1952 hebt es den Beschluss auf und ordnet die Wiederaufnahme des Verfahrens vor dem Schwurgericht an.

Nun müssen drei Berufsrichter und sechs Geschworene erneut über die Schuld von Hans Burkert befinden. Das neue Verfahren beginnt am 13. November 1952. Der bekannte Münchener Strafverteidiger Dr. Staubitzer hat neben Dr. Hirsch zusätzlich die Verteidigung übernommen.

Der Hauptbelastungszeuge Köstler macht die gleiche Aussage wie vor sechs Jahren und beschwört sie erneut. Ein Sachverständiger der Universitätssternwarte München erklärt jedoch, ein sicheres Erkennen wäre bei dem in der Mordnacht herrschenden Mondlicht nur Menschen mit normaler Sehkraft möglich gewesen. Und auch nur dann, wenn die Mondscheibe in diesen Sekunden »ohne jeden Wolkenschleier« war und wenn die Entfernung nicht mehr als vier Meter betrug. Ein weiteres meteorologisches Gutachten stellt fest, dass die Sichtverhältnisse in dieser Nacht ausgesprochen schlecht gewesen sind, weil der Himmel »mindestens zur Hälfte mit Wolken bedeckt« und der Mond längst untergegangen war. Die Aussage Köstlers, es wäre helles klares Mondlicht gewesen, ist damit widerlegt.

Und es stellt sich durch ein augenfachärztliches Gutachten der Universität München auch heraus, dass Köstler schon seit dem Ersten Weltkrieg unter Sehstörungen leidet. Seine Sehfähigkeit ist so sehr eingeschränkt, dass er eine zweite Brille benötigt. Davon hat er im Verfahren nichts erwähnt. Als er merkt, dass seine Aussage unhaltbar geworden ist, ruft er in den Saal: »Bringen Sie mir einen anderen Mörder!« Der Psychologe Professor Dr. Müller-Heß bezeichnet den eigenwilligen und wichtigtuerischen Köstler in seinem Gutachten als »gefährlichen Zeugen, vor dem man jeden Richter eindringlich warnen muss«. Vielleicht sei er sogar paranoid. Auf jeden Fall sei er einer »Erwartungssuggestion« erlegen. Ob das Ehepaar Köstler absichtlich log oder sich tatsächlich irrte, bleibt unbeantwortet.

Damit steht fest, dass das Urteil aus dem Jahre 1947 aufgehoben werden muss. Niemals hätte aufgrund einer solchen falschen und durchaus überprüfbaren Aussage ein Schuldspruch erfolgen dürfen. Der Oberstaatsanwalt plädiert auf Freispruch mangels Beweises, um die Staatskasse wenigstens vor hohen Ersatzforderungen Burkerts zu bewahren. Aber beide Verteidiger fordern

mit Nachdruck Freispruch wegen erwiesener Unschuld. Das Landgericht Weiden benötigt 20 Seiten, um sein Urteil zu begründen. Am Schluss heißt es:

»Unter Würdigung aller dieser Umstände ist das Gericht zu der Überzeugung gelangt, dass ein begründeter Verdacht gegen den Angeklagten nicht mehr besteht. Eine Überzeugung von der vollen Unschuld des Angeklagten konnte dagegen das Gericht nicht erlangen. Es bestehen gegen den Angeklagten immer noch einige, wenn auch schwache und entfernte Verdachtsmomente. Der Angeklagte war daher mangels Beweises freizusprechen.«

Kein begründeter Verdacht mehr, aber dennoch entfernte Verdachtsmomente? Eine Begründung, die nicht überzeugt. Der Sieg der Verteidigung ist nicht ganz vollkommen. Aber nach sechs Jahren unschuldig verbüßter Haft ist Hans Burkert endlich frei.

»The Hurricane.« Der Fall Rubin Carter

(USA, New Jersey, 17. Juni 1966–19. Februar 1988)

Sommer 1966. Die »Hippies« stecken sich Blumen ins Haar und strömen in Scharen nach San Francisco. Aber es ist auch die Zeit der gewalttätigen Auseinandersetzungen zwischen Schwarzen und Weißen. In einigen Städten kommt es zu Rassenunruhen. Die Weißen setzen auf »Bobby« Kennedy als nächsten Präsidenten, und die Schwarzen hoffen auf Martin Luther King. Zwei Jahre später sind beide tot, niedergestreckt von den Kugeln hinterhältiger Attentäter. Der heiße Sommer des Jahres 1966 ist auch die Zeit, in der ein 29-jähriger farbiger Afro-Amerikaner mit dem Namen Rubin Carter der erste Anwärter auf den Titel eines Boxweltmeisters im Mittelgewicht ist. Vor einiger Zeit ist er nach seinem Dienst in der Army nach Paterson in seine Heimat New Jersey zurückgekehrt, hat angefangen zu boxen und sich nach oben gearbeitet. Er ist ein harter, gefürchteter Fighter, der aus seinem Körper eine Waffe gemacht hat. Die meisten seiner Kämpfe gewinnt er durch K. o. in den ersten Runden. Man gibt Rubin Carter den Beinamen »The Hurricane«, er fegt seine Gegner reihenweise aus dem Ring.

Nicht nur in Paterson ist Rubin Carter ein bekannter Mann. Durch sein Boxen hat er genug Geld verdient und kann sich einiges leisten, es geht ihm gut. Das kann nicht jeder von sich in der kleinen Industriestadt behaupten. Seitdem sich die Textilindustrie mehr und mehr aus Paterson zurückgezogen hat, gibt es viele Arbeitslose hier. Dennoch sind die Kneipen und Bars meist gut besucht. Auch die »Lafayette-Grill-Bar« in der 18th East-Street, in der überwiegend Weiße verkehren. Es hat sich herumgesprochen, dass der als Rassist geltende Barkeeper James O. keine Drinks für Schwarze serviert.

Am 17. Juni 1966 kommen gegen 2.30 Uhr nachts zwei bewaffnete farbige Männer in die »Lafayette Bar«. Der eine hat ein Gewehr in der Hand, der andere eine Pistole. Ohne ein Wort zu sagen, eröffnen sie das Feuer. Der Barkeeper James O. und Frad N., ein Stammgast, der gerade am Tresen sitzt, brechen tödlich getroffen zusammen. Sein Begleiter William M. wird am Kopf ebenfalls schwer getroffen, er überlebt als einziger. Hazel T., eine weiße Frau und ebenfalls Stammgast in der Bar, schreit laut auf, als der Mann mit der Pistole ganz nah an sie herantritt und aus nächster Nähe viermal auf sie schießt. Dann trifft sie eine Gewehrkugel in die Brust. Die schwer verletzte Frau stirbt einen Monat später im Krankenhaus.

Über der Bar wohnt Patricia V. Von den Schüssen geweckt, geht sie ans Fenster und sieht, wie zwei Schwarze aus der Bar laufen und mit einem weißen Auto davonfahren. Seine Rücklichter hätten die Form eines Schmetterlings gehabt, sagt sie zu der von ihr alarmierten Polizei, die schon wenige Minuten später eintrifft. Über Funk wird durchgegeben, dass alle Streifenwagen nach einem weißen Auto mit zwei farbigen Insassen Ausschau halten sollen.

Es gibt noch einen weiteren Zeugen, den 23-jährigen Kriminellen Alfred B. Zusammen mit seinem Freund wollte er in eine nahe gelegene Fabrik einbrechen. Er steht Schmiere und will sich gerade Zigaretten aus der »Lafayette Bar« holen, als er die zwei bewaffneten Schwarzen herauskommen sieht, einen kleinen Mann mit einem Gewehr und einen großen mit einer Pistole. Die Männer lachen und unterhalten sich laut. Alfred B.s genauer Standort – in-

nerhalb oder außerhalb der Bar – wird ebenso wie das, was B. später darüber sagt, zu einem der wichtigsten Punkte des Falles für die nächsten 20 Jahre. Auf jeden Fall ist B. nach den Morden in der Bar gewesen. Er hat nicht nur die Toten und Schwerverletzten in ihrem Blut liegen sehen, er hat auch aus der Kasse der Bar einige Banknoten gestohlen. Das hat er gegenüber der Polizei zugegeben.

Um 2.40 Uhr stoppt Sergeant C. an der Ecke 14th Avenue und East 28th Street, 14 Häuserblocks von der »Lafayette Bar« entfernt, ein weißes Auto. Auf dem Rücksitz liegt Rubin Carter, so dass er von der Straße aus nicht gesehen werden kann. Der Fahrer des Wagens ist ein 19-jähriger Farbiger mit dem Namen John A., neben ihm sitzt ein weiterer Farbiger. Carter sagt, sie kämen gerade aus einem Klub und wären auf dem Weg nach Hause. Nachdem Sergeant C. alle drei kontrolliert und keine Waffen entdeckt hat, lässt er sie weiterfahren. Denn gesucht wird ja ein PKW mit nur zwei Farbigen.

Einige Minuten später wird der Wagen noch einmal angehalten. Jetzt sind nur noch Rubin Carter und John A. darin. Die Polizisten fahren mit ihnen zum Tatort, wo sie um 3.00 Uhr eintreffen. Keiner der Zeugen identifiziert sie als die Täter. Und auch als sie ins Krankenhaus gefahren und den schwerverletzten Hazel T. und William M. kurz gegenüber gestellt werden, sagen beide, dies seien nicht die Männer, die auf sie geschossen hätten. Daraufhin werden Rubin Carter und John A. wieder freigelassen.

Nun übernimmt Detective Vincent D. den Fall, ein Mann mit einem ausgezeichneten Ruf in New Jersey. Dafür hat er hart arbeiten müssen. Er hat etwas von einem großen Teddybär, ist religiös, aber oft auch unsicher und gehemmt, vielleicht eine Folge seiner aus dem Zweiten Weltkrieg stammenden, entstellenden Gesichtsnarbe. Er unterhält sich lange und immer wieder mit seinem Kronzeugen Alfred B. und stellt ihm in Aussicht, dass seine kriminellen Delikte nicht weiter verfolgt würden, wenn er mit der Polizei zusammenarbeite. Außerdem könne er sich die 10 000 Dollar verdienen, die als Belohnung für die Überführung der Lafayette-Mörder ausgesetzt worden seien. Irgendwann zwischen Juli und Oktober 1966 ändert Alfred B. seine Aussage. Er habe Rubin Carter und John A. genau gesehen, als er draußen vor der

Bar stand. Sie seien mit Waffen in der Hand aus der Bar gekommen und mit einem weißen Auto davongefahren.

Daraufhin werden beide am 14. Oktober 1966 verhaftet und des dreifachen Mordes angeklagt. Die Staatsanwaltschaft beantragt die Todesstrafe. Sie glaubt auch das Motiv zu kennen: Rache. Acht Stunden vor den Morden in der »Lafayette Bar« wurde nämlich der Eigentümer des »Waltz Inn«, ein Schwarzer, von einem Weißen durch Gewehrschüsse aus nächster Nähe getötet. Beide Taten weisen auffällige Übereinstimmungen auf, sodass die Staatsanwaltschaft sicher ist, dass sie von denselben Männern verübt worden sind. Und sie hat noch einen Trumpf in der Hand. Die Polizei hat eine Pistolenkugel unter dem Beifahrersitz von Carters Auto gefunden. Sie ist zwar mit Kupfer überzogen, während die Kugeln in den Körpern der Opfer einen Bleimantel hatten. Aber sie stammt aus einer 32-kalibrigen Smith & Wesson, derselben Waffe, mit der die Morde in der »Lafayette Bar« begangen worden sind.

Die Verteidigung wartet mit einem Alibi für Carter auf. Sein ehemaliger Sparringspartner bezeugt, dass er zur Tatzeit mit Carter zusammen war. Und seine Freundin Catherine M. sagt aus, er habe sie in der Mordnacht nach Hause gefahren.

Doch der Augenzeuge Alfred B. bekräftigt vor der Jury, er habe Rubin Carter und John A. aus der Bar kommen sehen, als er sie selbst gerade betreten wollte, um Zigaretten zu holen. Die Geschworenen glauben ihm und sprechen 1967 beide Angeklagten schuldig. Sie werden jeweils dreimal zu einer lebenslänglichen Haftstrafe verurteilt. Kurz darauf bestätigt der New Jersey Supreme Court die Urteile. Die öffentliche Meinung in New Jersey ist geteilt. Zwei Monate nach dem Prozess brechen Rassenunruhen aus. Die Nationalgarde muss eingesetzt werden, um die Ordnung wieder herzustellen.

Im Gefängnis schreibt Rubin Carter ein Buch mit dem Titel »Die 16. Runde«. Es erregt große Aufmerksamkeit. Er wendet sich an seine Leser mit der Bitte um Hilfe. Dieser Weg sei die einzige Chance, die ihm noch geblieben ist, schreibt er, um auf das Unrecht hinzuweisen, das man ihm angetan habe. »Das erste Mal in meinem ganzen Leben sage ich, dass ich Hilfe brauche.«

Einer, der davon überzeugt ist, dass Carter unschuldig ist, ist Bob Dylan. Er besucht ihn in seiner Zelle und schreibt danach ein Lied mit dem Titel »Hurricane«. Es kommt 1974 als Single heraus. Er schäme sich, in einem Land zu leben, in dem Gerechtigkeit ein Spiel ist, singt Bob Dylan. Und man hört ihn überall auf der Welt: »Now all the criminals in their coats and ties are free to drink martinis and watch the sunrise while Rubin sits like Buddha in a ten foot cell, an innocent man in a living hell. Thats the story of the Hurricane, but it won't be over till they clear his name and give him back the time he's done.«

In einem Interview mit der »New York Times«, für das er eine Menge Geld bekommt, ändert Alfred B. 1974 seine Aussage. Carter sei hereingelegt worden, erklärt er. »Ich habe gelogen, um mich selbst zu retten.« Die Polizisten hätten ihn bedrängt, den Familien der weißen Opfer Gerechtigkeit widerfahren zu lassen. Und auch die 10 000 Dollar Belohnung hätten ihn gelockt, etwas Falsches zu behaupten.

Ein Jahr später ändert Alfred B. erneut seine Aussage. Er sei innerhalb der Bar gewesen, als die Schüsse fielen, sagt er nun. Aber er habe Rubin Carter und John A. dennoch nicht erkennen können. Damit die Reporter ihre Story haben, fügt er hinzu, er habe die Frau Hazel T. sogar als Schutzschild benutzt, um nicht selbst erschossen zu werden. Welche Geschichte ist nun wahr?

Alfred B. unterzieht sich freiwillig einem Lügendetektortest. Der Professor, der die Auswertungen macht, kommt zu dem Ergebnis, B.s Aussage, er sei in der Bar gewesen, als die Schüsse fielen, sei wahr. Das steht in Widerspruch zu B.s Aussage in dem Prozess 1967 und würde den Kronzeugen der Anklage vollkommen kompromittieren und der Verteidigung ein neues Verfahren ermöglichen. Der Hauptankläger setzt daraufhin den Professor derart unter Druck, dass er in seinem schriftlichen Bericht erklärt, die Ergebnisse des Tests hätten gezeigt, dass B.s Aussage im Prozess, er sei außerhalb der Bar gewesen, wahr sei und seine späteren Behauptungen, er sei innerhalb der Bar gewesen, unwahr. Diesen Schlussbericht erhält auch die Verteidigung, nicht dagegen die weiteren Protokolle mit den abweichenden Erklärungen.

Als die Verteidigung die Tricksereien der Staatsanwaltschaft bei der Auswertung des Lügendetektortests herausfindet, stellt sie 1976 einen Antrag auf Eröffnung eines neuen Verfahrens gegen Rubin Carter und John A. Doch Richter L. weist den Antrag zurück und bestätigt die Urteile aus dem Jahr 1967, nachdem Carters Alibizeugen unter dem Druck erneuter polizeilicher Vernehmungen erklärt haben, ihre damaligen Aussagen seien falsch gewesen. Catherine M., nun mit einem Polizeioffizier aus Paterson verlobt, behauptet jetzt, es wäre eine andere Nacht gewesen, in der Carter sie nach Hause gefahren habe.

Aufgrund des eingelegten Rechtsmittels ordnet der New Jersey Supreme Court eine Verhandlung über die Auswertungen des Lügendetektortests an. Sie dauert 15 Tage und endet erneut mit der Zurückweisung des Antrags auf ein neues Verfahren. Die Verteidigung legt Berufung ein. Der Supreme Court entscheidet 1981 mit vier Stimmen gegen drei, dass Rubin Carter keinen neuen Prozess bekommt. Während John A. auf Bewährung freigelassen wird, gibt Rubin Carter nun, nachdem der Rechtsweg ausgeschöpft ist, alle Hoffnung auf, das Gefängnis jemals wieder verlassen zu können. Er ist so verzweifelt, dass er seine Frau bittet, ihn künftig nicht mehr zu besuchen.

In dieser Zeit, als Carter begreift, dass es nun nichts mehr gibt, was in seinem Fall getan werden könnte, erhält er aus Kanada einen Brief von einem jungen Mann mit dem Namen Lesra Martin. Er lebt in Toronto mit einer Gruppe »Hippies« zusammen und hat Carters Buch »Die 16. Runde« gelesen. Lesra Martin glaubt an Carters Unschuld und ist so ergriffen von dem Schicksal des einst so berühmten Boxers, dass er beschließt, alles zu tun, um ihm zu helfen. Zusammen mit seinen kanadischen Studienkollegen sucht er Carters Anwälte Myron Beldock und Lewis Steel auf und erhält Einsicht in die Akten. In monatelanger Arbeit prüfen sie alle Einzelheiten des Falles und geben Carter neue Hoffnung, als sie ihn im Gefängnis besuchen.

Ende 1983 geben sie ihr Heim in Toronto auf und ziehen nach New Jersey, um Carters Anwälte in dem Vorhaben noch besser unterstützen zu können, ein so genanntes »Habeas-Corpus-Verfahren« beim Federal District Court einzuleiten. In einem sol-

chen Verfahren wird geprüft, ob ein Gefangener zu Unrecht einsitzt und seine Inhaftierung gegen die Menschenrechte oder die Verfassung der Vereinigten Staaten verstößt. Eine solche Petition stellt die letzte Möglichkeit dar, ein Fehlurteil zu korrigieren, und erfordert einen enormen Arbeitsaufwand. Die Verletzung der Verfassungsrechte muss gravierend sein.

Lesra Martin und seine kanadischen Freunde verbringen fast zwei Jahre damit, nach neuen Beweisen und Zeugen Ausschau zu halten. Endlich, 1985, ist die Petition fertig, die allerletzte Chance, zu klären, ob Alfred B.s Lügen und die unterdrückten Lügendetektorergebnisse doch zu einem neuen Prozess für Rubin Carter führen. Zu befinden hat darüber der Bundesrichter H. Lee Sarokin, ein sehr liberaler, hoch angesehener Mann. Und er tut das, was er nach intensiver Prüfung des Falles für richtig hält. Er ordnet am 7. November 1985 eine sofortige Freilassung von Rubin Carter an. Lee Sarokin stellt fest, dass der Augenzeuge Alfred B. die beiden Verurteilten niemals als Täter identifiziert hat und seine spätere Aussage eine Lüge war. Der Bundesrichter äußert sich auch kritisch zu den rassistischen Vorurteilen der Geschworenen. Nach 19 Jahren Haft ist Rubin Carter endlich frei. Hass habe ihn ins Gefängnis gebracht, sagt er, und Liebe daraus wieder befreit.

Der Staat New Jersey ruft zwar den Supreme Court of the United States an, Amerikas höchstes Gericht. Aber dessen Entscheidung ändert nichts mehr an Carters Freilassung. Am 19. Februar 1988 stellt die Staatsanwaltschaft den Antrag, die früheren Verurteilungen aufzuheben. Als das endlich geschieht, wird ein Unrecht beseitigt, das 22 Jahre angedauert hat.

Rubin Carter lebt heute in Toronto und leitet dort eine Vereinigung zur Verteidigung zu Unrecht Verurteilter. Seine Lebensgeschichte wird 1999 unter dem Titel »Hurricane« verfilmt. Der Film enthält jedoch einige Ungenauigkeiten und Abweichungen vom tatsächlichen Geschehen. Die Staatsanwälte in Carters Fall haben in New Jersey erfolgreiche Karrieren gemacht. John A., frühzeitig zur Bewährung freigelassen, wird 1985 wegen Kokainhandels wieder eingesperrt. Er lebt jetzt als Sozialarbeiter in Virginia. Alfred B., der mit seinen Lügen eine große Schuld an den

Fehlurteilen trägt, lebt heute unter einem anderen Namen in New Mexico. Und Lesra Martin ist als Anwalt in Britisch Columbia tätig.

Eine kanadische Tragödie. Der Fall David M.

(Kanada, 31. Januar 1969–21. Februar 2004)

Hohe Schneewehen haben die Straßen von Saskatoon fast ganz zugedeckt, einer schönen, freundlichen Universitätsstadt mit über 100 000 Einwohnern. Sie liegt westlich der großen Seen am Saskatchewan, dem mächtigen Strom, nach dem die Provinz im Herzen Kanadas benannt wurde. Es ist bitterkalt am frühen Morgen des 31. Januar 1969 in Saskatoon. Ein eiskalter Wind weht durch die Straßen. Die 20-jährige Gail M. wartet unweit der Fremdenpension, in der sie vorübergehend lebt, an der Bushaltestelle auf ihren Bus, um ins Stadtkrankenhaus zu fahren. Hier arbeitet sie als Säuglingsschwester-Gehilfin auf der Entbindungsstation. Die Uhr zeigt 6.30 Uhr, der Bus muss jeden Augenblick kommen. Die junge, hübsche Frau steht allein am Straßenrand und tritt in ihren Winterstiefeln von einem Fuß auf den anderen. Da springt plötzlich ein Mann aus dem Dunkeln, presst ihr von hinten eine Hand auf den Mund, hält ihr ein Messer an die Kehle und schiebt sie in eine einsame Nebenstraße.

Hier wird Gail M. ein paar Stunden später, mit dem Gesicht nach unten in einer Schneewehe liegend, mit mehr als zwölf Messerstichen in ihrem Körper tot aufgefunden. Die Obduktion ergibt, dass sie vergewaltigt worden ist. Wer begeht ein derart grausames Verbrechen bei minus 42 Grad im tiefen Schnee? Besteht gar ein Zusammenhang mit den drei Vergewaltigungen junger Frauen, die vor kurzem in Saskatoon begangen wurden? Hier hat der Täter die Frauen allerdings am Leben gelassen.

Die Polizei vernimmt Gail M.s Verwandte und Freunde und setzt für Hinweise, die zur Ergreifung des Täters führen, eine Belohnung von 2000 Dollar aus, was heute einem Wert von etwa 10 000 Dollar entspricht. Hunderte von Hinweisen gehen ein. Die Polizei beobachtet in der Woche nach dem Mord einen Mann, der

jeden Morgen um 6.30 Uhr an der Bushaltestelle wartet, an der Gail M. überfallen wurde, und in der unmittelbaren Nachbarschaft wohnt. Er heißt Larry F. Ja, sagt er, er habe auch am 31. Januar hier gestanden und auf den Bus gewartet. Ihm sei aber nichts Ungewöhnliches aufgefallen.

Es gibt ein Paar Verdächtige, darunter ein langhaariger, vorbestrafter französisch-kanadischer Sexualverbrecher sowie ein Taxifahrer, der zu seiner Freundin gesagt hat: »Was wäre, wenn ich es getan hätte?« Doch es gibt nichts, was sie überführen könnte. Die Beamten der Mordkommission ermitteln ebenfalls, dass an dem Morgen, an dem der Mord geschah, auch ein 16-jähriger Hippie mit dem Namen David M. aus Winnipeg in der Nähe des Tatorts war. Zusammen mit seinem Freund Ron W. und seiner Freundin Nichol J. war er an diesem Morgen mit dem Auto gerade in Saskatoon angekommen, um seinen Freund Albert C. zu besuchen. Unweit der Bushaltestelle war ihr PKW in einer Nebenstraße im Schnee steckengeblieben, und sie mussten sich aus einem der Häuser ein Seil besorgen, um den Wagen damit herauszuziehen. Nach dem Besuch bei Albert C. fuhren sie weiter in die Provinz Alberta.

Nachdem Albert C. von der ausgesetzten Belohnung gehört hat, erscheint er bei der Polizei und gibt an, David M. wäre zusammen mit Ron W. und Nichol J. zur Tatzeit in Saskatoon gewesen. Er habe während des Besuchs bei ihm gesehen, wie David M. einen kleinen Frauen-Kosmetikkoffer beseitigt habe. Es gelingt der Polizei, den Aufenthalt von Ron W. und Nichol J. zu ermitteln. Ihre Vernehmungen erbringen zunächst nichts. Als Ron W. jedoch eröffnet wird, er sei ein Verdächtiger, erklärt er, David M. habe ein Messer besessen. An dem fraglichen Morgen hätten sie sich getrennt, um Hilfe zu holen und das Auto wieder flott zu kriegen. Als David zurückgekommen sei, wären seine Hosen blutverschmiert gewesen. David habe gesagt, er sei auf eine junge Frau getroffen, die nicht hilfsbereit gewesen wäre, als er nach dem Weg gefragt hätte. Und Nichol J. erklärt in einer zehnseitigen schriftlichen Aussage sogar, sie habe gesehen, wie David eine junge Frau erstochen habe.

Daraufhin wird David M. festgenommen. Er hat seinen Le-

bensunterhalt mit dem Verkauf von Zeitschriften bestritten und ist der Polizei kein Unbekannter. Im Alter von 14 erbrach er einen LKW, um damit eine Spazierfahrt zu machen. Außerdem ist er wegen Diebstahls vorbestraft. Aber als Sexualstraftäter ist er bisher nicht in Erscheinung getreten. Er bestreitet heftig, irgendetwas mit dem Mord an Gail M. zu tun zu haben, und lässt bereitwillig Blut- und Spermaproben von sich nehmen.

Für die Staatsanwaltschaft ist der Fall aufgrund der belastenden Zeugenaussagen klar. Sie erhebt Anklage wegen Mordes. Das Verfahren wird vor dem Richter B. durchgeführt. Als er kurz nach Beginn des Prozesses auf einige Unstimmigkeiten und Widersprüche in der Aussage eines von der Staatsanwaltschaft benannten Zeugen hinweist, hoffen David M. und seine Familienangehörigen auf einen Freispruch. Immer wieder hat er während seiner Vernehmungen seine Unschuld beteuert und erklärt, seine Freunde seien nicht glaubwürdig. Sie würden lügen, ihre belastenden Aussagen seien frei erfunden. Sie hätten das nur getan, um die ausgesetzten Belohnungen zu kassieren. Er habe mit dem Mord nicht das Geringste zu tun. Das will David M. nun auch vor der Jury bekunden. Sein Verteidiger rät ihm jedoch, zu schweigen und keine Aussage zu machen, weil er befürchtet, David würde sich dadurch nur noch mehr belasten. Ein schwerer Fehler, wie sich herausstellt.

Die Jury glaubt den Belastungszeugen und befindet David M. im Januar 1970 nach zwölfstündiger Beratung für schuldig. Richter B. verurteilt ihn zu einer lebenslänglichen Haftstrafe. Als Gefangener Nr. 289 699 verschwindet der 17-Jährige hinter den dicken Mauern des Prince-Albert-Gefängnisses in Saskatchewan. David M. ist verzweifelt und begeht während der ersten Jahre seiner Haftzeit mehrere Selbstmordversuche. Er schneidet sich die Pulsadern auf und springt aus einem Fenster im zweiten Stock. Nach einem langen Hungerstreik hofft er vergeblich, in ein Gefängnis nach Winnipeg verlegt zu werden. Hier wäre er seiner Familie näher, vor allem seiner Mutter Joyce und seiner Schwester Susan. Stattdessen kommt er in ein Gefängnis in Dorchester, wo er nur noch selten Besuch bekommt. 1973 überlistet er mit zwei Mitgefangenen die Wachen, überklettert die Außen-

mauer und entkommt. Doch schon am nächsten Tag wird er wieder eingefangen.

Nach zehnjähriger Haftzeit bricht David M. 1980 erneut aus und flieht nach Toronto. 77 Tage ist er in Freiheit, dann nehmen ihn Polizeibeamte wieder fest. Als er zu fliehen versucht, schießen sie ihm in den Rücken. Man bietet ihm eine Begnadigung an, insgesamt über 20 Mal. Voraussetzung für eine vorzeitige, bedingte Entlassung ist allerdings, dass David M. seine Schuld an dem Verbrechen eingesteht. Aber das tut er nicht. Nach wie vor beteuert er seine Unschuld. Er bleibt weiter in Haft, nun in der Stony-Mountain-Haftanstalt in der Nähe von Winnipeg.

Sein neuer Anwalt David Asper, Juniorpartner eines bekannten Winnipeger Strafverteidigers, sammelt Material für einen Wiederaufnahmeantrag. Er will einen neuen Prozess und beauftragt zwei Gerichtsmediziner. Sie sollen die aufbewahrte gelbliche Flüssigkeit erneut untersuchen, die Ermittlungsbeamte vier Tage nach dem Mord in unmittelbarer Nähe des Leichenfundorts in Form einiger gefrorener kleiner Klümpchen sichergestellt und als Samenflüssigkeit identifiziert hatten. Der Gutachter James Ferris stellt fest, dass diese Probe David M. nicht zugeordnet werden kann. Und der forensische Experte Dr. Peter Merkesteyn kommt zu dem Ergebnis, es handele sich eher um den Urin eines Hundes als um Sperma.

Doch das Justizministerium weist den Antrag 1991 zurück. Justizministerin Kim Campbell bekräftigt das Urteil aus dem Jahr 1970 mit den Worten: »Ich bin davon überzeugt, dass es ein fairer Prozess war. Es gibt keine Anzeichen für einen Justizirrtum.«

Insbesondere Joyce M., Davids Mutter, gibt nicht auf. Sie lässt nichts unversucht, ihren Sohn freizubekommen, weil sie an seine Unschuld glaubt. In mehreren Kampagnen wendet sie sich an die Öffentlichkeit. Geld wird gesammelt. Joyce setzt eine Belohnung von 10000 Dollar für Hinweise aus, die zur Freilassung von David M. führen. Auch die Medien greifen den Fall auf. Sie kritisieren die Justizministerin, weil sie Joyce M. schroff mit den Worten zurückgewiesen hatte, sie solle sich nicht an sie persönlich wenden, wenn sie wolle, dass ihr Sohn eine faire Anhörung bekomme. Der Fall wird zum ständigen öffentlichen Thema in Ka-

nada. Joyce textet ein Lied, in dem sie die Justizministerin Kim Campbell bittet, ihren Sohn freizulassen. »Er ist nicht schuldig, Sie haben Beweise dafür«, heißt es darin. »Wie können Sie so abseits stehen, kalt und allein?« Musiker tragen das Lied unter großer Resonanz in einem öffentlichen Konzert in Winnipeg vor.

Nachtwachen werden organisiert und vor den Gefängnismauern von Stony Mountain durchgeführt, um zu erreichen, dass David M. wenigstens aus dem Hochsicherheitstrakt in ein weniger streng bewachtes Gefängnis verlegt wird. Und als Kanadas Premierminister Brian Mulroney nach Winnipeg kommt, wird eine Nachtwache vor dem Hotel abgehalten, in dem er wohnt. Nach einem überraschenden kurzen Zusammentreffen mit Joyce M. sagt der Premierminister gegenüber der »Winnipeg Free Press« in einem Interview: »Auch die demütigste Mutter mit der größten Liebe im Herzen würde nicht einen derartigen 22-jährigen Kreuzzug fortsetzen, wenn sie irgendeinen Zweifel an der Unschuld ihres Sohnes hätte.« Er gehe nun mit einem viel besseren Verständnis für diesen besonderen Fall nach Ottawa zurück, dessen erneute Überprüfung wünschenswert sei.

Joyce M. hat einen Privatdetektiv beauftragt. Er befragt noch einmal alle Personen, mit denen David M. am Mordtag zusammentraf. Und er interviewt sechs junge Frauen, die kurz vor oder nach dem Mord an Gail M. ebenfalls in Saskatoon und Winnipeg vergewaltigt worden sind. Einige der Taten, die alle nach dem gleichen Muster abliefen, hat der vorbestrafte Larry F. gestanden. Dafür sitzt er im Gefängnis. Immer umklammerte er die Frauen von hinten, bedrohte sie mit einem Messer und drängte sie in eine einsame Seitenstraße. Auch bei Gail M. ist der Täter wahrscheinlich so vorgegangen. Zudem wohnt Larry F. in einem Haus, das nur wenige Blocks vom Tatort entfernt ist. Aber er hat stets bestritten, diese Tat begangen zu haben.

Sechs Monate nach der Ablehnung des ersten Wiederaufnahmegesuchs stellt Anwalt David Asper einen neuen Antrag. Diesmal stützt er ihn darauf, dass niemand anders als Larry F. den Mord an Gail M. begangen habe. Bisher hat der Supreme Court von Kanada nur zweimal ein Gesuch auf einen neuen Prozess überprüft. Das eine betraf Wilbert Coffin, einen Bergarbeiter aus Quebec, der

1953 für die Ermordung von drei amerikanischen Jägern zum Tode verurteilt worden war. Das andere Gesuch betraf einen Mord aus dem Jahr 1959, für den der 14-jährige Stephen Truscott hinter Gitter kam. Beide Gesuche wurden abgelehnt. Coffin wurde gehängt und Truscott wurde nach zehn Jahren begnadigt. Nun ordnet die Justizministerin Kim Campbell unter dem Druck der Medien und angesichts der neuen vorgebrachten Beweismittel an, dass der Supreme Court zum dritten Mal einen Fall überprüft: den Fall David M. Fünf der neun obersten Richter Kanadas sollen die Anhörung durchführen. Als David diese Nachricht erhält, sagt er nur: »Barmherzigkeit beginnt da, wo das Gesetz endet.«

Die Anhörung vor dem Supreme Court beginnt am 21. Januar 1992 und dauert zwei Tage. Zuerst wird David M. vernommen. Zum ersten Mal bekommt er die Chance, vor Gericht auszusagen. Am zweiten Tag gibt Ron W. zu, dass er vor 22 Jahren gelogen hat. Im ersten Verfahren habe er gesagt, David M. sei am Morgen der Tat etwa 20 Minuten weg gewesen. Es seien aber noch nicht einmal zehn Minuten gewesen. Chefrichter Antonio Lamer unterbricht ihn mit der Feststellung, er sage noch immer nicht die volle Wahrheit. Warum er damals gelogen habe, will er wissen. Die Polizeibeamten hätten ihn unter Druck gesetzt, antwortet Ron W. Er hätte damals wegen einer anderen Sache im Gefängnis gesessen und befürchtet, die Beamten würden ihm den Mord anhängen, wenn er David M. nicht belaste. Auch Nichol J. wiederholt im Zeugenstand ihre Geschichte, sie habe die Tat beobachtet, nicht. Nach mehrtägiger Beratung verkündet der Supreme Court seine Entscheidung: David M.s Verurteilung ist zweifelhaft, er bekommt einen neuen Prozess vor einem Bezirksgericht.

Daraufhin wird David M. sofort freigelassen. Nach 8355 Tagen unschuldig verbüßter Haft verlässt er das Gefängnis und feiert seine Freilassung in einem Chinarestaurant in Winnipeg im Kreise seiner Familie. Der Generalstaatsanwalt erklärt, ein neues Verfahren gegen M. werde es nicht geben. Denn seit der Tat sei zu viel Zeit vergangen. Aber man werde M. für die unschuldig verbüßte Haftzeit entschädigen.

David M. reist durch Kanada und hält gut bezahlte Vorträge über seine Erfahrungen während der Haftzeit. Nachts hat er noch

immer Albträume. Er fängt an zu trinken und gerät mit dem Gesetz in Konflikt. Aber als er die Medikamente, die er im Gefängnis zur Beruhigung erhielt, wieder regelmäßig einnimmt, bessert sich sein Zustand. Er wird Gründungsmitglied der »Vereinigung zur Verteidigung unschuldig Verurteilter«.

Inzwischen sind auch mit dem genetischen Material, das 1969 auf der Kleidung der ermordeten Gail M. gefunden worden war, DNA-Tests durchgeführt worden. Man hat es mit den Proben von David M., Ron W. und Larry F. verglichen und dabei eine Übereinstimmung mit den Genen von Larry F. festgestellt. Eine Woche später wird Larry F. in Calgary festgenommen und inhaftiert. Daraufhin geben zwei Staatsanwälte aus Saskatchewan eine Pressekonferenz. Sie entschuldigen sich öffentlich bei David M. und seiner Familie für das erlittene Unrecht, ohne aber irgendeinen Fehler einzugestehen.

1999 wird Larry F. wegen des Mordes an Gail M. zu einer lebenslänglichen Haftstrafe verurteilt. Im April 2003 beantragt er vor dem Saskatchewan Court of Appeal ein neues Verfahren, das aber am 30. September 2003 zurückgewiesen wird. Daraufhin bringen seine Anwälte den Fall vor das höchste Gericht, den Supreme Court of Canada. Aber auch der weist am 26. August 2004 Larry F.s Rechtsmittel zurück.

Damit steht juristisch endgültig fest: David M. ist voll rehabilitiert. Mehrere Bücher werden über ihn geschrieben, und sein Schicksal wird sogar verfilmt. Für die 23 Jahre, die er unschuldig hinter Gefängnismauern verbracht hat, erhält er die höchste Entschädigung, die bisher einem Opfer eines Justizirrtums in Kanada gezahlt worden ist: zehn Millionen Dollar.

Dieser Fall ist innerhalb weniger Jahre der fünfte, in dem in Kanada wegen Mordes verurteilte Straftäter, die jahrelang unschuldig im Gefängnis saßen, aufgrund von DNA-Analysen rehabilitiert worden sind. Diese bittere Erkenntnis war für das höchste kanadische Gericht ein Beweggrund, im Februar 2001 zu entscheiden, einer schweren Straftat Beschuldigte nicht an ein Land auszuliefern, in dem ihnen die Todesstrafe droht. Die Enthüllungen über die zahlreichen Fehlurteile in Kanada und den USA seien ein »tragisches Zeichen für die Fehlbarkeit des Rechtssystems«.

Die Rache des Onkels. Der Fall Wolfgang J.

(Deutschland, 1985–1988)

Im Juli 1985 wird die 16-jährige Schülerin Anke S. aus Herdorf ermordet aufgefunden. Es handelt sich um einen Sexualmord, das Mädchen ist vergewaltigt worden. Die Ermittlungsbehörden tappen zunächst im Dunkeln. Dann meldet sich plötzlich ein Mann und behauptet, der 40 Jahre alte Metzgergeselle Wolfgang J. sei der Täter. Der Informant ist der Onkel von Wolfgang J.s Lebensgefährtin. Wolfgang J. hat ihn einige Zeit zuvor beschuldigt, seine Lebensgefährtin jahrelang sexuell missbraucht zu haben. Er hat auch eine entsprechende Anzeige bei der Polizei gemacht. Aber das ist für die Ermittler kein Grund, der Spur nicht nachzugehen.

Als Wolfgang J. seine Lebensgefährtin heiraten will und gerade mit ihr auf dem Weg zum Standesamt ist, wird er von Polizisten mit vorgehaltener Waffe verhaftet. Er habe die Schülerin Anke S. vergewaltigt und ermordet, hält man ihm vor. Es gäbe mehrere Zeugenaussagen, die ihn als Täter identifizieren. Sie stammen alle aus der Familie seiner Lebensgefährtin. Wolfgang J. ist entsetzt und bestreitet verzweifelt, irgendetwas mit der Tat zu tun zu haben. Aber man glaubt ihm nicht.

Vor dem Schwurgericht Koblenz sagen die Zeugen gegen ihn aus, woraufhin Wolfgang J. zu einer lebenslangen Haftstrafe verurteilt wird. Ein glattes Fehlurteil. Der Verteidiger gibt nicht auf und lässt anhand der beim Opfer sichergestellten Proben eine DNA-Analyse fertigen. Es ist die erste, die in Deutschland zur Aufklärung eines Mordes in Auftrag gegeben wird.

Der Vergleich mit dem Gen-Material des Verurteilten ergibt keine Übereinstimmung. Damit steht fest, dass Wolfgang J. nicht der Täter sein kann. Mitte 1988 wird er in einem Wiederaufnahmeverfahren wegen erwiesener Unschuld freigesprochen. In dem neuen Prozess stellt sich heraus, dass es sich um einen vom Onkel eingefädelten Racheakt handelte. Er wollte Wolfgang J. heimzahlen, dass er ihn wegen sexuellen Missbrauchs angezeigt hatte.

Der wahre Täter bleibt 18 Jahre lang unentdeckt. Erst 2003 kommt man aufgrund eines neuen DNA-Tests dem vorbestraften Georg Dirk S. auf die Spur. Während des gegen ihn eingeleiteten

Verfahrens gesteht er gegenüber der Gefängnispsychologin den Mord an Anke S.

Kein Komplize. Der Fall Joseph B.

(USA, Illinois, 1988–1994)

Die kokainsüchtige Drogendealerin Gayle P. versucht am 6. November 1988 einen 88-jährigen Farmer zu überreden, ihr 3000 Dollar für neue Drogen zu leihen. Als er sich weigert, schießt sie mit einem Gewehr dreimal in die Decke. Daraufhin greift der alte Mann zu einem an der Wand hängenden Gewehr und schlägt ihr damit den Kopf blutig. Gayle P. schießt ihm zuerst in die Schulter und dann eine tödliche Kugel in den Kopf.

Sechs Stunden später versucht sie, einen Scheck des Farmers über 4050 Dollar einzulösen und wird kurz darauf festgenommen. Sie gibt zu, an dem Verbrechen zusammen mit Joseph B. und Ralph F. beteiligt gewesen zu sein, behauptet aber, weil sie einen Groll auf ihn hat, Joseph B. sei der Schütze gewesen.

Obwohl das Gewehr ihr gehört, glaubt man ihrer Darstellung. Denn sie wird von Ralph F. bestätigt. Er besitzt nur einen IQ von 76 und ist von den Vernehmungsbeamten unter Druck gesetzt worden, eine solche Aussage zu machen.

Gayle P. wird zu 30 Jahren Haft verurteilt, Ralph F. zu 23 Jahren. Im ersten Prozess gegen Joseph B. kann sich die Jury nicht einigen. Im zweiten Verfahren wird der 35-jährige Joseph B. am 1. August zum Tode verurteilt. Im Berufungsverfahren bestätigt der Illinois Supreme Court das Urteil.

Kurz danach gesteht Raph F. gegenüber einem Zeitungsreporter, dass er die Unwahrheit gesagt hat. Und auch Gayle P. gibt zu, Joseph B. fälschlich beschuldigt zu haben. Nun wird auch festgestellt, dass die am Tatort gefundenen Blutspuren von Gayle P. stammen. Joseph B. bekommt einen neuen Prozess und wird am 8. September 1994 freigelassen.

10 Die Irrtümer und Lügen der Sachverständigen

Immer wieder kommen Fehlurteile zustande, weil Sachverständige falsche Gutachten erstellen. Das ist ein besonders ärgerliches und schlimmes Kapitel in der Geschichte der Justizirrtümer. Denn die Richter haben in der Regel nicht die nötige Sachkunde, um sich auf den vielfältigen medizinischen, naturwissenschaftlichen, technischen oder sonstigen wissenschaftlichen Gebieten, die in einem Strafprozess von Bedeutung sein können, selbst ein Urteil zu bilden. »Sachverständige sind«, wie der Bundesgerichtshof es einmal in einem Urteil definiert hat, »Personen mit der Aufgabe, kraft ihrer Sachkunde Gehilfen des Richters bei der Beurteilung einer Beweisfrage zu sein.« Die Richter müssen sich also auf das verlassen, was die Experten sagen.

Und die irren leider oft genug oder lügen sogar. Viele Sachverständige halten stur an vorgefassten Meinungen fest. Es ist ein Irrtum, anzunehmen, Wissenschaftler würden stets zu kühler Objektivität neigen. Ganz im Gegenteil. Viele von ihnen sind »in ihrer Leidenschaft so verblendet wie Kinder«, wie der französische Kriminalist Locard es treffend ausgedrückt hat. Manche Gelehrte scheinen »törichter zu sein als irgendein unwissender Bauer.« Umso erstaunlicher ist es, dass die meisten Richter fast unerschütterlich der Sachkunde und Unfehlbarkeit der Gutachter vertrauen.

Die jüngere deutsche Rechtsgeschichte liefert für unglaubliche Fehler von Sachverständigen in Mordprozessen zwei besonders erschreckende Beispiele. Der eine Fall ist der so genannte »Kälberstrick«-Prozess gegen Hans Hetzel, der in den Jahren 1953–1960 die Gemüter der Bundesrepublik erregte. Hetzel wurde beschuldigt, eine Anhalterin während eines leidenschaftlichen Geschlechtsakts ermordet zu haben. Das gerichtsmedizinische Gutachten, aufgrund dessen er zu einer lebenslangen Haftstrafe verurteilt wurde, stellte sich als völlig falsch heraus. Im Wiederaufnahmeverfahren wurde Hetzel aufgrund neuer Gutachten nach 16 Jahren unschuldig verbüßter Haft freigesprochen. (Siehe

im Einzelnen Otto, »Das Lexikon der Justizirrtümer«. Ullstein, 2. Auflage 2004, Seite 137 f.)

Der andere Fall ist das Strafverfahren gegen Maria Rohrbach aus Münster (1957–1964). Auch hier führten horrende Fehler der Gutachter zu einer lebenslangen Haftstrafe. Auch in diesem Fall führte erst ein Wiederaufnahmeverfahren zu einem Freispruch. (Siehe Otto, a.a.O., Seite 154 f.).

Es ist schlimm genug, wenn so genannte Experten bei der Erstellung ihrer Gutachten nicht die nötige Sorgfalt aufwenden. Aber noch schlimmer ist es, wenn sie vorsätzlich handeln. Auch solche Fälle gibt es. Zwei Beispiele aus den USA mögen dies verdeutlichen.

Die Staatspolizei von West Virginia beauftragt ständig denselben forensischen Gutachter, weil seine Aussagen vor Gericht fast immer zur Verurteilung der Angeklagten führen. Er heißt Fred Z. und scheint sein Fachgebiet so gut zu kennen, dass ihm nicht nur die Staatsanwälte und Verteidiger immer wieder glauben, sondern vor allem auch die Geschworenen. Auch wenn andere Beweismittel dagegen sprechen oder überhaupt keine vorliegen, die Testergebnisse von Fred Z. belegen die Schuld. Wenn Staatsanwälte in einem schwierigen Fall eine Verurteilung erreichen wollen, beauftragen sie ihn. Er wird zum Star der forensischen Gutachter. »Wenn der Angeklagte schuldig ist, ist es wahrscheinlich, dass der eine oder andere Beweis auch labortechnisch gefunden wird.« Das ist seine These. Sie setzt die Schuld des Angeklagten voraus, die Laborergebnisse werden entsprechen angepasst. Als Z. in Texas eine leitende gerichtsmedizinische Position übernimmt, leistet er in Mordprozessen sogar Meineide und erfindet und manipuliert Beweismittel. Er lügt für seine Arbeitgeber. Das bringt ihn vor Gericht. Aber er wird freigesprochen, weil ihm vorsätzliches Handeln nicht mit der nötigen Sicherheit nachgewiesen werden kann.

Im Sommer 2001 werden im Bundesstaat Oklahoma Ermittlungen gegen die Gerichtsmedizinerin Joyce G. eingeleitet, weil sie in einigen Fällen Haare und Fasern falsch identifiziert und dadurch Angeklagte belastet hat. Ihre Irrtümer nehmen schließlich ein derartiges Ausmaß an, dass alle 1700 Fälle, in denen sie gut-

achterlich mitgewirkt hat, überprüft werden. Darunter sind auch 23 Todesstrafenfälle, in denen elf Verurteilte bereits hingerichtet worden sind. Die Untersuchungen führten zu G.s Entlassung.

Aber nicht nur während eines Strafverfahrens können Irrtümer von Gutachtern eine verhängnisvolle Rolle spielen. Auch im Strafvollzug erregen derartige Skandale zunehmend den Ärger und Unwillen der Öffentlichkeit. Falsche psychiatrische Beurteilungen häufen sich.

Im Oktober 1998 geben zwei Mediziner über den 40-jährigen Sexualstraftäter Raymond Sch., der schon zu DDR-Zeiten Rentnerinnen überfallen und vergewaltigt hat, eine günstige Prognose ab. Sie gewähren ihm Ausgang. Aber der Mann kommt nicht zurück, sondern taucht unter und überfällt in der Zeit vom Dezember 1998 bis Juni 1999 erneut Rentnerinnen. Zwei 90- und 91-jährige Frauen bringt er um. Im Frühjahr 2000 wird er wegen Doppelmordes zu lebenslanger Haft verurteilt. Eine besondere Schwere der Schuld wird festgestellt und Sicherungsverwahrung wird angeordnet. Der Mann kommt nun niemals mehr frei, womit der Fall erledigt ist.

Nicht erledigt ist er jedoch für die beiden Psychiater. Sie werden vor dem Landgericht Potsdam angeklagt, an dem Tod der beiden Frauen mitschuldig zu sein. Die Staatsanwaltschaft fordert je ein Jahr Freiheitsstrafe und Geldbußen. Das Landgericht spricht die Ärzte zwar 2002 vom Vorwurf der fahrlässigen Tötung frei. Aber aufgrund der eingelegten Revision hebt der 5. Strafsenat des Bundesgerichtshofs in Leipzig im November 2003 in einer grundsätzlichen Entscheidung das Urteil auf. Das Landgericht Potsdam muss nun erneut entscheiden, wobei aufgrund der grundsätzlichen Überlegungen des Revisionsgerichts davon auszugehen ist, dass die Psychiater nunmehr verurteilt werden. Eine solche Bejahung der Kausalität und Feststellung eines pflichtwidrigen Verhaltens würde auch zu zivilrechtlichen Schadensersatzansprüchen führen. Die juristische Lage für irrende Sachverständige wird also prekärer.

Von dieser neuen Rechtsprechung ist nicht nur zu erhoffen, dass sie zu einer Besserung der Situation führt und Gutachter künftig sorgfältiger und gewissenhafter arbeiten. Grundlegend

geändert werden muss vor allem, dass nicht mehr jeder so genannte Sachverständige, der vielleicht nur wenige Semester Forensik studiert hat, auch in Strafprozessen vor Gericht auftreten darf. Sachverständige, die vor Gericht aussagen, noch dazu in Mordprozessen, müssen eine besondere Qualifikation nachweisen. Und wenn feststeht, dass ihre Gutachten falsch waren, dürfen sie nie wieder beauftragt werden.

Die nachfolgend aus mehreren Jahrhunderten dargestellten sieben Fälle aus Frankreich, Italien, Deutschland, Australien und den USA zeigen, dass das Problem zu allen Zeiten und überall auf der Welt das gleiche ist: Irrende Sachverständige sind in Mordprozessen häufig die Ursache für Fehlurteile.

Der Fall der Madame Druaux

(Frankreich, 1877)

Haarsträubend und beschämend ist ein Fall aus Frankreich, der sich schon im 19. Jahrhundert zugetragen hat. In der Nähe von Rouen lebt 1877 das Ehepaar Druaux zusammen mit dem Bruder der Frau in einem kleinen Dorf. Die Ehe ist nicht glücklich, denn die Frau ist trunksüchtig und treibt es mit anderen Männern. Der Mann ertappt sie in flagranti beim Ehebruch und wirft sie deshalb aus dem Haus. Darüber ist Madame Druaux sehr erbost. Ihr Mann werde nicht alt werden, verkündet sie im Dorf. Niemand sei unersetzlich. Da sie jedoch kein Unterkommen finden kann, kehrt sie reumütig zu ihrem Mann zurück, der sie wieder aufnimmt.

Drei Tage später finden Nachbarn den Ehemann tot im Bett und den Schwager tot in der Küche. Madame Druaux irrt völlig betrunken durch das Haus und gerät sofort als Mörderin in Verdacht. Sie wird verhaftet. Äußere Verletzungsspuren sind an den Leichen nicht zu entdecken. Und eine Autopsie ergibt, dass auch kein Gift im Innern des Körpers festgestellt werden kann. Aber drei Sachverständige, darunter ein Professor der Chemie, kommen übereinstimmend zu dem Ergebnis, dass Kantharidin, das Gift der spanischen Fliege, die Ursache für den Tod der Männer

sei. Das aus der organischen Säure dieser Blasenkäfer gewonnene giftige Anhydrid reiche schon in kleinsten Mengen aus, einen Menschen zu töten, behaupten sie. Eine Blutuntersuchung nehmen sie gar nicht erst vor. Denn für sie ist der Fall klar: Der kerngesunde Monsieur Druaux litt in letzter Zeit zunehmend unter Kopfschmerzen und Schwindelgefühlen und 14 Tage vor seinem Tod fiel er unerklärlicherweise in Ohnmacht. Diese Symptome seien so eindeutig, schlussfolgern sie, dass kein Zweifel an einer Vergiftung durch Kantharidin bestehe.

Madame Druaux bestreitet jede Schuld. Sie habe sich mit ihrem Mann versöhnt, dabei sei viel Alkohol getrunken worden, sagt sie aus. Danach sei sie eingeschlafen. Am Morgen seien beide Männer tot gewesen, wie sie entsetzt habe feststellen müssen. Sie könne nicht sagen, wie es dazu gekommen und was der Grund dafür sei. Die Experten nehmen ihr das aber nicht ab. Die Männer müssen ungeheure Schmerzen gehabt haben, erklären sie. Es sei »absolut unmöglich«, dass Madame Druaux dies nicht bemerkt haben wolle. Sie wird des Doppelmordes angeklagt und zu lebenslanger Zwangsarbeit verurteilt, weil die Geschworenen den Ausführungen der Gutachter Glauben schenken.

Eine Frau zieht in das Haus der Familie Druaux ein. Plötzlich ist auch sie tot. Ein Ehepaar, das anschließend in dem Haus wohnt, erleidet das gleiche Schicksal. Jetzt werden gründliche Untersuchungen im Haus durchgeführt. Man stellt fest, dass der Kalkofen undicht ist. Alle Todesfälle sind auf das Einatmen von giftigen Kohlenoxidgasen zurückzuführen. Mit dem Gift der spanischen Fliege haben sie nicht das Geringste zu tun.

Nach acht Jahren unschuldig verbüßter Haft und Zwangsarbeit wird Madame Druaux in einem Wiederaufnahmeverfahren freigesprochen. Die Sachverständigen des ersten Verfahrens haben leichtfertig behauptet, schon wenige Zehntel Milligramm Kantharidin seien tödlich. In jedem Lehrbuch hätten sie nachlesen können, dass das nicht stimmt. Erst ein bis zwei Gramm, also das Tausendfache der von ihnen angenommenen Menge, führt zum Tod. Durch eine einfache spektroskopische Untersuchung des Bluts der Leichen hätte die wahre Todesursache sofort erkannt werden können. Die Richter sind blind den übereinstim-

menden, grob fahrlässigen Aussagen der Gutachter gefolgt, ihnen sind keinerlei Zweifel und Bedenken gekommen. Das ist nicht allein damit zu erklären, dass sie von forensischen und toxikologischen Zusammenhängen offenbar nicht die geringste Ahnung hatten. Zu dem unverzeihlichen Fehlurteil sind sie auch durch den Druck der öffentlichen Meinung verleitet worden, die den Kopf der übel beleumdeten Madame Druaux forderte.

Das törichte Alibi des Harry L. Hoffman

(USA, New York, 25. März 1924–1929)

An den Straßenrändern von Staten Island in New York schmilzt der letzte Schnee. Der Frühling liegt schon in der Luft. Der Tag beginnt fröhlich und vergnügt für die 35-jährige Maude Bauer aus Staten Island. Durch ihre hübschen braunen Haare weht der Wind, als sie die Tür des Pkws öffnet. Der Wagen gehört ihrer Mutter, Mrs Catharine Pero. Mit ihr und der dreijährigen Tochter Helen will sie zu ihrer einige Meilen entfernt wohnenden Schwester fahren. Maude Bauer ist bester Laune und pfeift am Steuer froh vor sich hin. Den auf der Merrill Avenue entgegenkommenden breiten LKW sieht sie rechtzeitig. Sie lenkt scharf nach rechts an den Straßenrand, um auszuweichen. Als das rechte Vorderrad den vereisten Grasstreifen berührt, gerät der PKW ins Schleudern. Maude gelingt es gerade noch, ihn abzufangen und auf dem angrenzenden Acker zum Stehen zu bringen. Aber der Wagen sitzt im Schneematsch fest. Maude versucht vergeblich freizukommen, die Räder drehen durch. Sie werde zum nächsten Haus laufen und den Abschleppdienst anrufen, sagt sie zu ihrer Mutter, die mit Helen im Wagen zurückbleibt. An der nicht weit entfernten Kreuzung mit der South Avenue hält eine Ford-Limousine, Modell T. Der Fahrer bietet Maude an, sie bis zur nächsten Werkstatt mitzunehmen. Sie winkt ihrer Mutter noch zu.

Catherine Pero wartet fast eine Stunde, aber ihre Tochter kommt nicht zurück. Ein Polizist auf einem Motorrad hält an und fragt, ob er ihr helfen könne. Als Mrs Pero ihm erzählt, warum sie hier verweilt, zieht er die Stirn in Falten. Etwa eine Meile von hier

sei an einer einsamen Wegstelle soeben eine junge Frau tot aufgefunden worden, sagt der Polizist. Er hoffe, dass es sich nicht um ihre Tochter handele. Aber sie ist es. Maude Bauer ist während des Versuchs, sie zu vergewaltigen, mit zwei Schüssen in Hals und Brust getötet worden. Die Kugeln stammen aus einem Revolver mit dem Kaliber 25. Maudes Kleidung ist zerrissen und ihr Körper zerkratzt. Sie muss sich heftig gewehrt haben.

Am nächsten Tag ist ihr Bild in allen New Yorker Zeitungen zu sehen. Die brutale Tat macht Schlagzeilen, die Menschen sind entsetzt und empört. Insgesamt 8500 Dollar werden gesammelt und als Belohnung ausgesetzt, um die Fahndung zu intensivieren. Immerhin gibt es einige Anhaltspunkte. Mrs Pero ist sich sicher, dass es sich um eine Ford-Limousine, Modell T, gehandelt hat. Der Fahrer habe einen braunen Mantel und einen Hut getragen. Auch die 13-jährige Barbara Fahs, die gerade zum Einkaufen zu Fuß unterwegs war, hat diesen Mann gesehen, als er an der Kreuzung hielt. Auch sie sagt, dass er mit einem braunen Mantel und einem Hut bekleidet war. Er hätte eine dunkle Hautfarbe und dichte braune Haare gehabt und eine Schildpattbrille getragen. Die Polizei gibt die Beschreibung des mutmaßlichen Mörders an die Öffentlichkeit. Eine Treibjagd nach diesem Mann beginnt.

Es gibt unzählige dunkelhäutige Männer mit einer Ford-Limousine in New York. Und viele tragen auch einen braunen Mantel. Aber die besitzen keinen Ford. Und Männer mit Schildpattbrillen tragen wiederum keinen braunen Mantel und keinen Hut. Oder sie besitzen keinen Revolver mit dem Kaliber 25. Auf den 32-jährigen, dickbeleibten Harry L. Hoffman treffen all diese Merkmale jedoch zu. Er ist Jude, verheiratet, Vater zweier Kinder und führt eine harmonische, glückliche Ehe. In einem Kino bedient er einen Vorführapparat und bläst in einem Kirchenorchester mit Begeisterung Posaune. Als er die Personenbeschreibung des Mörders in der Zeitung liest, bekommt er einen furchtbaren Schreck. Sie passt genau auf ihn. Und er besitzt auch eine Pistole des beschriebenen Typs. Er hat sie erst vor wenigen Monaten in einem Sportgeschäft zusammen mit einem Patronengürtel gekauft. Hoffman hält es für besser, den Revolver so schnell wie möglich verschwinden zu lassen. Er schickt ihn seinem Bruder

Albert, der in der Bronx lebt. Auf den beigefügten Zettel schreibt er: »Nimm ihn an dich und verwahre ihn sicher. Wenn du hören solltest, dass ich in Schwierigkeiten bin, gib ihn meinem Anwalt.«

Harry Hoffman befürchtet tatsächlich, dass er Schwierigkeiten bekommt. Die Leute auf der Straße werden mich erkennen, denkt er, und als Mörder identifizieren. Sie werden mich lynchen! Er erinnert sich an Leo Frank, Farbiger und Jude wie er. Vor einiger Zeit hat man ihn in Georgia gelyncht. Zehn Jahre später gestand ein anderer Mann das Verbrechen. Harry Hoffman muss dauernd an diesen Fall denken und bekommt eine panische Angst. Die Beschreibung des Mörders von Maude Bauer passt auf mich, überlegt er. Ich habe einen braunen Mantel, einen Hut und eine Schildpattbrille. Und ich fahre eine Ford-Limousine, Modell T, und besitze einen Revolver Kaliber 25. Höchst unglückselige Zufälle. Aber noch schlimmer ist: Ich habe für die Tatzeit kein Alibi! Das muss ich mir schleunigst beschaffen!

Wenige Tage nach Bekanntgabe der Personenbeschreibung des mutmaßlichen Mörders sucht Harry Hoffman seinen Freund Racey Parker im Liberty-Kino auf. Er bedient dort ebenfalls einen Filmvorführapparat. Hoffman erzählt ihm, was er an dem Tag, an dem der Mord an Maude Bauer geschah, alles gemacht hat. Am Morgen sei er nach Manhattan gefahren, um dort seinen Filmagenten zu besuchen. Anschließend habe er in einem chinesischen Restaurant in der Sixth Avenue gespeist. Während der Rückfahrt mit der Fähre von der Südspitze von Staten Island nach Manhattan habe er keinen Bekannten getroffen. Er brauche aber dringend ein Alibi. Denn die Polizei vernehme jeden hier in der Gegend, der eine Ford-Limousine fahre. Parker solle bitte deshalb bestätigen, dass er an diesem Tag von 15.30 Uhr bis 17.00 Uhr bei ihm gewesen sei und mit ihm geschwatzt habe. Sie seien doch alte Freunde. Er möge ihm bitte diesen kleinen Dienst erweisen. Parker verspricht es. Denn er kann sich nicht vorstellen, dass sein Kumpel, der Gemütsmensch Harry Hoffman, irgend etwas mit dem Mordfall zu tun hat.

Es dauert nicht lange, dann ist Harry Hoffman tatsächlich im Fadenkreuz der Polizeibeamten. Knapp einen Monat nach dem Verbrechen beschuldigen sie ihn des Mordes an Maude Bauer.

Detective Van Wagner hat die Ermittlungen übernommen. Drei Tage lang verhört er Hoffman fast ununterbrochen in der Hoffnung, ein Geständnis zu bekommen. Aber Hoffmann hat nichts zu gestehen und beteuert seine Unschuld. Er sei noch nie am Wiesenweg an der South Avenue gewesen, der Tatort sei ihm völlig unbekannt. Ein Kollege Hoffmans aus dem Kino erklärt allerdings, Hoffman habe ihn ein paar Tage vor dem Mord gefragt, ob er nicht ein einsames Plätzchen kenne, wo er sich mal mit einem Mädel vergnügen könne. Da habe er ihm den »Liebeswinkel« auf der Wiese an der South Avenue genannt.

Als Detective Van Wagner Hoffmanns Alibi überprüft, stellt sich heraus, dass der Filmagent sich an Hoffmans morgendlichen Besuch am 25. März 1924 bei ihm nicht erinnern kann. Und auch im Chinarestaurant kann keiner bezeugen, dass Hoffman zur fraglichen Zeit da gewesen ist. Sein Freund Parker bestätigt zwar zunächst, dass Hoffman am Nachmittag, zur Tatzeit, bei ihm gewesen sei. Aber Detective Van Wagner bohrt nach. Er erwähnt, dass Hoffman nach dem Ergebnis der Ermittlungen nicht nur eine Ford-Limousine, Modell T, besitzt, sondern auch einen Revolver, Kaliber 25, den er nach der Tat an seinen Bruder geschickt habe. Nun kommen Parker Zweifel. Er wird immer unsicherer und gibt schließlich zu, Hoffman habe ihn gebeten, ihm mit dieser Aussage zu helfen. Hoffman sei zu diesem Zeitpunkt nicht bei ihm gewesen. Für Detective Van Wagner ist nun klar: Hoffmann hat versucht, sich ein Alibi zusammenzuschwindeln. Hätte er sich darauf beschränkt, zu sagen, dass er kein Alibi besitze, wäre das für ihn zwar problematisch, aber keineswegs verhängnisvoll gewesen. Nun allerdings steht für Van Wagner fest, dass Harry Hoffman der Täter ist.

Am 25. April 1925 wird er angeklagt, und kurz darauf beginnt in Staten Island vor dem Richmonder Schwurgericht St. George der Prozess gegen ihn. Den Vorsitz hat der Richter Harry Tiernan. Der bekannte Schießsachverständige Butts kommt in seinem Gutachten zu dem Ergebnis, dass die tödlichen Schüsse auf Maude Bauer aus Hoffmanns Revolver abgegeben worden seien. Man hat zwar nur eine der zwei Kugeln gefunden. Aber Butts erklärt, er habe aus Hoffmans Revolver 50 Schüsse abgefeuert. Die

Merkmale dieser Kugeln würden völlig mit denen an der Kugel übereinstimmen, die aus der Brust der jungen Frau entfernt worden ist.

Damit spricht wirklich alles gegen Harry Hoffman. Der elektrische Stuhl scheint ihm sicher. Ein letztes Glied in der Beweiskette fehlt noch. Aber das liefert der Polizist McCormack. Er sagt aus, an jenem Nachmittag um 16.25 Uhr eine knappe Meile von der Mordstelle entfernt auf Streife gewesen zu sein. Zu dieser Zeit habe sich ihm eine Ford-Limousine mit einer Geschwindigkeit von nur etwa 30 km/h genähert, sodass er den Fahrer gut sehen konnte. Es sei der Angeklagte gewesen, da sei er sich ganz sicher.

Nun ist Hoffman verloren. Es hat selten einen Mordprozess gegeben, in dem so Vieles so sehr gegen einen Angeklagten gesprochen hat, der nicht der Täter war. Zu diesem Zeitpunkt glaubt niemand an seine Unschuld. Vielleicht hat das Schwurgericht von Staten Island aber doch leise Zweifel gehabt. Denn es verurteilt Hoffman nur wegen Totschlags zu 20 Jahren Zuchthaus und bewahrt ihn damit vor dem elektrischen Stuhl. Harry Hoffman kommt als Verurteilter Nr. 75 990 in das berüchtigte New Yorker Zuchthaus Sing Sing. Sein Verteidiger legt Berufung gegen das Urteil ein, ebenso der Staatsanwalt. Hoffmans Kollegen aus der Gewerkschaft der Filmvorführer sammeln so viel Geld, dass mit Leonhard Snitkin ein neuer, sehr erfahrener Strafverteidiger gewonnen werden kann. Er entdeckt auch sofort einen Formfehler, der zu einem neuen Prozess führt. Denn die Anklage hatte behauptet, Hoffman habe sein Opfer beim Notzuchtversuch »ohne Absicht« getötet. Totschlag setzt aber einen Tötungsvorsatz voraus, weshalb das Urteil im Widerspruch zur Anklage steht.

Es dauert zweieinhalb Jahre, bis der Supreme Court von New York über das Rechtsmittel entscheidet. Er hebt das Schwurgerichtsurteil auf und ordnet ein neues Verfahren an. Jetzt vertritt der als besonders streng bekannte Staatsanwalt Albert C. Flach die Anklage. Sie lautet diesmal auf Mord. Wird Hoffman wieder verurteilt, ist ihm ein Todesurteil sicher.

Der neue Prozess beginnt im März 1928. Aber er muss gleich zu Beginn unterbrochen werden, weil Rechtsanwalt Snitkin bei der Vernehmung eines Belastungszeugen einen Herzanfall erlei-

det. Nach seiner Genesung beantragt er eine Verweisung an ein anderes Gericht, weil der Angeklagte vor einem Gericht aus Staten Island keinen fairen Prozess erwarten könne.

Bald darauf findet die dritte Hauptverhandlung vor einem Brooklyner Schwurgericht statt. Sie dauert drei Wochen und endet nach zwölfstündiger Beratung der zwölf Geschworenen mit einem Patt. Die Geschworenen können sich nicht einigen. Verteidiger Snitkin reicht sofort einen Antrag auf Durchführung eines vierten Verfahrens ein. Aber kurz darauf stirbt er. Hoffmann ist verzweifelt. Seine Frau hat sich von ihm scheiden lassen, die Kinder sind in einem Waisenhaus untergebracht worden. Das Geld für die Verteidigung, 25 000 Dollar, ist aufgebraucht. Hoffmann hat keinen Cent mehr für einen neuen Verteidiger. Er ist kurz davor, den Verstand zu verlieren. Während seiner immer häufigeren hysterischen Anfälle schreit er seine Unschuld aus sich heraus und schlägt wild um sich. Ein Mithäftling rät ihm: »Hol Dir den Leibowitz!« Das sei Amerikas bester Strafverteidiger.

Harry Hoffman fasst sich ein Herz und schreibt eine Postkarte an ihn: »Sehr geehrter Mr Leibowitz, diese Zeilen sind ein letzter Verzweiflungsschrei. Ich kenne Sie nicht persönlich, und natürlich kennen Sie mich auch nicht. Man hat mich des Mordes angeklagt und, obwohl ich unschuldig bin, zu 20 Jahren Gefängnis in Sing Sing verurteilt. Fünf Jahre habe ich um meine Freiheit gekämpft. Meine Freunde haben für meine Verteidigung ein Kapital zusammengekratzt, das nun verbraucht ist. Werden Sie mir helfen? Harry L. Hoffman.«

Samuel Leibowitz kann später nicht mehr sagen, was ihn bewogen hat, den völlig abgemagerten Harry Hoffman sofort im Gefängnis zu besuchen. Er weiß, dass Lügenhaftigkeit die Berufskrankheit der Verbrecher ist. Und er glaubt anfangs keineswegs, dass Hoffman unschuldig ist. Kann nicht nur ein Schuldiger so weit gehen, den Verdacht der Schuld durch ein falsches Alibi von sich abzuwälzen? Auch als Leibowitz sich den Bericht des Häftlings in Ruhe angehört hat, glaubt er noch nicht an dessen Unschuld. Erst als er die 3600 Seiten der Akte studiert hat, entscheidet er sich, das Mandat zu übernehmen. Er hat nur wenig angreifbare Punkte in den Aussagen der Belastungszeugen entde-

cken können. Aber mehr und mehr überkommen ihn leise Zweifel an Hoffmans Schuld. Irgendetwas unterscheidet ihn von den armseligen Übeltätern, die er bisher vertreten hat. Er spricht nochmals mit ihm. Und dabei wendet er jeden Kunstgriff an, den er sich in seiner langen Berufspraxis beim Kreuzverhör von Zeugen angeeignet hat. Der neue Prozess könne ihn möglicherweise auf den elektrischen Stuhl bringen, gibt er Hoffman zu verstehen. Die Chancen für einen Freispruch ständen nicht gut. Ob er nicht lieber noch 15 Jahre abbüßen und dann das Gefängnis als freier Mann verlassen wolle? »Mein Gott, Herr Leibowitz!«, antwortet Hoffmann verbittert. »Ehe ich noch weitere 15 Jahre hier hinter Gittern sitze, will ich lieber den elektrischen Stuhl riskieren. Ich sage Ihnen nochmals, ich bin unschuldig. Ich möchte diesmal den Gerichtssaal als freier oder … ja, oder als toter Mann verlassen.« Leibowitz sieht ihn lange schweigend an. Hoffmans Mut und Entschlossenheit imponieren ihm. »O.k., ich werde sehen, dass ich Sie freikriegen kann«, sagt er nach einer Weile. »Ich glaube, Sie sind tatsächlich unschuldig.«

Die vierte Hauptverhandlung beginnt in Brooklyn am 6. Mai 1929 vor dem weißhaarigen, erfahrenen Richter Burt Jay Humphrey. Wie immer hat Sam Leibowitz seine Verteidigungsstrategie bis zur letzten Einzelheit ausgeklügelt. Schon in seiner Eröffnungsansprache wird er sehr aggressiv. Staatsanwalt Flach habe in dem vorangegangenen Verfahren absichtlich Tatsachen unterdrückt, die Hoffman entlastet hätten, erklärt er kühn. Er erwähnt einen gewissen Horatio J. Sharret, der kurz nach dem Mord in der Nähe des Tatorts gesehen wurde und ebenfalls der Beschreibung des Mannes entspricht, der Maude Bauer in seinem Wagen mitgenommen hat. Ein motorisierter Polizist hat ihn etwa 500 Meter vom »Liebeswinkel« entfernt angehalten und kontrolliert, ohne ihn allerdings zu fragen, ob er im Besitz einer Pistole sei. Sharret ist der Bruder eines in Staten Island recht bekannten Politikers. Samuel Leibowitz wendet sich den Geschworenen zu und stellt die Frage, warum Sharret sich zu dieser Zeit wohl unweit des Tatorts aufgehalten hat. Damit legt er den Grundstein für die Zweifel, dass nur Hoffman der Täter gewesen sein kann. Und dass panische Angst der Grund dafür war, dass Hoffman sich ein

törichtes Alibi zusammengebastelt hat. Zugleich beginnt auch ein langes, erbittertes Gefecht mit Staatsanwalt Flach.

Die Hauptbelastungszeugin Barbara Fahs ist jetzt bereits 18 Jahre alt. Sie wirkt im Gegensatz zu ihrer Aussage vor fünf Jahren nicht sehr sicher. Leibowitz vernimmt sie in freundlichem, fast väterlichem Ton. Er erinnert sie daran, dass sie bei der ersten Gegenüberstellung mit Hoffman zunächst gesagt hat, er sei nicht der Fahrer des Wagens. Diese Aussage habe sie sogar noch einmal wiederholt. Ja, das stimme, gibt Barbara zu. Wieso sie dann später Hoffman doch »wiedererkannt« habe, will Leibowitz wissen. Van Wagner, inzwischen Inspektor, und andere Detektive hätten sie dazu gedrängt. Durch den Zuschauersaal geht ein Raunen. Leibowitz hat keine weiteren Fragen.

Den Polizisten McCormack vernimmt er in schneidigem Ton. Er könne nicht verstehen, wieso McCormack erst am 25. April mit der Aussage aufgewartet habe, dass er Hoffman in der Nähe des Tatortes gesehen hätte, hält er ihm vor. Einen ganzen Monat nach der Tat, und erst nachdem eine Belohnung von 8000 Dollar für die Ergreifung des Mörders ausgesetzt worden war. Ob ihn der Staatsanwalt ins Revier befohlen habe, um Hoffman zu identifizieren. »Nein«, antwortet McCormack, »ich ging von selbst dorthin.« Aber im zweiten Verfahren habe er ausgesagt, Staatsanwalt Flach hätte ihn herbeordert. Das stehe so auf Blatt 750 der Akten. Ob er sich nicht daran erinnere. Nein, er sei aus eigenem Antrieb erschienen, leugnet McCormack weiter. Da schaltet sich Staatsanwalt Flach ein und erklärt, McCormack habe in dem früheren Verfahren die Wahrheit gesagt, jetzt lüge er. Als McCormack aus dem Zeugenstand entlassen wird, ist seine Glaubwürdigkeit gänzlich erschüttert.

Immer wieder, wenn der Name Horatio Sharret erwähnt wird, horchen die Geschworenen auf. Die Verteidigung hat die Aufmerksamkeit geschickt von Hoffman auf ihn gelenkt. Die Anklagevertretung hat keine andere Wahl mehr, als auch Sharret in den Zeugenstand zu rufen. Leibowitz vernimmt ihn geradezu liebenswürdig und mit vollendeter Höflichkeit. Wie lange er mit Staatsanwalt Flach befreundet sei, fragt ihn der Verteidiger. »Seit über 20 Jahren!« Ob er eine Ford-Limousine, Modell T, fahre. »Ja-

wohl!« Leibowitz macht fast eine Verbeugung, als er die nächste Frage stellt. »Sind Sie zur Tatzeit in der Nähe des Tatorts gewesen?« Es dauert eine Weile, bis Sharret antwortet: »Ja, das stimmt.« Lächelnd geht Leibowitz auf seinen Platz zurück und sagt zu Flach: »Ihr Zeuge!« Der Verteidiger ist klarer Punktsieger.

Das nächste Problem, der Schießsachverständige Butts, ist schwieriger. Er gilt als Koryphäe und ist schon in Hunderten von Strafprozessen als Zeuge aufgetreten. Aber nun zeigt Leibowitz all seine schauspielerische und dramatische Begabung. Die tödlichen Schüsse seien nicht aus Hoffmans Revolver abgefeuert worden, erklärt er, und verweist auf drei ballistische Gutachten, die das bestätigen. Der Inhalt ist sehr technisch. Aber Leibowitz hat bei der Auswahl der Geschworenen darauf geachtet, dass vier Ingenieure darunter sind. Das zahlt sich jetzt aus, als der Gerichtssaal in ein Laboratorium verwandelt wird. Leibowitz hat vor dem Richtertisch ein großes Mikroskop mit zwei Einstellungen aufgebaut. Unter der einen liegen die beiden Hülsen, die man neben der Leiche von Maude Bauer gefunden hat. Und unter der anderen die Hülse von einer der 50 Kugeln, die einer der drei Sachverständigen mit Hoffmans Revolver abgefeuert hat. Leibowitz fordert die Geschworenen auf, nacheinander in das Mikroskop zu schauen. Was sie sehen, ist eindeutig: Beide Hülsen haben völlig verschiedene Schrammen. Staatsanwalt Flach nimmt die drei Experten ins Kreuzverhör, kann sie aber zu keiner Einschränkung ihrer Aussage bringen.

Zum Schluss ruft Leibowitz seinen Mandanten selbst in den Zeugenstand. Harry Hoffman schildert ruhig und sachlich, welche große Furcht ihn nach der Auffindung der Leiche befiel. Er berichtet von seiner panischen Suche nach Zeugen, die ihn am Tattag in Manhattan oder auf der Fähre gesehen haben könnten. Als sich keiner fand, habe er in völliger Verzweiflung das Alibi erfunden. Das sei falsch gewesen, gibt er zu, aber dafür sitze er nun schon über fünf Jahre unschuldig in Sing Sing. Leibowitz lässt ihn ausreden und unterbricht ihn nicht durch Zwischenfragen. Erst am Schluss seiner Aussage zeigt er ihm seinen Revolver und fragt ihn, ob er damit schon einmal geschossen habe. »Noch nie!«, entgegnet Hoffman. Er könne gar nicht schießen. Und mit dieser

Waffe schon gar nicht. Denn sie habe einen Sicherungshebel für Rechtshänder, er sei aber Linkshänder. Deshalb habe er sie unbenutzt in eine Schublade gelegt. Nun entfaltet Leibowitz Schaubilder, auf denen die Laufbahn des tödlichen Geschosses im Körper von Maude Bauer zu sehen ist. Es ist sechseinhalb Zentimeter links von der Körpermitte in ihre Brust eingedrungen und etwa fünf Zentimeter rechts vom Rückgrat wieder ausgetreten, also insgesamt über zehn Zentimeter nach rechts versetzt. Ein Linkshänder kann diese Kugel nicht abgefeuert haben.

Das trifft Staatsanwalt Flach ins Mark. Er muss erst jetzt zur Kenntnis nehmen, dass Hoffman Linkshänder ist. Nach dem leidenschaftlichen, feurigen Schlussplädoyer der Verteidigung sind von der Anklage nur noch Trümmer übrig. »Ich kann mir nicht vorstellen«, beendet Leibowitz seine Ausführungen mit lauter, dramatischer Stimme, »dass irgendein Schwurgericht selbst einen Hund aufgrund von Beweisen verurteilen würde, wie sie hier vorgelegt wurden!«

Er hat die Geschworenen überzeugt. Sie sprechen Harry Hoffman frei. Die Presse bejubelt das Urteil. Es macht Samuel Leibowitz noch berühmter. Die Gewerkschaft der Filmvorführer beschafft Hoffman wieder einen Job, und er kehrt in ein normales Leben zurück. Der Mord bleibt ungesühnt. Gegen Horatio Sharret ist nie ein Verfahren eingeleitet worden.

Die Tragödie des Bauern Bernard

(Deutschland, 1929)

Auch bei einem der eklatantesten Fehlurteile der Weimarer Republik ist das falsche Gutachten eines Sachverständigen die Ursache. Der Fall ereignet sich in Ostpreußen auf einem Bauernhof in der Nähe von Lyck und ist als der »Altsitzermord« in die Rechtsgeschichte eingegangen. Ein »Altsitzer« ist ein in die Jahre gekommener Bauer, der den Hof an den Sohn oder Schwiegersohn gegen freie Logis und Verpflegung und ein wenig Bargeld abgibt.

Im Herbst 1929 erscheint die Magd des kleinen Hofs aufgeregt bei dem Landjäger Gustav Grigoleit und erklärt, sie habe den Alt-

bauern in seinem Zimmer mit durchgeschnittener Kehle aufgefunden. Alles sei voll Blut. Der Polizist eilt sofort herbei und findet den Alten noch lebend vor. Er röchelt, kann aber auf die Frage, ob er das selbst gemacht habe oder sein Schwiegersohn Bernard, keine Antwort mehr geben. Er verstirbt am Tatort. Jeder in der Umgebung weiß, dass das Verhältnis des Altbauern zu seinem Schwiegersohn Bernard nicht das beste war. Bernard habe »zu teuer übernommen«, hieß es. Zu den wirtschaftlichen Schwierigkeiten traten persönliche Streitigkeiten. Die beiden waren zerstritten und bekriegten sich in einer ganzen Reihe von Prozessen. Der Alte galt als hintersinnig und verschlagen, der Jungbauer als aufbrausend und unbeherrscht.

Sofort kommt Bernard als möglicher Täter in Verdacht. Er war zur Tatzeit allein auf dem Hof. Seine Frau weilte in der Stadt, und die Knechte arbeiteten alle weit draußen auf den Feldern, über eine Wegstunde entfernt vom Ort des Geschehens. Sie kommen für die Tat ebenso wenig in Frage wie die Magd. Also gibt es für die Ermittlungsbehörden nur zwei Möglichkeiten: Selbstmord oder Tötung durch den Schwiegersohn. Die Tatwaffe wird schnell gefunden. Landjäger Grigoleit findet in der nicht ganz zugeschobenen Schublade des Vertikos das Rasierzeug des Toten. Am Rasiermesser klebt noch nasses Blut, es ist nur notdürftig abgewischt. Der Täter muss es in die Schublade zurückgelegt haben. Bernard wird festgenommen, des Mordes beschuldigt und ins Gefängnis nach Lyck gebracht. Er bestreitet die Tat. Er habe, als sie geschah, Häcksel geschnitten, Jauche gepumpt und das Vieh gefüttert.

Der Gerichtsarzt nimmt die Leichenschau vor und erstattet sein Gutachten. Der Schnitt sitzt, vom Toten aus gesehen, auf der rechten Seite des Halses und sei eindeutig der Schnitt eines Fremdtäters, der von hinten an das Opfer herangetreten sein müsse. Selbstmord sei völlig ausgeschlossen, erklärt der Mediziner. Ein Verblutender könne nicht noch das Messer abgewischt, zusammengeklappt, in die Schublade getan und diese dann zugeschoben haben. Für die Staatsanwaltschaft ist der Fall klar. Auch am Motiv besteht kein Zweifel. Bernard hatte wirtschaftliche Probleme, und der Fortfall des Altenteils hätte ihm einige Sorgen genommen.

Im Mai 1930 beginnt der Prozess vor dem Schwurgericht unter dem Vorsitz von Landgerichtsdirektor Sperling. Als Pflichtverteidiger fungiert der junge Rechtsanwalt Müller. Er glaubt selbst daran, dass Bernard den Mord begangen hat. Und als Staatsanwalt Szielinsky in seinem Plädoyer sagt, selten sei ein Mordfall so klar und so durchschaubar gewesen wie dieser, weiß der Verteidiger, dass er den Kopf seines Mandanten nicht mehr retten kann. Bernard wird wegen Mordes zum Tode verurteilt.

Rechtsanwalt Müller legt Revision ein. Neben ihm übernimmt der prominenteste Strafverteidiger in Ostpreußen den Fall: David Aschkanasy. Er stellt fest, dass dem Gericht ein Formfehler unterlaufen ist. Es hat vergessen, den Hauptbelastungszeugen, den Landjäger Grigoleit, zu vereidigen. Das ist ein absoluter Revisionsgrund. Der 4. Strafsenat des Reichsgerichts in Leipzig hebt das Urteil deshalb auch auf, und es kommt zu einer neuen Verhandlung.

Auf Antrag Aschkanasys sind drei neue Sachverständige bestellt worden, darunter der gerichtsmedizinische Universitätsprofessor Müller-Heß, eine berühmte Kapazität. Die Leiche des Altbauern wird exhumiert. Als das Gutachten in der neuen Hauptverhandlung verlesen wird, schlägt es wie eine Bombe ein. Der Gutachter aus dem ersten Prozess habe sich schlichtweg geirrt, erklären die Sachverständigen. Der Altsitzer sei Linkshänder gewesen und habe sich auch mit der linken Hand rasiert. Wenn er sich selbst den Schnitt beigebracht habe, dann musste er auf der rechten Halsseite von hinten nach vorne schneiden. So verlief auch der Schnitt. Bernard sei jedoch ein Rechtshänder. Und der hätte den Schnitt mit an Sicherheit grenzender Wahrscheinlichkeit von vorn nach hinten geführt. Auch sei es keineswegs ausgeschlossen, dass der Altsitzer noch in der Lage gewesen sei, das Rasiermesser abzuwischen und in die Schublade zurückzulegen, um so einen Mord vorzutäuschen.

Das Gutachten ist derart einleuchtend und überzeugend, dass der Staatsanwalt selbst nun auf Freispruch plädiert. Aschkanasy sagt in seinem Schlussplädoyer: »Wie leicht ist doch der Schritt vom Mord zum Justizmord, auch wenn man ihn schonend ›Justizirrtum‹ nennt!«

Die Beratung der Jury dauert nur eine Viertelstunde, dann verkündet das Gericht das Urteil: »Freispruch!« Bernard wird aus der Todeszelle entlassen und erhält eine Entschädigung für unschuldig erlittene Untersuchungshaft von knapp 5000 Reichsmark.

Der vierte Schuss. Der Fall Dr. Ettore Grande

(Italien, 23. November 1938–1950)

Der Vater ist nur ein biederer Geographielehrer. Aber Ettore Grande, sein überdurchschnittlich intelligenter und ehrgeiziger Sohn, entwickelt höhere Gaben und macht Karriere. In der Schule und später auf der Universität erhält er die besten Noten. Seine Dissertation erregt Aufsehen. Und auch sein Wunschtraum geht in Erfüllung: Ettore Grande schafft es, mit 25 Jahren in den diplomatischen Dienst aufgenommen zu werden. In den Jahren 1927 bis 1938 bekleidet er diverse Posten im Ausland. Dann will ihn die faschistische Regierung in Italien als Legationssekretär in den Fernen Osten schicken, eine weitere, routinemäßige Etappe in der konsularischen Laufbahn. Es gibt nur ein Problem, Ettore ist nicht verheiratet. Das muss er nach den damaligen italienischen Gesetzen aber sein. Auf den exponierten Posten der ausländischen Botschaften werden nur verheiratete Männer eingesetzt. Die Diplomaten sollen in klaren, geordneten Verhältnissen leben.

Lust zum Heiraten hat er überhaupt nicht. Er ist auch nicht verliebt. Freunde vermitteln ihm die Bekanntschaft der Tochter des sehr reichen Juweliers Virando aus Turin. Im Mai 1938 trifft er im Alter von 35 Jahren in einem Turiner Café die hübsche, lebenslustige und temperamentvolle Nina Virando, und schon wenige Wochen später, am 31. Juli 1938, heiratet er sie. Dr. Ettore Grande erhält eine Million Lire Mitgift. Er besteht jedoch auf einer Klausel im Ehevertrag, dass diese Summe im Falle des Todes seiner Frau in vollem Umfang an die Familie Virando zurückfließen soll. Außerdem schließt er eine Lebensversicherung zugunsten seiner Frau über die glciche Summe ab. Zeit, sich eingehender

kennen zu lernen, haben die beiden angesichts der Reisevorbereitungen kaum. Denn bereits vier Tage nach der Eheschließung reist das Paar nach Bangkok ab, wo der junge, aufstrebende Diplomat seinen neuen Dienst antreten muss. Erst auf der 14-tägigen Schiffsreise werden sie etwas intimer miteinander. Vor lauter Angst, schwanger zu werden, hat Nina kaum Freude am Sex. Sie will auf keinen Fall ein Kind.

Das aufwendige Leben in der »High Society« Bangkoks gefällt ihr anfangs ganz gut. In ihrem gemieteten luxuriösen Haus direkt am Ufer des Menam gibt sie große Gartenfeste und stilvolle Empfänge und ist bald überall sehr beliebt. Umgeben von einer Schar von thailändischen Dienern genießt sie es, als Gastgeberin im Mittelpunkt zu stehen und von allen bewundert zu werden. Aber sie ist nicht wirklich glücklich. Tagsüber ist sie allein und langweilt sich. Sie spricht kein Englisch, treibt keinen Sport und kann als weiße Frau in Bangkok nicht einmal allein auf die Straße gehen. Nach wie vor will Nina kein Kind. Es hätte ihr eintöniges Leben vielleicht ändern können. »Lieber würde ich sterben als ein Kind bekommen!«, vertraut sie der Gattin des italienischen Konsuls an.

Doch ihr Mann sieht das völlig anders. Als Nina schwanger ist, greift sie zu Alkohol und Zigaretten. Auf Ettores warnende Worte entgegnet sie nur: »So langweile ich mich weniger.« Seinen Vorschlag, ihre Mutter nach Bangkok zu holen, lehnt sie ab. Und dann kommt der große Regen, für Nina ein noch größerer Schock. Alles ist in dampfende Schwüle gehüllt, und auf der Haut perlt ständig der Schweiß. Nina wird von Depressionen befallen. Als junges Mädchen hat sie schon einmal aus Liebeskummer einen Selbstmordversuch begangen.

Am Morgen des 23. November 1938 ist außer dem Ehepaar niemand im Haus. Die Dienerschaft wohnt in einem Nebengebäude. Dr. Ettore Grande wird um 7.00 Uhr morgens wach. Das ständige Trommeln des Regens auf das Terrassendach hat ihn geweckt. Er blickt durch den Moskitoschleier auf seine im Nebenbett offenbar noch schlafende Frau. Er geht hinüber ins Badezimmer und duscht. Das ist die einzig wirkliche Erfrischung des Tages. Während die Wasserstrahlen auf seinen Körper prasseln,

hört er ein Geräusch. Das werden die Boys sein, die eingetroffen sind, denkt er. Vielleicht haben sie etwas fallen lassen. Zurück im Schlafzimmer blickt er auf seine Frau. Sie hat das Laken bis über die nackten Schultern hochgezogen und scheint noch immer zu schlafen. Plötzlich vernimmt er gurgelnde Laute und ein lang gezogenes Stöhnen. Er schiebt den Moskitoschleier zur Seite und sieht, dass Ninas Mund und Kinn blutüberströmt sind. Hastig rennt er zurück ins Bad, um Handtücher zu holen. Da hört er erneut einen Knall. Wieder am Bett seiner Frau versucht er, mit den Tüchern das Blut zu stillen und Ninas Gesicht zu reinigen. Dann öffnet er die Terrassentür und ruft laut um Hilfe. Er schickt einen Diener los, um Doktor Gottschlich zu holen.

Der deutsche Arzt trifft eine Stunde später ein und stellt drei Einschüsse fest, zwei ins Gesicht und einen in den Hals. Für ihn ist die Todesursache klar: Selbstmord durch Erschießen. Er findet vier Schussöffnungen, nach seiner Auffassung entstanden durch zwei Kugeln. Eine Kugel hat nach seinen Feststellungen das Kinn getroffen und ist auf der rechten Halsseite wieder ausgetreten. Die andere Kugel traf die Mitte des Halses und hinterließ die zweite Öffnung hinter dem linken Ohr. Doktor Gottschlich schreibt in seinem Bericht, Nina Grande habe die Tat in einer »Depressionskrise« begangen, hervorgerufen wahrscheinlich durch ihre gerade bekannt gewordene Schwangerschaft. Sie sei sich ihrer Tat nicht voll bewusst gewesen.

Die siamesische Polizei schließt sich dieser Auffassung an. Sie will wissen, woher die Ehefrau die Tatwaffe hat, die zwischen beiden Betten am Boden liegt. Er habe ihr den kleinen Browning, Kaliber 6,35, in Brüssel zur Selbstverteidigung gekauft, gibt Ettore Grande zu Protokoll. Die Kassette, in der er im Hause verwahrt wurde, steht offen. Damit ist der Fall für die Polizei erledigt. Eine Kugel hat sich ins Kopfkissen gebohrt, die zweite steckt zwischen dem vierten und fünften Rückenwirbel und eine dritte in der Schulter. Der »Siam Chronicle« berichtet am nächsten Tag in Schlagzeilen über den Selbstmord der italienischen Diplomatenfrau. Ettore Grande lässt die Leiche seiner Frau einbalsamieren und drückt ihr, bevor der Sarg geschlossen wird, eine Madonnenstatue in die Hände.

Ninas Eltern und ihr Bruder kommen nach Singapur. Ettore reist ihnen per Schiff entgegen, mit dem Sarg an Bord. Während der fünftägigen Reise steht er im schmalen Gang neben Ettores Kabine. Der Seegang ist besonders nachts recht hoch. Der Sarg rutscht im Gang hin und her und prallt häufig gegen die Wände. Ettore findet das höchst makaber, kann es aber nicht ändern.

Als er zusammen mit der Familie Virando in Italien eintrifft, verlangt Ninas Mutter eine Obduktion der Leiche. Sie will nicht glauben, dass ihre Tochter schwanger war. Und sie glaubt auch nicht, dass sie sich selbst getötet hat. Sie habe zwar häufiger nach Hause geschrieben, dass sie schon nach vier Monaten des Orients überdrüssig sei und dass ihr das Klima sehr zusetze. Aber das seien doch keine Gründe für einen Selbstmord. Außerdem sei Nina, wie die ganze Familie, streng katholisch erzogen worden. Ein Freitod habe sich ihr schon aus diesem Grunde verboten.

Der Gerichtsmediziner Professor Busatto stellt tatsächlich eine Schwangerschaft fest. Außerdem schneidet er bei der Autopsie am 1. Februar 1939 die Nackenhaut aus, spannt sie auf eine Platte und fotografiert sie. Busatto findet ein kleines Loch im Nacken, das er als einen vierten Einschuss identifiziert. Dieser Schuss ins Genick sei der tödliche gewesen, sagt er in seinem Gutachten, ohne allerdings den Weg der Kugel im Körper der Toten weiter zu verfolgen. Nina Grande könne sich diesen Schuss, auf dem Rücken liegend, nicht selbst beigebracht haben, erklärt Professor Busatto. Niemand hat dieses Loch zuvor entdeckt, weder der deutsche Arzt, der Ninas Leiche zuerst gesehen hat, noch die siamesische Polizei.

Daraufhin wird Dr. Ettore Grande am Karfreitag, dem 17. April 1939, in Turin verhaftet und wenig später angeklagt, seine Frau im Bett durch vier Pistolenschüsse im Schlaf ermordet zu haben. Der Prozess gegen ihn beginnt erst 1941, mitten im Krieg.

Das Geräusch, das er gehört habe, als er unter der Dusche stand, seien wahrscheinlich die ersten beiden Schüsse gewesen, sagt Ettore Grande aus. Dann habe er etwa zehn Minuten später nochmals einen Schuss gehört, als er erneut ins Bad lief, um Handtücher zu holen. »Nur einen Schuss, nicht zwei?«, fragt der

Richter. »Ja, nur einen Schuss!« Der Staatsanwalt schüttelt den Kopf. Es seien insgesamt vier Schüsse abgegeben worden, entgegnet er. Nichts deute auf einen Selbstmord hin. Nina Grande sei am Abend vorher bei einer Party des Botschafters sehr fröhlich gewesen, habe getanzt und gelacht und sogar ein italienisches Lied vorgetragen. Das Ehepaar sei kurz vor Mitternacht eng umschlungen zu Fuß nach Hause gegangen. Es sei wenig glaubhaft, dass die Frau nur wenige Stunden später freiwillig aus dem Leben geschieden sei. Den tödlichen Schuss könne sie zudem unmöglich selbst abgegeben haben. Denn dann hätte sie sich trotz der durch die beiden ersten Kugeln beigebrachten schweren Verletzungen in ihrem Bett umdrehen und von hinten in den Rücken schießen müssen.

Drei weitere Gutachter sind wie Professor Busatto der Meinung, das kleine Loch im Nacken der Toten könne nur von einem Revolverschuss, dem tödlichen, herrühren. Dr. Ettore Grande beteuert seine Unschuld, aber man glaubt ihm nicht. Die Geschworenen halten es für unmöglich, dass Nina Grande sich von hinten selbst erschossen hat, und verurteilen den Angeklagten zu 24 Jahren Zuchthaus. Vor einer lebenslänglichen Haft bewahrt ihn nur die auf seinen Wunsch in den Ehevertrag aufgenommene Klausel, nach der Ninas Vermögen nach ihrem Tod an ihr Elterhaus zurückfällt. Ein Motiv für die Tat kann die Jury allerdings nicht finden. Für die These der Anklagevertretung, Nina Grande habe wegen schwerwiegender Meinungsverschiedenheiten ihren Mann verlassen wollen, gibt es keinerlei Beweise.

Dr. Grande legt gegen das Urteil Berufung ein. Das Berufungsgericht kommt zu dem Ergebnis, dass seine Schuld nicht erwiesen sei. Nun muss der Prozess neu aufgerollt werden. Das Verfahren gegen Grande dauert insgesamt rund zehn Jahre. Das Schwurgericht in Novara holt neue Gutachten ein. Professor Pellegrini misst dem Loch im Nacken eine ganz andere Bedeutung bei. Zum ersten Mal schließt ein Gutachter die Möglichkeit nicht aus, dass das Loch nicht vom Einschuss einer Kugel herrühre, sondern von einem Ausschuss. Damit ist die Theorie der Staatsanwaltschaft von dem tödlichen vierten Schuss entscheidend erschüttert.

Das Schwurgericht spricht Ettore Grande deshalb am 15. No-

vember 1946 aus Mangel an Beweisen frei. Das Publikum im Gerichtssaal, weitestgehend Frauen, bricht in Jubelstürme aus. Man wirft Dr. Ettore Grande Blumen zu, wie schon während des Prozesses, wenn er unter strenger Bewachung der Karabinieri die Treppe zum Justizpalast hinaufging. Im Triumphzug verlässt er nach dem Freispruch das Gefängnis, sichtlich gezeichnet von der langen Haftzeit. »Ich werde so lange weiterkämpfen, bis meine Unschuld völlig einwandfrei anerkannt ist«, sagt er zu den Reportern. Er will einen Freispruch wegen erwiesener Unschuld. Deshalb legt Grande ebenso wie die Staatsanwaltschaft Berufung gegen das Urteil ein.

Das Berufungsgericht hebt auch dieses Urteil auf, weil Grandes Unschuld keineswegs erwiesen sei. Kurz vor Weihnachten 1947 wird Dr. Ettore Grande erneut verhaftet. Seine Schwiegermutter ist noch immer seine erbittertste Feindin. In der dritten Hauptverhandlung vor dem Schwurgericht Bologna, die im Juli 1948 beginnt, tritt sie als Nebenklägerin mit vier Anwälten auf. Der Angeklagte wird erneut in Handschellen zur Verhandlung geführt.

Zum wiederholten Mal wird Ninas noch immer recht gut erhaltene Leiche ausgegraben und erneut obduziert. Italiens berühmteste Gerichtsmediziner untersuchen vor allem das kleine Loch im Nacken und kommen übereinstimmend zu dem Ergebnis, dass es von dem Einschuss einer Revolverkugel herrühre.

Erst ein vierter Gutachter, Professor Ferrero, stellt fest, dass dieses Loch keine Einschuss-, sondern eine Austrittsverletzung sei, hervorgerufen durch ein kleines abgesplittertes Knochenstück. Das ist eine ganz neue Variante in dem langjährigen gerichtsmedizinischen Streit. Außerdem wird eine weitere Verletzung im rechten Oberkiefer entdeckt. Er ist gebrochen und von einer Kugel durchbohrt. Und aus dem Einschusskanal zwischen dem fünften und sechsten Wirbel wird gefolgert, dass der Schuss, der den vierten Wirbel zerschmettert hat, von links oben abgefeuert worden ist. Jetzt wird dieser Schuss als der tödliche angesehen.

Die Verteidigung stellt weitere Fragen und plädiert wiederum auf Freispruch. Warum lässt ein angeblicher Mörder die Leiche seines Opfers einbalsamieren? Der Angeklagte hätte doch besser

daran getan, die Leiche sofort verbrennen zu lassen, wenn er wirklich der Mörder war, um alle Spuren zu verwischen. Und wäre er dann nicht besser in Bangkok geblieben? Er habe keinen Grund gehabt, seine vorgezeichnete steile Karriere durch eine derartige blutige Tat zu zerstören. Wie schon in den Vorprozessen werden die siamesischen Boys nicht als Zeugen geladen. Vor der Polizei hatten die Diener ausgesagt, sie hätten gehört, wie Signora Grande im Schlafzimmer um Hilfe gerufen habe. Es könne gut sein, argumentiert die Verteidigung, dass sie aufgrund der Entfernung und bei all dem von der Straße heraufdringenden Lärm die Stimmen verwechselt haben.

Die entscheidende Wende bringt ein von der Verteidigung beigebrachtes Gutachten von Professor Pellegrini. Einen vierten Schuss habe es überhaupt nicht gegeben, sagt er. Die Verletzung am Nacken sei erst viel später beim Transport der Leiche entstanden. Während des stürmischen Seewegs sei die Leiche im Sarg vermutlich gegen die Wände gestoßen. Vielleicht sei aber auch die im Sarg herumrollende Madonnenfigur die Ursache für das kleine Loch gewesen. Es könne aber auch bei der Einbalsamierung entstanden sein. Oder gar bei der ersten Autopsie im Leichenraum des Turiner Friedhofs, als man der Toten alte Sargbretter unter den Kopf legte. Da könne ein kleiner Holzspan in den Nacken eingedrungen sein.

Auch Professor Gaetani vom Institut für pathologische Anatomie in Modena kommt zu diesem Ergebnis: »Seit zwölf Jahren«, erklärt er, »spricht man von diesem Loch im Nacken, das nichts weiter ist als ein Phantom, entstanden durch ein paar grundlegende Irrtümer.« Die von der Staatsanwaltschaft beigebrachten Gutachten seien falsch und »mit Pedanterie und Parteilichkeit ausgewertet« worden. Kein Projektil vom Kaliber 6,35 könne jemals ein so kleines Loch von nur zwei Millimetern verursachen. Das Schwurgericht Bologna spricht Dr. Ettore Grande daraufhin wegen erwiesener Unschuld frei.

Der italienische Staat nimmt ihn wieder in den diplomatischen Dienst auf, und man zahlt ihm sein Gehalt von fast drei Millionen Lire nach. 1954 wird er erster Legationssekretär in Sofia, wo er eine hochgebildete, sehr schöne, 24 Jahre jüngere Frau kennen

lernt, in die er sich verliebt. 1955 wird er zum Generalkonsul in Bengasi ernannt. Aber eine Genehmigung zur Heirat der jungen Bulgarin wird ihm nicht erteilt. Als Ettore Grande sie 1957 dennoch ehelicht, muss er den diplomatischen Dienst quittieren.

Die Irrtümer im Fall Roland S.

(Deutschland, 1971–1988)

Er hat einen festen Platz in der Justizgeschichte der Bundesrepublik. Roland S. begeht schreckliche Morde. Die Einzelheiten sind ekelhaft und unerträglich. Und die Irrtümer in seinem Fall sind so eklatant, dass man ratlos davorsteht und nicht begreifen kann, wieso sie überhaupt geschehen konnten. Sie entstehen da – und werden zum Justizskandal –, wo Richter, Psychiater und Psychologen zusammenarbeiten müssen, aufeinander angewiesen sind.

Im März 1971 wird in Stuttgart der 24-jährige Heinz G. vermisst. Er ist wie vom Erdboden verschwunden. Sein Vater befragt den damals 32 Jahre alten Roland S., ob er ihm helfen könne. Denn er und sein Sohn sind zuletzt zusammen gesehen worden. Ja, er sei am Abend zuvor mit Heinz zusammen gewesen, antwortet Roland. Aber er wisse nicht, was er danach gemacht habe und wo er jetzt sei. Bereitwillig beteiligt er sich an der Suche und geht sogar mit dem Vater zur Polizei, um eine Fahndung in Gang zu bringen. Die Mutter beruhigt er, sie solle sich keine Sorgen machen und nicht verzweifeln. »Ihr Sohn kommt bald wieder!« Die Polizei kann die Wohnung von Roland S. nur oberflächlich durchsuchen, da der Strom ausfällt. Aber bei der zweiten Durchsuchung findet sie die Leiche von Heinz G.

Roland S. wird verhaftet und des Mordes angeklagt. Die Große Strafkammer des Landgerichts Stuttgart verurteilt ihn zu 14 Jahren Freiheitsstrafe. Sie stellt fest, dass er während oder nach einem homosexuellen Beisammensein mit den Fäusten und mit einem mit Sand gefüllten Socken so lange auf Heinz G. eingeschlagen hat, bis er regungslos auf dem Boden liegen blieb.

»Um sich ungestört an ihm zu vergehen«, heißt es in den Urteilsgründen, »schnürte er mit einem Kabel die Hände des sich

noch schwach Wehrenden auf dem Rücken zusammen. Dann fesselte er die Beine des G., zog die Leine über dem Rücken straff an, schlang sie zweimal um den Hals des Opfers und verknotete sie. Er zog die Hose des G. herunter und versuchte, bei ihm zu onanieren, was ihm nicht gelang, da G. inzwischen (an Erbrochenem) erstickt war. Danach beschloss er, seinem Opfer den Penis abzutrennen. Er versuchte dies zunächst mit einem Tafelmesser, nahm dann eine Schere.«

Er hat »zur Befriedigung des Geschlechtstriebs« getötet, stellt die Strafkammer fest. Das ist ein Mordmerkmal, und eine lebenslange Freiheitsstrafe ist die Folge. Die Richter mildern die Strafe jedoch auf 14 Jahre ab, weil sie eine erhebliche, alkoholbedingte Verminderung der Steuerungsfähigkeit zur Zeit der Tat nicht ausschließen können. Roland S. müsse während der Haftzeit unbedingt therapiert werden, hat ein forensischer Sachverständiger in seinem Gutachten erklärt. Eine Einweisung in eine psychiatrische Klinik vor oder nach der Haft wird aber nicht beschlossen.

Während der Haftzeit in Freiburg ist der gelernte Bauschlosser Roland S. ein vorbildlicher Strafgefangener. Er arbeitet in der Schlosserei und gilt dort bald als äußerst zuverlässig und qualifiziert. Er nutzt jede Möglichkeit zur Weiterbildung, schafft den Hauptschul- und den Realschulabschluss und belegt Kurse für Buchhaltung, Englisch und Französisch. In der Freizeit baut er perfekte Oldtimermodelle. Aber eine Auseinandersetzung mit seiner Tat findet kaum statt. Er habe viel gutzumachen, sagt er lediglich und zeigt sich schuldbewusst. Im Frühjahr 1977 bittet er den Anstaltspfarrer, ihm einen Therapeuten zu vermitteln. Und nun finden einmal wöchentlich Gespräche mit einem Diplompsychologen statt, den er selbst bezahlen muss. Das Geld dafür bekommt er durch den Verkauf seiner Automodelle an Liebhaber zusammen. Diagnostische Überlegungen kommen in den Gesprächen nicht vor, sie beschränken sich auf die Konfliktbewältigung im Alltag des Strafvollzugs. Rolands Homosexualität, seine Triebe und seine Tat sind kein Thema. Ein arges Versäumnis mit schlimmen Folgen.

Vergünstigungen bekommt er keine, auch keinen Ausgang. Dennoch wird er am 10. Dezember 1980 bedingt entlassen. Der

Diplompsychologe hat das befürwortet. Nur ein einziges Mal wird Roland ein paar Tage zuvor nach draußen begleitet. Der Sachverständige aus dem Stuttgarter Verfahren soll ihn erneut begutachten. Da aber die Kostenfrage bis zum Zeitpunkt der Entlassung nicht geklärt ist, wird das Gutachten nicht fertiggestellt. Doch das ist in den Augen der Verantwortlichen nicht so schlimm. Was soll schon schief gehen? Roland hat im Strafvollzug geordnet gelebt und gearbeitet, also wird er auch draußen leistungsfähig sein. Und er wird gelernt haben, seinen Geschlechtstrieb zu beherrschen. Ein verhängnisvoller Irrtum. Roland bekommt in Freiburg sogleich Arbeit. Sein Bewährungshelfer ist sehr zufrieden mit ihm.

Im Juni 1982 wird in Freiburg der 17-jährige Cyrius S. vermisst. Zuvor ist er zusammen mit Roland S. gesehen worden. Die Polizei überprüft sein Strafregister, erhält aber infolge eines Computerfehlers eine »Nullauskunft«. Im August findet ein Pilzsammler eine bereits stark verweste Leiche. Der zuständige Gerichtsmediziner nimmt zunächst irrtümlich an, es handele sich um eine weibliche Leiche. Als das Opfer dann endlich identifiziert ist, wird Roland S. inhaftiert.

Energisch bestreitet er, irgendetwas mit dieser Tat zu tun zu haben. Dabei bleibt er auch, als am 7. März 1984 vor dem Schwurgericht Freiburg der Mordprozess gegen ihn beginnt. Die Staatsanwaltschaft beantragt eine lebenslange Freiheitsstrafe, doch sie hat kaum etwas gegen ihn in der Hand. Die Spuren am Fundort der Leiche sind verwischt und zum Teil vernichtet worden. Es gibt keine Beweise. Neue Sachverständige werden gehört. Sie bescheinigen dem Angeklagten eine überdurchschnittliche, sogar sehr hohe Intelligenz. Und sie äußern die Vermutung, er habe seine Homosexualität noch nicht akzeptiert. Er kämpfe dagegen an und leide darunter, dass er anders sei. Warum denn eine psychotherapeutische Behandlung in der Haft und auch nach der bedingten Entlassung nicht erfolgt sei? Niemand findet eine Antwort darauf.

Ein Nachweis, dass Roland S. erneut »zur Befriedigung des Geschlechtstriebs« getötet hat, kann nicht erbracht werden. Mord entfällt also, und dass die Tat in einem hochgradigen Affekt

geschehen ist, wollen die Freiburger Richter auch nicht ausschließen. Sie verurteilen Roland S. zu zehn Jahren Freiheitsstrafe wegen Totschlags.

Aber ist denn seine Täterschaft überhaupt erwiesen? Hätte er nicht nach dem Grundsatz »in dubio pro reo«, »im Zweifel für den Angeklagten«, freigesprochen werden müssen? In dem Urteil, das keinen Bestand haben kann, kommt die ganze Ratlosigkeit der Freiburger Richter zum Ausdruck.

Aufgrund der eingelegten Revision hebt es der 1. Strafsenat des Bundesgerichtshofes einstimmig auf und verweist den Fall zur erneuten Verhandlung an eine andere Freiburger Strafkammer zurück. Sie spricht Roland S. vom Vorwurf der Tötung frei und verurteilt ihn lediglich wegen vorgenommener homosexueller Handlungen, die er zugegeben hat, zu einer Freiheitsstrafe von einem Jahr und drei Monaten. Noch am gleichen Tag wird er freigelassen. Doch er ist nicht wirklich frei, als er nach Würzburg umzieht und dort auch Arbeit findet. Er bleibt ein Gefangener seiner schweren Störung.

Im Januar 1986 wird wieder ein junger Mann vermisst. Es ist der 28-jährige Marek F. aus Fürth. In der Nähe eines Parkplatzes entdeckt man seinen Kopf, und im April werden in einem Waldgebiet seine abgesägten Beine gefunden. Die Nürnberger Kripo erhält aus Freiburg einen Tipp. Am 13. April 1986 wird Roland S. festgenommen. Er gesteht, Marek F. am 31. Dezember 1985 getötet zu haben. Und den Freiburger Mord an Cyrius S. gesteht er gleich mit. Dieser Fall wird wieder aufgenommen, so dass es im Verfahren vor dem Landgericht Nürnberg unter dem Vorsitzenden Richter Johann Manger um zwei Morde geht. Als Sachverständige werden der Psychiater Eberhard Schorsch und der Psychologe Herbert Maisch bestellt, beides hoch angesehene Experten. Die Erkenntnis, die sie nun dem Gericht vortragen, machen die Taten des Roland S. etwas verständlicher.

Er wächst in ländlicher Umgebung unter dem Stigma der Unehelichkeit auf und steht in seiner Kindheit unter dem Eindruck, ungewollt und nichts wert zu sein. Sexualität sei etwas Verbotenes und Schmutziges, erklärt ihm die Mutter, die alle Wut an ihm auslässt. So findet er nie Zugang zu Mädchen und Frauen. Als er

neun Jahre alt ist, missbraucht ihn sein Onkel anal. Mit 15 wird er im Jugendarrest von Mitgefangenen gefesselt und an seinen Genitalien betatscht. Doch diese Erlebnisse führen nicht dazu, sich homosexuell zu orientieren. Er findet überhaupt keine sexuelle Identität.

Die wechselnden und kurzfristigen homosexuellen Kontakte seien unverbindliche sexuelle Erlebnisse in Form von mutueller Masturbation gewesen, meint der Psychologe Maisch. Er tue eigentlich etwas, was er ablehne und verurteile. Mit seinen wahllosen homosexuellen Kontakten durchbreche er aber auch zugleich seine innere Isolation und kompensiere seine Einsamkeit. Seine Taten seien ein »aggressiver, destruktiver Impulsumbruch«, ein Umkippen seiner selbststrafenden Impulse nach außen und gegen den jeweiligen homosexuellen Partner. Der Ekel ließ ihn töten, der Ekel vor sich selbst. Und warum hat Roland S. allen seinen Opfern das Glied abgeschnitten? Maisch erklärt das so: »Das Abtrennen der Partnergenitale, lebend oder bereits tot, ist exakt die Kopie seines an einen homosexuellen Partner delegierten Selbstbestrafungsverlangens mit umgekehrtem Vorzeichen.«

Das Urteil ist eindeutig: Lebenslänglich mit gleichzeitiger Einweisung in eine psychiatrische Klinik. Die Sachverständigen haben eine außergewöhnlich intensive Persönlichkeitsstörung festgestellt, eine »schwere andere seelische Abartigkeit« im Sinne des Gesetzes. Sie halten ihn nicht für therapierbar. Er muss vor sich selbst geschützt werden und andere Menschen vor ihm. Seine Einsichtsfähigkeit während der Taten sei aber, nicht zuletzt wegen seiner außerordentlichen Intelligenz, nicht berührt gewesen. Die Urteilsbegründung macht das deutlich. Sie zeigt aber auch auf, wie bedenklich groß der Abstand zwischen den Definitionen des Strafgesetzes und den Erkenntnissen und Tatsachen der Psychiatrie und Psychologie geworden ist. Haben im Fall des Roland S. die Juristen, die über ihn in mehreren Verfahren Gericht gehalten haben, letztlich nicht gegen einen ganz anderen Menschen verhandelt? Einen anderen Angeklagten als den, von dem die forensischen Gutachter nach dem Stand ihrer wissenschaftlichen Erkenntnis gesprochen haben oder hätten sprechen müssen?

Der geheimnisvolle Dingo

(Australien, 17. August 1980–15. September 1988)

Dingos gibt es nur in Australien. Es sind Wildhunde mit rotbraunem Fell, die die Größe eines Schäferhundes erreichen und nur nachts jagen. In dem spektakulärsten Mordprozess der australischen Rechtsgeschichte spielen sie eine geheimnisvolle Rolle. Der Fall beginnt am 17. August 1980 in einer kalten, dunklen Nacht auf einem Campingplatz in der Nähe von Ayers Rock, einem mächtigen Wüstenfelsen in Zentralaustralien. Michael und Lindy C. sind mit ihren sechs und vier Jahre alten Söhnen Aidan und Reagan und ihrer zehn Wochen alten Tochter Azaria dorthin gefahren, um auf einem Grillplatz mitten in der Wüste ein zünftiges Barbecue zu erleben.

Als Lindy C. in der Dunkelheit mit Aidan von einem kleinen Rundgang zu ihrem Zelt zurückkehrt, in dem Reagan und Azaria schlafen, fährt ihr der Schrecken in alle Glieder. Denn aus dem grüngelben Zelt kommt ein großer Dingo. Er wirft seinen Kopf hin und her, als versuche er etwas wegzuziehen. Lindy kann nicht sehen, was es ist. Nahrungsmittel können es nicht sein, denkt sie. Denn in diesem Zelt sind keine. Aber vielleicht Schuhe? Sie stehen gleich hinter dem Zelteingang. Als Lindy ihre Schritte beschleunigt, flieht der Dingo knurrend hinter das Zelt. Mein Gott, die Kinder! Von Panik erfasst rennt Lindy in das Zelt. Sie sieht Reagan in seinem Bett liegen, er schläft tief und ruhig. Aber wo ist Azaria? Ihr kleines Bett ist leer. Lindy nimmt das Bettzeug hoch, sucht unter allen Decken und Kopfkissen. Azaria ist nicht da. Entsetzt stürzt Lindy aus dem Zelt und schreit laut: »Ein Dingo hat mein Baby mitgenommen!«

Sie sieht, wie ein Dingo um die Vorderfront ihres Autos schleicht und dann im Gebüsch verschwindet. Verzweifelt rennt sie hinterher, gefolgt von ihrem Ehemann Michael, der ihren Aufschrei gehört hat. Er ist sich sicher, dass er kurz davor auch einen Schrei von Azaria aus dem Zelt gehört hat. Auch Sally W., eine Camperin, die zusammen mit ihrem Ehemann an dem Barbecue teilgenommen hat, hat ihn vernommen. Einige Camper eilen mit Fackeln herbei, um bei der Suche zu helfen, während Sally W. mit

Aidan in das Zelt zurückgeht, um nach Reagan zu sehen. Dabei entdeckt sie einen Blutfleck auf dem Boden und weitere auf dem Schlafsack. Man hat die Polizei verständigt. Bereits nach einer halben Stunde trifft Wachtmeister Frank M. auf dem Campingplatz ein. Er fragt Lindy kurz, ob sie gesehen habe, wie der Dingo mit ihrem Baby Azaria im Maul weggelaufen sei. Nein, antwortet sie, sie könne nicht genau sagen, ob der Hund etwas im Maul trug, es sei zu dunkel gewesen. Azaria habe einen weißen Strampelanzug angehabt mit einer Jacke darüber. Frank M. nimmt weder weitere Zeugenbefragungen vor, noch sperrt er den ganzen Bereich ab. Nicht einmal Fotoaufnahmen werden gemacht.

Man bringt die Familie C. in einem nahegelegenen Motel unter, während die Suche nach Azaria fortgesetzt wird. Aber die Hoffnung, sie zu finden, ist nicht sehr groß. Es gibt zahlreiche Dingofährten in der Umgebung des Platzes. Eine verläuft zu einem Dünenkamm. Sie ist besonders interessant, weil die Abdrücke tiefer sind, so, als habe der Dingo etwas getragen. Mehrere ovale Vertiefungen deuten darauf hin, dass der Dingo seine Last mehrmals kurz abgesetzt hat. Herbeigerufene eingeborene Spurenleser, Aborigines, halten es für möglich, dass es sich um Abdrücke eines Babykörpers handelt. Hinter dem Kamm wird der Sand so fest, dass sich die Spur verliert. Nach ein paar Stunden wird die Suche ergebnislos abgebrochen.

Am nächsten Morgen erscheint Wachtmeister Frank M. im Motel und teilt Michael und Lindy C. mit, dass eine gerichtliche Anhörung stattfinden werde. Dafür würden alle verfügbaren Beweismittel benötigt. Deshalb bitte er darum, ihm alle die Sachen vorzulegen, die sie gestern aus dem Zelt mitgenommen hätten. Michael zeigt ihm die Blutflecke auf den Bettdecken und an Aidans und Reagans Parkas.

In den Mittagsstunden treffen Inspektor G. und Sergeant L. aus Alice Springs auf dem Campingplatz ein und übernehmen die weiteren Ermittlungen. Wachtmeister Frank M. weist sie auf die Fährte eines Dingos an der Seitenwand des Zeltes hin sowie auf einen Blutfleck an der Plane. Wiederum erfolgen keinerlei Fotoaufnahmen. Die beiden Polizisten begeben sich zu Linda und Michael C. ins Motel und lassen sich die Ereignisse noch einmal aus-

führlich schildern. »Welches Gewicht hatte ihre Tochter?«, will Inspektor G. wissen. »Sie wog etwa 10 Pfund, als wir unser Haus in Mount Isa für den Barbecueausflug verließen«, antwortet Lindy. »Hinzu kommt das Gewicht des Strampelanzugs, der Windel, der Schuhe und der Jacke.« Inspektor G. zieht die Stirn in Falten. Er glaube nicht, dass ein Dingo so viel Gewicht schleppen kann, dazu noch über eine beträchtliche Entfernung, sagt er zu Sergeant L., als sie wieder draußen sind. »Da ist nichts dran an dieser Dingogeschichte!« Am nächsten Tag ist das genau so in einigen australischen Zeitungen zu lesen.

Eine Woche nach Azarias Verschwinden findet ein Tourist vier Kilometer vom Campingplatz entfernt hinter einem kleinen Felsen Azarias Kleidung, ordentlich zusammengefaltet und übereinandergelegt. Wachtmeister Frank M. wird gerufen. Er findet keine menschlichen Fußspuren außer denen des Touristen, dafür aber eine Dingohöhle ganz in der Nähe. Und er sieht sofort die Blutspuren am Halsrand des Strampelanzugs.

In der Presse macht der »Azaria-Fall« Schlagzeilen. Rundfunk und Fernsehen berichten laufend darüber. Jemand will herausgefunden haben, dass der Name Azaria bedeute: »Opfer in der Wüste«. Und als bekannt wird, dass die Eltern Mitglieder einer christlichen Religionsgemeinschaft sind, die sich »Siebenten-Tag-Adventisten« nennt und die baldige Rückkehr Christi erwartet, wird daraus schnell eine okkulte Geschichte. In einer bizarren religiösen Zeremonie hätten die Eltern ihr Baby geschlachtet, heißt es in einem Bericht. Lindy wird als verschlossene, harte und unmütterliche Frau geschildert. »Warum hat sie nicht geweint?«

Am 21. August 1980 kehren Michael und Lindy in ihr kleines Haus nach Mount Isa zurück, einer kleinen Stadt mit 27 000 Einwohnern, mitten in einem Gebiet gelegen, in dem seit Jahren Silber, Blei, Zink und Kupfer abgebaut werden. Über der Minenstadt liegt stets eine fast 300 Meter hohe Wolke aus grauem Rauch, sozusagen ihr Markenzeichen. Da es Michaels Amt als Geistlicher der »Siebenten-Tag-Adventisten« mit sich bringt, häufig über Land zu fahren, hat sich die Familie bisher nie lange in dem Haus aufgehalten, das direkt neben der Adventisten-Kirche liegt. Als Lindy sich die Bettsachen und Kleidungsstücke aus dem Zelt

noch einmal genauer ansieht, entdeckt sie an ihrem Schlafsack ebenfalls Blutspuren. Und auf der Bettdecke, mit der Reagan zugedeckt war, bemerkt sie zwei feine Druckstellen wie von Hundepfoten. Sofort ruft sie die Polizei in Alice Springs an und teilt ihre Entdeckung mit.

Einige Tage später erscheint ein junger Polizist. Lindy zeigt ihm die Abdrücke und Blutspuren und händigt ihm die Bettdecke und Reagans Parka aus. Sie zeigt auch auf die Blutflecke auf ihrem Schlafsack und fragt, ob sie ihn reinigen lassen könne, weil sie ihn öfter brauche. »Den brauchen wir nicht unbedingt«, sagt der Polizist. »Lassen sie ihn reinigen.« Das geschieht schon am nächsten Tag. Aber die Reinigung hat nicht alle Flecken beseitigt, so dass Michael um einen zweiten Versuch bittet. Nun schöpft der Besitzer Verdacht und informiert die Polizei. Sie lässt den Schlafsack sofort abholen. Am nächsten Tag steht in der Zeitung, Lindy und Michael C. hätten versucht, Beweismittel zu vernichten.

Die mit der Ermittlung betrauten Polizisten sind sich bald sicher, dass die abenteuerliche Geschichte von dem mysteriösen Dingo eine Erfindung ist. Warum befindet sich so wenig Blut auf dem Strampelanzug und warum ist er nicht in Fetzen gerissen? Wo ist die Überziehjacke? Und vor allem: Kann ein Dingo überhaupt ein über zehn Pfund schweres Baby in seiner Schnauze davontragen, ohne es zu schleifen oder hinter sich herzuziehen? Gewiss, Dingos sind kleine Säugetiere, die fast alles fressen einschließlich Fell oder Federn. Aber fressen sie auch menschliche Babys? Bisher ist nichts darüber bekannt geworden, dass Dingos auch Menschen angreifen.

Am 29. September erscheint Criminal-Detectice Graeme C., um Lindy und Michael C. für eine Vernehmung auf das Polizeirevier zu bitten. Er sei nun für den Fall zuständig und brauche schriftliche Aussagen. Auf dem Weg zu Michaels Büro, der durch die Garage führt, bleibt Detective Graeme C. plötzlich vor einem hölzernen Kindersarg stehen. »Was ist das?«, ruft er erstaunt. »Oh«, erwidert Lindy, »den benutzt mein Mann für sein Antirauchprogramm. Er will damit die Leute abschrecken und sie dazu bewegen, das Rauchen aufzugeben!« Am nächsten Tag lautet die Schlagzeile der Presse: »Kindersarg im C.-Haus entdeckt!«

Bei der Vernehmung auf dem Revier nimmt Detective Graeme C. das ganze Gespräch heimlich auf einem Kassettenrekorder auf. Und er belehrt Lindy auch nicht, dass sie nicht verpflichtet sei, Fragen ohne rechtlichen Beistand zu beantworten. Man hätte die Kleidungsstücke im Labor untersucht, erklärt er. Auf keinem wären irgendwelche Spuren von Speichel entdeckt worden. Und die Schnitte in Azarias Strampelanzug stammten nicht von Hundebissen. Da dämmert es Lindy zum ersten Mal, dass man sie verdächtigt, ihr Baby ermordet zu haben.

Die gerichtliche Voruntersuchung in Alice Springs unter Leitung des Richters Denis Barrit beginnt am Montag, dem 15. Dezember 1980. Lindy C. ist durch den Rechtsanwalt Peter D. vertreten, später kommt noch Phil R. hinzu. Die Kosten dafür übernimmt die Adventisten-Kirche. Dem Gericht liegen zwar Gutachten vor, die bestätigen, dass die Beschädigungen an Azarias Kleidung nicht von einem Dingo stammen und dass die kleinen Einschnitte in der Bettdecke ebenfalls nicht von Dingozähnen herrühren können. Aber Judy W. bestätigt als Zeugin, dass sie kurz vor dem Verschwinden Azarias deutlich ihren Schrei gehört habe und auch das Knurren eines Dingos. Auch Lindy und Michael C. werden als Zeugen gehört.

Der Gerichtssaal ist überfüllt, als Richter Denis Barrit am 20. Februar 1981 das Ergebnis der Untersuchung bekannt gibt. Nachdem er die Maßnahmen und Beweissicherungen durch die örtliche Polizei scharf kritisiert hat, erklärt er, das Gericht hege hinreichende Zweifel daran, dass Lindy C. ihr Baby getötet habe. Dafür sei wahrscheinlich ein Dingo verantwortlich. Lindy und Michael glauben nun, dass der Fall damit für sie endgültig ausgestanden ist. Aber dem ist nicht so.

Im September 1981 ordnet Generalstaatsanwalt Paul E. an, die Ermittlungen in diesem Fall weiter zu führen. Detective Graeme C. wird beauftragt, weitere Beweise zu erheben. Am Samstag, dem 19. September 1981, erscheint er mit fünf Polizeibeamten ohne Vorankündigung im Haus von Lindy und Michael C. und präsentiert ihnen einen richterlichen Durchsuchungsbefehl. Das Gutachten eines Professors habe ergeben, dass der blutige Abdruck auf Azarias Strampelanzug von einer weiblichen Hand stamme. Des-

halb würde es eine zweite gerichtliche Voruntersuchung geben. Zu diesem Zwecke müsse man auch ihr Auto untersuchen und deshalb für einige Zeit mitnehmen. Ohne rechtlichen Rat einzuholen, erklären sich Lindy und Michael damit einverstanden.

Die zweite gerichtliche Voruntersuchung beginnt schon am 14. Dezember 1981. Sie bringt eine für Lindy C. höchst unerfreuliche Wendung. Denn im Inneren ihres Autos, vor allem am Armaturenbrett, auf den Frontsitzen und dem Teppich, sind dunkle Flecken entdeckt worden.

Die forensische Biologin Joy K. erklärt dem Gericht, ihre Untersuchungen hätten ergeben, dass es sich um wenigstens zwölf Monate altes menschliches Blut handele, und zwar um das Blut eines etwa ein halbes Jahr alten Babys. Die Form der Flecke lasse darauf schließen, dass sie von spritzendem Blut stammen, wahrscheinlich aus einer kleinen Arterie. Solches Blut sei auch an einer Schere entdeckt worden, die im Auto lag.

Anschließend versichert Dr. James C., der als bester Gerichtsmediziner Australiens gilt, die Flecke auf dem Strampelanzug seien Azarias Blut und die Schnitte in dem Stoff würden von einem Schneidewerkzeug herrühren, möglicherweise einer Schere. Ultraviolett-Aufnahmen hätten gezeigt, dass der am unteren Ärmel gefundene blutige Fleck dem Abdruck einer menschlichen Hand ähnele. An einer Puppe zeigt Dr. C., wie das Baby wahrscheinlich von einem Erwachsenen mit blutbefleckten Händen gehalten worden ist. Allerdings habe er keine Fingerabdrücke an der Kleidung gefunden.

Am 2. Februar 1985 verkündet Chefrichter Gerry G., dass es nun genug Indizien gäbe, die beweisen, dass Lindy C. ihr Baby getötet habe. Und zwar in ihrem Auto, etwa 15 Minuten, nachdem sie den Grillplatz mit Azaria auf dem Arm verlassen hatte. Nach ihrer Rückkehr zum Zelt habe sie die Geschichte mit dem Dingo erfunden. Während alle mit der Suche beschäftigt gewesen wären, habe sie Azarias Körper in einen Kamerabeutel getan und weggetragen. In diesem Beutel seien Haare gefunden worden. Dann habe sie die Leiche vergraben und zuvor die Babykleidung dort abgelegt, wo sie später ein Tourist fand. Das sei alles schlüssig und reiche für eine Anklage aus.

Der Mordprozess gegen Lindy C. beginnt am 13. September 1982 vor dem Richter James M. Die Jury besteht aus drei weiblichen und neun männlichen Geschworenen. Gleich zu Beginn erklärt Staatsanwalt Ian B. ihnen, er würde nicht versuchen zu beweisen, warum die Angeklagte ihr Baby getötet habe. Was immer der Grund gewesen sein möge, die Indizien würden zweifelsfrei beweisen, dass sie es getan habe. Die Dingogeschichte sei eine fantasievolle Lüge, um die Wahrheit zu vertuschen. Die gefundenen Blutspuren im Auto würden sie eindeutig widerlegen.

Als Verteidiger fungieren vier Anwälte. Sie weisen darauf hin, dass Erkenntnisse darüber vorlägen, dass Dingos im Gebiet von Ayers Rock gegenüber Menschen in letzter Zeit aggressiv gewesen wären und Fälle bekannt geworden seien, in denen sie Babys entführt hätten. Ein Dingo habe Azaria wahrscheinlich im Genick gepackt und in seinem Maul davongetragen, und zwar so, dass der Kragen des Strampelanzugs nicht beschädigt worden sei. Das sei technisch durchaus möglich. Und warum habe man in dem Kamerabeutel nicht auch Blutspuren gefunden?

Doch die Jury folgt den Gutachten der Wissenschaftler und spricht Lindy C., die im achten Monat schwanger ist, am 28. Oktober 1982 schuldig. Alle Farbe weicht aus Lindys Gesicht, als die Strafe verkündet wird: Lebenslänglich! Und auch Michael C. wird in einem gesonderten Prozess wegen Beihilfe zum Mord zu 18 Monaten Gefängnis auf Bewährung verurteilt.

Einen Monat später wird Kahlia C. im Gefängnis geboren. Die Mutter darf sie nur eine Stunde lang im Arm halten und erst nach einem Jahr wiedersehen. Eine Zeitung schreibt, sie sei sowieso nur schwanger geworden, um damit die Jury zu beeindrucken. Aber in der Öffentlichkeit werden auch Zweifel an dem Urteil laut.

Am 29. April 1983 wird die Berufung gegen das Urteil jedoch zurückgewiesen, und auch der Oberste Gerichtshof von Australien bestätigt am 22. Februar 1984 in einem 3:2-Stimmenentscheid die Verurteilung. Eine Initiative »Freiheit für Lindy C.« wird gegründet. Eine beim Parlament eingereichte Petition enthält 130 000 Unterschriften aus dem ganzen Land.

Der öffentliche Protest gegen das Urteil wird immer stärker. Einige Wissenschaftler untersuchen auf eigene Kosten 40 Autos

aus der Gegend von Mount Isa, dem Wohnort der Familie C. Sie entdecken in fünf Wagen ähnliche dunkle Spuren wie sie in dem PKW der C.s gefunden worden waren und die die biologische Expertin der Anklage, Joy K., als Hämoglobin identifiziert hatte. Die Sachverständigen weisen nach, dass die in Mount Isa abgebauten Schwermetalle, besonders Kupfer, Oxidierungen hervorrufen können, die den Hämoglobinspuren ähneln. Das Auto ist dem Kupferstaub längere Zeit ausgesetzt gewesen, was die dunklen Flecke erklärt.

Aufgrund dieser Feststellungen beginnt im April 1986 eine »Royal Commission« mit der Überprüfung des Falles. Die Verteidigung hat eine Menge entlastendes Material zusammen getragen. Und die Kinder von Lindy und Michael C. schreiben Briefe an den Premierminister und an Prinz Charles und Lady Diana, die in allen australischen Zeitungen veröffentlicht werden. »Wir brauchen unsere Mutter daheim«, schreiben die Kinder. »Können Sie es nicht ermöglichen, dass sie nach Hause kommt?« Sie erhalten nie eine Antwort. Der Generalstaatsanwalt lässt allerdings durchblicken, man würde im Einvernehmen mit der Regierung einer sofortigen Begnadigung zustimmen, wenn Lindy C. ihre Schuld eingestehe. Doch Lindys Verteidiger weist dies als unannehmbar zurück.

Am 7. Februar 1986 wird Lindy C. nach über drei Jahren Haft aufgrund einer Entscheidung der Regierung plötzlich mit der Begründung freigelassen, sie habe »genug gelitten«. Eine neue gerichtliche Anhörung wird angekündigt. Sie beginnt am 8. Mai vor dem Untersuchungsrichter Trevor Morling und endet aufgrund der neuen gutachterlichen Beweise mit der Erkenntnis, dass Lindy C.s Verurteilung zu Unrecht erfolgt ist. Allein die Zeugenaussage von Sally W., sie habe einen Babyschrei und das Knurren eines Dingos gehört, wäre im ersten Prozess für ihn Anlass genug gewesen, erklärt Richter Morling, zugunsten der Angeklagten zu entscheiden. Er legt seinen Bericht der Generalstaatsanwaltschaft und der Regierung vor.

Daraufhin kommt es am 15. September 1988 für Lindy und Michael C. vor dem Court of Criminal Appeal in Darwin zu einem neuen Prozess. Die drei Richter benötigen noch nicht einmal zwei

Minuten, um die Urteile aufzuheben. Aber eine Entschädigung für das erlittene Unrecht wird nicht bewilligt. Erst 1992 werden Lindy und Michael C., die inzwischen geschieden sind, nach einer jahrelangen juristischen Auseinandersetzung 1,3 Millionen Dollar Schadensersatz zugesprochen.

Der Mörder mit dem schiefen Zahn

(USA, Arizona, 29. Dezember 1991–8. April 2002)

Die CBS Lounge ist eine gut besuchte Nachtbar in Phoenix, Arizona. Auch der 35-jährige Ray K. kommt gern und oft hier her, um seinem geliebten Dart-Spiel zu frönen. Er wohnt in der Nähe der Bar. In der US Air Force hat er sieben Jahre als Sergeant gedient, bis er ehrenvoll entlassen wurde. Da sein letzter Standort Arizona war, beschloss er, hier zu bleiben. In Phoenix arbeitet er seitdem als Briefträger. Auch am Abend des 29. Dezember 1991 besucht er die Bar und unterhält sich einige Zeit mit der 36 Jahre alten hübschen Barfrau Kim A., die er seit einiger Zeit kennt. Zu Weihnachten hat er sie in seinem Oldtimer-Auto zu einer Weihnachtsfeier mitgenommen.

Am nächsten Morgen findet man Kim A. in einer riesigen Blutlache tot in einer Herrentoilette der Bar. Ihr nackter Körper ist mit Stichen übersät. Elf Mal hat der Mörder zugestochen. Außerdem weisen Kims Nacken und ihre linke Brust Bisswunden auf. An dem kurzen Top, das sie trug, finden sich Blut- und Speichelspuren, die darauf schließen lassen, dass der Täter Kim gebissen hat, als sie das Top noch anhatte. Fingerabdrücke und Samenspuren findet man nicht, wohl aber Anzeichen dafür, dass Kim sexuell missbraucht worden ist. Das Blut, das untersucht wird, hat die Blutgruppe Null. Die Wunde auf der Brust zeigt den blutunterlaufenen, halbrunden Abdruck eines Gebisses. Die Konturen der Zähne sind deutlich erkennbar. Der Abdruck eines Vorderzahns ist besonders auffällig. Er verläuft etwas schräg nach vorn versetzt und lässt eine kleine Lücke zu den Nebenzähnen. Das lässt den Schluss zu, dass der Vorderzahn des Täters schief gewachsen ist und etwas herausragt, er ist höher als die anderen Zähne.

Während der Ermittlungen stößt die Polizei auch auf Ray K. Man verhört ihn und verhaftet ihn bereits am 31. Dezember, als man gewahr wird, dass einer seiner Vorderzähne etwas herausragt. Eine weitere Überprüfung ergibt, dass Ray K. die gleiche Blutgruppe hat wie das Opfer und dass er sich am Abend vor der Tat in der Bar aufgehalten hat. Sein Hausmädchen bestätigt allerdings, er sei bereits um 22.00 Uhr wieder zu Hause gewesen und gleich ins Bett gegangen. Ray beteuert, er habe mit dem Tod von Kim A. nichts zu tun. Aber man glaubt ihm nicht, nimmt einen Gipsabdruck von seinem Gebiss und vergleicht ihn mit der Bisswunde auf dem Foto, das von der linken Brust der Toten gemacht worden ist. Beide Abdrücke scheinen übereinzustimmen. Darauf klagt die Staatsanwaltschaft Ray K. wegen Mordes und Vergewaltigung an.

Der Prozess gegen ihn beginnt am 29. Juli 1992. Da Ray sich keinen privaten Anwalt leisten kann, wird ihm ein Pflichtverteidiger beigeordnet. Er ruft nur fünf Zeugen einschließlich Ray selbst in den Zeugenstand, die Anklagevertretung dagegen 19. Es gibt keinerlei Beweise gegen den Angeklagten mit Ausnahme der Bisswunde. Die aber stimmt nach dem Gutachten des gerichtsmedizinischen Odontologen Dr. Raymond R. mit dem Gebissabdruck von Ray hundertprozentig überein. Der zahnärztliche Sachverständige hat auf Styropor Abdrücke des Oberkiefers abgenommen, diese Muster eingescannt und dann auf die Fotos mit der Bisswunde gelegt. Der Abdruck des vorstehenden Vorderzahns ist nach Dr. R.s Ansicht mit dem Zahnabdruck der Wunde identisch. Diese Übereinstimmung wird abgefilmt und auf einem Videoband festgehalten, das der Jury vorgeführt wird. Sie ist davon so beeindruckt, dass sie Ray K. am 7. August 1992 nach zweistündiger Beratung des Mordes schuldig spricht. Eine Vergewaltigung sieht sie nicht als erwiesen an. Daraufhin verkündet der Richter am 20. November 1992 die Todesstrafe für Ray K., nachdem er festgestellt hat, dass der Verurteilte den Mord in einer »abscheulichen und verderblichen Art und Weise« begangen habe.

Ray K. kommt ins Gefängnis von Florence, Arizona, und wartet in der Todeszelle zwei Jahre und acht Monate auf seine Hinrichtung. Dann schöpft er neue Hoffnung. Denn seine Eltern, die

fest an seine Unschuld glauben, haben im Juni 1994 Christopher Plourd engagiert, einen bekannten Strafverteidiger aus San Diego, Kalifornien. Er ist Mitglied der angesehenen Akademie für Forensische Wissenschaften und hat sich auf Fälle mit komplizierten gerichtsmedizinischen Streitpunkten spezialisiert. Plourd hat herausgefunden, dass der Anklagevertretung auch ein zahnärztliches Gutachten des Gerichtsmediziners Dr. Homer C. vorlag, das eine Übereinstimmung von Rays Oberkiefer mit der Bisswunde nicht erkennen konnte. Die Staatsanwaltschaft hat dieses entlastende Beweismittel jedoch unterdrückt und dem Gericht nicht vorgelegt. Außerdem rügt Plourd, dass dem damaligen Verteidiger erst einen Tag vor Prozessbeginn mitgeteilt wurde, während der Verhandlung würde ein Videoband als Beweismittel der Anklagevertretung vorgeführt werden. Die Verteidigung hatte nicht genug Zeit, sich darauf vorzubereiten und ein Gegengutachten in Auftrag zu geben.

Am 12. Dezember 1994 findet die erste Anhörung vor dem Arizona Supreme Court statt. Das Gericht braucht ein halbes Jahr für seine Entscheidung. Am 22. Juni erklärt es die Verurteilung von Ray K. für ungültig und gewährt ihm einen neuen Prozess. Er kann die Todeszelle am 3. August 1995 verlassen und kommt ins Maricopa-County-Gefängnis in Phoenix. Eine Freilassung gegen Kaution wird abgelehnt. Ray K. hofft inständig, dass das Justizsystem, das in seinem Fall so schrecklich versagt hat, das geschehene Unrecht nun wieder gut machen und ihn freisprechen wird.

Am 12. Februar 1996 beginnt sein neuer Prozess vor dem Maricopa County Superior Court. Erneut stützt sich die Staatsanwaltschaft auf das zahnärztliche Gutachten von Dr. Raymond R. und dessen »völlige Übereinstimmung« zwischen der Bisswunde und Rays Gebiss. Die Bisswunde stamme nicht von Ray K., kontert die Verteidigung und weist darauf hin, dass die auf der Kleidung des Opfers gefundenen Speichel- und Blutspuren eine DNA-Analyse ermögliche, die die Unschuld des Angeklagten beweisen könne. Doch von dieser Möglichkeit macht man keinen Gebrauch.

Auch die neue Jury ist so sehr von der Richtigkeit des Gutachtens von Dr. R. überzeugt, dass sie Ray K. am 12. April 1996 er-

neut schuldig spricht. Richter James M. erklärt, er habe einige Zweifel, ob Ray K. wirklich der Täter sei. Dennoch verurteilt er ihn zu einer lebenslänglichen Haftstrafe. Danach schreibt er: »Dies ist einer jener Fälle, die mich für den Rest meines Lebens quälen und verfolgen werden und die mich immer wieder zweifeln lassen, ob ich richtig gehandelt habe.«

Ray K. ist verzweifelt. Er sucht nach Möglichkeiten, sich das Leben zu nehmen, findet aber keine. Jede Nacht liest er in seiner Bibel und erfleht in seinen Gebeten, dass die Wahrheit endlich ans Licht kommen und Gott die Herzen seiner Ankläger ändern möge. Sein Cousin Jim R. besucht ihn im Gefängnis. Er ist ein reicher Geschäftsmann, und Ray hat ihn bis zu seiner Verurteilung nicht gesehen. Jim R. spendet fast 300 000 Dollar, so dass ein weiterer Anwalt hinzugezogen werden kann, Alan M. Simpson aus Phoenix. Er arbeitet fortan mit Christopher Plourd zusammen.

Beide Anwälte lassen von den Speichelresten auf Kims Top, durch das der Täter hindurchgebissen hat, eine DNA-Analyse fertigen. Inzwischen ist dieses Verfahren ausgereift und so verlässlich, dass es schon in vielen Fällen zu nachträglichen Freisprüchen verurteilter Straftäter geführt hat. Auch für Ray K. bringt es die Rettung. Denn die Analyse ergibt im Frühjahr 2002, dass der Speichel nicht von ihm stammt. Die DNA stimmt nicht überein. Da es in den USA mittlererweile eine umfangreiche DNA-Datenbank gibt, bringt die Speichelprobe noch ein weiteres Ergebnis. Sie stimmt mit einer Wahrscheinlichkeit von 1,3 Quadrillionen zu eins mit der DNA eines Mannes überein, der seit einiger Zeit im Gefängnis von Florence, Arizona, eine Haftstrafe wegen versuchten Kindesmissbrauchs absitzt. Es ist der 36-jährige Kenneth P. Er hat ebenfalls die Blutgruppe Null. Und er hat auch einen hochstehenden schiefen Zahn. Ein zahnärztlicher Sachverständiger erklärt, er könne nicht ausschließen, dass die Bisswunde von Kenneth P. stamme.

Daraufhin reicht Strafverteidiger Alan Simpson am 5. April 2002 eine Petition beim Gericht ein, mit der er die sofortige Freilassung von Ray K. fordert. Sie wird abgelehnt. Das Gericht setzt aber eine Anhörung für den 29. April an, auf der darüber befunden werden soll, ob Ray K. angesichts der neuen Beweismittel

einen neuen Prozess bekommen soll. Doch nun schaltet sich die Staatsanwaltschaft von Maricopa County ein und ersucht das Gericht, Ray K. sofort aus der Haft zu entlassen. Am 8. April 2002 kommt er nach zehneinhalb Jahren unschuldig verbüßter Haft tatsächlich frei. Staatsanwalt Rick R. erklärt öffentlich, dass Ray K. nicht der Täter ist und entschuldigt sich bei ihm. »Die Justiz hat geirrt«, bekennt er. »Wir werden versuchen, es besser zu machen. Und es tut uns leid.«

Der wahre Täter Kenneth P. hat den Mord inzwischen gestanden. Er wohnte nur wenige 100 Meter von der Bar entfernt, in der Kim A. arbeitete. Als er die Herrentoilette aufsuchen wollte, traf er Kim dort an. Sie war mit dem Reinigen der Toilette beschäftigt und schickte ihn wieder weg. Da sei er ausgerastet und habe sie getötet, gibt er zu Protokoll. Nun wartet er auf seinen Prozess. Ein Todesurteil scheint ihm gewiss zu sein.

Ray K. ist nach den Feststellungen des US-Informationszentrums für die Todesstrafe der hunderste Unschuldige in den USA, der in den letzten 30 Jahren aus einer Todeszelle freigelassen wurde. Als ihn nach seiner Freilassung ein Reporter fragt, ob er denn noch Vertrauen in die amerikanische Justiz habe, antwortet er: »Sie wollten mich hinrichten! Kann ich da noch an die Justiz glauben? Sicherlich nicht! Und ich bin nicht der Einzige.«

11 Fehlende Schuldfähigkeit

Ein Straftäter muss schuldfähig sein, um verurteilt werden zu können. Das ist er nicht, wenn er zur Zeit der Tat wegen Bewusstseinsstörung, krankhafter Störung der Geistestätigkeit oder wegen Geistesschwäche »unfähig ist, das Unrecht der Tat einzusehen«, wie es in § 20 unseres Strafgesetzbuchs (früher § 51) heißt. »Unzurechnungsfähigkeit« ist demnach ein juristischer, nicht von Medizinern festgelegter Begriff.

Diese Fälle der Unzurechnungsfähigkeit des Täters verdienen eine besondere Betrachtung. Schon der große Jurist Anselm Feuerbach hat bereits Anfang des 19. Jahrhunderts erkannt, dass »das Reich der Wahnsinnigen und entweder gar nicht oder nicht ganz Zurechnungsfähigen von ganz unermesslichem Umfang ist«, wenn wir den Gutachten der Ärzte und Psychiater Glauben schenken wollen. Heutzutage scheint es immer mehr Psychiater zu geben, die dem Angeklagten einen »Jagdschein« ausstellen. Und es ist auch nicht zu verkennen, dass manche Richter dem gerne folgen, um die Verantwortung für einen umstrittenen Freispruch auf die Ärzte abschieben zu können.

Andererseits gibt es in der deutschen Rechtsgeschichte und auch in anderen Ländern immer wieder Fälle, in denen der Angeklagte wegen offensichtlicher oder doch zumindest wahrscheinlicher Unzurechnungsfähigkeit nicht hätte verurteilt werden dürfen, sondern in die geschlossene Psychiatrie hätte überführt werden müssen. Der bereits geschilderte Fall Paul Gorguloff aus Frankreich (vgl. Kapitel 7, Fall 1) ist nur ein Beispiel dafür. Die weiteren, in diesem Kapitel dargestellten Fälle verdeutlichen, dass die Problematik der Unzurechnungsfähigkeit und ihrer möglichen fehlerhaften Einschätzung und Beurteilung in Mordprozessen häufig eine zentrale Rolle spielt. Und zwar mit zunehmender Tendenz. Denn die Zahl der psychisch kranken Menschen nimmt immer mehr zu.

In letzter Zeit hat sich die Öffentlichkeit stark über Fälle erregt, in denen verurteilte Sexualstraftäter aufgrund falscher psychiatrischer Gutachten frühzeitig aus der Haft entlassen worden sind

und dann sofort neue Sexualverbrechen begangen haben. Der Fall des Hausknechts Döpcke, der sich schon vor rund 100 Jahren ereignete, zeigt, dass diese Problematik nicht neu ist. Döpcke war wegen gewaltsamer unsittlicher Berührung von mehr als 30 meist neun- bis zehnjährigen Knaben zu drei Jahren Zuchthaus verurteilt worden. Im Urteil heißt es, »nur ein gütiger Zufall habe es verhütet, dass Döpcke nicht eins seiner Opfer getötet hat«. Unverständlicherweise wird er wegen guter Führung nach Verbüßung von drei Vierteln seiner Strafe vorzeitig entlassen. Der Anstaltsdirektor glaubt, dass die »Freiheit einen in jeder Beziehung wohltätigen Einfluss« auf Döpcke ausüben werde. Das Gegenteil ist der Fall. Er lockt sofort wieder Knaben an und wird erneut verhaftet, aber wiederum freigelassen, da es zu keinen Straftaten gekommen ist. Statt die zur Bewährung ausgesetzte restliche Zuchthausstrafe zu widerrufen und Döpcke sofort wieder einzusperren, läuft er frei herum und begeht nun seinen ersten Mord. Ein elfjähriger Junge wird in bestialischer Weise abgeschlachtet. Im Mordprozess gegen Döpcke bezeichnen zwei Amtsärzte in ihren Gutachten den Sohn eines geisteskranken Säufers als« originär schwachsinnig« und bescheinigen ihm einen »perversen Geschlechtstrieb«. Er sei zur Tatzeit infolge seiner Geisteskrankheit nicht zurechnungsfähig gewesen und habe »wie ein läufiger Hund« gehandelt. Statt Döpcke in eine Heil- und Pflegeanstalt einzuweisen, setzt sich ein Hamburger Schwurgericht über die eindeutigen medizinischen Befunde hinweg und verurteilt Döpcke zum Tode. Der Hamburger Senat ordnet die Vollstreckung an und Döpcke wird hingerichtet.

Wie aktuell die Problematik ist, zeigt der schwedische Mordfall Anna Lindh, der ehemaligen Außenministerin. Sie begibt sich ohne Leibwächter am Nachmittag des 10. September 2003 in die Damenabteilung eines Stockholmer Nobelkaufhauses und wird dort von dem 25-jährigen Mijailo M. niedergestochen. Mijailo M., der kurz vorher fälschlich verordnete Anti-Depressiva einnahm, gesteht die Tat zwar, als ihn eine DNA-Analyse überführt. Aber eine Tötungsabsicht bestreitet er. Er habe die Frau nicht töten wollen. Stimmen aus dem Inneren, unter anderem die seiner eingewanderten serbischen Eltern und die Stimme von Jesus, hätten

ihn jedoch dazu getrieben, die Politikerin mit einem Messer zu attackieren. »Ich wollte nach draußen«, erklärte er während der Verhandlung, »aber ich ging in die falsche Richtung. Ich sah Anna Lindh, und dann kamen die Stimmen und sagten, ich solle sie angreifen. Ich konnte den Stimmen nicht widerstehen.« Mitte Januar 2004 bejaht ein psychiatrisches Gutachten die Zurechnungsfähigkeit von Mijailo M., eine höchst umstrittene Festlegung. Die Verteidigung kann das Stockholmer Amtsgericht nicht von der Notwendigkeit eines zweiten Gutachtens überzeugen. Am 23. März 2004 wird Mijailo M. zu lebenslanger Haft verurteilt. Mildernde Umstände werden ihm nicht zugebilligt. Das bedeutet in Schweden mindestens 18 Jahre und selten mehr als 25 Jahre Haft. Die Verteidiger legen Berufung gegen das Urteil ein. Das Stockholmer Oberlandesgericht hebt am 8. Juli 2004 das Urteil auf. Es billigt dem Täter »schwere psychische Probleme« zu, so dass er für die Tat nicht verantwortlich gemacht werden kann, und weist ihn in eine geschlossene psychiatrische Anstalt ein. Aber auch diese Entscheidung wird nicht rechtskräftig. Anfang Dezember 2004 spricht sich der Oberste Gerichtshof in Stockholm gegen eine Einweisung des Täters in eine Klinik aus und bescheinigt ihm aufgrund neuer Gutachten volle Zurechnungsfähigkeit. Nach der Meinung der Sachverständigen war Mijailo M. mit seiner Lebenssituation unzufrieden und hegte gegenüber Frauen Gefühle, die an Hass grenzten. Anna Lindh musste sterben, weil Mijailo sich mit der Tat an der Gesellschaft rächen wollte. Auf der Grundlage dieser Gutachten verurteilt ihn Schwedens Oberster Gerichtshof zu lebenslanger Haft und stellt damit die gerichtliche Entscheidung erster Instanz wieder her. Mijailo M. muss nun einige Jahrzehnte hinter »schwedischen Gardinen« verbringen. Ein Wiederaufnahmeverfahren ist unwahrscheinlich. Die drei Urteile zeigen, wie schwierig es in solchen Fällen ist, die Wahrheit herauszufinden und zu einem gerechten, richtigen Urteil zu kommen. Mindestens eine dieser drei gerichtlichen Entscheidungen war ein Fehlurteil.

Einige sehr spektakuläre Fälle sexuell motivierter Tötungsdelikte an Kindern haben in jüngster Zeit die bundesdeutsche Öffentlichkeit bewegt. Sie haben sie auch verunsichert, weil die

Taten von Männern begangen wurden, die schon einschlägig vorbestraft und entweder aus der Haft oder der Psychiatrie vorzeitig entlassen worden waren. Die in den Jahren 2003/2004 getöteten Kinder, wie zum Beispiel die sechsjährige Ayla aus Sachsen, die sechsjährige Jessica aus Thüringen und auch die vom geständigen Doppelmörder Marc H. nach brutalen sexuellen Missbräuchen ermordeten achtjährigen Kinder Levke und Felix könnten noch leben, wenn zuvor Richter bzw. Gutachter die Gefährlichkeit der einsitzenden Täter erkannt und richtig eingeschätzt hätten. Statistisch gesehen wird in der Bundesrepublik jeder fünfte entlassene Sexualstraftäter rückfällig.

Soll das nun dazu führen, künftig alle Sexualstraftäter »wegzusperren«? Bei jährlich in Deutschland 6000 neu verurteilten Sexualstraftätern wäre das allein schon aus finanziellen Gründen nicht machbar. Für die Unterbringung im ersten Jahr wären 800 Millionen Euro nötig. Diese Zahl hat der Hamburger Klinikleiter Guntram Knecht errechnet. Und für einen ganzen Jahrgang von bis zu ihrem Lebensende »Weggesperrten« müssten über acht Milliarden Euro aufgebracht werden. Das kann sich kein Staat der Welt leisten.

In der Regel werden die in der Psychiatrie einsitzenden Sexualtäter nach drei bis fünf Jahren als geheilt entlassen. Ein externer Gutachter muss das feststellen. Bis vor kurzem galt in der Psychiatrie noch der Grundsatz, man könne und müsse jedem helfen. Aber wie in jedem medizinischen Fachgebiet gibt es auch in der Psychiatrie Patienten – sie werden hier nicht Häftlinge genannt –, die nicht heilbar sind. Das sind in Deutschland nach neuesten Schätzungen immerhin zehn Prozent. Was geschieht mit ihnen? Werden wenigstens sie für immer »weggesperrt«?

In den Niederlanden begann im Jahr 2000 das erste so genannte »Longstay«-Projekt. Patienten, die keine Perspektive auf vorzeitige Entlassung haben, wurden in besonderen »Longstay«-Stationen untergebracht. Kurz darauf wurden auch in Nordrhein-Westfalen derartige Spezialkliniken eingerichtet. Seit 2004 gibt es auch in der Psychiatrie in Hamburg-Ochsenzoll im »Haus 9« eine solche »Longstay«-Abteilung. Dort sind zur Zeit 15 Plätze belegt. Doch ein gewisses Grundrisiko bleibt auch jetzt. Es

liegt insbesondere in der Beantwortung der Frage, wer therapierbar ist und wer nicht.

Die Sonderstellung des angloamerikanischen Rechts

Im angloamerikanischen Rechtsraum ist das Problem der fehlenden Schuldfähigkeit besonders brisant. In Großbritannien gehört der Freispruch eines Angeklagten wegen Unzurechnungsfähigkeit seit 1505 zur britischen Rechtstradition. Die wichtigste Festlegung im kasuistisch aufgebauten Strafrecht erhielt der Begriff 1843 durch den Mordfall Daniel M'Naghten. Edward Drummond, der Sekretär des britischen Premierministers Robert Peel, wurde bei einem Attentat von M'Naghten erschossen. Der Anschlag galt eigentlich dem Minister selbst. Aber der Täter litt unter Verfolgungswahn und erschoss den Falschen. Die Geschworenen befanden ihn wegen Unzurechnungsfähigkeit für nicht schuldig. Das Urteil rief in der Öffentlichkeit Entsetzen hervor, sodass sich der britische Gesetzgeber gezwungen sah, klärend einzugreifen. Seine Definition heißt seitdem die »M'Naghten-Regel«: Unzurechnungsfähigkeit liegt vor, wenn bewiesen wird, dass die beklagte Partei zum Zeitpunkt der Tat unter einer Beeinträchtigung der Vernunft aufgrund einer Geisteskrankheit litt, sodass sie die Natur und Art der von ihr begangenen Tat nicht erkennen konnte, oder wenn sie sie erkannte, sie nicht wissen konnte, dass sie etwas Falsches tat.« Unzurechnungsfähig im juristischen Sinne ist der geisteskranke Täter nach englischem Recht dann nicht, wenn er weiß, dass seine Tat Unrecht ist. Ist das der Fall, kann er verurteilt werden.

Dasselbe gilt in den USA. Hier konnten bis vor kurzem geisteskranke Täter nicht nur verurteilt, sondern auch hingerichtet werden. Nach neueren Schätzungen sind etwa 10 Prozent der in den USA zum Tode Verurteilten geisteskrank. Vor allem in den als »death belt« (Todesgürtel) bekannten südlichen Staaten Texas, Georgia, Florida und Louisiana werden geisteskranke Straftäter hingerichtet. In den frühen 90er-Jahren wurden hier allein zwei Drittel aller Hinrichtungen in den USA durchgeführt. Auch im

ersten Jahrzehnt des 21. Jahrhunderts sind die meisten Amerikaner der Meinung, dass die Todesstrafe generell abschrecke und weitere Gewaltverbrechen verhindere, was allerdings durch Statistiken und Langzeituntersuchungen widerlegt wird. Viele amerikanische Bürger, Juristen und Politiker sind auch heute noch davon überzeugt, dass jemand, der getötet hat, sein eigenes Recht auf Leben verwirkt hat. Auch, wenn er geisteskrank ist. Dabei spielen gewiss auch rassistische Überlegungen eine Rolle. Von den derzeit in den USA inhaftierten rund 1,7 Millionen Menschen gehören über 60 Prozent ethnischen oder rassistischen Minderheiten an, weit über 50 Prozent sind Schwarze.

Alle diese für unser deutsches Rechtsverständnis geradezu unglaublichen Fälle haben sich ereignet, obwohl die amerikanische Verfassung den Schutz vor grausamer und ungewöhnlicher Strafe garantiert. Deshalb kommt bereits 1989 der Fall Johnny P. vor den Obersten Gerichtshof der USA. Fünf der neun Richter sind jedoch der Meinung, dass die Hinrichtung geistig behinderter Menschen die Verfassung nicht verletze. Die geistige Behinderung könne von den Geschworenen allerdings strafmildernd berücksichtigt werden.

Dieses Urteil ist inzwischen durch eine neue Entscheidung des Obersten Gerichtshofs vom Juli 2002 revidiert worden. Es hatte über den Fall Daryl A. zu befinden, der 1996 im Bundesstaat Virginia wegen Mordes zum Tode verurteilt worden war, weil er als 18-Jähriger einen Mann erschossen hatte. Sein Intelligenzqotient lag 1998 nur bei 59. Der Oberste Gerichtshof ist jetzt der Auffassung, die Hinrichtung geistig Zurückgebliebener sei verfassungswidrig. Die einzelnen Bundesstaaten können jedoch im einzelnen festlegen, was sie als »geisteskrank« ansehen.

Der Fall Daryl A. beschäftigt 2005 erneut ein Gericht in Yorktown/Virginia. Denn im Jahr 2004 ist die Intelligenz des Verurteilten erneut getestet worden. Sein IQ ist in der Haft auf 76 gestiegen, ein rätselhaftes Wachstum. Psychologen haben das damit zu erklären versucht, dass sein juristischer Kampf und der häufige Kontakt mit Anwälten ihn intellektuell angeregt hat. Bisher ist man davon ausgegangen, dass die geistige Behinderung ein dauerhafter Zustand ist. Nun ist der inzwischen 27-jährige Daryl A.

durch die jüngste Entscheidung des Obersten Gerichtshofs nicht mehr geschützt. In Virginia liegt die Grenze für »geistige Behinderung« bei einem IQ von 70. Im August 2005 entscheidet eine weiße Jury in Yorktown nach 13 Stunden Beratung, dass Daryl A. »nicht geistig behindert« ist. Der Richter setzt daraufhin den Termin für die Hinrichtung durch die Giftspritze auf den 2. Dezember 2005 fest.

Die Problematik der Kannibalismus-Fälle

Bei der Frage der Schuldfähigkeit spielen die Fälle, in denen Menschen andere Menschen töten, um sie zu verspeisen, eine besondere Rolle. Selbst in der jüngsten Kriminalgeschichte sind sie noch vertreten.

Über die 17 bestialischen Morde von Jeffrey L. Dahmer, dem »Kannibalen von Milwaukee«, in dessen Wohnung gekochte tiefgefrorene Leichenteile gefunden wurden, ist mehrfach berichtet worden. (Vgl. u. a. Otto, »Das Lexikon der Justizirrtümer«, Ullstein, 2. Auflage 2004, Seite 405 f.). Ebenso über die 52 entsetzlichen Morde des Russen Andrej Tschikatilo, dem »Monster von Rostow«, der die Geschlechtsteile seiner Opfer gegessen hat (Otto, a. a. O., Seite 438 f.). Dahmer erhielt lebenslänglich, Tschikatilo wurde hingerichtet. Beide waren nicht zurechnungsfähig, so dass sie nicht hätten verurteilt werden dürfen, sondern in die geschlossene Psychiatrie hätten überführt werden müssen.

In Finnland stehen im März 1999 drei Männer und eine Frau vor Gericht, weil sie als Anhänger eines Satanskults ein Gruppenmitglied gefoltert, umgebracht und seine Körperteile dann gegessen haben.

Und in Kasachstan werden im Oktober 2001 zwei Männer zum Tode verurteilt, weil sie sieben junge Prostituierte bestialisch ermordeten und die zerstückelten Leichen zu Schaschlik verarbeiteten. Sie aßen das Fleisch und boten es auch ihren Verwandten an. Die Zurechnungsfähigkeit spielte in diesen Fällen keine Rolle.

Das klassische Beispiel des Kannibalismus in Deutschland ist der Fall des Karl Denke. In der schlesischen Kleinstadt Münster-

berg gilt er als Wohltäter. Für umherziehende Handwerksburschen und Herumtreiber hat er stets einen Schlafplatz übrig. Wegen seiner Frömmigkeit wird er von den Bewohnern »Papa Denke« genannt. Niemand ahnt, dass der Mann, der bereits Mitte 60 ist, sich seit Jahren ausschließlich von dem Fleisch der Menschen ernährt, die er umgebracht hat. Bei seiner Festnahme im Dezember 1924 entdecken die Polizisten in einem Holzbottich gepökeltes Fleisch aus Brust, Bauch und Gesäßteilen verschiedener Männer. Andere Töpfe enthalten frisch gekochtes Menschenfleisch. Überall liegen ausgekochte Knochen und 350 menschliche Zähne herum. In einem Notizbuch hat Denke die Namen von 51 getöteten Männern und Frauen aufgelistet und die Gewichte einzelner Körperteile seiner Opfer penibel notiert. Aus der Haut fertigte er Hosenträger und Schnürsenkel. Karl Denke war geistig zurückgeblieben und ein perverser Psychopath mit Zwangsvorstellungen. Er gilt in der Sexualforschung als der Prototyp eines Zerstücklers. Wahrscheinlich war er für seine Taten nicht voll verantwortlich. Die Frage konnte nie eindeutig geklärt werden. Denn der Massenmörder erhängte sich in seiner Zelle, sodass es zu einer Verurteilung und mutmaßlichen Hinrichtung nicht gekommen ist. Der Justiz blieb möglicherweise ein Fehlurteil erspart.

Im heißen Juli des Jahres 1976 kommt das Grauen über den »Kohlenpott«. Die vierjährige Marion K. aus Duisburg wird vermisst. Als im Nachbarhaus das Etagenklo verstopft ist und ein Klempner gerufen wird, findet er im Abflussrohr menschliche Eingeweide. Die herbeigeholten Polizeibeamten stoßen auf den im Dachgeschoss wohnenden 43-jährigen Toilettenwart Joachim K. und durchsuchen seine Wohnung. In der Tiefkühltruhe finden sie in Plastiktüten abgepackte Stücke von gefrorenem Menschenfleisch. In einem auf dem Herd stehenden Kochtopf mit einer Brühe aus Mohrrüben und Kartoffeln liegt eine kleine Menschenhand. Joachim K. wird sofort verhaftet. Bereitwillig schildert er den Beamten, wie er die kleine Marion am 2. Juli 1976 in seine Mansarde gelockt und vergeblich versucht habe, sie zu vergewaltigen. Sie wehrte sich verzweifelt, worauf er sie erwürgte. Dann wollte er »wissen, wie ein Mensch von innen aussieht und wie er

schmeckt«. Der Analphabet K. gesteht insgesamt 14 Morde, an die er sich noch erinnern kann. Irgendwann habe er aufgehört zu zählen. Meistens habe er sich an den Leichen vergangen, sie danach tranchiert und vor allem die »schönen Schenkel und Gesäßbacken« von geschlachteten Frauen verspeist. Seine ersten sexuellen Regungen habe er verspürt, als er bei einem Schlachter Kühe und Schweine töten musste. Manchmal habe er sich auch an den Tieren vergangen. Die Gutachter, insbesondere der Hamburger Sexualforscher Eberhard Schorsch, bescheinigen ihm einen sehr niedrigen, an der Grenze zum Schwachsinn liegenden Intelligenzquotienten.

Am 5. Oktober 1979 beginnt vor dem Schwurgericht Duisburg der Prozess wegen acht vollendeter Morde und einem versuchten Mord. Das Verfahren zieht sich über 142 Verhandlungstage hin und dauert zweieinhalb Jahre. Joachim K. wird für voll zurechnungsfähig gehalten und zu neunmal lebenslänglich verurteilt, obwohl ihm die Gutachter eine verminderte Schuldfähigkeit zugestanden haben. Er stirbt am 1. Juli 1991 in der Justizvollzugsanstalt Rheinbach an einem Herzinfarkt. Auch bei diesem Täter, bei dem sich Blödheit und tierische Verschlagenheit vereinigten, konnten die viehischen Triebe und Raubtierinstinkte nicht gesteuert werden. Die krankhafte Triebstärke war jeweils so unwiderstehlich, dass die Taten zwangläufig abliefen. Ganz sicher hat bei den erfolgten Verurteilungen auch das entsetzliche Grauen eine Rolle gespielt, das die Menschen überkommt, wenn sie von solchen furchtbaren Straftaten erfahren. Und die unterschwellige Erkenntnis, dass solche abartigen und gemeingefährlichen Täter für immer aus der menschlichen Gesellschaft ausgeschlossen werden müssen, indem man sie im Grunde vernichtet und nicht in einer Heil- und Pflegeanstalt unterbringt, wo sie möglicherweise leichter ausbrechen und entkommen können als aus dem Hochsicherheitstrakt eines Gefängnisses. Aber das sind rechtspolitische Überlegungen, die bei der Urteilsfindung durch die an das Gesetz gebundenen Richter außer Betracht bleiben müssen.

Kannibalismus ist in Deutschland kein Straftatbestand. Möglicherweise wird sich das nach dem Aufsehen erregenden Präzedenzfall des 42-jährigen Computerfachmanns Armin M. aus Ro-

tenburg an der Fulda ändern, der vor dem Schwurgericht Kassel 2003/04 wegen Mordes vor Gericht steht. Er hat in der Nacht vom 9. auf den 10. März 2001 auf seinem Gutshof den Berliner Diplomingenieur Bernd Jürgen B. geschlachtet und danach sein Fleisch, fein zubereitet, gegessen. Er habe es getan, behauptet Armin M. im Prozess, weil B. darum bat. Deshalb plädiert sein Verteidiger Harald Ermel auch auf »Tötung auf Verlangen«. Staatsanwalt Marcus Köhler fordert dagegen wegen Lustmordes eine lebenslange Freiheitsstrafe. Ein gekachelter Schlachtraum für Menschen mit einer Schlachtbank, Messern und einer Axt, ein am Fleischerhaken hängender Mann mit abgetrenntem Penis – das hat es in Deutschland bisher noch nicht gegeben. Über einen Internet-Chatroom hatte Armin M. sein künftiges Opfer unter Hunderten von »Bewerbern« ausgesucht. Die Frage der Zurechnungsfähigkeit des Täters spielt auch in diesem Prozess eine Rolle. Der Sexualwissenschaftler Klaus Beier erläutert in seinem Gutachten, sowohl Täter als auch Opfer hätten zwar unter einer schweren seelischen Abartigkeit gelitten. Armin M. habe das Ritual des Tranchierens in seinem »Schlachthaus« auch sichtlich genossen. Die Einsichts- und Steuerungsfähigkeit seien bei seiner Tat aber unbeeinträchtigt gewesen. Er konnte sein Verlangen steuern und handelte mit Überlegung. Deshalb wird er für uneingeschränkt schuldfähig gehalten. Insofern unterscheidet sich der Fall von den anderen. Denn Kannibalismus allein bedeutet nicht, dass die Menschen, die ihm verfallen sind, schlechthin geisteskrank oder derart psychisch abnorm veranlagt sind, dass sie bei der Tötung und anschließenden Verspeisung von Leichenteilen nicht wissen, was sie tun.

Nach einer zweimonatigen Prozessdauer verurteilt die 7. Große Strafkammer des Landgerichts Kassel den »Kannibalen« zu einer Haftstrafe von achteinhalb Jahren. Es habe sich nicht um eine Tat auf tiefster ethischer und moralischer Ebene gehandelt, begründet der Vorsitzende Richter Volker Mütze das milde Urteil. Armin M. sei nicht mit »ungehemmter triebhafter Eigensucht« vorgegangen, sondern Täter und Opfer hätten sich gegenseitig als Werkzeug zum »ultimativen Höhepunkt« benutzt. Bei dem Opfer, das mit seinem Leben abgeschlossen hatte, lag ein ge-

steigerter sexueller Masochismus vor. So verlangte er, dass Armin M. ihm seinen Penis abbeißt. Bei beiden sei der freie Wille jedoch nicht ernsthaft eingeschränkt gewesen. Armin M., der eine fetischistische Neigung zu Männerfleisch besitze, habe wie ein Handwerker, wie ein Metzger gearbeitet. Ein Lustempfinden habe bei der Tat nicht im Vordergrund gestanden. Deshalb hätte nur auf Totschlag erkannt werden können.

Das Urteil stößt auf heftige Kritik. Für den juristischen Laien ist schwer nachvollziehbar, dass keine Mordmerkmale gegeben sein sollen, weder Heimtücke noch grausame Begehungsart, Befriedigung des Geschlechtstriebes oder »sonstige niedrige Beweggründe«. Armin M. habe nicht verächtlich gegen sein Opfer gehandelt, heißt es in den Urteilsgründen, da er »ja einen liebenswerten Menschen in sich aufnehmen wollte.« Deshalb liege ein Handeln auf niedrigster Stufe nicht vor. Armin M. habe vielmehr aus Neugier auf das Gefühl beim Schlachten getötet und um an Männerfleisch zu gelangen. Gewiss eine etwas anrüchige Begründung für eine Tat, die sicherlich an die Grenzen des Rechts und der richterlichen Fähigkeit stößt, Unrecht in angemessener Weise zu bestrafen.

Aufgrund der von der Staatsanwaltschaft eingelegten Revision muss sich der Zweite Strafsenat des Bundesgerichtshofs mit dem Fall befassen. Bundesanwalt Lothar Senge fordert eine sofortige Gesetzesänderung. Doch durch die Grundsatzentscheidung der Bundesrichter vom 22. April 2005 wird sie entbehrlich. Der BGH betritt juristisches Neuland und sieht in dem Verbrechen einen Mord, weil zwei neue, ganz auf den Kannibalenfall zugeschnittene Mordmerkmale vorliegen können: Der »Mord zur Befriedigung des Geschlechtstriebs«, wofür weder ein zeitlicher noch ein räumlicher Zusammenhang erforderlich sei, sowie der »Mord zur Ermöglichung einer anderen Straftat«, nämlich der »Störung der Totenruhe«. Die Kasseler Richter haben eine solche Störung nicht angenommen, weil das Opfer seiner Schlachtung zugestimmt hatte und somit seine Würde nicht verletzt worden sei. Nach Auffassung des BGH sei jedoch nicht die individuelle Würde gemeint, sondern die Würde des »Menschen als Gattungswesen«. Maßstab hierfür sei das »Pietätgefühl der Allgemeinheit«. Die

Bundesrichter sehen in dem Kasseler Urteil ein Fehlurteil. Sie übergeben den Fall dem Landgericht Frankfurt am Main zur neuen Hauptverhandlung. Angesichts ihrer grundsätzlichen Äußerungen ist damit zu rechnen, dass der »Kannibale von Rotenburg« von der Frankfurter Strafkammer nunmehr als Mörder zu einer lebenslangen Haftstrafe verurteilt werden wird.

Zur gleichen Zeit erregt ein weiterer bizarrer »Kannibalen«-Fall die Gemüter Deutschlands, in dem gleichfalls ein nicht rechtskräftig gewordenes Fehlurteil ergeht. Dem 26-jährigen Elektriker Thomas S. aus Ahrweiler wird vorgeworfen, am 10. Januar 2002 seine 22-jährige Cousine aus Eifersucht ermordet, zerstückelt und sehr wahrscheinlich Teile der Leiche gegessen zu haben. Er soll die junge Frau, mit der er in einer, der Großmutter gehörenden Wohnung zusammenlebte, im Schlaf erstickt haben, weil sie ihm gestand, von einem anderen Mann ein Kind zu erwarten. Die Anklage will beweisen, dass er die abgeschnittenen Brüste, die ebenso wie die primären Geschlechtsteile der Frau nie aufgefunden wurden, im Backofen erhitzt und zusammen mit gekochtem Reis verspeist hat. Das folgert die Staatsanwaltschaft daraus, dass bei einigen anderen Körperteilen Reiskörner gefunden wurden.

Im Verfahren vor dem Landgericht Koblenz bestreitet Thomas S. die Tat. Er habe zur mutmaßlichen Tatzeit geschlafen. Als er aufgewacht sei, habe er Kopf und Becken seiner Cousine in der Badewanne entdeckt. Weil er befürchtete, sofort als Täter verdächtigt zu werden, habe er die Leichenteile zu einem Steinbruch gefahren und dort versteckt. Das nimmt ihm die Strafkammer nicht ab. Aufgrund eines psychiatrischen Sachverständigengutachtens, das dem Angeklagten eine »schizotype Persönlichkeitsstörung« bescheinigt und ihn für schuldunfähig erklärt, kann das Gericht den Angeklagten jedoch nicht verurteilen. Es weist ihn mit Urteil vom 1. Dezember 2003 in die geschlossene Psychiatrie ein.

Nicht die Staatsanwaltschaft, sondern der Angeklagte selbst legt Revision ein. Er hat Erfolg. Das Urteil wird aufgehoben, weil der Bundesgerichtshof »schwerwiegende formale und inhaltliche Mängel« in dem Gutachten feststellt. Der Gutachter erscheint

ihm als wenig sachkundig. Der BGH weist das Verfahren an das Landgericht Koblenz zurück, wo am 9. Juni 2005 der zweite Prozess gegen Thomas S. beginnt. Ob er diesmal wegen Mordes verurteilt oder erneut für unschuldunfähig erklärt wird, bleibt abzuwarten. Nach dem Gesetz (§ 331 der Strafprozessordnung) darf das angefochtene Urteil jedoch nicht zum Nachteil des Angeklagten geändertet werden, wenn allein er Revision eingelegt hat. Dieses Verbot der so genannten »reformatio in peius« gab es schon im Römischen Recht. Es bedeutet für diesen Prozess, dass der Angeklagte freigelassen werden müsste, wenn er für schuldfähig erklärt wird. Sieht man ihn jedoch erneut als schuldunfähig an, bleibt er in der geschlossenen Anstalt.

Die Frage der fehlenden Schuldfähigkeit hat in vielen berühmten Fällen eine Rolle gespielt. Einige liegen schon lange zurück. In den acht Fällen aus Deutschland, England und den USA, von denen nun in chronologischer Reihenfolge berichtet werden soll, ist die Frage der Schuldfähigkeit bejaht oder trotz schwerwiegender Anzeichen einer Unzurechnungsfähigkeit überhaupt nicht geprüft worden. Deshalb können die erfolgten Verurteilungen durchaus als fragwürdig angesehen werden.

Gesche Gottfried, die Bremer Teufelsbraut

(Deutschland, 1. Oktober 1813–21. April 1831)

Auf dem Domhof von Bremen erinnert noch heute ein ins Pflaster eingesetzter Baustein mit einem eingemeißelten Kreuz an die Stelle, an der das Schafott stand. Auf ihm wurde Gesina (»Gesche«) Gottfried am 21. April 1831 enthauptet. Und noch heute spuckt mancher Bremer beim Vorbeigehen auf diesen Stein. So lebendig ist die Erinnerung an Gesche Gottfried. Als »Teufelsbraut« und erste Massenmörderin der deutschen Rechtsgeschichte gilt sie noch heute als die bekannteste Bürgerin der Hansestadt. Weniger verankert im Bewusstsein der Bevölkerung ist die Erkenntnis, dass ihre Verurteilung und Hinrichtung nicht nur nach heutigen, sondern auch schon nach damaligen Maßstäben ein Fehlurteil war.

Gemeinsam mit ihrem Zwillingsbruder Johann wird Gesche Margarethe Timm 1785 als Tochter einer Wollnäherin und eines Schneiders in Bremen geboren. Im Alter von 21 Jahren heiratet sie 1806 den wohlhabenden, fünf Jahre älteren Sattlermeister Johann Miltenberg aus der vornehmen Pelzerstraße und steigt dadurch aus einer recht ärmlichen Lebenssituation in gutbürgerliche Verhältnisse auf. Doch ihr Gatte ist ein Liederjan, der sich in Bordellen und Kneipen herumtreibt und das elterliche Vermögen vertrinkt. Die Ehe mit Gesche wird nicht glücklich, er schlägt sie und betrügt sie. Und er ruiniert durch seinen unsoliden Lebenswandel seine Gesundheit. Als der schwerkranke Mann nach sieben Ehejahren am 1. Oktober 1813 stirbt, ahnt noch niemand, dass Gesche ihn mit Arsenik vergiftet hat. Ein Motiv für ihren ersten Mord ist sicherlich auch die Sorge gewesen, eines Tages, wenn ihr Mann auch den letzten Rest des Vermögens durchgebracht hätte, wieder gänzlich mittellos dazustehen.

Schon während ihrer Ehe hat sie einen Liebhaber. Es ist der lebenslustige Weinhändler Michael Christoph Gottfried, ein Freund ihres Mannes. Bei ihm findet sie sexuelle Erfüllung. Zwei Jahre lang passiert nichts, aber dann, im Jahr 1815, ermordet Gesche gleich fünf Mitglieder ihrer Familie. Am 2. Mai ihre Mutter, am 10. Mai und 18. Mai ihre drei- und sechsjährigen Töchter, am 28. Juni den Vater und am 22. September ihren fünfjährigen Sohn. Die arme Frau, meinen die mitleidigen Bremer, sie hat in kurzer Zeit all ihre Angehörigen verloren. Keiner kommt auf den Gedanken, dass sie Opfer einer unberechenbaren Killerin geworden sind.

Ein Jahr später kehrt nach dem Ende des Kriegs gegen Napoleon Gesches längst verloren geglaubter Zwillingsbruder Johann arm und krank aus dem Felde zurück. Als er seinen rechtmäßigen Anteil am elterlichen Erbe fordert, serviert sie ihm am 1. Juni 1816 zum Mittagessen gekochten, mit Arsen vergifteten Schellfisch. Auch über Johanns Tod wundert sich niemand.

Die Liebesaffäre mit Michael Gottfried hat Folgen, Gesche wird schwanger. Sie bittet ihn, sie zu heiraten, doch er kann sich nicht dazu entschließen. Die Frau kommt ihm unheimlich vor. Erneut greift Gesche zu dem kleinen Tonfläschchen mit der »Mäusebutter«, einem Gemisch aus Arsen und Fett. Sie hat es

einst von ihrer Mutter zur Vernichtung von Ungeziefer erhalten. Mehrmals verabreicht sie Gottfried daraus kleine Dosen und pflegt ihn, als er als Folge davon bettlägerig wird, aufopfernd. Als er schon dem Tode nahe ist, heiratet Gottfried sie, von so viel Liebe überwältigt, doch noch. Er stirbt am 5. Juli 1817.

Sieben Morde sind geschehen, doch Gesche Gottfried lebt völlig unbehelligt weiter in Bremen. Da sie ständig von Geldsorgen geplagt wird, hält sie nach einem neuen Ehemann Ausschau. Sie lernt den Modewarenhändler Paul Zimmermann kennen und verlobt sich 1823 mit ihm. Der Mann liebt sie und bedenkt sie testamentarisch mit einem großzügigen Vermächtnis. Aus der Apotheke am Markt besorgt sie sich neue, damals weit verbreitete »Mäusebutter« und mischt sie unter ein selbst bereitetes Pflaumenkompott, das sie ihrem Bräutigam serviert. Nach qualvollem Leiden stirbt Paul Zimmermann am 1. Juni 1823.

In den nächsten zwei Jahren vergiftet Gesche Gottfried eine weitere Person aus ihrer näheren Umgebung und verabreicht kleinere, nicht tödliche Giftmengen völlig wahllos an Menschen aus ihrem Bekanntenkreis. Am 21. März 1825 muss auch ihre langjährige Freundin und Musiklehrerin Anna Meyerholz daran glauben. Sie isst den von Gesche vergifteten Zwieback und hat einen entsetzlichen Todeskampf. Gesches elftes Opfer wird der langjährige Freund und Nachbar Johann Mosees. Er siecht fast ein ganzes Jahr dahin, bis auch er am 5. Dezember 1825 an den Folgen der Vergiftung stirbt.

»Mir war gar nicht schlimm bei dem Vergiften zumute«, gibt Gesche später zu Protokoll. »Ich konnte das Gift ohne die mindesten Gewissensbisse und mit völliger Seelenruhe geben. Es war mir, als wenn eine Stimme zu mir sagte, ich müsse es tun; ich hatte gewissermaßen Wohlgefallen daran. Ich schlief ruhig, und alle diese ungerechten Handlungen drückten mich nicht. Man schaudert doch sonst vor dem Bösen. Allein das war bei mir nicht der Fall. Ich konnte mit Lust Böses tun.«

Gesche Gottfried verkauft ihr Haus an der Pelzerstraße 37 an das Ehepaar Wilhelmine und Johann Rumpff, bedingt sich aber ein Wohnrecht aus. Sie lebt als »Tante Gesche« freundschaftlich mit der glücklichen Familie zusammen. Aber schon am 22. De-

zember 1826 stirbt Wilhelmine an dem ihr zweimal verabreichten Arsen. Das gleiche Schicksal erleiden am 13. Mai 1827 die Freundin Beta Schmidt und zwei Tage später ihre dreijährige Tochter.

Nun nehmen die Gerüchte in der Stadt über die unheimlichen Todesfälle aus Gesches nächster Umgebung immer mehr zu. Aber noch geschieht nichts. Friedrich Kleine, ein Geschäftsfreund aus Hannover, hat Gesche Geld geliehen und fordert es nun zurück. Sie reist nach Hannover und vergiftet ihn dort ebenfalls mit »Mäusebutter«, die sie mit gehacktem Schinken vermengt. Kleine stirbt unter unsäglichen Qualen am 24. Juli 1827. Niemand kommt auf den Gedanken, dass sie ihm etwas eingegeben hat. Gegenüber Kleines Kindern behauptet Gesche, sie habe ihm das geborgte Geld zurückgezahlt.

Als Johann Rumpff eines Tages eine weißliche körnige Substanz in seinem Salat sowie auf einem Stück Speck entdeckt, wird er misstrauisch. Er zeigt sie Gesche Gottfried, aber die zuckt nur die Schultern und spielt die Unschuldige. Ein Nachbar warnt ihn, nichts von ihr Zubereitetes zu essen. Immer mehr Menschen aus Gesches Umgebung leiden an der »seltsamen Krankheit des Erbrechens«. Wahllos verteilt Gesche Gottfried ihre Giftdosen, vielleicht, weil sie endlich entdeckt werden will.

Johann Rumpff bemerkt erneut die weißliche Substanz in seinem Essen, diesmal auf einem Schinken. Er lässt sie von seinem Hausarzt Dr. Luce untersuchen und erhält bald die Gewissheit, dass es sich um erhebliche Mengen Arsen handelt. Nun wird die Polizei informiert, die die jetzt 43-jährige Gesche am 6. März 1828 verhaftet. Sie macht einen verängstigten und verwirrten Eindruck, als sie in eine Zelle des Detentionshauses am Ostertor überführt wird. Wie bisher gelingt es ihr, bei den Personen, mit denen sie zu tun hat, Sympathie zu wecken. Der Untersuchungsrichter behandelt sie freundlich und mit Milde.

Während der nächsten drei Jahre wird Gesche Gottfried fast täglich verhört. Die Senatoren Droste und Noltenius befragen sie ausführlich. Manchmal schildert sie ihre Taten langsam und schleppend, manchmal fallen die Worte aus ihrem Munde wie ein Wasserfall. Ihr Verteidiger Leopold Voget bemüht sich verständnisvoll, die Gründe für ihre heimtückischen Taten herauszufin-

den. Aber sie bleiben im Dunkeln. Waren es Gesches ständige Geldschwierigkeiten oder empfand sie Befriedigung am Töten? Trieb sie egozentrische, sexuelle Eitelkeit dazu oder genoss sie das Mitleid, das man ihr entgegenbrachte, als immer mehr Opfer aus ihrem Familien- und Freundeskreis starben?

In den Vernehmungen spricht sie reumütig und bußfertig immer wieder von einem Drang, von einem Trieb zum Töten, den sie sich selbst nicht erklären könne. Senator Droste, der Untersuchungsrichter, notiert bereits vier Monate nach Gesches Verhaftung: »Eine Charakteristik der Inculpantin zu geben, scheint mir bis jetzt eine Aufgabe, die ans Unmögliche gränzt!« Ihr Charakter sei überaus widersprüchlich.

Aber auf die Idee, dass die Frau ganz einfach geisteskrank und nicht zurechnungsfähig ist, kommt außer ihrem Verteidiger niemand. Dr. Voget erklärt in seiner Verteidigungsschrift, er »reklamiere die wissenschaftlichen Fortschritte unserer Zeit« für seine Mandantin, die er im Einklang mit den neuesten gerichtsmedizinischen Erkenntnissen für nicht zurechnungsfähig und daher nicht schuldfähig halte. Er beantragt die Einholung eines ausführlichen psychiatrischen Gutachtens.

Das ist unerhört und absolut neu in der Bremer Strafgerichtsbarkeit. Die Bremer Richter sind nicht bereit, dieser »aus Frankreich herübergekommenen Theorie« zu folgen, durch die »so mancher Verbrecher seiner gerechten Strafe entgehen« könne. Sie geben dem Antrag der Verteidigung nicht statt und verurteilen Gesche Gottfried am 17. September 1830 zum Tod durch das Schwert. Ihre Berufung wird vom Oberappellationsgericht Lübeck am 6. April 1831 zurückgewiesen.

Sicherlich hat der Wunsch, die grausamen und heimtückischen Morde angemessen zu sühnen, bei diesem Fehlurteil ebenso eine Rolle gespielt wie in vielen anderen Unrechtsfällen der deutschen Rechtsgeschichte. In Gesche Gottfried eine Angeklagte zu sehen, die für ihre Taten nicht verantwortlich gemacht werden konnte, weil ihr das Schuldbewusstsein und die Fähigkeit, die Strafbarkeit ihrer Taten zu erkennen, fehlten, war mit den Rachegefühlen nicht vereinbar. Obwohl schon zu dieser Zeit Möglichkeiten zur Verfügung standen, die Krankheit der Delinquentin und ihre

ziemlich eindeutigen Symptome zu erkennen und die Frau in eine Heil- und Pflegeanstalt zu überführen, und obwohl auch nach damaligem Recht eine Verurteilung und Hinrichtung geisteskranker Personen nicht zulässig war, sprachen die Richter Gesche Gottfried schuldig, verurteilten sie zum Tode und gewährten ihr auch keine Gnade.

Eine andere Frage ist, wie es möglich sein konnte, dass das geradezu sorglose Morden dieser Frau nicht früher entdeckt wurde. Sicherlich haben im typischen Umfeld des deutschen Biedermeier der Anschein bürgerlicher Sittsamkeit und das blinde Vertrauen in eine »Wohlanständigkeit« mit dazu beigetragen. Der »braven Bürgerfrau« Gesche Gottfried traute man solche schlimmen Taten ganz einfach nicht zu.

Am 21. April 1831 um 8.00 Uhr morgens besteigt die früh gealterte und bis zum Skelett abgemagerte Gesche Gottfried vor ihrem Gefängnis einen Karren, der sie zum Richtplatz am Stadthaus führt, vorbei an Tausenden von Menschen, die dicht gedrängt und schweigend in den Straßen und auf dem Domplatz stehen, um das grausige Schauspiel mitzuerleben. Es ist die letzte öffentliche Hinrichtung in Bremen. Das sechs Fuß hohe Schafott ist vor der Mitteltür des Stadthauses errichtet worden. Auf der schwarz beschlagenen Tribüne stehen ein Tisch und vier Stühle für die Richter, daneben ein hölzerner dreibeiniger Bock. Auf ihn soll die Verurteilte sich setzen, wenn sie nicht in der Lage ist, die Verlesung des Urteils stehend anzuhören. Senator Droste nimmt einen Holzstab vom Tisch, zerbricht ihn und spricht die Formel: »Der Stab ist gebrochen, das Urteil ist gesprochen, Mensch, du musst sterben!« Man reicht Gesche Gottfried ein letztes Glas Wein. Sie nippt kurz daran und gibt dann, was recht ungewöhnlich ist, allen Richtern schweigend die Hand.

Als sie auf einen Stuhl gesetzt und ihr ein Arm zu fest angeschnallt wird, schreit sie vor Schmerz laut auf. Leise, aber doch hörbar betend, wartet sie auf den Hieb des Schwertes, der gleich ihren Kopf vom Rumpf trennen wird. Scharfrichter Dietz benötigt dazu nur einen kräftigen Schlag. Er fasst den abgeschlagenen Kopf an den Haaren und zeigt ihn der still verharrenden Menge nach allen Seiten. Dann stößt er den Stuhl mit dem leblo-

sen Körper um und legt den Leichnam in einen daneben stehenden Sarg. Der abgeschlagene Kopf wird in Spiritus gelegt und im Museum am Domhof ausgestellt, wo man auch das Skelett in einem Schrank aufbewahrt. Der Kopf ist seit 1913 verschollen, und das Skelett verbrennt während der Bombenangriffe des Zweiten Weltkriegs.

Die Lustmorde des Ludwig Tessnow

(Deutschland, 1. Juli 1901–1904)

Die fünf- und siebenjährigen Söhne des Fuhrmanns Grawert aus dem Ostseebad Göhren auf Rügen gehen am Nachmittag des 1. Juli 1901, wie schon des Öfteren zuvor, in den nicht weit entfernten Wald. Als sie am Abend noch nicht wieder zu Hause sind, beginnt eine umfangreiche, bis in die Morgenstunden dauernde Suchaktion. Um 3.00 Uhr früh werden ihre Leichen gefunden. Der verstümmelte, bis auf Mütze und Strümpfe nackte Körper des jüngeren Bruders liegt dicht am Wege von Göhren nach Baabe. Der Schädel ist zertrümmert und der Hals bis zur Wirbelsäule durchtrennt. Aus der aufgeschlitzten Bauchhöhle quellen Därme hervor, das Herz fehlt. Ganz in der Nähe werden an einem dicht mit Farn bewachsenen Platz der abgetrennte, ebenfalls zertrümmerte Kopf des älteren Bruders sowie sein Oberkörper gefunden. Der untere Teil des Körpers mit beiden Beinen wird erst später entdeckt. In einem Umkreis von etwa 400 Meter liegen die aus dem Körper entfernten und teilweise in Scheiben geschnittenen inneren Organe verstreut umher. Dazwischen liegt ein faustgroßer, blutiger Stein, mit dem die Knaben wahrscheinlich erschlagen worden sind.

Eine Obsthändlerin berichtet der Polizei, sie hätte gesehen, wie der Tischergeselle Ludwig Tessnow aus Baabe am späten Nachmittag die beiden Jungen ansprach. Daraufhin wird er am Abend des 2. Juli verhaftet. Sein Anzug, Hemd, Schlips und auch die Krempe seines Huts weisen frische Blutflecken auf. Das sei Tischlerbeize, behauptet Tessnow und bestreitet, die Kinder getötet zu haben.

Während der Voruntersuchung ergibt sich, dass Tessnow vor drei Jahren schon einmal wegen des Verdachts eines bestialischen Doppelmords an zwei siebenjährigen Mädchen inhaftiert war. Doch man konnte ihm die Tat nicht nachweisen und musste ihn wieder freilassen. Die Tatmerkmale beider Verbrechen stimmen fast hundertprozentig überein. Der Untersuchungsrichter schickt Tessnows Kleidung an die Universität Greifswald, wo der Stabsarzt Paul Uhlenhuth als Mikrobiologe tätig ist. Er hat ein neues Verfahren zur Bestimmung der Blutart entwickelt. Sein Gutachten überführt Tessnow eindeutig.

Doch drei medizinische Gutachter erklären, Tessnow habe in einem »epileptischen Dämmerzustand nach Alkoholexzessen« gehandelt und sei zur Tatzeit nicht voll zurechnungsfähig gewesen. Ein vierter Arzt, der kein Psychiater ist, hält ihn für vermindert zurechnungsfähig. Nach damaliger Gesetzeslage ist das einer vollen Zurechnungsfähigkeit gleichzustellen.

Das Schwurgericht Greifswald folgt diesem Gutachten und verurteilt Tessnow im Frühjahr 1902 zum Tode. Bei der Verkündung des Hinrichtungstermins erleidet Tessnow einen epileptischen Anfall. Das Urteil wird rechtskräftig. Aber dann machen sich Zweifel breit, ob Tessnow nicht doch geisteskrank ist. Die Vollstreckung des Urteils wird ausgesetzt, und es kommt zu einem Wiederaufnahmeverfahren.

In der neuen Hauptverhandlung erläutern sechs Ärzte ihre Gutachten. Darunter befinden sich auch das Medizinalkollegium der Provinz Pommern und der Königlichen wissenschaftlichen Deputation für das Medizinalwesen in Berlin, der höchsten Instanz für forensisch-medizinische Gutachterfragen in Preußen. Alle Mediziner erklären übereinstimmend, Tessnow sei zweifellos geisteskrank und zur Tatzeit in einem die freie Willensbestimmung ausschließenden Zustand gewesen.

Dennoch wird Tessnow erneut zum Tode verurteilt. Der Verteidiger legt Revision ein, die das Reichsgericht in Leipzig jedoch verwirft. Tessnow ist allerdings nicht hingerichtet worden, wie in einigen Büchern fälschlich zu lesen ist. Man hat ihn vielmehr kurz darauf zu lebenslangem Zuchthaus begnadigt.

Angesichts der eindeutigen und übereinstimmenden medizini-

schen Befunde sind alle drei Urteile im Fall Tessnow als Fehlurteile einzustufen. Der Mann war infolge seiner Unzurechnungsfähigkeit überhaupt nicht schuldfähig. Man hätte ihn nicht verurteilen dürfen, sondern in eine geschlossene psychiatrische Anstalt einweisen müssen. Wie schon Erich Sello 1911 in seinem grundlegenden Werk »Die Irrtümer der Strafjustiz und ihre Ursachen« festgestellt hat, haben sich die Richter in diesem Fall wohl »durch den Schauder über die objektive Tat verführen lassen, es mit der subjektiven Seite der Schuldfrage nicht allzu genau zu nehmen«.

Die Macht des Geldes. Der Fall Harry Thaw

(USA, New York, 25. Juni 1906 – 22. Juni 1915)

Anfang des 20. Jahrhunderts schätzt man das Vermögen von Harry Thaw, Sohn des amerikanischen Eisenbahnkönigs aus Pittsburgh, auf über 40 Millionen Dollar. Der 35-Jährige ist ein international bekannter Playboy und Lebemann mit einem ausschweifenden, luxuriösen Leben. Seine verrückten Ideen sind ebenso bekannt wie gefürchtet. In New York reitet er die Treppen eines Klubgebäudes hinauf, galoppiert mit einem alten Droschkengaul den Broadway entlang und liefert sich wilde Schlägereien, nicht selten auch mit der Polizei.

Er verliebt sich in Nelly Nesbit, eine bildhübsche junge Schauspielerin. Die Sache hat nur einen Haken. Sie ist die Geliebte von Stanford White, einem der bedeutendsten und reichsten Architekten Amerikas. Er ist ein rotblonder, bärtiger Hüne, der die 50 schon überschritten hat und allseits beliebt ist. Insbesondere in Künstlerkreisen wird er wegen seines freigiebigen Mäzenatentums und seiner Hilfsbereitschaft sehr geschätzt. Harry Thaw spannt ihm die Geliebte aus und heiratet sie wenig später.

Am 25. Juni 1906 besucht er mit seiner Frau und zwei Freunden eine Premiere in einem New Yorker Theater. Das Publikum sitzt an kleinen Tischen, an denen getrunken und gespeist werden kann. Auch Stanford White ist da. Sie begrüßen sich kühl. Harry Thaw langweilt sich. Er findet das Stück blöd und schlägt vor, das Theater frühzeitig zu verlassen. Während seine Frau und seine

Begleiter sich dem Ausgang zuwenden, tritt Harry Thaw an den Tisch von White, zieht einen Revolver aus der Rocktasche und schießt ihm eine Kugel in den Kopf. Ein zweiter Schuss trifft ihn in den Mund, ein dritter in die Schulter. Die Menschen an den Nebentischen sind starr vor Entsetzen. Niemand tritt Thaw in den Weg, als er mit hochgehaltener Waffe zum Ausgang eilt. Dort empfängt ihn seine Frau mit den Worten: »Mein Gott, Harry, was hast du getan?« Er schiebt sie in den Fahrstuhl und antwortet ruhig und überlegt: »Ich habe dir wahrscheinlich das Leben gerettet!«

Sie kommen nicht weit. Bereits im Erdgeschoss wird Thaw von einem Polizisten festgenommen und zum Revier gebracht. Er bestreitet nicht, Stanford White getötet zu haben. Er habe es wegen der Art und Weise getan, erklärt er, mit der White seine Frau behandelt habe. Das Verbrechen erregt überall in Amerika großes Aufsehen.

Thaw wird wegen Mordes angeklagt. Die Presse spricht von einer Eifersuchtstat. Die reiche Thaw-Familie engagiert die besten Anwälte des Landes. Einer davon ist William Olscott aus New York. Er sieht die einzige Chance darin, seinen Mandanten vor dem elektrischen Stuhl zu retten, indem er nachweist, dass Harry Thaw bereits seit geraumer Zeit unzurechnungsfähig ist. Es gelingt ihm, den Psychiater Dr. Hamilton für ein sehr hohes Honorar zu veranlassen, ein entsprechendes Gutachten zu erstellen.

Als Staatsanwalt William Jerome davon erfährt, beschließt er, den Angeklagten durch eine Ärztekommission untersuchen zu lassen. Sollte sie zu dem gleichen Ergebnis kommen, gibt er bekannt, werde er Harry Thaw in eine Irrenanstalt einweisen lassen. Jerome geht mit ungeheurer Energie an den Fall heran. Es gehe nicht nur um die Auseinandersetzung zwischen Recht und Unrecht, verkündet er kämpferisch, sondern auch darum, dass Staat und Gesellschaft nicht den vielen Millionen der Familie Thaw unterliegen dürften.

Harry Thaw glaubt, dass sein Verteidiger von Stanford White bestochen worden ist, ihn für immer in einer Anstalt verschwinden zu lassen, und entzieht ihm das Mandat. Für ein Honorar von 50 000 Dollar verpflichtet er den berühmtesten Strafverteidiger

der Westküste, Mr Delmas. Er entscheidet sich dafür, auf einen »Mord aus Leidenschaft« zu plädieren, eine Tötung im Affekt. White habe Evelyn Thaw Gewalt angetan und ihr Mann habe als »Rächer der Ehre« den Übertäter erschossen. Mit dieser Konstruktion hofft Delmas, nach französischem Vorbild der »crimes passionnels« einen Freispruch zu erzielen.

Aber Amerika ist nicht Frankreich. Und seit der Zeit, da Evelyn Thaw die Geliebte von Stanford White gewesen ist, sind mehrere Jahre vergangen. Außerdem war Thaw vor und nach der Tat keineswegs besonders erregt, so dass ihm die Geschworenen eine Affekthandlung wohl kaum abnehmen werden. Das glauben jedenfalls die anderen Anwälte Thaws. Sie raten von einer solchen Strategie ab und legen sich darauf fest, der Angeklagte sei weder vorher noch nachher, sondern nur zur Tatzeit unzurechnungsfähig gewesen.

Die Hauptverhandlung beginnt am 21. Januar 1907 in einem völlig überfüllten New Yorker Gerichtssaal. Über 50 Zeitungen haben Berichterstatter entsandt. Aus 200 vom Gericht geladenen Personen suchen Anklage und Verteidigung die Geschworenen aus, was aufgrund zahlreicher Überprüfungen länger als eine Woche dauert.

Nach den ersten Zeugenvernehmungen ergreift die Verteidigung das Wort. Sie werde beweisen, trägt der Verteidiger John Cleason vor, dass der Angeklagte zur Tat durch die Zwangsvorstellungen getrieben worden sei, von Stanford White bedroht und verfolgt zu sein. Er leide seit drei Jahren an einer erblich bedingten Gehirnerkrankung. Ihm sei nicht bewusst gewesen, etwas Unrechtes zu tun. Er habe vielmehr unter dem Einfluss seiner Krankheit geglaubt, zum Erschießen von White berechtigt zu sein. Anschließend berichtet ein Arzt, der den Angeklagten seit über 30 Jahren kennt, Harry Thaw habe während seines ganzen Lebens unter schweren nervösen Störungen gelitten. In seiner Jugend sei er häufiger vom Veitstanz befallen gewesen. Ein weiterer Arzt bestätigt das.

Am 7. Februar tritt die 22-jährige Mrs Evelyn Thaw in den Zeugenstand. Mit ihrer zarten, fast kindlichen Schönheit und dem Charme ihres Auftretens gewinnt sie sofort die Sympathie aller

Anwesenden. Stanford White habe sie im Alter von 16 Jahren missbraucht, erklärt sie, nachdem er ihr so viel Champagner eingeflößt hatte, bis sie volltrunken war. Sie habe dann schwören müssen, keinem davon zu erzählen. Aber als sie sich später ihrem Mann anvertraute, sei er erschüttert und in höchstem Maße erregt gewesen. Auch während ihrer Ehe habe White ständig versucht, sie ihrem Gatten wieder abspenstig zu machen. Er habe ihn vor allen Leuten schlecht gemacht und in übelster Weise diffamiert, indem er unter anderem behauptete, Harry Thaw finde Vergnügen daran, junge Mädchen auszupeitschen. Er sei ein Sadist.

Staatsanwalt Jerome nimmt die Zeugin ins Kreuzverhör und weist nach, dass sie noch von White Geldzahlungen erhalten hat, als sie längst mit Harry Thaw verheiratet war. Und dann legt er den Geschworenen eine Aussage vor, die Evelyn Thaw am 27. Oktober 1903 vor einem New Yorker Rechtsanwalt zu Protokoll gegeben hat. Daraus geht hervor, dass sie als 18-Jährige mit Harry Thaw durch halb Europa gereist ist und vorgegeben hat, mit ihm verheiratet zu sein, was aber nicht stimmte. In Tirol habe Thaw ein altes Schloss gemietet. In einem Gewölbe habe sie sich vor ihm nackt ausziehen müssen. Dann habe er sie mit einer Lederpeitsche etwa sieben Minuten lang überall geschlagen, bis die Haut platzte. »Ich flehte ihn an, von mir abzulassen, aber er tat es nicht. Ich war so erregt, dass ich um Hilfe rief und schrie. Aber das Schlosspersonal konnte meine Schreie nicht hören, weil meine Stimme das große Gebäude nicht durchdringen konnte.« Am nächsten Morgen sei er wiedergekommen, habe sie entkleidet und an einem Balken hochgezogen. Dann habe er sie erneut ausgepeitscht, diesmal so furchtbar und so lange, dass sie schließlich in Ohnmacht gefallen sei. Es hätte mehrere Wochen gedauert, bis sie sich wieder einigermaßen bewegen und das Bett verlassen konnte. Diese Vorfälle hätten sich regelmäßig und in immer heftigerem Ausmaß wiederholt, in der Schweiz und auch in Paris. Thaw habe regelrechte Zeremonien daraus gemacht, gegen die sie machtlos gewesen sei.

Die Verlesung dieses Protokolls macht ungeheuren Eindruck auf die Geschworenen und kommt einer Sensation gleich. Denn nun entsteht ein ganz anderer Eindruck von dem Angeklagten.

Und auch von seiner späteren Frau. Immerhin sei sie bei ihm geblieben und habe die ständigen Auspeitschungen möglicherweise sogar genossen, stellt der Staatsanwalt fest. Auch Evelyn Thaw ist geschockt und versucht, sich damit herauszureden, dies Protokoll sei eine Fälschung. Aber ihre Unterschrift darauf ist echt, und niemand glaubt ihr. Und die Frage ist nun, sind diese Folterungen ein Beweis für die Unzurechnungsfähigkeit des Angeklagten?

Auf Veranlassung der Verteidigung sagen zwei Ärzte aus. Sie haben von der Familie Thaw ein gewaltiges Honorar für ihre Gutachten erhalten. Harry Thaw sei nicht zurechnungsfähig gewesen, als er White erschoss, heißt es darin. Er sei seit drei Jahren geistig umnachtet. Die Tat sei nur aus der Vorstellungswelt eines Geisteskranken zu verstehen.

Staatsanwalt Jerome kontert, indem er dem Gericht gleich sechs psychiatrische Sachverständige anbietet, die alle aussagen würden, Thaw sei zur Tatzeit voll zurechnungsfähig gewesen. Die Verteidigung bietet daraufhin weitere fünf Psychiater auf, die das Gegenteil behaupten. Harry Thaw leide an einer unheilbaren Paranoia, sagen sie. Daraufhin ändert Staatsanwalt Jerome seine Strategie. Er schließt sich dem Urteil dieser Sachverständigen an und behauptet, Harry Thaw sei gar nicht mehr fähig, seine Verteidiger sachgemäß zu instruieren. Er sei total unzurechnungsfähig.

Das Gericht entschließt sich zur Einberufung einer Kommission von drei Obergutachtern, zwei Juristen und einem Arzt. Sie kommt nach vielen Befragungen und Untersuchungen am 4. April 1906 zu dem einstimmigen Ergebnis, Thaw sei in vollem Umfang zurechnungsfähig. Zwei volle Tage lang plädiert die Verteidigung dennoch auf Unzurechnungsfähigkeit und fordert einen Freispruch. Staatsanwalt Jerome erklärt dagegen in seinem Schlussplädoyer, es handele sich um einen kaltblütigen, brutalen und wohl überlegten Mord. Wer aus Leidenschaft töte, der verhalte sich vor und nach der Tat nicht so beherrscht und ruhig, wie der Angeklagte es getan hat. Von einem »Affektsturm« könne überhaupt keine Rede sein.

Nach einer Verhandlungsdauer von über elf Wochen ziehen sich die Geschworenen am 7. April 1907 um 17.00 Uhr zur Bera-

tung zurück. Um 23.00 Uhr sind sie noch immer nicht zu einer Einigung gekommen. Deshalb werden sie die Nacht über eingeschlossen. Am nächsten Morgen verlangen sie vom Richter über einzelne Punkte weitere Aufklärung. Nach einer Beratung von 47 Stunden erklärt der Obmann schließlich, man habe sich nicht einigen können. Sieben Geschworene hätten für Mord gestimmt und fünf für Freispruch wegen Unzurechnungsfähigkeit. Das bedeutet nach angloamerikanischem Recht, dass ein neuer Prozess geführt werden muss. Der erste hat bereits mehr als 100 000 Dollar gekostet. Und die Familie Thaw hat das Vierfache aufgewandt, um die Kosten der Verteidigung zu decken.

Bis zum neuen Prozess dauert es ein Dreivierteljahr. Er beginnt am 6. Januar 1908 vor einem anderen New Yorker Schwurgericht. Staatsanwalt ist erneut William Jerome. Die Familie Thaw hat neue Anwälte engagiert, mit den alten hat man sich überworfen. Der berühmte Strafverteidiger Littleton hält es nun für ratsam, auf dauernde Unzurechnungsfähigkeit seines Mandanten zu plädieren. Er weist auf die Abnormitäten in der Familie hin, in der es mehrere Geisteskrankheiten gegeben habe.

Auch diesmal benötigen die Geschworenen zur Beratung und Beschlussfassung mehr als 24 Stunden. Am 1. Februar 1908 verkünden sie ihr Urteil: Nicht schuldig wegen Unzurechnungsfähigkeit des Angeklagten. Harry Thaw lächelt, als er diesen Spruch hört. Denn er glaubt, nun sofort freigelassen zu werden. Doch das Lachen vergeht ihm, als der Richter anordnet, ihn als gemeingefährlichen Geisteskranken für immer in eine Anstalt einzuweisen, damit die Gesellschaft vor ihm geschützt werde.

Die Familie Thaw gibt den Kampf nicht auf. Nur wenige Monate später findet ein weiterer Prozess statt, in dem die Verteidiger behaupten, Harry Thaw sei jetzt nicht mehr unzurechnungsfähig. Aber der Antrag scheitert und ein weiterer im Sommer 1909. Harry Thaw bleibt in der Irrenanstalt, wo für ihn ein ganzer Korridor mit 13 Zellen geräumt worden ist. Er bezieht seine Mahlzeiten aus einem Hotel, man behandelt ihn wie einen Gast.

Der Thaw-Clan investiert Millionen, um Harry Thaw freizubekommen. Aber Staatsanwalt Jerome erklärt öffentlich: »Der Staat New York wird nicht erlauben, dass die Justiz durch kor-

rupten Gebrauch von Geld eine Niederlage erleidet.« Er präsentiert dem Gericht eine neue Zeugin. Sie ist Leiterin eines New Yorker Bordells, in dem Harry Thaw, der sich als Professor Reid ausgab, zeitweise drei Räume gemietet hat. Hier habe er regelmäßig hübsche junge Mädchen im Alter zwischen 15 und 16 Jahren ausgepeitscht, erklärt die Zeugin. Sie habe mehrmals dabei zugesehen und zuvor dabei geholfen, die Mädchen zu entkleiden und an einem Seil hochzuziehen oder zwischen zwei Pfosten festzubinden. Es seien Hunderte Mädchen und junge Frauen gewesen, auch dunkelhäutige. Für sie sei dieser Mann ein anormaler moderner Marquis de Sade, der Befriedigung darin finde, junge Frauen zu quälen. Thaw habe über das Ausmaß ihrer Leidensfähigkeit und ihre unterschiedlichen Reaktionen während der Auspeitschungen genauestens Buch geführt. Die Mädchen, die am meisten aushalten konnten, habe er anschließend geliebt und dann noch einmal mit einer Reitgerte einer besonderen »Behandlung« unterzogen, bis auch sie laut schrieen und ihn tränenüberströmt anflehten, endlich aufzuhören. Tatsächlich bestätigt einer der Verteidiger Thaws, dass er an 233 Prostituierte mehr als 40000 Dollar »Schweigegeld« gezahlt habe.

Im Juli 1912 scheitert ein weiterer Versuch auf Freilassung. Im Zeugenstand macht Thaw allerdings überhaupt nicht den Eindruck, dass er unzurechnungsfähig ist. Er folgt aufmerksam der Verhandlung und gibt intelligente Antworten. Am 17. August 1913 gelingt es ihm, aus der Anstalt zu fliehen, nachdem er die Wärter mit hohen Geldsummen bestochen hat. Die Gerüchte verstummen nicht, dass die Entführung von einer berüchtigten New Yorker Gangsterbande gegen teure Bezahlung organisiert und durchgeführt worden ist. Die Zeitungen berichten erneut in Schlagzeilen über den skandalösen Fall. Thaw entkommt nach Kanada, wird dort aber alsbald von der kanadischen Polizei festgenommen.

Der Staat New York stellt einen Auslieferungsantrag. Aber ein kanadisches Gericht weist ihn in öffentlicher Verhandlung zurück. Das Publikum bejubelt die Entscheidung. Die Einwanderungsbehörden ordnen jedoch an, Thaw nach New Hampshire auszuweisen. Hier verfügt ein Gericht, eine neue Untersuchung

durchzuführen. Es setzt eine Kommission ein, die am 12. Januar 1914 zu dem Schluss kommt, Harry Thaw sei zwar zur Tatzeit unzurechnungsfähig gewesen, aber jetzt sei er es nicht mehr. Eine Geisteskrankheit könne bei ihm nicht festgestellt werden. Er sei auch nicht gemeingefährlich.

Die New Yorker Behörden sind mit dieser Entscheidung nicht einverstanden und bringen den Fall vor den Obersten Gerichtshof in Washington. Er entscheidet am 21. Dezember 1914, dass Thaw nach New York auszuliefern sei. Am 22. Juni 1915 kommt es vor einem New Yorker Schwurgericht zur siebenten Hauptverhandlung im Fall Harry Thaw. Tausende von Menschen umlagern das Gerichtsgebäude und empfangen ihn fast wie einen Volkshelden. Die Familie Thaw hat viel Geld bezahlt, damit in der Presse positiv über ihn geschrieben wird.

William Jerome ist nicht mehr der Vertreter der Anklage. Über 50 Zeugen bekunden, Thaw sei durch und durch normal. Die Tötung von Stanford White wird von den Ärzten jetzt als momentaner Wutanfall gewertet, eine Art Affekthandlung. Die Gutachter, die früher erklärt haben, Thaw leide an unheilbarer Paranoia, sagen jetzt etwas ganz anderes und lassen sich diese Aussage teuer bezahlen.

Am 14. Juli 1915 befindet die Jury, Harry Thaw sei absolut gesund, er könne entlassen werden. Über 2000 Menschen bereiten ihm Ovationen, als das Urteil bekannt wird. Die Geschworenen sprechen ihn mit »Harry« an und drücken ihm Glück wünschend die Hand. Den Mord hat man offenbar völlig vergessen.

Nach neunjährigem Kampf gegen die Justiz trägt Harry Thaw den Sieg davon. Die Macht des Geldes hat es ermöglicht. Die Thaw-Millionen haben ihn zunächst vor dem elektrischen Stuhl und dann vor lebenslänglicher Internierung bewahrt. Die »New York Times« nennt dieses Ergebnis einen Skandal und eine Perversion der Justiz. Aber die Gemüter beruhigen sich bald wieder. Harry Thaw zieht nach Pittsburgh, lässt sich von seiner Frau scheiden und führt dort bis zu seinem Tod ein ruhiges und unauffälliges Leben.

Peter Kürten, der »Vampir von Düsseldorf«

(Deutschland, 1929–1931)

Problematisch sind auch die Fälle, in denen Sachverständige den Täter für voll zurechnungsfähig erklären und Richter ihn deshalb für schuldfähig halten und ihn verurteilen, obwohl größte Zweifel an der Richtigkeit der medizinischen Beurteilung bestehen.

Als sich zwischen dem Winter 1929 und dem Frühjahr 1930 in Düsseldorf mehrere scheußliche Sexualmorde an Frauen und Mädchen ereignen, breitet sich in der Stadt eine Hysterie aus. Frauen wagen sich nicht mehr allein auf die Straße, und Männer verkleiden sich als Frauen, um den Täter anzulocken. Denn die Kriminalpolizei kommt keinen Schritt weiter, den Täter zu ermitteln. Da die Frauen nach ihrer Vergewaltigung entweder mit einer Schere erstochen oder einem Hammer erschlagen worden sind, wissen die Beamten nur eins: Sie haben es höchstwahrscheinlich mit ein und demselben Mann zu tun, einem offenbar abartigen Serienkiller. Da einigen Opfern der Hals aufgeschlitzt wurde, vermuten die Beamten, dass der Mann das Blut seiner Opfer getrunken hat. Bis Ende 1929 werden überall in der Umgebung von Düsseldorf nackte, verstümmelte Kinder- und Frauenleichen gefunden.

Eine junge Frau kann dem Täter unverletzt entkommen. Sie berichtet davon einer Freundin in einem Brief, der jedoch falsch zugestellt wird. Der Empfänger leitet den Brief an die Kripo weiter, die dadurch auf die richtige Spur geführt wird. Sie führt in die Mettmanner Straße zu einem verheirateten, unter anderem wegen Brandstiftung und mehrerer Mordversuche vorbestraften 47-jährigen Mann namens Peter Kürten. Er kann mit Hilfe seiner Frau Guste am 24. Mai 1930 verhaftet werden.

Die Vernehmungen und psychiatrischen Untersuchungen ergeben, dass der 47-jährige Mann aus zerrütteten Familienverhältnissen stammt. Sein Vater war Trinker und wegen Sexualverbrechens vorbestraft, ebenso der Großvater und dessen Bruder. Auch Peter Kürten ist vorbestraft und hat insgesamt bereits 22 Jahre im Gefängnis gesessen, fast die Hälfte seines Lebens. Bei den Vernehmungen gesteht er, bereits als Neunjähriger zwei an-

dere Kinder absichtlich in den Rhein gestoßen zu haben, wo sie ertranken. Schon in der Kindheit machen sich sadistische Neigungen bemerkbar.

Kürten gesteht, dass die Morde ihn sexuell befriedigt haben und dass ihn diese Erregung auch überkam, als er das Blut der Opfer trank. Erst dann sei seine »Gier gestillt« gewesen. Aber er wisse nicht, warum er die Taten begangen habe. Er sei »wie ein hungriger Löwe« herumgelaufen. Und dann sei es »so über ihn gekommen«, er habe in einem unwiderstehlichen Drange gehandelt. Es sei schade, dass er gerade jetzt festgenommen worden sei, erklärt er den entsetzten Beamten. Denn er hätte vorgehabt, täglich zwei Menschen umzubringen.

Kürten genießt die Aufmerksamkeit, die ihm als »Vampir von Düsseldorf« nun während des Prozesses vor dem Schwurgericht zuteil wird. Alle Sachverständigen, darunter drei Universitätsprofessoren, bezeichnen Kürten als einen »erblich belasteten, mit Milieuschäden von Kindheit auf behafteten Psychopathen, der zügellos in der Wahl seiner Mittel zur Befriedigung seiner sadistischen Geschlechtslust« ist. Aber diese psychischen Abwegigkeiten würden »in keiner Weise« seine Zurechnungsfähigkeit berühren. Er sei auch nicht vermindert zurechnungsfähig, denn er habe »seine sadistischen Neigungen ohne weiteres mit gutem Willen bekämpfen können«.

Eine höchst erstaunliche Feststellung, die dazu führt, dass das Schwurgericht Düsseldorf den Angeklagten für voll verantwortlich hält und ihn in neun Fällen des Mordes und in sieben Fällen des Mordversuchs für schuldig erklärt. Es verurteilt ihn zum Tode. Das Urteil wird rechtskräftig, ein Gnadengesuch wird abgelehnt.

Die Stimmung der Bevölkerung ist von dem Ruf nach Vergeltung geprägt, was sich sicherlich auch auf die Schlussfolgerungen in den Gutachten und die richterlichen Feststellungen ausgewirkt hat. Peter Kürten wird am 2. Juli 1931 im Kölner Gefängnis Klingelpütz mit dem Fallbeil enthauptet, von demselben Henker Gröpeler aus Magdeburg, der sechs Jahre zuvor auch den Massenmörder Fritz Haarmann geköpft hat.

Der Mädchenmörder Thomas Straffen

(England, Juli 1951–September 1952)

Riesige Menschenmassen strömen am 10. Juli 1951 in das kleine südenglische Städtchen Windsor. Der Grund ist ein Boxkampf, den der farbige Amerikaner Sugar Ray Robinson, der spätere Weltmeister im Mittelgewicht, hier austrägt. Nachdem das große Sportereignis vorbei ist, findet man die Leiche der 8-jährigen Christine Butcher aus Windsor. Sie ist ermordet worden. Die schändliche Tat erregt unerhörtes Aufsehen. Aber das ist erst der Anfang.

Kurz darauf ereignen sich in Südengland weitere Morde an jungen Mädchen. Am 15. Juli wird in einem Wald in der Nähe des Badeortes Bath die 5-jährige Brenda Goddard erdrosselt aufgefunden. Die Adoptivtochter eines jungen Ehepaares spielte im Garten des Hauses und spazierte dann auf eine Wiese, um Blumen zu pflücken. Zeugen hatten beobachtet, wie sie dort von einem Mann angesprochen und in den Wald geführt worden war. Die Öffentlichkeit ist aufgebracht. Die Polizei ermittelt fieberhaft und leitet eine ausgedehnte Fahndungsaktion ein, aber ohne Erfolg. Der Täter wird nicht gefunden.

Am Nachmittag des 9. August 1951 geht die 9-jährige Cicely Batstone aus Bath allein ins Kino. Zeugen beobachten, wie sie dort von einem jungen Mann angesprochen wird. Nach dem Ende der Vorstellung besteigt er mit ihr zusammen einen Bus, der in die Außenbezirke der Stadt fährt. Die Frau eines Polizeibeamten beobachtet, wie die beiden dort an einem Bach entlang schlendern und sich auf einer Wiese niederlassen. Ein Liebespaar, das im Gras liegt, sieht den jungen Mann und das Mädchen auch. Kurz darauf entdeckt man an dieser Stelle Cicely Batstones Leiche. Das Mädchen ist ebenfalls erdrosselt worden. Eine Vergewaltigung kann auch hier nicht festgestellt werden. Die Tatumstände der drei Mädchenmorde lassen den Schluss zu, dass sie alle von dem gleichen Täter begangen worden sind. Offenbar ist ein Serienkiller am Werke, der aus augenscheinlich nicht sexuellen Motiven tötet. Aber nun gibt es eine heiße Spur. Die Frau des Polizisten gibt eine genaue Beschreibung des Mannes ab, und der Busfahrer

meint sogar, ihn zu kennen. Es handelt sich um den 21-jährigen Gärtner Thomas Straffen aus Bath.

Die Polizei hat bereits eine Akte über ihn. Er entstammt einer kinderreichen Familie, die vorrübergehend in Indien lebt, weil der Vater dort als Berufssoldat seinen Dienst tun muss. Im Alter von neun Jahren wird Thomas Straffen bereits von einem Jugendgerichtshof zu zwei Jahren Gefängnis auf Bewährung verurteilt, weil er im Juni 1939 einem jungen Mädchen eine Geldbörse stahl. Während des Verfahrens wird er von einem Psychiater untersucht, der ihn als Schwachsinnigen mit erheblichen geistigen Defekten bezeichnet. Deshalb weist man ihn ein Jahr später auch in ein Heim für geistig zurückgebliebene Kinder ein. Als er mit 16 Jahren entlassen wird, besitzt er den geistigen Stand eines neuneinhalbjährigen Kindes. Er kann nicht flüssig und nur undeutlich sprechen und bleibt ein scheuer, kontaktarmer Einzelgänger, für den es keinen Beruf gibt, zu dem er ausgebildet werden kann.

Während einer vorrübergehenden Tätigkeit in einer Kleiderfabrik begeht er erneut einige Diebstähle. Im Juli 1947 erdrosselt er eine Anzahl Hühner und legt einem ihm unbekannten 13-jährigen Mädchen plötzlich die Hand über den Mund und fragt es, was es tun würde, wenn er es jetzt erwürgen würde. Er kommt in Untersuchungshaft, wo ihn ein Psychiater untersucht und ebenfalls feststellt, er sei hochgradig schwachsinnig. Erneut weist man ihn in eine geschlossene Heilanstalt für geistig kranke Kinder ein.

Im Februar 1951 wird er jedoch wieder entlassen, weil die zuständige Behörde der Auffassung ist, man könne dies gefahrlos tun. Ein folgenschwerer Irrtum. Straffen bleibt zwar unter Polizeiaufsicht, aber er kann sich frei bewegen und findet bei einem Gärtner Arbeit. Er entwickelt einen tiefen Hass auf die Polizei und beschließt, sich an ihr zu rächen. Das kann nach seiner Meinung am besten und einfachsten dadurch geschehen, dass er junge Mädchen erdrosselt.

Als Thomas Straffen im August 1951 verhaftet und des dreifachen Mordes beschuldigt wird, gibt er die Morde an Brenda Goddard und Cicely Batstone sofort zu, leugnet aber den Mord in Windsor. Es stellt sich heraus, dass er sich genau an diesem Tag in einer Anstalt zu einer weiteren psychiatrischen Untersuchung be-

funden hat, so dass er diese Tat nicht begangen haben kann. Der Mord an Christine Butcher ist bis heute ungesühnt geblieben. Als Thomas Straffen des Doppelmordes angeklagt wird, lacht er nur und sagt zu den Beamten, sie könnten nicht beweisen, dass er die Taten begangen habe, denn es hätte ihn ja niemand dabei beobachtet.

Am 17. Oktober 1951 beginnt vor dem Schwurgericht in Taunton die Hauptverhandlung. Aber sie dauert nur kurz. Es ist nur ein einziger Zeuge geladen, der Anstaltsarzt. Er bezeichnet Straffen als »unfit to plead«, als unfähig, sich zu verantworten. Das Gericht spricht ihn daraufhin frei und weist ihn in Broadmoore ein, die bekannteste englische Spezialanstalt für kriminelle Geisteskranke. Hier fügt sich Straffen willig allen Anordnungen. Die Anstaltsbeamten beschäftigen ihn mit Reinigungsarbeiten und haben keine Probleme mit ihm.

Am 29. April 1952 beauftragen sie ihn, einem anderen Insassen bei der Reinigung eines Gebäudes zu helfen. Dieses Gebäude hat einen Ausgang zu einem von der Anstaltsmauer begrenzten kleinen Hinterhof, auf dem einige Kannen mit Desinfektionsmitteln herumstehen. Um 14.45 Uhr erhält Straffen von dem ihn begleitenden Aufseher die Erlaubnis, in diesem Hof sein Staubtuch auszuschütteln. Schnell türmt Straffen unbemerkt ein paar Kannen zusammen, zieht sich auf einen Mauervorsprung hoch und wagt von dort den gefährlichen Sprung in die Tiefe. Er gelingt ihm. Unter seiner Arbeitskleidung trägt er einen Zivilanzug, ein Zeichen dafür, dass er diesen Ausbruch geplant hat.

Er flieht in die umliegenden Wälder und erreicht um 16.30 Uhr das Dorf Farley Hill. In der Nähe der Schule spricht er die 5-jährige Linda Bowyer an, die mit einem Fahrrad an ihm vorbeifährt, und überredet sie, mit ihm zu kommen. Außerhalb des Dorfes setzt er sich mit ihr unter eine Eiche und erdrosselt das Kind. Dann bittet er in einem etwa zwei Kilometer entfernten Haus um ein Glas Wasser, erkundigt sich nach der Bushaltestelle und lässt sich von einer Frau in einem PKW dorthin mitnehmen. An der Bushaltestelle sieht er einige Polizisten herumstehen. »Was machen die da?«, fragt er die Frau aufgeregt, springt aus ihrem Wagen und eilt in eine gegenüberliegende Gastwirtschaft. Das

kommt der Frau verdächtig vor, sie verständigt die Polizisten. Als sie die Gaststätte betreten, ist Straffen nicht mehr da. Er ist durch einen Hinterausgang entwischt. Etwa 150 Meter entfernt sehen die Polizisten Straffen auf der Straße stehen, umringt von sechs bis sieben kleinen Kindern. Er versucht zu fliehen, wird aber von den Beamten eingeholt, überwältigt und nach Broadmoore zurückgebracht. Als man ihn dort fragt, was er in der Freiheit getan habe, antwortet er: »Ich habe das kleine Mädchen auf dem Fahrrad nicht umgebracht!« Aber dann legt er kurz darauf ein volles Geständnis ab. Die Suche nach Lynda Bowyers Leiche beginnt. Man findet sie am nächsten Morgen, worauf Thomas Straffen sofort festgenommen und in eine Haftanstalt verlegt wird.

Der Prozess gegen ihn wegen Mordes an Lynda Bowyer beginnt schon am 21. Juli 1952 vor dem Schwurgericht Winchester unter dem Vorsitz von Mr Justice Cassels. Er hat 1944 auch das umstrittene Strafverfahren gegen Harold Loughans geführt. Anklagevertreter ist der Zweite Kronanwalt Mr Manningham-Buller, der erklärt, es gäbe keinen Zweifel daran, dass Straffen der Täter sei. Er habe das Mädchen mit seinen Händen erdrosselt und dafür nur 15 bis 30 Sekunden benötigt. Dabei sei er mit großer Präzision vorgegangen. Wie der Gerichtsmediziner festgestellt habe, sei der Druck am Hals des Kindes exakt an den richtigen Punkten ausgeübt worden, so, als ob der Täter in dieser Tötungsart besonders erfahren sei.

Am Schluss eines jeden Verhandlungstages werden die Geschworenen vom Richter Cassels mit der strikten Anweisung nach Hause entlassen, mit niemand über den Fall zu sprechen und sich jeder Meinungsäußerung, auch gegenüber der Presse, zu enthalten. Doch ein Geschworener hält sich nicht daran. In seinem Klub behauptet er, Straffen sei unschuldig. Aufgrund dieser Indiskretion müssen alle Geschworenen entlassen werden. Die ganze Verhandlung wird mit einer neuen Geschworenenbank wiederholt.

Die Verteidigung verzichtet darauf, Thomas Straffen in den Zeugenstand zu rufen. Vielleicht ist das ein Fehler gewesen, denn so haben die Geschworenen keine Gelegenheit, sich selbst von der hochgradigen Schwachsinnigkeit des Angeklagten zu über-

zeugen. Die einzigen Worte, die sie von Straffen zu hören bekommen, lauten: »Not guilty!« (»Nicht schuldig!«)

Als erster medizinischer Sachverständiger der Verteidigung wird der Psychiater Dr. Leitch gehört, der Straffen seit 1947 mehrfach untersucht und ihm den geistigen Status eines 9-jährigen Kindes gegeben hat. In einer Reihe von Testversuchen hat er damals festgestellt, dass Straffens Gehirn in den Teilen, in denen die höheren geistigen Prozesse ablaufen, völlig desorganisiert ist. Deshalb sei er auch nicht fähig, führt Dr. Leitch vor Gericht aus, die wahre Natur und die Konsequenzen seiner Handlungen zu erfassen und sie vernünftig zu beurteilen. Straffen sei ein Schwachsinniger, der nicht fähig sei, zwischen Recht und Unrecht zu unterscheiden. Allerdings sei er auch nicht gänzlich unzurechnungsfähig. Denn innerhalb der Schranken seiner niedrigen Intelligenzstufe habe er durchaus gewusst, was die Tötung eines Menschen bedeutet.

Auch der zweite Sachverständige, Dr. Parkes, der Straffen vor dem Mordprozess in Bath als »unfit to plead« bezeichnet hat, als unfähig, sich zu verantworten, kommt nach erneuter Untersuchung zu einem überraschenden Ergebnis. Der Angeklagte wisse zwar nicht, was das Wort »schuldig« bedeutete. Straffen stehe dem Geschehen bestenfalls wie ein 9-jähriges Kind gegenüber. Aber er habe aus seinen Erfahrungen gelernt und sei nun durchaus als »fit to plead« anzusehen. Eine fragwürdige Schlussfolgerung. Dr. Williams, Anstaltsarzt von Broadmoore, pflichtet dem als dritter Sachverständiger bei.

Auch die drei Ärzte der Staatsanwaltschaft halten Straffen für schwachsinnig, aber nicht für unzurechnungsfähig. Er wisse durchaus, was er tue und sei sich auch klar darüber, was verboten und strafbar sei und was nicht. Darauf stützt sich der Anklagevertreter in seinem Schlussplädoyer und beantragt die Todesstrafe für Straffen. Der Verteidiger hält dem entgegen, wenn jemand nicht wisse, was das Wort »schuldig« bedeute, könne er auch nicht schuldig sein und für seine Taten verantwortlich gemacht werden.

Die Geschworenen brauchen nur eine halbe Stunde für ihr Urteil. Sie erklären Straffen für »schuldig«. Richter Cassels legt da-

raufhin, dem Brauch entsprechend, einen schwarzen Tuchstreifen über seine Perücke und verurteilt Straffen zum Tode. Der neben ihm stehende Kaplan sagt laut »Amen!« Straffen zeigt keinerlei Regung. Sein Verteidiger legt Berufung gegen dieses Urteil ein. Sie wird jedoch am 20. August 1952 zurückgewiesen. Die Hinrichtung wird unter dem Beifall der öffentlichen Meinung auf den 6. September 1952 festgelegt. Nachdem medizinische Experten ihn noch einmal ausführlich untersucht haben, wird Straffen eine Woche vor der Hinrichtung jedoch begnadigt und in eine geschlossene Anstalt überführt. Mit dieser, von fast allen Medizinern des Landes begrüßten Maßnahme wird das Urteil quasi korrigiert. Thomas Straffen wird nachträglich Schuldunfähigkeit bescheinigt. Er hätte nicht zum Tode verurteilt werden dürfen.

Heinrich P., das »Ungeheuer vom Schwarzwald«

(Deutschland, 1959–1960)

Auch der Massenmörder Heinrich P. entstammt einer Familie mit vielen Geisteskranken und Selbstmördern. Auch er ist erheblich vorbestraft. Seinen ersten Mord an einer 49-jährigen Kontoristin begeht er im Alter von 21 Jahren im Februar 1959. In den nächsten Monaten bringt er weitere junge Frauen um.

Besonders grausam ist der Mord an einer 21-jährigen Frau, der er im Heidelberger Nachtexpress begegnet, als sie gerade von der Toilette kommt. Er öffnet eine Zugtür und stößt das völlig überraschte Opfer aus dem Zug. Dann zieht er die Notbremse, steigt aus und sucht im Dunkeln nach der Frau. Als er sie findet, lebt sie noch. Er schneidet ihr die Kehle durch, zieht die Frau den Bahndamm hinunter und vergeht sich an der Leiche.

Bereits eine Woche später, am 8. Juni 1959 tötet Heinrich P. erneut. Auf einem Waldweg überfällt er ein 16-jähriges Mädchen und fordert es mit einem vorgehaltenen Dolch auf, »sich von ihm ficken zu lassen.« Als das Mädchen sich wehrt, schlägt er es nieder und vergeht sich an ihm. Als das Mädchen aus der Bewusstlosigkeit erwacht, sticht ihm P. in den Hals und erwürgt es anschließend.

Am 19. Juni 1959 wird Heinrich P. festgenommen. Er gibt alle Morde zu und erklärt, dazu durch die leicht bekleideten Frauen in Cecil DeMilles Film »Die 10 Gebote« angeregt worden zu sein. Dennoch sei es ihm unerklärlich, wie es zu den Taten kommen konnte. Wenn »der böse Heinrich« über ihn gekommen sei, habe er seinen Trieben nicht widerstehen können. Alles sei zwangsläufig gewesen, wie vorherbestimmt. Einem Psychiater, der ihn begutachtet, erzählt er, er habe ein Gelübde abgelegt, 71 317 Frauen zu notzüchtigen und zu töten. Er habe nie Glück gehabt bei Frauen und sei immer zu kurz gekommen.

Während des Prozesses vor dem Schwurgericht Freiburg bezeichnet ein Sachverständiger den Angeklagten als »mangelhaft ausgeglichene Person mit deutlich unreifen Zügen, in dessen Gehirn oder Seele sich Probleme abspielen, die unverkennbar den Verbrecher zu seinen furchtbaren Taten treiben.« Ein anderer Gutachter bezeichnet Heinrich P. als »sehr abnorme Persönlichkeit«, und ein Neurologe bestätigt »eine Abnormität im Gehirne«. Trotzdem bejahen die Mediziner die volle Zurechnungsfähigkeit des Angeklagten. Eine höchst zweifelhafte Entscheidung, der sich auch die Jury anschließt. Das Schwurgericht Freiburg verurteilt ihn am 22. Oktober 1960 zu sechsmal lebenslänglich. Bis heute ist die Diskussion um die Frage, ob dieses Urteil ein Fehlurteil war, nicht verstummt.

Jürgen Bartsch, die »Bestie von Langenberg«

(Deutschland, 1962-1971)

Kaum ein Serienmörder hat sich so offen zu seinen Taten geäußert, kein Sexualstraftäter wurde von so vielen Gutachtern untersucht wie Jürgen Bartsch. Und trotzdem ist er ein Rätsel geblieben. Die Frage seiner Zurechnungsfähigkeit spielte in dem »Jahrhundertprozess«, der durch alle Instanzen ging, eine zentrale Rolle.

Der am 6. November 1946 in Essen unehelich geborene Karl-Heinz Sadrozinski wird im Alter von 11 Monaten nach dem Tod seiner leiblichen Mutter von dem Fleischerehepaar Bartsch aus

Langenberg adoptiert. Er erhält nun den Namen Jürgen Bartsch. Während seiner Kindheit leidet er unter dem übertriebenen Sauberkeitswahn seiner Adoptivmutter. Er darf sich nicht dreckig machen und auch nicht mit anderen Kindern spielen. Bartsch wird regelrecht isoliert. Im späteren Prozess sagt er über seine Mutter: »Sie wollte lieber eine Puppe haben.« Oft erhält er auch Schläge.

Als er acht Jahre alt ist, wird er während einer Familienfeier von einem 15-jährigen Cousin vergewaltigt. Im Alter von zehn Jahren kommt er in ein Heim, später in ein katholisches Internat. Hier stellt er zum ersten Mal fest, dass er sich zu jüngeren Knaben hingezogen fühlt. Seine Eltern holen ihn wieder zurück, und er muss auf Wunsch seines Vaters Metzger lernen. Im Laden verkauft er gern, aber wenn es ans Schlachten des Viehs geht, wird ihm höchst unwohl. »Zum Metzger muss man geboren sein«, sagt sein Vater. Ein schlimmes Wort im Fall Bartsch. Er hat lernen müssen, Rinder zu schlachten, später schlachtet er Kinder.

Im Wald entdeckt er einen alten Luftschutzbunker, in den er nun kleine Jungs lockt. Er fesselt und misshandelt sie. Seine homosexuellen und sadistischen Neigungen empfindet er selbst als pervers. Im Juni 1961 wird er von dem Vater eines gequälten Knaben angezeigt. Die Beamten ermitteln auch, und es kommt auch zur Anklage vor dem Wuppertaler Amtsgericht. Aber noch ist der Justiz die Dimension dieses Falles nicht bewusst. Es wird nur wegen gefährlicher Körperverletzung verhandelt. Die Staatsanwaltschaft stellt das Verfahren ein, weil sie glaubt, der Fall sei eine Bagatelle. Ein schwerer Irrtum, wie sich bald herausstellt.

Denn nun werden die sexuellen Fantasien des Jürgen Bartsch immer extremer. Seit 1962 streunt er wie ein Wolf durch das Ruhrgebiet, mit Rasierklingen sowie einem Hammer und Schlachtermesser ausgerüstet. Bis 1966 verschwinden vier Knaben im Alter zwischen acht und 15 Jahren spurlos. Bartsch spricht sie auf Kirmesplätzen an und lockt sie in den Bunker. Dort entkleidet und fesselt er sie und missbraucht sie sexuell. Dann tötet er sie und zerstückelt fachgerecht ihre Leichen. Die Überreste werden später im Bunker gefunden.

Am 18. Juni 1966 findet er sein fünftes Opfer, das aber aus dem Bunker entkommen kann, nachdem Bartsch ihn für ein paar Stun-

den verlassen hat. Nach einer groß angelegten polizeilichen Suchaktion und Hinweisen aus der Bevölkerung wird der 19-Jährige gefasst.

Bartsch gesteht sofort alle seine Taten. Psychiatrische Gutachter untersuchen ihn und halten ihn für voll zurechnungsfähig. Er sei als Erwachsener anzusehen, erklären sie, und jederzeit sei von ihm kontrollierbar gewesen, was er tat. In extremem Maß trage er zwei Seelen in seiner Brust. Die Gutachter bestätigen ihm Gefühl, Gewissen und eine beachtliche Intelligenz. Wem es über Jahre gelingt, unauffällig zu töten, der muss voll verantwortlich sein. Vielleicht, weil man es gar nicht verantworten kann, dass einer wie er sich nicht verantworten muss? Am 15. Dezember 1967 verurteilt ihn das Schwurgericht Wuppertal als gefährlichen Gewohnheitsverbrecher zu viermal lebenslänglichem Zuchthaus.

Sofort regt sich in der Öffentlichkeit neben dem Entsetzen und Erstaunen, wie ein so freundlicher und sympathischer junger Mann zu solchen Grausamkeiten fähig sein kann, auch heftige Kritik an dem Urteil. Jürgen Bartsch entspricht so gar nicht dem Klischee eines bösen Verbrechers. Sollte man, statt nach dem Henker zu rufen, nicht lieber nach einem Arzt rufen? Zusätzlich zum bisherigen Verteidiger Heinz Möller übernimmt der Münchener Starverteidiger Rolf Bossi den Fall. Er legt Revision beim Bundesgerichtshof ein und rügt vor allem einen massiven Verstoß gegen die Strafprozessordnung. Da Bartsch seine Verbrechen zum Teil als Jugendlicher begangen hat, hätte die Verhandlung nicht öffentlich sein dürfen. Und vor allem hätte er nur auf der Grundlage des § 51 StGB verurteilt werden dürfen, das heißt, er ist nicht zurechnungsfähig. Am 18. November 1969 hebt der 3. Strafsenat des Bundesgerichtshofs das Urteil auf und verweist den Fall zur erneuten Verhandlung an die Jugendkammer des Landgerichts Düsseldorf.

Der Wiener Schriftsteller Karl Kraus hat einmal von der Gerichtspsychiatrie behauptet, sie sei »von allen Gesellschaftsspielen doch das unterhaltendste«. Nun wird im Fall Bartsch die Elite der damaligen psychiatrischen und psychologischen Wissenschaft tätig. Acht berühmte Kapazitäten, allen voran Professor Dr. Wilfried Rasch, Ordinarius für forensische Psychiatrie der

Freien Universität Berlin. Die meisten Gutachter billigen Bartsch eine verminderte Zurechnungsfähigkeit zu.

In dem neuen Verfahren wird auch deutlich, wie sehr sich »die Gesellschaft« an einem Kind versündigen kann und wie schwer sich die Justiz damit tut, eine solche Schuld anzuerkennen. Am 6. April 1971 verurteilt das Landgericht Düsseldorf Jürgen Bartsch zu einer Jugendstrafe von zehn Jahren und anschließender Einweisung in eine Heil- und Pflegeanstalt. In der Urteilsbegründung heißt es:

»Der Angeklagte hat sich eiskalt, mit kaum zu überbietender Rücksichtslosigkeit an seinen Opfern vergriffen. Nach dem Eindruck in der Hauptverhandlung ist der Angeklagte von seinen Taten in seinem Innersten unberührt geblieben. Er möchte sie sogar fortsetzen, da ihn sein Trieb weiterhin vollkommen beherrscht und seine Wachträume unverändert anhalten. Mag der Angeklagte deswegen auch ein bedauernswerter Mensch sein, so verlangen seine Handlungen dennoch gebieterisch eine nachhaltige Strafe, bei der sowohl der Erziehungsgedanke als auch das Verlangen nach Sühne ihren angemessenen Ausdruck finden.«

Ein höchst pragmatisches Urteil, ein fauler Kompromiss, der die grundsätzliche Frage unbeantwortet lässt, ob ein triebgestörter Sexualstraftäter ein kranker oder ein krimineller Mensch ist. Wenn es sich bei Bartsch um eine Fehlentwicklung mit Krankheitswert handelt, dann ist seine Zurechnungsfähigkeit nicht nur eingeschränkt, sondern ausgeschlossen. Wenn Bartsch behandlungsbedürftig ist, was alle Gutachter übereinstimmend feststellen, und seine Einweisung in eine Heil- und Pflegeanstalt angeordnet wird, erscheint es widersinnig, ihn vorweg zu zehn Jahren Jugendstrafe zu verurteilen und die Behandlung erst nach Ende der Haft beginnen zu lassen.

In der psychiatrischen Heilanstalt Eickelborn heiratet Bartsch 1974 die Schwesternhelferin Gisela D. aus Hannover, die schon kurz nach dem rechtskräftigen Urteil Kontakt zu ihm aufgenommen hat. Aber Mordfantasien quälen Bartsch weiterhin, auch Schuldgefühle. Um ihn von diesem Leidensdruck zu befreien, schlagen Ärzte verschiedene Psychotherapien vor. Sogar eine Gehirnoperation wird erwogen.

1976 stimmt Bartsch einer Kastration zu. Bei der Operation im Landeskrankenhaus Eickelborn führt ein totaler Kreislaufzusammenbruch zum Tod von Jürgen Bartsch. Die Obduktion ergibt, dass sich die Anästhesisten bei der Dosierung des Narkosemittels »Halothan« geirrt haben. Das Medikament wurde falsch dosiert, die Ärzte müssen einen Kunstfehler einräumen. Es gibt auch Stimmen, die behaupten, das Ganze sei nicht nur fahrlässig geschehen. Aber dafür gibt es nicht den geringsten Beweis.

Tödliche Ringergriffe. Der Fall Lionel T.
(USA, Florida, 28. Juli 1999–29. Januar 2004)

Für seine zwölf Jahre ist der farbige Lionel T. ein sehr großer, kräftiger Junge. Er lebt mit seiner Mutter Kathleen in einem kleinen Ort in der Nähe von Fort Lauderdale, Florida. Nur ein paar Straßen von ihrem Haus im Pembroke Park entfernt wohnt Deweese E. mit ihrer sechsjährigen Tochter Tiffany. Beide Frauen sind geschieden und kennen sich ebenso wie die Kinder aus ihrer gemeinsam verbrachten Zeit in Jamaika. Oft teilen sie sich die Beaufsichtigung ihrer Kinder. So auch am Abend des 28. Juli 1999, den Tiffany zusammen mit Lionel in der Wohnung von dessen Mutter Kathleen verbringt.

Nachdem sie für die Kinder das Abendessen bereitet hat, setzt sie sie vor den Fernseher und begibt sich selbst die Treppe hoch in ein anderes Zimmer, um dort ein kleines Nickerchen zu machen. Gegen 22.00 Uhr wird das Spielen der Kinder von so lauten Geräuschen begleitet, dass Kathleen die Treppe herunter ruft, sie sollen leiser sein. Sie geht aber nicht hinunter, um nachzusehen, worauf das laute Ächzen und Stöhnen zurückzuführen ist. Ein Versäumnis, das sich Kathleen später immer wieder vorwirft. Etwa 40 Minuten später kommt Lionel zu ihr und teilt ihr aufgeregt mit, Tiffany atme nicht mehr. Kathleen stürzt nach unten und sieht Tiffany reglos auf dem Boden liegen. Vielleicht leidet sie unter Asthma und hatte einen Anfall, denkt sie und informiert sofort telefonisch Tiffanys Mutter. Das Kind wird mit einem Ret-

tungswagen ins Krankenhaus gebracht, wo nur noch Tiffanys Tod festgestellt werden kann.

»Ich habe ihr Ringergriffe gezeigt und einige an ihr ausprobiert«, erklärt Lionel, der ein begeisterter Anhänger des Ringsports ist und oft im Fernsehen Übertragungen von Ringkämpfen gesehen hat. Er habe beide Arme um Tiffanys Hals gelegt und sie in den Schwitzkasten genommen. Dabei sei ihr Kopf auf den schwarzen Lacktisch geschlagen. Seine Schilderung ist eine plausible Erklärung für Tiffanys Tod.

Aber der schon zwei Tage später vorliegende Autopsiebericht zeigt, dass das Mädchen nicht nur einen Schädelbruch erlitten hat, sondern auch mehrere Rippen gebrochen sind. Die Gerichtsmediziner stellen mehr als 30 innere Quetschungen fest und eine völlig zerfetzte, durch den Brustkorb gedrückte Leber. Das spricht gegen einen Unfall als Folge einer rauen Spielerei. Die Akten werden der Staatsanwaltschaft übergeben, und Staatsanwalt Kenneth P. erklärt, es spreche alles dafür, dass Lionel T. das Mädchen ermordet habe. Die Schwere der zugefügten Verletzungen erfordere es sogar, den Täter als Erwachsenen zu behandeln, damit er nicht schon nach wenigen Monaten wieder freikomme und der Mord angemessen gesühnt werde. »Ich hoffe, er erhält lebenslänglich für den brutalen Mord an meiner Tochter«, verkündet Tiffanys Vater in einem Zeitungsinterview.

Als der Prozess im Januar 2001 gegen den nun 14-jährigen Lionel T. beginnt, sitzt er still und schweigsam auf der Anklagebank und macht den Eindruck, als begreife er gar nicht, was hier geschieht. Sein Verteidiger Jim L. verzichtet darauf, ihn in den Zeugenstand zu rufen. Ein von der Verteidigung benannter Sachverständiger führt aus, Lionel sei nicht imstande gewesen, den Unterschied zwischen simulierter und tatsächlicher Gewalt zu verstehen. Ein von der Staatsanwaltschaft benannter Gutachter erklärt dagegen, Lionel sei alt genug, diesen Unterschied zu begreifen. Er habe gewusst, was er tat, als er zudrückte. Die Verteidigung versucht vergeblich, bekannte Berufsringer in den Zeugenstand zu rufen, damit deutlich gemacht werden kann, dass ein derartiger Unfall beim Ansetzen von speziellen Griffen durchaus plausibel sei. Keiner der Profis ist zu einer solchen Aussage bereit.

Die Verteidigung muss sich deshalb auf ein Videoband beschränken, das der Jury vorgeführt wird. Darin führt Lionel bestimmte Techniken und Griffe aus und zeigt, wie Tiffany gestürzt ist. Jetzt behauptet er, sie sei mit dem Kopf gegen einen Treppenpfosten geflogen und dann gegen eine Wand geprallt. Aber der Staatsanwalt weist nach, dass dort so viele Kisten und Kästen gestanden haben, dass der angebliche Sturz sich nicht so zugetragen haben kann, wie ihn Lionel beschrieb. Da der Angeklagte eine lange Haftstrafe zu erwarten habe, schlägt der Staatsanwalt einen Handel vor, ein durchaus übliches und häufig praktiziertes Verfahren vor amerikanischen Gerichtshöfen. Er bietet an, Lionel nur mit drei Jahren Jugendstrafe, gefolgt von einem Jahr Hausarrest, zu bestrafen, bei einer zehnjährigen Bewährungszeit und begleitet von psychologischer Betreuung und Beratung. Voraussetzung dafür sei, er bekenne sich schuldig. Aber weder Lionels Mutter noch seine Anwälte nehmen diesen Vorschlag an, denn sie sind davon überzeugt, dass Lionel freigesprochen wird.

Am 25. Januar 2001 befinden die Geschworenen, Lionel sei des Mordes schuldig. Richter Joel L. verurteilt ihn zu einer lebenslänglichen Haftstrafe ohne die Möglichkeit einer bedingten Haftentlassung. Als Lionel gefesselt aus dem Gerichtssaal geführt wird, bricht er schreiend zusammen. Es ist das erste Mal in der Rechtsgeschichte der USA, dass ein Jugendlicher, der zur Tatzeit zwölf Jahre alt war, eine lebenslängliche Haftstrafe erhält.

Das harte Urteil macht nationale und internationale Schlagzeilen. Der Fall löst weltweite Proteste aus. Auch Amnesty International prangert das Urteil als glattes Fehlurteil an. Die meisten Menschen, die von dem Urteil erfahren, sind aufgebracht und können nicht verstehen, wie ein Richter ein Kind lebenslang hinter Gitter schicken kann. Selbst Tiffanys Mutter ist geschockt und meint, Lionel hätte niemals wie ein Erwachsener behandelt werden dürfen. Und auch Staatsanwalt P. erklärt öffentlich, lebenslänglich ohne die Möglichkeit einer Freilassung sei eine zu harte Strafe. Er schlägt vor, den Gouverneur um Begnadigung zu bitten. Doch dieser entscheidet sich dafür, in diesem Fall nicht zu intervenieren, weil es ja auch um die grundsätzliche Frage gehe, ob

Jugendliche strafrechtlich wie Erwachsene behandelt werden dürfen.

Der bekannte Strafverteidiger Richard Rosenbaum übernimmt den Fall, ohne ein Honorar dafür zu verlangen. Er bringt den Fall vor Floridas Court of Appeal. Die Verteidigung trägt vor, Lionel T. sei aufgrund seines Alters, seiner geringen geistigen Entwicklung und seiner mentalen Probleme nicht in der Lage gewesen, dem Verfahren zu folgen und die Gründe für seine Verurteilung und den ihm zuvor vorgeschlagenen Handel zu verstehen.

Ende Dezember 2003 hebt das Berufungsgericht eben aus diesem Grunde das Urteil auf und entscheidet, dass Lionel T. einen neuen Prozess bekommt. Daraufhin bietet der Staatsanwalt für Broward County, Michael S., den gleichen Handel an, der schon während des ersten Verfahrens vorgeschlagen worden war.

Diesmal nimmt der nunmehr 16-jährige Lionel T. den Vorschlag an. Da er schon 33 Monate im Jugendgefängnis von Okeechobee gesessen hat, bedeutet die Vereinbarung, die er, seine Mutter und seine Anwälte am 1. Januar 2004 unterschreiben, dass er bereits am 29. Januar 2004 das Gefängnis verlassen kann.

12 Das Beharrungsvermögen der Justiz

Das Recht hat die merkwürdige Eigenschaft, dass man es behalten kann, ohne es zu haben. Dieser geistreiche Aphorismus des österreichischen Juristen und Ministers Joseph Unger in seinem 1911 erschienenen Buch »Bunte Betrachtungen und Bemerkungen« bewahrheitet sich besonders, wenn es darum geht, gefällte Fehlurteile wieder aus der Welt zu schaffen. Es gibt genug Beispiele in der deutschen Strafjustiz, die deutlich machen, wie Richter und Staatsanwälte mit allen erlaubten und manchmal auch unerlaubten Mitteln alles daran setzen, die Korrektur eines Justizirrtums zu verhindern. Das Bestreben der Justiz, an einmal getroffenen Entscheidungen festzuhalten, ist groß. Das war zu allen Zeiten so, auch in anderen Ländern. Die Bundesrepublik Deutschland macht da keine Ausnahme. Es hat den Anschein, als sei die Rechtskraft eines Strafurteils heilig.

Auch der Gesetzgeber hat dazu beigetragen, sie vorrangig zu schützen und vor Angriffen zu bewahren, selbst um den Preis der Vernichtung eines Unschuldigen. Das kommt in den gesetzlichen Regelungen über das Wiederaufnahmeverfahren (§§ 359–373a unserer Strafprozessordnung) zum Ausdruck. Sie sind von dem Gedanken geleitet, dass es offenbar für die Autorität der Justiz und des Staates schädlich sei, ein rechtskräftiges Fehlurteil eingestehen zu müssen. Aber ist es nicht genau umgekehrt? Sicherlich fällt es immer schwer, einen Irrtum zuzugeben. Das setzt einen überlegenen Geist voraus. Muss nicht gerade unsere Strafjustiz davon erfüllt sein? Das sollte schon deshalb so sein, weil das Gesetz dem Richter eine große Machtfülle einräumt, die ihn fast uneingeschränkt zum Herrn über den Angeklagten macht.

Im Wiederaufnahmeverfahren zugunsten des Verurteilten tritt nahezu ein Rollenwechsel zwischen Staatsanwalt und Verteidiger ein. Der Verteidiger wird zum Ermittler der von ihm behaupteten Wahrheit. Staatsanwälte und Richter werden zu Verteidigern der Rechtskraft. Im Interesse des Rechtsfriedens darf es natürlich eine beliebige Wiederholung von Prozessen nicht geben. Jeder Strafverteidiger weiß durch die vielen Zuschriften, die er fast täglich

von Strafgefangenen erhält, wie subjektiv deren Betrachtungsweise oft ist. Eine zu weitherzige Ausgestaltung und Auslegung der Wiederaufnahmegründe würde zum Missbrauch einladen.

Es ist auch anzuerkennen, dass die deutsche Regelung immer noch besser ist als gar keine Regelung. So ist zum Beispiel in Irland erst im Dezember 1993 durch den Criminal Procedure Act ein gesetzliches Wiederaufnahmeverfahren eingeführt worden. Bis dahin war nach Ausschöpfung des normalen Rechtsweges die Überwindung einer rechtskräftigen Verurteilung nur durch Gnadenerlass des irischen Präsidenten möglich oder, wenn der Fall eine Rechtsfrage von besonderer allgemeiner Bedeutung aufwarf, durch eine Entscheidung des Supreme Court.

Es gibt auch den Fall der Wiederaufnahme des Verfahrens durch die Staatsanwaltschaft zuungunsten des Betroffenen. Wenn jemand zum Beispiel rechtskräftig freigesprochen worden ist, dann aber später die Tat gesteht, kann er durch ein neues Verfahren überführt werden. Im angloamerikanischen Rechtsraum ist das nicht möglich. Ein gesetzlich geregeltes Wiederaufnahmeverfahren gibt es dort nicht, was groteske Folgen haben kann.

In England war ein Mann angeklagt, seine Frau über dem Meer aus dem Flugzeug gestoßen zu haben. Er wurde freigesprochen. Daraufhin schrieb er eine Artikelserie, die in Zeitungen unter dem Titel »Wie ich meine Frau tötete« veröffentlicht wurde. Die Geschichte war tatsächlich wahr. Und er verdiente viel Geld damit, ohne dass man ihm etwas anhaben konnte. In Deutschland hätte die Staatsanwaltschaft aufgrund dieser »neuen Tatsachen und Beweismittel« die Möglichkeit gehabt, ein Wiederaufnahmeverfahren durchführen zu lassen.

Die Schwierigkeiten des Wiederaufnahmeverfahrens

Wie schwierig es in der Bundesrepublik Deutschland tatsächlich ist, einen Antrag auf Wiederaufnahme des Verfahrens zugunsten des Verurteilten erfolgreich durchzubringen, zeigen zahlreiche Beispiele, auf die im Schluss des Kapitels eingegangen wird. Daran haben auch durchgeführte »kleine« Strafrechtsreformen

nichts geändert. Früher entschied sogar dasselbe Gericht über den Antrag, das das Urteil gefällt hatte. Derselbe Staatsanwalt, derselbe Richter musste darüber befinden, ob er sich geirrt hatte. Ein Missstand, der erst 1965 durch die Einfügung des § 140 a in das Gerichtsverfassungsgesetz abgeschafft wurde. Jetzt entscheidet ein anderes Gericht (gleicher Ordnung) über den Antrag.

Die Messlatte für das Einbringen eines solchen Antrags ist außerordentlich hoch, und es ist sehr schwierig, gegen ein rechtskräftiges Urteil anzukämpfen. Nur wenige Verurteilte haben eine erfolgreiche Wiederaufnahme ihres Verfahrens erlebt. In 99 Prozent aller Wiederaufnahmeanträge geht es entsprechend § 359 Nr. 5 der Strafprozessordnung um beizubringende neue Tatsachen und Beweismittel, die allein oder in Verbindung mit den früher erhobenen Beweisen die Freisprechung des Angeklagten begründen können (oder in Anwendung eines milderen Strafgesetzes eine geringere Bestrafung oder eine wesentlich andere Entscheidung über eine Maßregel der Besserung und Sicherung).

Eine neue Tatsache wäre zum Beispiel gegeben, wenn der angeblich Ermordete wieder auftaucht oder ein anderer das Verbrechen gesteht, für das der Verurteilte einsitzt. Anknüpfungspunkte können auch solche Tatsachen oder Beweismittel sein, die gegen die Glaubwürdigkeit von Belastungszeugen angeführt werden können. Auch das Gutachten eines Sachverständigen kann ein taugliches Beweismittel sein, wenn es entweder neue Tatsachen enthält oder aber neue wissenschaftliche Methoden anwendet, die zu anderen Ergebnissen führen.

Neu sind in diesem Sinne alle Tatsachen, die das Gericht in der Hauptverhandlung nicht berücksichtigt hat. Dabei spielt es keine Rolle, ob die Möglichkeit dazu bestanden hat. Deshalb können zum Beispiel Zeugen dann neue Beweismittel sein, wenn sie nicht zu allen erheblichen Beweistatsachen vernommen worden sind oder aber das Gericht sie falsch verstanden oder gar überhört hat. Keine neuen Tatsachen oder Beweise liegen dagegen vor, wenn das Gericht sie in der Hauptverhandlung nicht berücksichtigt hat, weil es sie für unerheblich hielt. Die Rechtsauffassung des erkennenden Gerichts darüber, ob Tatsachen und Beweise erheblich

sind oder nicht, kann nicht durch ein Wiederaufnahmeverfahren korrigiert werden.

Die DNA-Analyse als »neues Beweismittel«

Zu den möglichen »neuen Beweismitteln« gehört auch der genetische Fingerabdruck, der seit der Entdeckung durch den britischen Wissenschaftler Alec Jeffreys im Jahr 1985 nicht nur bei der kriminaltechnischen Aufklärung von Gewaltverbrechen, sondern auch in Wiederaufnahmeverfahren zunehmend eine Rolle spielt. Nachdem die Struktur der im Zellkern enthaltenen DNA schon 1953 von James Watson und Francis Crick entschlüsselt worden war, wofür sie den Nobelpreis erhielten, fand Alec Jeffreys 32 Jahre später heraus, dass sich die Abfolge der Erbinformationen im Zellkern bei jedem Menschen unterscheidet. Das sind phosphor- und stickstoffhaltige Moleküle der Desoxyribonukleinsäure in Form einer Leiter, die in rund drei Milliarden Bausteinen die für jeden Menschen einzigartigen und unverwechselbaren Erbinformationen enthalten.

Für den Abdruck werden in einer Art Strichcode bestimmte Reihen der Leitersprossen ausgewählt. Blut, Speichel, Sperma, Hautschuppen oder Haare sind dafür geeignet. Durch eine DNA-Analyse (in deutscher Sprache auch DNS-Analyse genannt) kann die Identität eines Verdächtigen zweifelsfrei geklärt werden, wenn entsprechendes Vergleichsmaterial vorliegt. Die Wahrscheinlichkeit, dass der genetische Fingerabdruck zweier Menschen übereinstimmt, beträgt eins zu 30 Milliarden. Vor allem in den USA sind die in den letzten Jahren reihenweise erfolgten nachträglichen Freisprüche von Verurteilten, die in der Todeszelle auf ihre Hinrichtung warteten, auf derartige DNA-Vergleichstests zurückzuführen.

Aber auch in Deutschland wird die DNA-Analyse immer mehr zum Standard des erkennungsdienstlichen Verfahrens. Seit 2003 ist ein DNA-Profilgesetz in Kraft, das die DNA-Analyse generell zur Aufklärung von Verbrechen für zulässig erklärt. DNA-Analysen werden schon seit 1998 vorgenommen. Seitdem

sind damit 18 000 Straftaten aufgeklärt worden, darunter 371 Tötungs- und 870 Sexualdelikte. Anfang 2005 befinden sich 381 000 Datensätze in der Datei des Bundeskriminalamts. Insbesondere die im Januar 2005 erfolgte und innerhalb zweier Tage aufgeklärte Ermordung des Münchener Modemachers Rudolph Moshammer hat die Effektivität der DNA-Analyse deutlich unter Beweis gestellt. Nach geltendem Recht kann eine DNA-Probe aber nur bei schweren Straftaten und Sexualdelikten angeordnet werden. Diese Hürden sollen jetzt eingerissen werden.

Der genetische Fingerabdruck soll künftig dem herkömmlichen Fingerabdruck generell gleichgestellt und zu einem »Regelinstrument der Strafverfolgung« werden, wie das zum Beispiel in Großbritannien schon seit einiger Zeit der Fall ist. Hier kann die DNA auch von solchen Straftätern gespeichert werden, die nur wegen geringerer Delikte in Erscheinung treten. In Frankreich ist dagegen Voraussetzung, dass der Betroffene zu einer Haftstrafe von mindestens sieben Jahren verurteilt wurde. Und in Italien ist eine derartige Datenerhebung sogar von der Zustimmung des Betroffenen abhängig.

Wenngleich man Wunder vom genetischen Fingerabdruck nicht erwarten darf, so steht doch außer Frage, dass er ein überaus erfolgreiches Mittel zur Aufklärung von Straftaten ist. Er dient auch der Prävention und der Verringerung der Gefahr, dass es zu Fehlurteilen kommt. Und er kann bewirken, bereits geschehenes Unrecht im Wiederaufnahmeverfahren zu beseitigen. Er kann hierfür ein »neues Beweismittel« sein.

Zwei getrennte Verfahren

Das Wiederaufnahmeverfahren gliedert sich in zwei Teile, in das Additionsverfahren und das Probationsverfahren. Im ersteren wird nur geprüft, ob der Antrag zulässig ist, im zweiten, ob er auch begründet ist. In dem Verfahren über die Zulassung des Wiederaufnahmeantrags wird zunächst darüber befunden, ob ein gesetzlicher Wiederaufnahmegrund geltend gemacht und unter Beweis gestellt wird (§§ 367, 368 Strafprozessordnung).

Erst nach Zulassung der Wiederaufnahme wird in einer neuen Hauptverhandlung (mit Beweisaufnahme) durch Urteil erneut entschieden. Auf eine neue Hauptverhandlung kann ausnahmsweise verzichtet werden, wenn der Verurteilte verstorben oder die Beweislage eindeutig ist. Gegen das neue Urteil sind wiederum alle gesetzlichen Rechtsmittel gegeben. Ist das Wiederaufnahmeverfahren tatsächlich erfolgreich, fallen die entstandenen Kosten, auch die für den Strafverteidiger, der Staatskasse zur Last. Darüber hinaus muss nach dem Gesetz über die Entschädigung für Strafverfolgungsmaßnahmen eine Entschädigung gezahlt werden.

Die meisten Wiederaufnahmeanträge scheitern schon im Zulassungsverfahren. Wird wirklich einmal ein Wiederaufnahmegesuch angenommen, kommt in der Regel das Aus für den Verurteilten in der zweiten Runde. In der Rechtsgeschichte der Bundesrepublik gibt es bis zum Jahr 2000 nur acht Fälle, in denen ein Wiederaufnahmeverfahren erfolgreich war und zur Freilassung des Täters geführt hat. Fast immer wird im neuen Hauptverfahren das erste Urteil bestätigt. Gerade hier zeigt sich das Beharrungsvermögen der Justiz in besonderem Maße.

Für ein solches Hin und Her ist in der Rechtsgeschichte der Bundesrepublik der Mordprozess gegen Monika Weimar ein eklatantes Beispiel (vgl. im Einzelnen Otto, »Das Lexikon der Justizirrtümer«, Ullstein, 2. Auflage 2004, Seite 193 f.). Das Verfahren zieht sich über 14 Jahre hin, es ergehen insgesamt acht Urteile. Dreimal entscheiden Schwurgerichtskammern der Landgerichte, einmal ein Oberlandesgericht, dreimal der Bundesgerichtshof und einmal sogar das Bundesverfassungsgericht. Nachdem 1992 ein Wiederaufnahmeantrag vom Verteidiger Dr. Gerhard Strate eingelegt wird, braucht das Landgericht Gießen fast drei Jahre, um ihn abzulehnen. Aufgrund der eingelegten Beschwerde ordnet das Oberlandesgericht Frankfurt am Main wegen einer möglichen neuen Beweislage die Wiederaufnahme an und Monika Weimar wird freigelassen. Im Juni 1996 beginnt vor der gleichen Strafkammer, die den Wiederaufnahmeantrag abgelehnt hat, das neue Verfahren.

Und dann folgt eine Sensation: Das Landgericht Gießen spricht die Angeklagte frei. Aber aufgrund der von der Staatsan-

waltschaft eingelegten Revision hebt der 2. Strafsenat des Bundesgerichtshofs im November 1998 das Urteil wegen erheblicher Rechtsfehler wieder auf und verweist den Fall an das Landgericht Frankfurt am Main. Es verurteilt die Angeklagte am 22. Dezember 1999 wegen Mordes erneut zu einer lebenslangen Freiheitsstrafe und bestätigt damit das erste Urteil des Landgerichts Fulda aus dem Jahre 1988. Im August 2000 weist der Bundesgerichtshof die Revision zurück. Das Urteil wird rechtskräftig und Monika Weimar sitzt wieder im Gefängnis. Ob sie noch einmal einen Wiederaufnahmeantrag stellen wird, ist höchst zweifelhaft. Denn welche neuen Beweismittel soll es jetzt noch geben? Das Beharrungsvermögen der Justiz hat nach langem Kampf obsiegt, und der Fall scheint »endgültig erledigt«.

Die genaue Zahl der Fehlurteile ist ebenso wenig bekannt wie die Zahl jener Entscheidungen, die durch Zurückweisungen von Wiederaufnahmeanträgen verhindert haben, dass Justizirrtümer bewiesen werden konnten. Ihre Zahl ist mit Sicherheit höher als die Fehlurteile selbst. Und die Zahl der erfolgreichen Wiederaufnahmeverfahren nimmt sich recht gering aus gegenüber der Zahl der Fälle, die für immer im Dunkel versunken sind. Ein schlauer Mathematiker hat nach der Wahrscheinlichkeitsrechnung ermittelt, dass jedes 267. Urteil ein Fehlurteil ist. Eine Zahl, die – wenn sie stimmt – bedeutet, dass allein in der Bundesrepublik, gemessen an der Zahl der Gesamturteile, die Zahl der Fehlurteile in die Tausende geht. Da läuft es einem kalt den Rücken runter.

Umso trauriger stimmt die Erkenntnis, dass wir wohl auch weiterhin damit leben müssen, dass die Justiz ihre Schuld nicht eingestehen will. Sie wehrt sich und beharrt und lässt sich nach langer, abgeschlossener Verhandlung nicht mehr gern aus der Selbstgewissheit reißen. Wer das versucht, braucht einen langen Atem und gute Nerven.

Aber wir wissen auch, dass es immer wieder Rechtsanwälte, Journalisten, Schriftsteller und andere Personen gibt, die meist unter erheblichen wirtschaftlichen Opfern Justizirrtümer aufdecken. Aus Menschlichkeit, um der Gerechtigkeit willen und gegen die Widerstände der Justiz und oft auch der öffentlichen Meinung. Das berühmteste Beispiel ist und bleibt Emile Zola in

dem außergewöhnlichen Dreyfus-Prozess. Diesen unermüdlichen Kämpfern um Recht und Wahrheit gilt unser aller Dank.

Die deutsche Rechtsgeschichte kennt wesentlich mehr Fälle, in denen Wiederaufnahmeanträge abgelehnt worden sind, als die wenigen Ausnahmen, in denen durch ein Wiederaufnahmeverfahren tatsächlich eine Korrektur des ersten Urteils erreicht werden konnte. Einige Beispiele mögen das verdeutlichen, ohne dass damit die Frage beantwortet werden kann, ob alle diese Fälle Justizirrtümer sind.

Der Fall Albert Ziethen
(1883–1903)

Der wohl spektakulärste Mordprozess der Kaiserzeit hat jahrzehntelang die öffentliche Meinung in ganz Deutschland beschäftigt. Viele namhafte Juristen, Politiker und Journalisten, darunter auch Karl Liebknecht und der Bismarck-Anhänger Maximilian Harden, haben sich für die Rehabilitierung Albert Ziethens eingesetzt. Das Volk sammelte für einen »Ziethen-Fonds«. Doch alle Bemühungen waren vergebens. Der Fall Ziethen gilt heute als klassischer Beleg für ein Fehlurteil und das hartnäckige Bemühen des Justizsystems, am einmal gefällten Urteilsspruch festzuhalten und alle Wiederaufnahmeanträge zu Fall zu bringen.

Der Sachverhalt ist relativ einfach. Es gibt im Grunde nur zwei Personen, die als Täter in Betracht kommen und zwischen denen sich die Richter entscheiden mussten. Aber vielleicht sind gerade solche Fälle die schwierigsten.

Albert Ziethen betreibt in Elberfeld ein Barbiergeschäft. Er hat oft Streit mit seiner Ehefrau Maria, die immer häufiger von ihm misshandelt wird. Am 25. Oktober 1883 besucht Ziethen seine Geliebte in Köln. Als er nach 23.00 Uhr in seine Wohnung zurückkehrt, weckt er das Dienstmädchen mit der Mitteilung, er habe soeben seine Frau im Erdgeschoss mit eingeschlagenem Schädel aufgefunden. Sie möge sofort den Lehrling August Wilhelm wecken, der oben in der Bodenkammer schläft. Auf das Klopfen antwortet Wilhelm, als sei er gerade aus tiefem Schlaf er-

wacht. Als er, nur mit einer Hose bekleidet, herunterkommt, läuft Ziethen jammernd hin und her und zeigt immer wieder auf seine Frau. Sie liegt mit dem Kopf in einer Blutlache, daneben liegen ihre abgerissenen falschen Zöpfe sowie ein zerbrochener Haarkamm. Die Beine sind entblößt und die Röcke bis über die Knie hinaufgeschoben. Ihr Herz schlägt noch, sie ist noch nicht tot. Da Wilhelm halb nackt ist, verlässt Ziethen selbst das Haus, um schnell einen Arzt zu holen.

Maria Ziethen wird ins Krankenhaus eingeliefert, wo auch Polizeikommissar Kirchhoff eintrifft. Obwohl sie kaum vernehmungsfähig ist, stellt er ihr einige Fragen. Ja, sagt sie, ihr Mann sei der Täter. Aber ihre Angaben, wo genau und womit er auf ihren Körper eingeschlagen hat, sind widersprüchlich. Mal spricht sie von einem Ochsenziemer, mal von einem Schlüssel. Das Tatwerkzeug, einen Holzhammer, den man im Vorflur in einer Schublade gefunden hat, erwähnt sie nicht. Nach dem Verhör beginnt sie zu singen. Der Untersuchungsrichter vereidigt die im Sterben liegende Frau, ohne sie auf ihr Zeugnisverweigerungsrecht hinzuweisen. Am 30. Oktober tritt der Tod ein.

Die Aussagen von Maria Ziethen haben keinen Beweiswert. Da sowohl Ziethen als auch Wilhelm die Tat begangen haben können, werden beide verhaftet und kurz darauf des Mordes angeklagt. Beide bestreiten jede Schuld. Ziethen sagt, Wilhelm sei der Täter. Als Wilhelm davon erfährt, behauptet er, Ziethen sei der Mörder. Er habe genau gesehen und gehört, wie Ziethen nach seiner Rückkehr mit seiner Frau heftig gestritten habe. Als sie ihm seine Seitensprünge vorgeworfen habe, sei er ausgerastet und habe sie mit fünf Hammerschlägen auf den Kopf getötet.

Zeugen schildern Wilhelm als lügenhaften und sittlich verkommenen Menschen. Doch es gibt keine Beweise dafür, dass er der Täter ist. Nach sechs Verhandlungstagen spricht ihn das Schwurgericht Elberfeld am 2. Februar 1884 frei und verurteilt Ziethen wegen Mordes zum Tode. Im überfüllten Gerichtssaal bricht frenetischer Jubel aus. Der Verteidiger legt Revision ein, versäumt aber, zu rügen, dass Maria Ziethen nicht auf ihr Zeugnisverweigerungsrecht hingewiesen wurde. Die Revision wird verworfen. Ziethen wird jedoch zu lebenslangem Zuchthaus begnadigt.

In der Öffentlichkeit wird der Fall heftig diskutiert. Viele Menschen halten Wilhelm für den Täter, und die Zweifel an der Richtigkeit des Urteils nehmen zu. Sie führen dazu, dass erfahrene und besonders versierte Berliner Kriminalbeamte beauftragt werden, August Wilhelm noch einmal zu vernehmen. In der Nacht vom 9. auf den 10. Juni 1887 folgt die Sensation: Wilhelm legt ein umfassendes Geständnis ab. Am nächsten Tag wiederholt er es auf dem Amtsgericht und am 16. Juli auch vor dem Untersuchungsrichter, obwohl dieser ihn eindringlich darauf hinwies, dass er mindestens für 15 Jahre im Zuchthaus verschwinden werde, wenn seine Aussage wahr sei.

Er habe am Tattag etwas getrunken, erklärt Wilhelm. Er sei von Maria Ziethen sexuell erregt worden. Als er ihr eröffnete, mit ihr schlafen zu wollen, habe sie ihn jedoch energisch zurückgewiesen. Daraufhin habe er so lange mit dem Hammer auf ihren Kopf geschlagen, bis sie bewusstlos war. Dann sei er in sie eingedrungen und habe sie bis zum Samenerguss vergewaltigt. Nun wird ein unglaublicher Ermittlungsfehler offenbar: Marias Scheide und ihre Unterwäsche sind nicht auf Spermaspuren untersucht worden, obwohl die Röcke bis über die Knie hochgezogen waren und die Vermutung eines Sexualverbrechens nahe legten.

August Wilhelm widerruft sein Geständnis am 19. Juli, gesteht aber am 15. August den Mord erneut. Sein Hass auf Ziethen sei sehr stark, gibt er zu, und auch seine Sehnsucht nach Freiheit. Deshalb falle es ihm sehr schwer, bei der Wahrheit zu bleiben und sein Geständnis nicht erneut zu widerrufen. Dieser Vorsatz hält nur bis zum 30. August. An diesem Tag widerruft er abermals.

Die beiden Berliner Kriminalbeamten sind zu der festen Überzeugung gelangt, dass August Wilhelm der alleinige Täter ist. Ziethens Verteidiger beantragt daher die Wiederaufnahme des Verfahrens. Das Landgericht Elberfeld gibt dem Antrag am 14. August 1887 statt. Aufgrund der sofortigen Beschwerde der Staatsanwaltschaft hebt das Oberlandesgericht Köln den Beschluss jedoch auf und weist den Antrag mit der Begründung zurück, das ständige Hin und Her in der Aussage Wilhelms schaffe keinen dringenden Verdacht gegen ihn. Wilhelm wird freigelassen und taucht unter.

Albert Ziethen bleibt weiter in Haft. In den Jahren 1893, 1897 und 1900 werden drei weitere Wiederaufnahmeanträge zurückgewiesen. Die Justiz verteidigt das erste Schwurgerichtsurteil wie ein Heiligtum. Ziethen verbringt 20 Jahre im Zuchthaus und wird 1903 schwer krank, nachdem er alle Hoffnung aufgegeben hat, jemals wieder freizukommen. Kurz darauf stirbt er.

Die »schöne Sünderin« Margarethe Wolsiffer
(1948–1965)

Am 28. November 1950 verurteilt das Schwurgericht Frankenthal die »schöne Sünderin« Margarethe Wolsiffer wegen Mordes an ihrem Ehemann zu lebenslänglichem Zuchthaus. Der Bundesgerichtshof bestätigt das Urteil am 2. Oktober 1951. Diesem Verfahren, gegen das, wie Frank Arnau gesagt hat, »die Hexenprozesse vergangener Jahrhunderte wie harmlose Fastnachtsspiele erscheinen«, liegt folgender Sachverhalt zugrunde:

Der reiche Ernst Wolsiffer betreibt in Neustadt an der Weinstraße eine Apotheke. Er stottert, ist schwerhörig und leidet unter ständigen Magenschmerzen. Die junge, bildhübsche und lebenslustige Margarethe wird regelrecht an ihn verkuppelt, die Ehe ist eine reine Vernunftehe. Zwar kommen vier Kinder zur Welt, doch die Ehe ist nicht glücklich. Denn Margarethe ist Seitensprüngen nicht abgeneigt. Als Wolsiffer 1946 wegen illegaler Geschäfte auf dem Schwarzmarkt Schwierigkeiten mit der Polizei und der Staatsanwaltschaft bekommt, bittet er seine Frau, beim Oberstaatsanwalt Ramstetter eine gutes Wort für ihn einzulegen. Es wird mehr als ein gutes Wort, Margarethe geht mit ihm ins Bett.

Ihr nächster Liebhaber wird ein verheirateter Angestellter der Apotheke mit Namen Sebastian Weinzierl. Zwischendurch verkehrt sie auch mit einigen Besatzungsoffizieren intim. Da sich das Magenleiden ihres Mannes verschlimmert, übernimmt Margarethe die Leitung der Apotheke. Ihr Ehemann hat ein schmerzhaftes Magengeschwür, die Ärzte verordnen ihm Morphium. Gegenüber seinen Bekannten äußert er mehrfach Selbstmordabsichten.

In der Nachbarschaft kursieren Gerüchte, seine Krankheit rühre daher, dass seine Frau, die »lottrige Hure«, ihn langsam vergifte.

In der Nacht vom 29. auf den 30. April 1948 fühlt sich Ernst Wolsiffer besonders elend. Er bittet seine Frau um eine Flasche Beaujolais. Die Dienstmädchen finden am nächsten Morgen in der Küche die leere Rotweinflasche und zwei Gläser. Am Vormittag sieht der Hausarzt nach dem Kranken. Er schläft, mit deutlichen Anzeichen eines Rausches. Margarethe begibt sich zu einem Rendezvous mit ihrem Liebhaber Weinzierl. Am 1. Mai verschlimmert sich Wolsiffers Zustand. Der Hausarzt stellt Symptome einer Opiatsvergiftung fest und verfügt seine Einweisung in ein Krankenhaus, wo er noch am selben Tag stirbt.

Die Kriminalpolizei wird eingeschaltet. Wolsiffers Haus wird durchsucht, doch man findet keine Anzeichen eines Verbrechens. Die leere Rotweinflasche und die beiden Gläser in der Küche bleiben unbeachtet, sie werden nicht asserviert. Erst ein volles Jahr später wird die Flasche näher untersucht, das heißt, man nimmt an, es sei dieselbe Flasche, aus der Wolsiffer getrunken hat. Sicher ist das nicht. Margarethe Wolsiffer und ihr Liebhaber Weinzierl werden am 7. Mai 1948 verhaftet und beschuldigt, den Apotheker durch Opium vergiftet zu haben.

Beweise für die Tat gibt es nicht, auch kein Motiv. Denn der Ehemann wusste von den Liebschaften seiner Frau und hatte sich damit abgefunden. Einziges Indiz ist die Rotweinflasche, in der ein Mainzer Gerichtsmediziner Opiatreste feststellte. Er hatte den flüssigen Bodensatz einer Maus injiziert, die danach starb. Diese veraltete »Symptomdiagnose« ist ein höchst zweifelhaftes Verfahren mit vielen möglichen Fehlerquellen. Das Gericht folgt ihr ebenso wie der »Vorverurteilung« durch die öffentliche Meinung. Es lässt auch außer Acht, dass ein Dritter, der wollte, dass die Ehefrau verdächtigt wird, eine Opiumtinktur in die Flasche geschüttet haben kann.

Wenn es wirklich die Ehefrau war, die das Gift in die Flasche getan hat, warum hat sie die leere Flasche dann nachts nicht ausgespült? Oder ganz beseitigt? Das Gericht traut der intelligenten Frau, die stets ihre Unschuld beteuert hat, die Dummheit zu, das einzige Schuldindiz zu übersehen. Und die Möglichkeit, dass

Ernst Wolsiffer sich in der Nacht selbst das Morphium aus der Küche geholt und in der Weinflasche gelöst hat, hält man für ausgeschlossen. Weinzierl wird mangels Beweisen freigesprochen. Margarethe Wolsiffer verschwindet für immer hinter Gittern.

Das Urteil wird zwar vom Bundesgerichtshof aufgehoben, und es kommt 1950 zu einer neuen Hauptverhandlung. Doch das Schwurgericht Frankenthal verurteilt die Angeklagte am 28. November 1950 auch ein zweites Mal zu lebenslänglichem Zuchthaus. Diesmal bestätigt der Bundesgerichtshof das Urteil. Im Laufe der nächsten 15 Jahre reicht der Verteidiger vier Wiederaufnahmegesuche ein. Alle werden abgelehnt. Selten hat es einen Mordprozess gegeben, in dem so viele Wiederaufnahmegesuche eingebracht worden sind. 1965 folgt das fünfte. Als es ebenfalls abgelehnt wird, sitzt Margarethe Wolsiffer bereits 19 Jahre ein, ohne dass ihr wenigstens eine Begnadigung zuteil geworden ist.

Der Fall Walter S.

(1993–2002)

Im Mai 1993 verurteilt das Landgericht München in einem Aufsehen erregenden Indizienprozess die Brüder Wolfgang W. und Manfred L. wegen Mordes und schweren Raubes an dem 64-jährigen homosexuellen Volksschauspieler Walter S. zu lebenslangen Freiheitsstrafen. Wolfgang W. hat laut Urteil seinen früheren väterlichen, vermögenden Freund in dessen Wohnung in München-Schwabing am 15. Juli 1990 gefesselt und mit einem Messer verletzt, um Geldgeheimnisse zu erpressen. Anschließend hat er ihn mit einem schweren Hammer erschlagen. Der Hammer gehörte Manfred L.

Der Bundesgerichtshof bestätigt 1994 dieses Urteil. Beide Verurteilte haben von Anfang an ihre Schuld bestritten. Sie bringen neue Tatsachen und Beweise vor, die aber nach Auffassung des Landgerichts Augsburg für einen neuen Prozess nicht ausreichen. Es weist zwei Wiederaufnahmeanträge zurück, zuletzt im Mai 2001. Das Oberlandesgericht München bestätigt im Mai 2002 diese Entscheidung.

Aber 13 Jahre nach dem mysteriösen Tod des Schauspielers gibt es einen neuen Tatverdächtigen. Die Hoffnung von Manfred L. und seinem Halbbruder Wolfgang W. beruht auf einer neuen Spur, der LKA-Spur »D4«. Am Tatort wurden damals 240 Fingerabdrücke festgestellt. 237 können zugeordnet werden, drei nicht. Darunter ist auch ein Fingerabdruck an der Innenseite der Tür zum Duschraum. Im Juli 1998 gelingt mit Hilfe der neu eingeführten Software AFIS auch diese Zuordnung. Sie führt zu dem 44-jährigen Kleinkriminellen Ralf Z. aus Ingolstadt. Auffällig ist, dass er sich nur einen Tag nach dem Mord an Walter S. nach Spanien abgesetzt hat, wo er bis heute lebt. In seiner durchgeführten Vernehmung streitet er ab, jemals in Sedlmayrs Wohnung gewesen zu sein. Eine Aussage, die nun widerlegt ist.

Manfred L.s Anwalt, der Frankfurter Strafverteidiger Edgar Weiler, beantragt beim Landgericht Augsburg ein drittes Mal die Wiederaufnahme des Verfahrens. Der zuständige Richter Wolfgang Rothermel ist derselbe Richter, der den Schauspieler Günther K. im Wiederaufnahmeverfahren im Januar 2005 freigesprochen hat. Doch nach seiner Ansicht liegen keine neuen Tatsachen vor, das vor zwölf Jahren gefällte Urteil »aus den Angeln zu heben«. Der Wiederaufnahmeantrag wird vom Landgericht Augsburg am 15. April 2005 erneut verworfen.

Der Pizzabäcker-Mord von Pullenbach

(1996–2003)

Im Oktober 1996 wird der Inhaber einer Pizzabäckerei aus Pullenbach, ein Italiener, durch eine fingierte Pizzabestellung an den Tatort gelockt und durch zwei gezielte Kopfschüsse getötet. Die Staatsanwaltschaft klagt die 32-jährige Ehefrau Karin C. an, die Tat gemeinsam mit ihrem Liebhaber, dem Steuerberater der Familie, ausgeheckt zu haben.

Das Landgericht Hechingen verurteilt beide im August 1997 zu jeweils lebenslangen Freiheitsstrafen. Den Liebhaber, weil er die tödlichen Schüsse abgab, und die Ehefrau, weil sie ihn dazu angestiftet hat. Für Karin C. hat die Staatsanwaltschaft nur acht

Jahre Freiheitsstrafe gefordert, doch das Gericht sieht auch für sie eine lebenslängliche Freiheitsstrafe als angemessen an. Das Urteil wird 1998 rechtskräftig, denn der Bundesgerichtshof weist die eingelegte Revision als offensichtlich unbegründet zurück.

In ihrem Wiederaufnahmeantrag macht Karin C. geltend, ihr Ehemann habe sie ständig schwer misshandelt. Ihre Ehe sei »ein Jahre andauerndes Martyrium« gewesen. Entsprechende Zeugen seien nicht gehört worden. Außerdem habe sie den späteren Mörder gedrängt, den Mord nicht auszuführen, was dieser gegenüber einem Anwalt auch bestätigt habe. Sie sei von der Anstiftung folglich zurückgetreten. Aber das Landgericht Heilbronn folgt dem nicht und weist den Wiederaufnahmeantrag im März 2003 zurück.

Der Fall bekommt durch den am 7. April 2003 gesendeten Film »Fenster zur Freiheit – Hoffnung für eine Lebenslängliche« neue Brisanz. Bundesweit wird eine Welle der Solidarisierung mit Karin C. ausgelöst, die Beschwerde gegen die ablehnende Entscheidung beim Oberlandesgericht Stuttgart eingelegt hat. Doch das OLG verwirft im Juli 2003 die Beschwerde, weil sie keine neuen Tatsachen und Beweise vorgetragen habe, aus denen sich ergebe, dass sie von der Art der Tatausführung nichts gewusst habe und ihr deshalb das Handeln ihres Liebhabers nicht zugerechnet werden könne. Karin C. habe sich nicht »ernsthaft bemüht, die Tat zu verhindern«.

Das Urteil des Landgerichts Hechingen vom August 1997 bleibt in Kraft und Karin C. muss ihre lebenslange Haftstrafe weiterhin absitzen. Allerdings mit der Aussicht, nach 15 Jahren entlassen zu werden, da eine besondere Schwere der Schuld nicht festgestellt worden ist. Aber schon nach acht Jahren Haft setzt der baden-württembergische Ministerpräsident Erwin Teufel im Februar 2004 die weitere Strafe gnadenhalber zur Bewährung aus.

Die zuständige Justizministerin Werwigk-Hertneck hatte sich klar gegen eine Begnadigung ausgesprochen. Teufel erklärt gegenüber der Presse, die Entscheidung, in die »die Justiz nicht involviert gewesen« sei, habe er »nach bestem Wissen und Gewissen« getroffen. Ihr sei ein »achtwöchiger Abwägungsprozess« vorangegangen. Mit Karin C. habe er zwar nicht persönlich gesprochen, aber er habe alle Akten studiert und Recherchen durchgeführt.

Familienmord aus Habgier? Der Fall Peter E.

(1999–2002)

Der 44-jährige, einer Millionärsfamilie entstammende Peter E. wird 1999 von der Staatsanwaltschaft Mainz beschuldigt, aus Habgier seine Mutter, seinen Bruder und dessen Freundin umgebracht zu haben. In dem spektakulären Indizienprozess werden 435 Zeugen und 70 Sachverständige gehört. Das Landgericht Mainz verurteilt Peter E. am 14. Mai 1999 zu einer lebenslangen Freiheitsstrafe. Bis heute bestreitet er seine Schuld. In der Hand eines Opfers fand man Haare und Haarbüschel, die nach der Behauptung von Peter E. weder von ihm noch vom Opfer, sondern von einem fremden Täter stammen.

In seinem Wiederaufnahmegesuch beantragt Peter E., eine nach neuesten wissenschaftlichen Erkenntnissen verbesserte DNA-Analyse dieser Haare fertigen zu lassen, die seine Behauptung beweisen würde. Die 1. Strafkammer des Landgerichts Bad Kreuznach weist am 2. Juli 2002 den Antrag als unzulässig zurück, weil er den gesetzlichen Anforderungen nicht genüge. Die bloße Ankündigung, ein noch einzuholendes Gutachten werde ein bestimmtes Untersuchungsergebnis erbringen, sei kein beigebrachtes Beweismittel im Sinne von § 359 Nr. 5 der Strafprozessordnung. Notwendig sei stets die Vorlage eines solchen Gutachtens.

Da Peter E.s Verteidiger hilfsweise beantragt hat, die Haare an das Bundeskriminalamt zwecks Erstellung eines Sachverständigengutachtens herauszugeben, werden sie dort auch untersucht. Aber ohne Erfolg. Im Dezember 2002 erklärt der leitende Mainzer Staatsanwalt, auch mit den modernsten Methoden könne derzeit nicht entschlüsselt werden, von wem diese Haare stammen.

13 »Die Angelegenheit aller anständigen Menschen!«

La Bruyère, der große französische Philosoph des 17. Jahrhunderts, hat gesagt: »Ein unschuldig Verurteilter ist die Angelegenheit aller anständigen Menschen.« Diese Erkenntnis ist heute noch genau so zutreffend wie damals. Die Strafrichter sprechen ihre Urteile »im Namen des Volkes«. Deshalb gehen sie uns alle an, und jedes Fehlurteil wird auch in unserem Namen verkündet. Wir wissen zwar um die Unzulänglichkeit der menschlichen Urteilsfähigkeit. Die Wahrheitsfindung ist ein sehr schwieriges Geschäft, und manchmal geraten die Richter bei der Suche nach der Wahrheit in arge, auch seelische Not. Aber unser aller Gewissen darf sich davon nicht beeinträchtigen lassen. Wir müssen wachsam bleiben und fest daran glauben, dass »Recht« geschieht und sich Gerechtigkeit auf unserem Planeten weitgehend realisieren lässt.

Der Kampf um das Recht

Doch was ist das »Recht« überhaupt? Gustav Radbruch, der große deutsche Jurist, 1933 von den Nazis als erster deutscher Professor seines Amtes enthoben, hat es so definiert: »Recht ist Wirklichkeit, die den Sinn hat, der Gerechtigkeit zu dienen.« Was aber ist Gerechtigkeit? Im »Brockhaus« steht, sie sei eine Tugend, die das Recht eines jeden achtet und jedem das Seine gewährt. Friedrich Nietzsche ist allerdings mit dieser Formulierung gar nicht einverstanden. Jedem das Seine geben, meint er, das wäre Gerechtigkeit wollen und das Chaos erreichen. Offenbar lässt sich das Wesen der Gerechtigkeit nicht genau beschreiben. Wir können nur annähernd sagen, was wir darunter verstehen. Zu dieser Erkenntnis ist schon Immanuel Kant gekommen. Eines war er sich jedoch ganz sicher, dass es nämlich keinen Wert mehr habe, auf Erden zu leben, wenn die Gerechtigkeit untergeht. Die Frage

der Gerechtigkeit ist eng mit den Grund- und Menschenrechten verbunden und mit dem Selbstbestimmungsrecht der Völker.

Gerechtigkeit verwirklicht sich nicht von selbst. Sie wird nicht mit der Morgenzeitung »frei Haus« geliefert. Jeder Bürger kann und muss etwas für die Gerechtigkeit tun. Er muss gegen Unrecht, das ihn selbst oder seine Mitmenschen bedroht, mit aller Macht ankämpfen. Bereits im fünften vorchristlichen Jahrhundert hat der griechische Philosoph Heraklit aus Ephesos den schönen Satz geprägt, das Volk müsse um sein Recht kämpfen wie um die Mauern der Stadt. Dieser Satz gilt auch heute noch. Hilfe können wir erbitten, Gerechtigkeit dürfen wir fordern. Von allen Tugenden ist Gerechtigkeit sicherlich die beste, aber auch die schwerste und seltenste. Und sie ist die Tugend des Stärkeren. Sie ist eine Tugend dessen, der über Macht verfügt.

Das Gewissen der Richter

Macht hat zweifellos auch der Richter, insbesondere der Strafrichter, der über andere »zu Gericht sitzt«. Er ist nur seinem Gewissen unterworfen, seinem guten oder auch seinem schlechten. Ist es gut, wenn der Strafrichter stets ein schlechtes Gewissen hat? Vielleicht ist er nur dann auch ein guter Richter. Und gute Richter brauchen wir, um Gerechtigkeit zu üben und durchzusetzen. Deshalb sollten nur die Besten Strafrichter werden. Leider sind wir davon weit entfernt, die Realität sieht anders aus. Das räumen selbst einige Richter ein, die mit einem hohen Maß an kritischer Distanz gegenüber dem eigenen Berufsstand auf die Missstände in der deutschen Justiz aufmerksam machen.

»Es gibt in der deutschen Justiz zu viele machtbesessene, besserwissende und leider auch unfähige Richter, denen beizukommen offenbar ausgeschlossen ist.« Diese bittere, geradezu vernichtende Kritik stammt nicht etwa von einem betroffenen, zu Unrecht Verurteilten, sondern von Dr. Egon Schneider, einem ehemaligen Richter eines Oberlandesgerichts. Nachzulesen in der »Zeitschrift für anwaltliche Praxis« 6/1999 vom 24. 3. 1999, S. 266. Aus seinen Worten spricht Resignation. Sie klingen so, als

sähe er keine realistische Chance mehr, die Missstände in seinem eigenen Berufsstand zu verbessern. Schon 1982 hat Professor Willi Geiger, Bundesverfassungsrichter a. D. aus Karlsruhe, erkannt: »In Deutschland kann man, statt einen Prozess zu führen, ebenso gut würfeln.« (»Deutsche Richterzeitung« 9/1982, S. 325.) Also ist sie doch wahr, die alte polemische Redensart: »Vor Gericht und auf hoher See sind wir alle ›in Gottes Hand‹«? Sind wir den Fehlgriffen und Irrtümern insbesondere der Strafjustiz ohnmächtig ausgeliefert?

Das Versagen der Strafjustiz kommt primär in ihren Urteilen zum Ausdruck. Aber auch in anderen Verfahrensabschnitten geschehen immer wieder horrende Irrtümer. Auch solche Fehlgriffe und Unterlassungen dürfen nicht unerwähnt bleiben.

Fehlerquelle »psychologische Begutachtung«

Bereits verurteilte Sexualstraftäter kommen aufgrund falscher oder überhaupt nicht erstellter psychologischer Gutachten wieder frei, werden dann sofort rückfällig und vergewaltigen junge Mädchen oder bringen sie um. Derartige Fälle haben in den letzten Jahren die Öffentlichkeit aufgerüttelt. Zwei Beispiele mögen genügen, um das Versagen der Justiz in diesem Bereich zu verdeutlichen.

Der nach mehreren Sexualstraftaten 1970 vom Landgericht Lübeck verurteilte Wilfried S. wird im April 2002 aufgrund eines falschen forensischen Gutachtens nach über 30 Jahren aus der geschlossenen Psychiatrie entlassen. Ein renommierter Professor bescheinigt ihm auf sieben Seiten, dass der Grund für die gerichtliche Einweisung seit langem entfallen sei. Erhebliche rechtswidrige Taten seien von S. nicht mehr zu erwarten. Doch nur wenige Wochen später, am 25. Juli 2002, vergeht sich Wilfried S. am helllichten Tag an einer vom Einkaufen in Heide kommenden 20-jährigen jungen Frau. Hinter einer Scheune fesselt er das nackte Opfer an eine Regenrinne und lässt sich zunächst oral befriedigen. Dann knebelt er die Frau mit Klebeband und vergewaltigt sie in brutalster Weise. Anschließend zwingt er sie, an einem Geld-

automaten ihr Konto zu leeren. Das Landgericht Itzehoe verurteilt ihn am 15. Mai 2003 zu zehn Jahren Haft und anschließender Unterbringung in einer psychiatrischen Klinik. Ein anderer Gutachter hat Wilfried S. eine erhebliche Persönlichkeitsstörung und dauerhafte Gewalttätigkeit bescheinigt. Er sei noch lange im Stande, Übergriffe auf Frauen zu begehen. Da Wilfried S. jedoch für vermindert schuldfähig befunden wird, kann eine anschließende Sicherungsverwahrung nicht angeordnet werden. (Vgl. Otto, »Das Lexikon der Justizirrtümer«, Ullstein, 2. Auflage 2004, Seite 209 f.).

Auch der Mord vom 15. Juli 2005 an der 16-jährigen Carolin in der Rostocker Heide bei Gelbensande wäre wohl nie passiert, wenn der vorbestrafte mutmaßliche 29-jährige Täter Maik S. vor seiner Entlassung psychiatrisch untersucht worden wäre. Er sitzt sieben Jahre wegen Vergewaltigung, Geiselnahme und schweren Raubes in Haft und wird nach Verbüßung seiner Strafe ohne weitere Überprüfung freigelassen. Eine Woche später wird Carolin aus dem Ostseebad Graal-Müritz sein Opfer, während sie mit ihrem Rad auf dem Weg zu Freunden im Nachbardorf ist. An Carolins Leiche werden Spermaspuren gefunden. Die Staatsanwaltschaft geht davon aus, dass der Mörder das Mädchen nach der Vergewaltigung gezwungen hat, sich wieder anzuziehen, bevor er es erschlug. Am Tatort werden eine Zigarettenkippe mit DNA-Spuren von Maik S. und die Kordel seiner Jogginghose gefunden, mit der er Carolin wahrscheinlich gefesselt hat. Damit ergibt sich eine Parallele zu der früheren Vergewaltigung, bei der das Opfer im selben Wald an einen Baum gebunden wurde. Die Indizien sind so zwingend, dass der Täter wohl zweifelsfrei des Mordes überführt werden kann. Das Verbrechen hätte verhindert werden können, wenn man Maik S. vor seiner Entlassung psychologisch begutachtet und seine immer noch vorhandene Gefährlichkeit festgestellt hätte. Ein neues, schlimmes Beispiel für die jahrelang unter Psychologen und Richtern vorherrschende Illusion, jeder Täter sei resozialisierbar und jeder psychisch Kranke heilbar.

Nachträgliche Sicherungsverwahrung

Aus einer ganzen Reihe derartiger Justizskandale, die sich in den letzten Jahren in der Bundesrepublik ereigneten und die Bevölkerung in hohem Maße beunruhigten, haben einige Bundesländer Konsequenzen gezogen. Sie ließen Gesetze in Kraft treten, die speziell für besonders gefährliche Sexual- und Gewalttäter die Anordnung einer Sicherungsverwahrung auch nach ihrer Verurteilung ermöglichten. Sie mussten dann auch noch nach der Verbüßung ihrer Strafe in Haft bleiben.

Das Bundesverfassungsgericht hat jedoch entschieden, dass diese Ländergesetze zur nachträglichen Sicherungsverwahrung nicht mit dem Grundgesetz vereinbar sind. Deshalb war es nötig, dass das Bundeskabinett ein solches Gesetz beschloss. Am 10. März 2004 verabschiedete es einen entsprechenden Gesetzesentwurf. Er sieht vor, dass die nachträgliche Sicherungsverwahrung von drei Berufsrichtern im Rahmen einer Hauptverhandlung angeordnet werden muss. Voraussetzung dafür ist, dass der Täter mit hoher Wahrscheinlichkeit nach seiner Freilassung Straftaten begehen wird, durch die seine Opfer schwer geschädigt werden können. Die drei Richter müssen ihre Entscheidung auf der Grundlage von zwei (!) Gutachten treffen. Die Anordnung soll alle zwei Jahre überprüft werden.

Mit dieser sicherlich sehr sinnvollen Regelung, die rechtspolitisch allerdings nicht unumstritten ist, kommt weitere Arbeit auf die Richterschaft zu. Und es ist auch nicht ausgeschlossen, dass die Gutachter und Richter bei diesen Entscheidungen ebenfalls Irrtümern unterliegen.

Eine hohe Dunkelziffer von Fehlurteilen

Bis heute gibt es leider keine amtliche Sammlung, keine zusammenfassende Übersicht, anhand der man sich schnell informieren und die Gründe für die häufigen Fehlurteile feststellen kann. Die Justiz lässt sich eben nicht gern in die Karten schauen. Die genaue Zahl der Fehlurteile, die täglich immer wieder irgendwo auf der

Welt verkündet werden, kennt niemand. Die Dunkelziffer ist sehr hoch. Und die Ursachen für die Justizirrtümer sind im Grunde immer dieselben. Das ist ebenso erstaunlich wie deprimierend und lässt den Schluss zu, dass die Richter aus ihnen nichts gelernt haben.

Justizirrtümer bringen Unheil und entsetzliches Leid über die betroffenen Menschen. Keineswegs beruhen die Irrtümer immer auf Leichtfertigkeit. Oft sind sie das Ergebnis eines ernsten und langen Ringens um die Erkenntnis der Wahrheit, getragen von der Überzeugung, das Rechte und Richtige getroffen zu haben. Von den meisten Justizirrtümern erfahren wir nie etwas, sie bleiben ewig unerkannt, und ihre Opfer werden nie eine nachträgliche Rechtfertigung erhalten. Werden sie jedoch bekannt, dürfen wir sie keinesfalls als Unfall oder Unglück ansehen, gleich einer schweren Krankheit, die wie eine Art Kismet über Gute und Böse hereinbricht. Das würde, wie es der Innsbrucker Strafrechtsprofessor Rittler einmal ausgedrückt hat, dazu führen, in der Strafgerichtsbarkeit einen grausamen Moloch zu sehen, dem Menschenopfer dargebracht werden. Die Justiz muss sich vielmehr zu ihren Irrtümern bekennen und alles Menschenmögliche tun, die Wunden, die durch ihre Fehlgriffe geschlagen worden sind, schnell und tatkräftig zu heilen.

Verhinderung gerechter Urteile

Ein Justizirrtum im weiteren Sinne liegt nicht nur dann vor, wenn ein Fehlurteil gefällt wird, sondern auch, wenn ein gerechtes Urteil vermieden wird. Das kann geschehen durch das Unterlassen gebotener Anklagen oder durch endlose Verschleppung von Verfahren bis hin zu ihrem endgültigen Versickern. Der Grund dafür besteht nicht selten darin, zu vermeiden, dass Angehörige einer privilegierten Oberschicht schuldig gesprochen werden müssen. Schon in der deutschen Kaiserzeit hat es eine derartige »Strafunrechtspflege« gegeben, um ein Wort von Frank Arnau zu gebrauchen, einem der kompetentesten deutschen Kriminalwissenschaftler. Sie setzt sich in den politischen Prozessen der Weimarer

Zeit fort bis hin zu markanten Beispielen, die es auch in der Bundesrepublik gegeben hat.

Vorurteile und Ermittlungsskandale

Vorurteile und Vorverurteilungen sind für die Strafverfolgung verhängnisvoll. Die Fehler beginnen oft schon bei den ersten Ermittlungen. Die Polizei geht den Hinweisen aus der Bevölkerung nach. Und nicht selten wird dadurch, zum Beispiel aus der Familie oder Nachbarschaft des Opfers, der Verdacht auf eine bestimmte Person gelenkt, die einen schlechten Ruf hat oder im Ort eine Außenseiterstellung einnimmt. Diesem Andersartigen traut man die Tat zu, und schon ist durch eine vorgefasste Meinung eine falsche Spur gelegt.

In Sizilien wird Ende der 50er-Jahre des vorigen Jahrhunderts Savatore Gallo verhaftet, weil die Ermittlungsbeamten davon überzeugt sind, dass er seinen Bruder Paolo ermordet hat. Paolo ist seit einiger Zeit verschwunden. Die Polizei ist derart auf einen Mord und auf Salvatore Gallo als Täter fixiert, dass sie die Aussagen zweier Zeugen unbeachtet lässt. Die haben nämlich bekundet, dass sie Paolo nach dem angeblichen Verbrechen lebend gesehen hätten. Salvatore Gallo wird vom Schwurgericht Catania zu einer lebenslangen Freiheitsstrafe verurteilt, weil auch die Jury den eingleisigen polizeilichen Ermittlungen folgt und den zwei Zeugenaussagen ebenfalls keinen Glauben schenkt. Ein krasses Fehlurteil besonderer Güte. Denn nachdem Salvatore Gallo mehrere Jahre auf der Sträflingsinsel Ventotene im Gefängnis gesessen hat, taucht 1961 sein Bruder Paolo tatsächlich lebend wieder auf. Salvatore muss freigelassen und rehabilitiert werden.

Immer wieder können wir erleben, dass in Mordfällen aufgrund von Vorurteilen und eingleisigen Ermittlungen andere Spuren verwischt und quasi ad acta gelegt werden. Immer wieder kommt es vor, dass die Ermittlungsbeamten auf einen bestimmten Verdächtigen fixiert sind und deshalb andere Spurenakten, die vielleicht zum wahren Täter geführt hätten, leichtfertig schließen. Besonders tragisch wirkt sich das im Bremer Fall der 1971 ermor-

deten siebzehnjährigen Carmen Kampa aus. Ein Unschuldiger wird verurteilt, weil die Spurenakte 59, die vielleicht zum wahren Täter geführt hätte, frühzeitig geschlossen und dem erkennenden Gericht nicht vorgelegt wird. (Siehe dazu Otto, »Tod am Bahndamm« im Begleitbuch zur ARD-Fernsehreihe »Justizirrtum«, Campus Verlag 2004.)

In Hamburg wird 1971 ein Ziegeleiarbeiter wegen Sexualmordes an einem sechsjährigen Mädchen zu einer lebenslangen Haftstrafe verurteilt. Nach 17 Jahren taucht ein Polizeiprotokoll auf, das dem erkennenden Gericht nicht vorlag. Es schließt den Verurteilten eindeutig als Täter aus. Der Mann wird nach 17 unschuldig im Gefängnis verbrachten Jahren freigesprochen.

Vorlage aller Spurenakten

Sicherlich wird die Gefahr von Fehlurteilen auch verringert, wenn dem erkennenden Gericht in Fällen von Kapitalverbrechen alle existierenden Spurenakten des Verfahrens vorgelegt werden müssen. Das hat der bekannte Strafverteidiger Dr. Heinrich Hannover nach dem Skandal im Fall Carmen Kampa eindringlich gefordert. Aber bis heute besteht keine gesetzliche Verpflichtung für die Vorlage solcher Spurenakten. Das Bundesverfassungsgericht hat in einem Beschluss aus dem Jahre 1983 entschieden, dass dazu kein Anlass bestehe, weil davon ausgegangen werden könne, dass Polizei und Staatsanwaltschaft ihre Aufgaben gewissenhaft erfüllen.

Vielleicht befürchtet man auch, dass die Arbeitsbelastung der Richter bei einer gesetzlichen Verpflichtung der Vorlage aller Spurenakten eines Falles an das erkennende Gericht noch mehr zunähme und die Strafverfahren sich noch mehr in die Länge zögen. Doch das ließe sich vermeiden, wenn die Strafrichter insgesamt weniger Fälle zu bearbeiten hätten. Die Suche nach der Wahrheit ist nicht nur schwierig, sie kann auch langwierig sein.

Eine zweite Instanz für Kapitalverbrechen?

In unserem Lande fehlt es nicht an immer wiederkehrenden Forderungen nach der Verbesserung unseres Straf- und Strafprozessrechts und auch des Strafvollzugs. Eine der wichtigsten ist wohl die, endlich auch für Kapitalverbrechen eine zweite Tatsacheninstanz einzuführen. Der Dieb oder Hehler, jeder kleine Straftäter kann gegen das gegen ihn ergangene Urteil Berufung einlegen. In der zweiten Instanz findet dann eine erneute Beweisaufnahme statt. Der gesamte Tatbestand, alle Tatsachen können noch einmal überprüft werden. In einem Mordprozess ist diese Möglichkeit nicht gegeben. Hier gibt es nur die Revision an den Bundesgerichtshof, der an tatbestandliche Feststellungen der unteren Instanz gebunden ist. Bei den schweren Verbrechen findet nur eine einzige Beweisaufnahme statt. Das mag ein Misstand sein, der Fehlurteile begünstigt. Und der Gesetzgeber sollte der schon lange erhobenen Forderung einer zweiten Tatsacheninstanz auch für Kapitalverbrechen endlich nachgeben. Freilich würden die Strafverfahren dadurch noch länger dauern und die Richter bekämen noch mehr Arbeit, wenn nicht neue Richter eingestellt werden. Aber dafür hat der Staat kein Geld.

Die Langsamkeit der Justiz

Ein Skandal ist es auch, dass ein mutmaßlicher Mörder nach acht Jahren Untersuchungshaft freigelassen werden muss, weil die Gerichte nicht imstande sind, innerhalb dieser Zeitspanne ein rechtskräftiges Urteil gegen ihn zu fällen. Der Täter hat 1997 sein eigenes Düsseldorfer Mietshaus in die Luft gesprengt, um die Versicherungssumme zu kassieren. Sechs Mieter fanden dabei den Tod. Im Jahr 2001 wird der Mann wegen sechsfachen Mordes zu lebenslanger Haft verurteilt. Wegen eines Verfahrensfehlers hebt der BGH das Urteil wieder auf. Der neue Prozess läuft derzeit vor dem Landgericht Düsseldorf. Während des gesamten Verfahrens bleibt der Angeklagte wegen Fluchtgefahr in Untersuchungshaft. In einem Beschluss vom 30. September 2005 beanstandet das

Bundesverfassungsgericht (Aktenzeichen: 2 BvR 1315/05) diese Langsamkeit der Justiz. In einem Rechtsstaat könne es nicht hingenommen werden, urteilt das höchste deutsche Gericht, dass die Justiz nach acht Jahren U-Haft nicht mehr in den Händen halte als einen dringenden Tatverdacht.

Derart lange Strafverfahren sind leider kein Einzelfall. Hier muss schleunigst Abhilfe geschaffen werden, sei es durch Einstellung zusätzlicher Richter, sei es durch Reformierung des bestehenden Verfahrensrechts.

Ausbildung und Arbeitsbelastung der Richter

Wenn wir wirklich alles tun wollen, um die Gefahr von Fehlurteilen auf ein Minimum zu reduzieren – ganz ausschalten werden wir sie nie können –, dann muss die Arbeitsbelastung der Strafrichter verringert werden. Strafrichter sind keine »Paragraphen-Automaten«, in die man oben Akten einschließlich Kosten und Gebühren hineinwirft und aus denen dann unten das Urteil mit Gründen wie eine Schachtel Pralinen herauskommt. Sie müssen Zeit haben, sich fortzubilden und in Ruhe über den Fall nachzudenken.

Immer wieder kann man mit Erschrecken feststellen, dass es Richter, Staatsanwälte und auch Strafverteidiger gibt, die nicht über die elementarsten Kenntnisse der Psychologie, Kriminalwissenschaft, Kriminaltechnik und der Gerichtsmedizin verfügen. Derartige Unwissenheit und Unerfahrenheit führt für den Angeklagten nicht selten zu tragischen Konsequenzen.

Um den Richtern eine bessere Fortbildung durch geringere Arbeitsbelastung zu ermöglichen, müssen vor allem mehr Richter eingestellt werden. Und sie müssen gut bezahlt werden. Die Besoldung muss, unabhängig von der Größe des Gerichts, so verbessert werden, dass auch qualifizierte Juristen sich um das Strafrichteramt bewerben. Es ist ein Amt für Spezialisten.

Jeder Strafrichter sollte auch so ausgebildet werden, dass er über Grundkenntnisse der Psychologie verfügt und auch über Art und Weise unseres Strafvollzugs bestens unterrichtet ist. Viel-

leicht wäre es auch gut, dass niemand Richter werden darf, der einmal Staatsanwalt war. Denn wer längere Zeit die Anklagebehörde vertritt und in seinem Amt darauf ausgerichtet ist, den Angeklagten zu überführen, wird diese Denkweise nie ganz loswerden.

Und es sollte auch Schluss sein damit, dass Richter aus anderen Gerichtsbarkeiten – Handelsrichter, Arbeits- oder Sozialrichter, Zivilrichter oder sogar Finanzrichter oder Verwaltungsrichter – von heute auf morgen an ein Strafgericht versetzt werden können, ohne noch einmal eine Prüfung abzulegen, in der sie ihre Kenntnisse und Fähigkeiten im Strafrecht nachweisen müssen. Wenn ein Orthopäde Frauenarzt werden will oder ein Augenarzt Chirurg, muss er zuvor einen längeren fachspezifischen Unterricht mit einer nochmaligen medizinischen Prüfung absolvieren. Bei einem Wechsel in den juristischen Fachbereichen ist so etwas bisher nicht vorgesehen.

Die Nachteile des Laienrichtertums

Es fehlt auch nicht an Stimmen, die das Laienrichtertum gänzlich abschaffen wollen. Nicht etwa deshalb, weil den Laien Rechtskenntnisse fehlen. Was viele Laien zu Richtern ungeeignet macht, ist vor allem die fehlende forensische Erfahrung. Es fällt ihnen meist schwer, sich von vorgefassten Meinungen und von politischen oder weltanschaulichen Vorurteilen freizumachen. Die Laien sind nicht geschult darin, bei der Aufklärung eines kriminellen Sachverhaltes, der Beurteilung eines Verbrechens und der Würdigung einer Beweisaufnahme das Pro und Contra ruhig abzuwägen. Sie lassen sich oft von Gefühlen leiten und sind leichter von der nicht selten dummen öffentlichen Meinung zu beeinflussen. Anstelle der Schöffen sollen Ärzte und Psychologen in die Kollegialgerichte eintreten, die so sachkundig sind, wie es Schöffen in der Regel gar nicht sein können.

Aber die Laienbeteiligung ist wohl als fast verfassungsmäßig verankerter Grundsatz in allen modernen Demokratien nicht mehr wegzudenken. Im angloamerikanischen Rechtssystem ent-

scheiden die Geschworenen sogar allein über die Schuld oder Nichtschuld eines Angeklagten und darüber, ob strafmildernde oder strafverschärfende Umstände zu berücksichtigen sind. Dort tritt ein Versagen der Laien als Richter noch deutlicher und nachhaltiger hervor als bei uns, wo Laien gemeinsam mit den Berufsrichtern entscheiden. Vielleicht könnten wirklich mehr Fehlurteile vermieden werden, wenn der sozusagen »gesunde Menschenverstand« der Leute aus dem Volk aus dem Gerichtssaal verbannt wird.

Angloamerikanisches Vorbild?

Von einer Ausrichtung unseres Strafverfahrens nach angloamerikanischem Vorbild, so wie es seit Jahrzehnten immer wieder insbesondere von namhaften Strafverteidigern gefordert wird, sollte man allerdings endgültig Abstand nehmen. Die Mängel dieses gänzlich anders gearteten Verfahrensrechts sind ebenfalls nicht zu übersehen.

Das beginnt schon bei der Rolle des Staatsanwalts. In unserem Lande muss er als Organ der Rechtspflege und Beamter des Staates auch entlastende Tatsachen im Ermittlungsverfahren berücksichtigen. Im angloamerikanischen Rechtsraum kann jeder Anwalt, oft aus sehr eigennützigen Motiven, die Anklage übernehmen. Die Gefahr eingleisiger Ermittlungen wird dadurch eher größer.

An der Form unseres Inquisitionsprozesses, bei dem der Richter das Verfahren führt und durch Fragen an die Verfahrensbeteiligten und durch die Vernehmung der Zeugen versucht, die Wahrheit selbst zu ergründen, sollte sich nichts ändern. Ein guter Vorsitzender wird den Prozess nicht autoritär und herrisch führen. Es muss auch weiterhin so sein, dass er die Ermittlungsakten der Polizei und der Staatsanwaltschaft gegen den Angeklagten während der Hauptverhandlung kennt. Die ebenfalls erhobene Forderung, dies nicht mehr zuzulassen und das Meinungsbild des Richters mit einer »tabula rasa« beginnen zu lassen, wird ihn nicht näher an die Wahrheit bringen. Muss er nicht die Details der Er-

mittlungen, die alle gar nicht während der Verhandlung zur Sprache kommen können, vorher kennen, um sich ein Bild (kein Vorurteil!) zu machen? Wie soll er ohne diese Aktenkenntnis den Prozess führen?

Kontrolle der »Dritten Gewalt«?

Jeder Richter ist unabhängig und nur seinem Gewissen unterworfen. Das soll auch so bleiben. Doch auch unser Rechtssystem ist dem Kampf der verschiedenen gesellschaftlichen Gruppierungen ausgesetzt, dem Kampf um Vorherrschaft und Einfluss und dem Ringen um Durchsetzung bestimmter politischer Ziele. Unsere Richter sind weder weltanschaulich noch politisch neutral. Das kann man von ihnen auch gar nicht verlangen. Politiker werden durch die Justiz und die Öffentlichkeit, insbesondere die Medien, kontrolliert, die Medien durch die Justiz und die Politiker. Aber wer kontrolliert die Justiz?

Die Dienstaufsicht, der Richter unterliegen, wird kaum wahrgenommen. Beugt ein Richter das Recht, dann entscheiden Richter darüber, ob er es vorsätzlich getan hat, ob er schuldig ist oder nicht. Eine Kontrolle von außen gibt es nicht. Den Medien fällt zwar eine gewisse Verantwortung zu. Aber sie interessieren sich zumeist nur für die spektakulären Justizirrtümer. Zudem sind sie es nicht selten selbst, die mit einer unseriösen, sensationslüsternen Berichterstattung und »Vorverurteilung« den Boden für Fehlurteile bereiten.

Ob die »Dritte Gewalt« im Staat nicht doch mehr kontrolliert werden muss, zum Beispiel durch den Bundestag oder spezielle Ausschüsse, ist eine Frage, die intensiver diskutiert werden sollte. Der Richterstand könnte trotzdem weiterhin frei in seinen Entscheidungen bleiben.

Ein ebenso sensibler Bereich wie die Frage einer richterlichen Kontrolle ist das richterliche Beratungsgeheimnis. Wäre es nicht besser, wenn jedes Gericht verpflichtet wäre, bei der Verkündung des Urteils mitzuteilen, wer von den Beisitzern für und wer gegen die Entscheidung gestimmt hat?

Rechtsunterworfener Bürger und bürgernahe Justiz

So wie ein Arzt eine falsche Diagnose stellen kann, so kann auch ein Strafrichter irren. Er ist verpflichtet, die Wahrheit herauszufinden und ein gerechtes Urteil zu fällen. Aber das gelingt nicht immer. Wir, das Volk, haben ihn gebeten, dieses schwierige Geschäft für uns zu erledigen. Die Bürger haben nicht nur die gesetzgebende und die vollziehende »Gewalt« abgetreten, sondern auch die rechtsprechende. Wir haben diese Verantwortung den Richtern und Staatsanwälten übertragen. Sie müssen in unserem Namen urteilen und mit ihren Entscheidungen leben, auch mit Fehlurteilen. Und doch sieht sich der Bürger leider immer mehr als Rechtsunterworfener und weniger als der, in dessen Namen Recht gesprochen wird.

Wie kann der Bürger an dem, was in seinem Namen und in seinem Auftrag in den Gerichtssälen geschieht, angemessen beteiligt werden? Eine Möglichkeit wäre, ihn durch ständige Berichterstattung per Rundfunk und Fernsehen auch während der Prozessverhandlungen auf dem Laufenden zu halten. In den USA ist das laufende Bild im und aus dem Strafprozess heraus bereits eine Selbstverständlichkeit. Der Supreme Court hat 1981 Fotoaufnahmen und Fernsehaufzeichnungen und -sendungen während eines Prozesses, auch eines Strafverfahrens, grundsätzlich für zulässig erklärt. Es bleibt den einzelnen Bundesstaaten überlassen, ob und in welcher Form derartige Sendungen erfolgen dürfen. Die meisten machen davon regen Gebrauch. Das Filmmaterial geht zunächst an einen Pool, aus dem jede Redaktion erwerben kann, was sie interessiert.

Die Medien haben einen großen Sieg errungen. Die Bilder aus einem laufenden Prozess schaffen eine nahezu totale Öffentlichkeit. Jeder Bürger kann sich nun einen unmittelbaren Eindruck verschaffen und sich seine eigene Meinung bilden. Er kann mitreden und tut es auch. Am liebsten hätte er, dass das Gericht seine Meinung auch berücksichtigt.

Ist das nicht die wünschenswerte Justiz, die tatsächlich im Namen des Volkes urteilt? Nein, ganz und gar nicht. Die Gefahr, dass sich eine derartige Medienpräsenz negativ auf die Wahrheits-

findung und die Beweisaufnahme auswirkt, ja sogar Fehlurteile bewirken kann, ist viel zu groß.

Welche grotesken Auswirkungen solche Live-Übertragungen haben können, ist zum Beispiel 1990 in einem Fall aus Alaska deutlich geworden. In Anchorage wird gegen den Kapitän des Supertankers »Exxon Valdez« verhandelt. Der Strafverteidiger möchte eine Frage stellen, die von der Anklagevertretung beanstandet wird, und der Richter muss darüber entscheiden, ob sie zulässig ist. Die Jury soll und darf nicht an der Erörterung dieses Streitpunktes teilnehmen. Deshalb werden die Geschworenen in einen anderen Raum gebeten. Eine Farce, denn am Abend können sie zu Hause im Fernsehsessel die Diskussion über die Zulässigkeit der Frage in allen Einzelheiten verfolgen. Die Kameras haben alles aufgezeichnet.

Von derartigen Vorgängen sind wir in der Bundesrepublik Deutschland noch weit entfernt. Und wahrscheinlich werden wir in unserem Lande solche Verhältnisse auch niemals bekommen. Sie haben mit einer »bürgernahen« Justiz nichts zu tun und können nichts dazu beitragen, Fehlurteile zu verhindern, ganz im Gegenteil.

Braucht die Gesellschaft den Verbrecher?

Wir sind uns bewusst, dass unser Recht nur Menschenwerk ist. Und Menschen sind nicht unfehlbar, sie können irren. Ein ewiges Recht, das quasi von oben herab offenbar wird, gibt es nicht. Das kann zur Überheblichkeit des Menschen führen. Er kann ein Recht schaffen und anwenden, das einige Zeit später als großes Unrecht empfunden wird.

Aber immer ist der Verbrecher der Sündenbock der Gesellschaft. Vielleicht braucht sie ihn sogar, wie einige kluge Leute behaupten. Der Kriminelle greift die Ordnung unseres Zusammenlebens an, er stellt sich außerhalb unserer Gesellschaft. Das zwingt zum Zusammenhalt. Die Angst vor dem Verbrechen ist ein Hort letzter Gemeinsamkeit. Wir alle sind befriedigt, wenn der ausgebrochene Sittlichkeitsverbrecher wieder eingefangen

wird. Oder wenn – wie in den 90er-Jahren im Hamburger Stadtteil Rahlstedt geschehen – der sadistische Mörder Lutz R., der in seinem Folterkeller mehrere Frauen zu Tode gequält und ihre Leichen in Säurefässer gelegt hat, eine lebenslange Haftstrafe mit anschließender Sicherungsverwahrung erhält.

Ebenso ist die Öffentlichkeit erleichtert, als der 31-jährige Marc H. , der die Sexualmorde an den achtjährigen Kindern Felix und Levke gestanden hat, mit seiner Behauptung, er sei unzurechnungsfähig, vor dem Landgericht Stade nicht durchkommt. Die Strafkammer verurteilt ihn am 29. Juni 2005 zu einer lebenslangen Haftstrafe mit anschließender Sicherungsverwahrung und stellt eine besondere Schwere der Schuld fest, sodass eine vorzeitige Entlassung nach 15 Jahren ausgeschlossen ist. Fast wäre es zu Beifallskundgebungen im Gerichtssaal gekommen, als der Vorsitzende Richter Berend Appelkamp am Schluss der Urteilsbegründung zu Marc H. sagt, er werde nun sehr, sehr lange in Unfreiheit leben müssen. Das Urteil ist allerdings noch nicht rechtskräftig. Marc H. hat Revision beim BGH eingelegt, weil er sich für krank hält und auf eine Unterbringung in der Psychiatrie hofft, was ihm die Möglichkeit einer Entlassung einräumen würde.

Angesichts derart entsetzlicher Straftaten wird der Ruf nach der Todesstrafe immer lauter und populärer. Nach der Kriminalstatistik der Polizei wurden allein im Jahre 2003 in Deutschland 63 Kinder ermordet. Sie wurden von perversen, psychisch kranken oder bestialisch bösen Erwachsenen erwürgt, erschlagen oder erstochen. Tod dem, der tötet! »Blut will wieder Blut!« Die einzig mögliche Antwort nach der Auffassung vieler Menschen.

»Das Volk will Rübe ab!«

1982 wird der 49-jährige Diplomvolkswirt Günther A. vom Landgericht Karlsruhe zu lebenslanger Haft verurteilt. Er hat gestanden, die elf Jahre alte Cornelia B. getötet zu haben, nachdem er versuchte, von ihren Eltern zwei Millionen Mark Lösegeld zu erpressen. Das Geständnis hat er später widerrufen. An jedem Sitzungstag sitzt eine Frau im Zuhörerraum, die ständig dazu auf-

fordert, aus dem Angeklagten »Hackfleisch« zu machen. Und Männer zeigen im Publikum ihren Hass auf diesen Täter, indem sie ihm vorführen, welche Körperteile man ihm mit einem stumpfen Messer abschneiden müsste. Auch das sind »Verirrungen« unserer Strafjustiz, Rückfälle ins Mittelalter. Und es ist auch noch gar nicht so lange her, dass in unserem Lande ein Angeklagter von der Mutter des von ihm getöteten Kindes im Gerichtssaal erschossen wurde.

Der 1996 vom Schwurgericht Berlin zu lebenslanger Haft mit anschließender Sicherungsverwahrung verurteilte Serienmörder Thomas R. sagt in seinem Schlusswort: »Ein gerechtes Urteil kann es für mich nicht geben. Das Volk will Rübe ab!« (Der Fall ist ausführlich dargestellt in Otto, »Das Lexikon der Justizirrtümer«, Ullstein Verlag, 2. Auflage 2004, Seite 189 f.)

Als der verurteilte Günther A. nach drei Jahren Haft beim Anstaltsleiter die Genehmigung zum Bezug eines toxischen Präparats beantragt, »um einem sinnlosen Leben auf menschenwürdige Art ein Ende bereiten zu können«, wird ihm das als »unangemessenes Anspruchsdenken« verweigert und als Reuelosigkeit und Verweigerung der Sühne ausgelegt. Er hat unbarmherzig getötet, also verdient er auch keine Barmherzigkeit. Er wird wohl nie wieder freikommen. In den Augen des Volkes wäre es ein »Justizirrtum«, wenn es doch geschähe.

Die Justiz darf nicht zum Mörder werden

Die Menschen werden nie so weit sein, dass sie sich für unfehlbar halten dürfen. Deshalb darf die Justiz nie selbst zum Mörder werden. Die Todesstrafe rächt nicht die Opfer, sie schafft neue Opfer. Zu viele Unschuldige sind schon von der Justiz hingerichtet worden.

Nach neuesten Statistiken sind im Jahr 2002 in 67 Ländern 3248 Menschen zum Tode verurteilt worden. Und in 32 Ländern sind im gleichen Jahr mindestens 1526 Verurteilte hingerichtet worden. Dabei entfällt der Hauptanteil (81Prozent) auf nur drei Länder: China, Iran und die USA. Allein in den USA sind in den letz-

ten 100 Jahren mindestens 450 Menschen zum Tode verurteilt worden, deren Unschuld später bewiesen wurde. Mindestens 23 Unschuldige wurden tatsächlich hingerichtet. In den Jahren 1977 bis 2003 sind nach Angaben von Amnesty International in den USA 870 Menschen hingerichtet worden, davon allein 50 im Jahr 2003. Jeden Monat finden weitere Hinrichtungen statt, insbesondere in den konservativeren Staaten des Südens. Aber auch in dem als sehr frei und fortschrittlich geltenden Kalifornien haben Gouverneurskandidaten, die sich für eine Abschaffung der Todesstrafe einsetzen, kaum eine Chance, ins Amt gewählt zu werden. Die meisten Amerikaner sind der Meinung, die Todesstrafe sei ein adäquates Mittel zur Verhütung und Eindämmung von Gewaltverbrechen. Aber Statistiken und Langzeituntersuchungen haben diese Annahme eindeutig widerlegt. Potentielle Mörder und Gewaltverbrecher werden durch die Todesstrafe keinesfalls abgeschreckt.

Zur Zeit sitzen in den USA rund 3500 Verurteilte in der Todeszelle und warten auf ihre Hinrichtung. Aber seit dem Jahr 2003 gibt es neue Hoffnung für Amerikas Todeskandidaten. Im Januar 2003 begnadigt der damalige Gouverneur von Illinois, George Ryan, am letzten Tag seiner Amtszeit über 150 zum Tode Verurteilte. Er tut dies, weil eine von ihm eingesetzte Untersuchungskommission zu dem Ergebnis gekommen ist, dass ein erheblicher Teil der Todesurteile durch mangelhafte Verfahren zustande kam und nachweislich Unschuldige hingerichtet wurden. Die Kommission stellt nach zweijähriger Untersuchung einstimmig fest, »dass angesichts der menschlichen Natur und der Fehlbarkeit des Menschen kein System entwickelt oder geschaffen werden kann, welches perfekt funktioniert und uneingeschränkt garantieren kann, dass niemals wieder eine unschuldige Person zum Tode verurteilt wird«.

Der Rechtsprofessor James Liebman von der Columbia University äußert in einer Studie die Überzeugung, dass 68 Prozent aller Fälle, in denen in den USA in den Jahren 1973–1995 die Todesstrafe verhängt wurde, Justizirrtümer sind. Im Mai 2003 kommt eine Gallup-Umfrage zu dem Ergebnis, dass 73 Prozent aller Amerikaner glauben, dass in den USA in den letzten fünf

Jahren zumindest ein Unschuldiger hingerichtet worden ist. 60 Prozent der Befragten sind dennoch der Meinung, dass die Todesstrafe zu Recht angewandt wird.

Im September 2003 hebt das Bundesgericht in San Francisco, das als eines der liberalsten in den USA gilt, über 100 Todesurteile auf. Es erklärt sämtliche Todesurteile in den Bundesstaaten Arizona, Montana und Idaho für nichtig, sofern sie durch einen Richter und nicht durch Geschworene ausgesprochen wurden. Das Bundesgericht beruft sich auf eine Entscheidung des Supreme Court in Washington, der Todesurteile durch einen einzelnen Richter ein Jahr zuvor für nicht verfassungsgemäß erklärte. Die Wahrheitsfindung durch eine Jury garantiere eine größere Zuverlässigkeit. Die Betroffenen haben nun einen Anspruch auf einen völlig neuen Prozess. Möglicherweise werden vereinfachte Schnellverfahren durchgeführt, in denen nicht der ganze Fall neu aufgerollt, sondern nur das Strafmaß neu festgesetzt wird.

Vielleicht ist diese Entwicklung auch eine Folge des weltweiten Protests gegen eine barbarische und willkürliche Gerichtspraxis in den USA. Im Juni 2001 hat bereits der Internationale Gerichtshof in Den Haag, eine Institution der UNO, die US-Praxis scharf gerügt. Dem Urteil der 15 Richter liegt ein Fall zweier deutscher Staatsangehöriger zugrunde. Die Brüder Karl und Walter L. ermorden 1984 in Arizona einen Bankfilialleiter. Nach ihrer Festnahme wird ihnen verweigert, Kontakt zu deutschen Behörden aufzunehmen. Sie werden nicht auf ihre Rechte hingewiesen, und deutsche Stellen werden über die Festnahme nicht informiert und konnten nicht für eine angemessene Verteidigung sorgen. Die Brüder werden zum Tode verurteilt. Der deutsche Konsul in Los Angeles erfährt erst 1992 davon. In der Wiener Konsularrechtskonvention von 1963, die auch von den USA 1969 ratifiziert wurde, ist ein solches Konsultationsrecht zwingend festgeschrieben. Aber die USA haben sich nicht daran gehalten und die internationale Konvention regelmäßig gebrochen.

Trotz energischer Interventionen von deutscher Seite wird Karl L. am 24. Februar 1999 in Arizona durch eine Giftspritze hingerichtet. Daraufhin beantragt Deutschland beim IGH einen Hinrichtungsaufschub für Walter L. Das Gericht gibt dem Antrag im

März 1999 statt und ordnet an, dass »die Hinrichtung von Walter L. bis zu einer Entscheidung in der Hauptsache nicht vollstreckt wird«. Aber wenige Stunden danach stirbt Walter L. nach 18-minütigem Todeskampf in der Gaskammer. Die Gouverneurin von Arizona, Jane H., hat sich einfach über das Urteil hinweggesetzt. Daraufhin reicht die Bundesrepublik Klage gegen die USA ein und hat auch Erfolg. Die USA werden verurteilt, künftig die Konsulate der Gastländer unverzüglich zu informieren, wenn Ausländer wegen Straftaten festgenommen werden.

Aber auch das ungewöhnlich scharfe Urteil aus Den Haag hat die rüde und internationales Recht verletzende US-Praxis nicht geändert. In Texas wird am 14. August 2002 der Mexikaner Javier Suarez M. hingerichtet. Und am 12. März 2002 der britische Staatsbürger Tracy H. Beide wurden nicht über ihre Rechte informiert. Auch der Protest des britischen Premiers Tony Blair und von Diplomaten aus fünf Staaten der Europäischen Union können die Exekution nicht verhindern. Seit 1976 wurden in den USA 16 Ausländer hingerichtet. Und zur Zeit sitzen rund 100 Ausländer in den US-Todestrakten, davon sind fast die Hälfte Mexikaner.

Auch drei Deutsche sind darunter. In Arizona warten die Brüder Rudi und Michael A. auf ihre Hinrichtung, obwohl Rudi A. mit einem IQ von nur 55 geistig behindert ist und in Deutschland gar nicht schuldfähig wäre. Die US-Behörden haben die Brüder nicht auf ihre Rechte hingewiesen und ihnen den Beistand deutscher Behörden verweigert.

Dasselbe geschieht auch im Fall des Dieter R. aus Hamburg. Er wird am 4. November 1988 von einem Geschworenengericht in Miami zum Tode verurteilt, weil er seine 31-jährige Freundin Kerstin K., eine ehemalige Prostituierte aus Hamburg-Bahrenfeld, am 25. Oktober 1987 während eines Florida-Urlaubs in seinem Auto durch einen Kopfschuss getötet haben soll. Als Motiv unterstellt ihm das Gericht, er hätte Lebensversicherungen von 850 000 Euro kassieren wollen. Aber die Indizien sind dünn. Viele Jahre später behauptet ein inzwischen untergetauchter farbiger US-Amerikaner gegenüber einem Privatdetektiv und einem Reporter, er habe die Schüsse abgegeben. Seit über 17 Jahren sitzt der

inzwischen 61-jährige Dieter R. im Staatsgefängnis in Raiford, Florida, »on Death Row« und wartet auf den Tag seiner Hinrichtung. Seit über 17 Jahren beteuert er seine Unschuld. Die USA haben 1992 ein Auslieferungsersuchen des Auswärtigen Amtes, das den Fall aufmerksam verfolgt, abgelehnt. Ob Dieter R. zu Unrecht verurteilt worden ist, wird der Supreme Court von Florida demnächst prüfen und darüber befinden, ob es einen neuen Prozess geben wird.

Fast alle Länder der Welt sind sich darüber einig, dass die Todesstrafe niemals über Jugendliche verhängt werden darf. 1976 wurde das im Internationalen Abkommen über zivile und politische Rechte vereinbart. 125 Länder haben es unterzeichnet. 1992 wurde es auch von den USA ratifiziert. Dennoch hielten sich die USA nicht daran, ein Justizskandal besonderer Art.

Die Hinrichtung Jugendlicher hat in diesem Lande Tradition. Schon 1885 wurde in Arkansas der zur Tatzeit zehnjährige Cherokee-Indianer James Arcene für die Beteiligung an einem Raubmord gehängt. Er ist der jüngste Mensch, der in den USA jemals hingerichtet wurde.

Bis zum Jahr 2005 war Amerika neben Iran, Jemen, Nigeria, Pakistan und Saudi-Arabien das einzige Land, in dem Todesurteile über Jugendliche unter 18 Jahren verhängt wurden, trotz entgegenstehender internationaler Verpflichtung. In 18 US-Staaten war das möglich, wenn Jugendliche das 16. Lebensjahr erreicht hatten, in fünf Staaten ist das Mindestalter 17 Jahre. Seit Wiedereinführung der Todesstrafe im Jahr 1976 sind in den USA 21 Minderjährige hingerichtet worden. Und über 100 warteten in den Todeszellen darauf. Aber am 1. März 2005 hat der Supreme Court der USA endlich entschieden, dass Jugendliche, die zur Tatzeit unter 18 Jahren waren, nicht mehr hingerichtet werden dürfen, weil ihre Exekution die amerikanische Verfassung verletze.

Das »Sterben auf Raten«

Die Gefahr von Fehlurteilen ist gerade auch bei Kapitalverbrechen gegeben. Im Falle eines Todesurteils ist ein solcher Irrtum

nicht mehr reparabel. Bei lebenslangen Haftstrafen können, so tragisch und schlimm Fehlurteile auch hier sind, die unschuldig Verurteilten wenigstens nachträglich freigelassen und entschädigt werden. Auch das Sterben auf Raten, wie die lebenslange Freiheitsstrafe gelegentlich genannt wird, ist eine harte Strafe. Es hat insbesondere zwischen 1970 und 1980 in der Bundesrepublik nicht an Stimmen gefehlt, sie ebenfalls abzuschaffen. Denn es dürfe nicht Ziel des Strafvollzugs sein, den Menschen letztlich zu vernichten. Bei zu lebenslanger Haft Verurteilten mache sich in der Regel nach etwa 15 Jahren ein fortschreitender Persönlichkeitsabbau und ein schwindendes Schuldbewusstsein bemerkbar. Dadurch verliere ein weiterer Strafvollzug seinen Sinn.

So ist es nur folgerichtig gewesen, dass 1976 eine Große Strafkammer des Landgerichts Verden an der Aller dem Bundesverfassungsgericht die Frage vorlegte, ob die lebenslange Freiheitsstrafe mit den ersten drei Artikeln unseres Grundgesetzes vereinbar sei. Ein Polizeibeamter hatte einen Drogendealer erschossen, der ihn telefonisch bedrohte. Da die Tat »heimtückisch« begangen worden war, hätte er nach dem Gesetz zu lebenslänglich verurteilt werden müssen. Das erschien dem Gericht allerdings zu hart, zu vernichtend. Im März 1977 erklärte das Bundesverfassungsgericht, eine lebenslange Freiheitsstrafe für Mord sei durchaus mit dem Grundgesetz vereinbar, nachdem es elf Sachverständige befragt hatte. Es könne nicht festgestellt werden, meinte unser höchstes deutsches Gericht, dass die lebenslange Haftstrafe zu irreparablen Schäden psychischer oder physischer Art führe. Dem Verurteilten müsse aber grundsätzlich eine Chance verbleiben, wieder freigelassen zu werden. Die Möglichkeit der Begnadigung allein reiche nicht aus.

Nach dieser Entscheidung sprach das Landgericht Verden den angeklagten Polizisten vom Vorwurf des Mordes frei. Und das Strafgesetzbuch wurde geändert. Nun kann künftig nach § 57a StGB auch die Vollstreckung des Restes einer lebenslangen Freiheitsstrafe zur Bewährung ausgesetzt werden. Voraussetzung ist, dass 15 Jahre der Strafe verbüßt sind und nicht eine festgestellte »besondere Schwere der Schuld« des Verurteilten entgegensteht.

Wiedergutmachung fördert das Vertrauen in die Rechtsprechung

»Wer einen Fehler begeht und ihn nicht korrigiert, begeht einen zweiten«, sagt Konfuzius. Das trifft ganz sicher auch in der Justiz auf Fehlurteile zu, die nicht aufgehoben worden sind, sondern weiterhin Bestand haben. Die Schwierigkeit ist nur, herauszufinden, welche Urteile als Fehlurteile anzusehen sind.

Die Kette der Justizirrtümer ist lang und will kein Ende nehmen. Wir werden auch künftig nicht davor bewahrt bleiben. Die Verbrechen sind, insbesondere wenn es sich um Tötungsdelikte handelt, schlimm und verabscheuungswürdig. Doch ebenso verhält es sich mit den Irrtümern der Justiz, die über diese Verbrechen zu urteilen hat. Der große französische Philosoph Michel de Montaigne ist schon vor 400 Jahren in seinen »Essais« zu der Erkenntnis gekommen, Justizirrtümer seien »Verurteilungen, die verbrecherischer sind als das Verbrechen selbst«.

Um so nötiger und wichtiger ist die »Wiedergutmachung« eines Fehlurteils. Sie kann das Vertrauen in die Rechtsprechung nur fördern. Doch zumeist bietet die Strafgerichtsbarkeit alles auf, um Wiederaufnahmeverfahren zu verhindern. Unschuldige Menschen bleiben für Jahre und Jahrzehnte weiterhin hinter Gefängnismauern, weil eine Korrektur der Fehlsprüche den Nimbus der Unfehlbarkeit der Justiz gefährden könnte. Das ist besonders tragisch bei lebenslangen Haftstrafen oder gar Todesurteilen. Ist der schuldlos Verurteilte hingerichtet, kann der Irrtum, wenn er entdeckt worden ist, nicht mehr korrigiert werden. Auch bei Haftstrafen ist das durch die Vollstreckung eines Fehlurteils entstandene Trauma in der Psyche eines unschuldig Verurteilten irreparabel.

Die Strafjustiz muss sich zu ihren Irrtümern bekennen

Die Strafurteile, die in unser aller Namen ergehen, zeigen, ob wir in einem Rechtsstaat leben oder in einem Unrechtsstaat. Das Strafrecht ist auch ein guter Gradmesser dafür, in welcher Verfas-

sung sich Staat und Gesellschaft befinden. Ein hochsensibler Bereich, der offenbart, ob die Gemeinschaft fähig ist, den Bedrohungen und Störungen ihres Zusammenlebens, der Kriminalität, angemessen und besonnen zu begegnen. Und der auch erfordert, mit Fehlurteilen, die nie ganz ausgeschlossen werden können, richtig umzugehen und sich mit ihnen auseinander zu setzen.

Die Strafjustiz muss lernen, sich zu ihren Irrtümern auch zu bekennen. Das dürfen wir von ihr verlangen. Wir müssen uns mit ihr ständig darüber auseinander setzen, welche Gründe im Einzelfall und auch insgesamt zu immer neuen Fehlurteilen im alten Gewand führen. Wir müssen ihr nahe bringen, was aus unserer Sicht dringend verbessert werden muss.

Der Eindruck einer uneinsichtigen und unnahbaren Justiz, die sich nicht gern auf die Finger schauen lässt, hinterlässt kein gutes Gefühl. Es ist wenig angenehm, wenn wir ihre Katastrophen, so sie denn endlich rechtskräftig festgestellt worden sind, nur aus der Rückschau wie in einem Kuriositätenkabinett betrachten müssen. Die Justiz muss denen, in deren Namen sie richtet, die Erkenntnis vermitteln, dass sie tatsächlich aus ihren Irrtümern gelernt hat. Und dass sie alles in ihren Kräften Stehende tut, ihre Fehlgriffe künftig auf ein Minimum zu beschränken.

Unsere Mitverantwortung für Strafurteile

Andererseits dürfen wir die Justiz auch nicht allein lassen. Wenn unsere Gesellschaft weiterhin ihre ungelösten politischen, sozialen und menschlichen Probleme in hohem Ausmaß auf die Justiz abwälzt, droht ihr der Kollaps. Denn sie hat die Grenze ihrer Leistungsfähigkeit erreicht. Fehlurteile und Justizirrtümer werden unter diesem Druck zunehmen. Deshalb haben wir auch in dieser Hinsicht eine Verantwortung. Wir müssen innerhalb der Gesellschaft dazu beitragen, dass ihre Probleme geringer werden. Dann wird auch die Justiz weniger irren.

Möge dieses Buch dazu beitragen, das Gefühl der Mitverantwortung eines jeden in Sachen der Strafjustiz wach zu halten. Wenn in einem Gerichtssaal ein Fehlurteil gesprochen wird oder

wenn falsche Gutachten erstellt werden und ein deshalb vorzeitig freigekommener Straftäter gleich darauf neue Verbrechen begeht, mag der Einzelne sich sagen, dass er nicht Schuld an diesen Irrtümern ist.

Aber das ist nur die halbe Wahrheit. Wir alle haben eine Mitverantwortung für die Strafurteile, die in unserem Namen gesprochen werden. Wir tragen schwer an ihr. Aber wir können uns ihr nicht entziehen.

Quellenverzeichnis

Literatur

Frank Arnau: »Die Strafunrechtspflege in der Bundesrepublik«, Desch Verlag, 1967
Rolf Bossi: »Ich fordere Recht«, Heyne Verlag, 1977
Rubin Carter: »The 16th Round«, Viking Press, 1975
Sam Chaiton, Terry Swinton: «Hurricane", Goldmann Verlag, 2000
Lindy Chamberlain, William Heinemann: »Through my eyes«, 1990
Ronald J. Comer: »Klinische Psychologie«, Spektrum Akademischer Verlag, 2001
Erich Ebermayr: »Sie waren unschuldig«, Lübbe Verlag, 1965
Manfred Fuhrmann, »Cicero und die römische Republik«, Artemis und Winkler, 4. Auflage 1997
Max Hirschberg: »Das Fehlurteil im Strafprozess«, Fischer Verlag, 1962
Maximilian Jacta: »Berühmte Strafprozesse«, Frankreich, Goldmann, 1963
Maximilian Jacta: »Berühmte Strafprozesse«, Amerika, Goldmann, 1964
Maximilian Jacta: »Berühmte Strafprozesse«, Deutschland II, Goldmann, 1967
Maximilian Jacta: »Skandale und Intrigen«, Goldmann, 1971
Renate Janka: »Lasst meine Tochter endlich frei«, Droemer Weltbild, 2002
Judex: »Irrtümer der Strafjustiz«, Kriminalistik, 1963
Gary C. King: «An Early Grave", St. Martins Press, 2001
Jörg Kunkel, Thomas Schuhbauer (Hrsg.), »Justizirrtum!«, Campus Verlag, 2004
Brigitte Kurreck: »Mord nach Paragraphen«, Südwestverlag, 1969
Gerhard Mauz: »Die Gerechten und die Gerichteten«, Ullstein Verlag, 1968
Gerhard Mauz: »Die Justiz vor Gericht«, Goldmann Verlag,1993
Gerald McFarland: »The Counterfeit Man«, University of Massachusetts Press, 1990
Peer Meter: »Gesche Gottfried – ein langes Warten auf den Tod«, Lilienthal, 1995
Hildegard Michaelis: »Recht muss Recht bleiben«, Econ Verlag, 1961
Paul Moor: »Jürgen Bartsch, Opfer oder Täter«, Rowohlt Verlag 1991
Sherman R. Moulton: »The Boom Mystery«, Vermont Historical Society, 1937

Peter und Julia Murakami: »Lexikon der Serienmörder«, Ullstein Verlag, 7. Auflage 2001
Hans-Dieter Otto: »Das Lexikon der Justizirrtümer«, Ullstein Verlag, 2. Auflage 2004
Hans Pfeiffer: »Mörderische Ärzte«, Heyne Verlag, 2. Auflage, 2003
Quentin Reynolds: »Courtroom«, Farrar, Strauß & Co.
Paul Ronge: »Im Namen der Gerechtigkeit«, Kindler Verlag, 1963
Sabine Rückert: »Tote haben keine Lobby«, Ullstein Verlag, 2. Auflage 2002
Richard Shears, Thomas Nelson: »Azaria«, 1982
John Spargo: »The Return of Russell Colvin«, Historical Museum and Art Gallery of Bennington, Vermont, 1945
Helfried Spitra (Hrsg.): »Die großen Kriminalfälle«, Campus Verlag, 2. Auflage 2001
Robert A. Stemmle (Hrsg.): »Todesurteil.« Der neue Pitaval, Desch Verlag, 1964
Robert A. Stemmle (Hrsg.): »Raub.« Der neue Pitaval, Desch Verlag, 1964
Robert A. Stemmle (Hrsg.): »Justizirrtum.« Der neue Pitaval, Desch Verlag 1965
Robert A. Stemmle (Hrsg.): »Jugendkriminalität.« Der neue Pitaval, Desch Verlag 1967
Robert A. Stemmle (Hrsg.): »Hexenjagd.« Der neue Pitaval, Desch Verlag, 1969
Gerhard Strate: «Der Verteidiger in der Wiederaufnahme", Strafverteidiger 1999, S. 228 ff.
Ingo Wirth: »Tote geben zu Protokoll«, Weltbild Verlag, 2003
Norman H. Young: »Innocence Regained«, The Federation Press, 1989

Zeitungen und Zeitschriften

»1,2 Millionen Euro für Qualen«, Salzburger Nachrichten, 22. 7. 2003
»A canadian tragedy«, Anne Bayin, CBC News Online, November 1999
»A life regained«, The Patriot-News, 22. 11. 2003
»Angeklagter Kannibale kann mit Freispruch rechnen«, Die Welt, 10. 6. 2005
»Anklage schlüssig«, Salzburger Nachrichten, 6. 11. 2002
»Ausweitung der DNA-Analyse gefordert«, Die Welt, 16. 1. 2005
»Barry pleads guilty«, Providence Journal, 7. 1. 2003
»Beamte im Visier der Justiz«, Salzburger Nachrichten, 4. 4. 2003

»Bedauerlich, dass der wahre Täter frei herumläuft«, Pirmasenser Zeitung, 18. 2. 2002
»BGH nimmt Ärzte in die Pflicht«, Hamburger Abendblatt, 14. 11. 2003
»Bundesrichter kippen Kannibalen-Urteil«, Hamburger Abendblatt, 23. 4. 2005
»Bush ist ein wahrer Glücksfall«, Die Tageszeitung, 28. 6. 2001
»Carolin doch vor ihrem Tod vergewaltigt«, Hamburger Abendblatt, 30. 7. 2005
»Chronologie eines versuchten Justizmordes«, Neues Deutschland, 1. 8. 2001
»Confession had his signature, DNA did not«, New York Times, 26. 8. 2002
»Convicted killer freed as another man confesses«, Seattle Post-Intelligencer, 23. 11. 2002
»Da nahm ich das Messer …«, Hamburger Abendblatt, 15. 1. 2004
»Death is different«, New York Times, 10. 4. 2002
»Death Row Survivor«, New York Times, 12. 4. 2001
»Der Fall Armin Meiwes«, Hamburger Abendblatt, 5. 1. 2004
»Der Fall Harry Wörz«, Stuttgarter Zeitung, 21. 10. 2004
»Der Fall Heidegger«, Salzburger Nachrichten, 15. 3. 2003
»Der Schuss ist nach hinten losgegangen«, Spiegel Online, 30. 1. 2004
»Der wahre Täter stand schon vor Gericht«, Süddeutsche Zeitung, 26. 8. 2003
»Des Schauspielers falsches Geständnis«, Süddeutsche Zeitung, 25. 8. 2003
»Die Haft nach der Haft«, Hamburger Abendblatt, 11. 3. 2004
»Die Last des eigenen Lügengebirges«, Süddeutsche Zeitung, 2. 9. 2003
»Die Logik des Tötens«, Spiegel, 51/2003, 15. 12. 2003
»DNA-Analyse: Wunder darf man nicht erwarten«, Frankfurter Allgemeine Zeitung, 18. 1. 2005
»DNA frees Arizona inmate after 10 years in prison«, The Arizona Republic, 9. 4. 2002
»DNA leads to release of Arizona convict«, Seattle Post Intelligencer, 8. 4. 2002
»DNA test in, Laughman may be freed«, The Patriot-News, 11. 11. 2003
»DNS-Test rettet Todeskandidaten«, Frankfurter Allgemeine, 4. Januar 2001
»Doppelmord: Es drohen zwölf Jahre Haft!«, Hamburger Abendblatt, 8. 4. 2005
»Ein Gesinnungsgenosse, bereit zum Terror«, Hamburger Abendblatt, 20. 8. 2005

»Ein (fast) perfekter Mord«, Hamburger Abendblatt, 8. 1. 2004
»Ein totes Kind im Tal des Glücks«, Tagesspiegel, 19. 7. 2000
»Enttäuschung nach Mzoudi-Freispruch«, Tagesspiegel, 7. 2. 2004
»Erneut am Ort der Bluttat«, Salzburger Nachrichten, 1. 4. 2003
»Er soll nie wieder freikommen«, Hamburger Abendblatt, 30. 6. 2005
»Er war absolut emotionslos«, Stuttgarter Zeitung, 10. 6. 2005
»Fall Engelbach: Haar kann nicht entschlüsselt werden«, Die Rheinpfalz, 11. 12. 2002
»Frage der Geständnisse«, Salzburger Nachrichten, 20. 3. 2003
»Freedom for boy sentenced to life«, Irish Independent, 2. 1. 2004
»Freeing Anthony Porter«, Focus International, 1999, Vol. 5, Nr. 1
»Freispruch für Schauspieler Günther Kaufmann«, Die Welt, 27. 1. 2005
»Freispruch für Kaufmann«, Hamburger Abendblatt, 27. 1. 2005
»Freispruch kam 53 Jahre nach dem Tod durch den Strick«, Westdeutsche Allgemeine, 12. 6. 2003
»Freispruch rechtskräftig«, Salzburger Nachrichten, 20. 5. 2003
»Freispruch! Richter wirbt um Verständnis«, Hamburger Abendblatt, 6. 2. 2004
»Gericht wirft Kaufmann Mordkomplott vor«, Hamburger Abendblatt, 23. 11. 2004
»Günther Kaufmann widerruft Geständnis«, Süddeutsche Zeitung, 3. 9. 2003
»Günther Kaufmann von allen Vorwürfen freigesprochen«, Frankfurter Allgemeine Zeitung, 26. Januar 2005
»Häftling zu klug für Gnade«, Hamburger Abendblatt, 8. 8. 2005
»Harry Wörz gibt den Kampf nicht auf«, Südwestpresse, 16. 5. 2003
»Hilflose Helfer«, Berliner Zeitung, 18. 8. 1999
»How justice failed Eddie Joe Lloyd«, Detroit Free Press, 24. 10. 2003
»I had nothing ... The world I left no longer existed«, St. Petersburg Times, 4. 7. 1999
»Im Haus der Weggeschlossenen«, Hamburger Abendblatt, 6. 6. 2005
»Im Zweifel für Mzoudi«, Spiegel Online, 5. 2. 2004
»Im Zweifel für das Leben der Kinder«, Hamburger Abendblatt, 25. 7. 2005
«Im Zweifel gegen die Härte«, Tagesspiegel, 6. 2. 2004
»Intelligent genug für die Hinrichtung?«, Hamburger Abendblatt, 17. 2. 2005
»Irishman's $ 1/4m bail for murder suspect«, Sunday Independent, 28. 12. 2003
»Ist das wirklich Peggys Mörder?«, Welt am Sonntag, 2. Mai 2004

»Judge throws out Porters murder conviction«, Chicago Tribune, 11. 3. 1999
»Justice for Drumgold«, The Boston Globe, 17. 5. 2003
»Kann er dem Todes-Stuhl noch entrinnen?«, Hamburger Abendblatt, 30./31. 7. 2005
»›Kannibale‹« soll Cousine getötet haben«, Hamburger Abendblatt, 10. 6. 2005
»Katastrophe im Rechtsstaat«, Salzburger Nachrichten, 17. 5. 2003
»Key prosecution witness in Moore case recants testimony«, Portsmouth Herald, 30. 5. 2003
»Killing justice with kindness is a dead loss«, Irish Independent, 27. 9. 2003
»Kripo-Ermittlungen im Zwielicht«, Badisches Tagblatt, 7. 4. 2001
»Lebenslang für Anna Lindh's Mörder«, Hamburger Abendblatt, 24. 3. 2004
»Leaders Ask for Innocence Panel in Massachusetts«, The Boston Globe, 11. 11. 2003
»Liebe, Lügen, Tod«, Spiegel, Heft 46, 10. 11. 2003
«Lionel Tate signs agreement«, The Miami Herald, 4. 1. 2004
«Man to be freed on murder rap«, Pawtucket Times, 5. 11. 2002
»Milde für den Kannibalen«, Hamburger Abendblatt, 31. 1. 2004
»Mit der Bluttat nichts zu tun«, Salzburger Nachrichten, 18. 3. 2003
»Monströs, diabolisch, böse«, Spiegel, Heft 27, 1998, Seite 123 ff.
»Mörder gefunden – nach 24 Jahren«, Hamburger Abendblatt, 5. 4. 2005
»Motassadeq: Jetzt geht der Prozess vorn vorne los«, Hamburger Abendblatt, 5. 3. 2004
»Motassadeq frei – aber ist er unschuldig?«, Hamburger Abendblatt, 8./9. 4. 2004
»Mzoudi – ein Freispruch zweiter Klasse«, Hamburger Abendblatt, 6. 2. 2004
»Mzoudi will nach Marokko zurück«, Hamburger Abendblatt, 10. 6. 2005
»Nach 41 Jahren – ein Mordfall bewegt Amerika«, Hamburger Abendblatt, 14. 6. 2005
»N. C. man acquitted of murder«, Charlotte News-Observer, 18. 2. 2004
»Neue Hoffnung für Amerikas Todeskandidaten«, Stuttgarter Nachrichten, 4. 9. 2003
»Neue Spur im Mordfall Sedlmayr«, Berliner Morgenpost, 18. 12. 2004
»Neun tote Babys – und keiner hat's bemerkt?«, Hamburger Abendblatt, 4. 8. 2005
»Polizist im Zeugenstand«, Stuttgarter Nachrichten, 29. 6. 2005
»Quälgeister der Justiz«, Die Zeit, Archiv 18/2001

»Schily: DNA-Analyse bei erkennungsdienstlicher Behandlung«, Die Welt, 19. 1. 2005
»Schusswaffe unbekannt«, Salzburger Nachrichten, 27. 7. 2002
»Scott Hornoffs conviction of murdering«, Justice Denied Magazine, 3. 3. 2003
»Sedlmayr-Mord: Rätsel um Fingerabdruck«, Hamburger Abendblatt, 14. 10. 2004
»Sedlmayr-Mord: Kein neuer Prozess«, Hamburger Abendblatt, 16./17. 4. 2005
»Sometimes love goes bad«, Las Vegas Review-Journal, 21. 5. 2000
»Take it from one who knows«, St. Paul Pioneer Press, 3. 5. 2002
»Taximord: Keine Wiederaufnahme«, Salzburger Nachrichten, 9. 7. 1997
»Taxlermord-Prozess«, Salzburger Nachrichten, 12. 5. 2003
»The Lionel Tate Case«, St. Peterburg Times, 30. 12. 2003
»The Rescue of Anthony Porter Innocent on Death row«, Revolutionary Worker, 21. 2. 1999
»The Rubin Carter Case«, National Press, Canada, 27. 11. 1999
»The Shawn Drumgold Case«, Greater Boston, 26. 6. 2003
»Todeskandidat durch DNS-Analyse entlastet«, Frankfurter Allgemeine, 21. 8. 2001
»Tödlicher Rosenkrieg«, Pirmasenser Zeitung, 19. 9. 2001
»Twice wrongly convicted of murder«, Justice Denied Magazine, Vol. 2, Issue 9, 2002
»Unschuldiger vier Jahre in Haft?«, Hamburger Abendblatt, 31. 5. 2005
»Urteil gegen Peggys Mörder ist rechtskräftig«, Frankfurter Rundschau, 28. 2. 2005
»Verbreitete Zweifel an der Todesstrafe in den Vereinigten Staaten«, Neue Zürcher Zeitung, 19. 12. 2000
»Verfassungsgericht: Acht Jahre U-Haft sind zuviel«, Hamburger Abendblatt, 1. 10. 2005
»Von Zeugen entlastet«, Salzburger Nachrichten, 26. 3. 2003
»Wende im Totschlag-Prozess?«, Pirmasenser Zeitung, 5. 2. 2002
»Wenn ein Mörder laut denkt, soll die Polizei weghören«, Hamburger Abendblatt, 11. 8. 2005
»Who killed Edna Laughman?«, The Patriot-News, 1. Juni 2003
»Widersprüche nicht aufgeklärt«, Salzburger Nachrichten, 19. 3. 2003
»Wörz hofft auf Neuauflage«, Pforzheimer Zeitung, 7. 4. 2001
»Zehn Jahre Haft für Doppelmord«, Hamburger Abendblatt, 19. 4. 2005
»Zivilkammer weist Klage gegen Harry Wörz ab«, Pforzheimer Kurier, 7. 4. 2001

Internet-Quellen

www.abcnews.go.com/sections/2020/US
www.archives.cbc.ca
www.courttv.com.trials
www.crimelibrary.com/notorious_murders
www.gcadp.org
www.hehove.de/irrtum
www.lawbuzz.com/justice/hurricane
www.law.northwestern.edu/depts/clinic/wrongful/exonerations
www.mirrorimage.com/ai/actionteams/dp/mistake.htm
www.mumia.de/doc/aktuell/de.html
www.richard.clark32.binternet.co.uk
www.stephen-stratford.co.uk
www.trance.psy-knowhow.de/mc4wv.htm
www.tk-doku.com/harry
www.webamnesty.org/library/Index
www.ydr.com/page/krone

Personenregister

Personen, deren Nachnamen im Text aus rechtlichen Gründen abgekürzt worden sind, sind nicht in das Register aufgenommen worden, es sei denn, es handelt sich um Hauptpersonen (Täter/Opfer) des Falles.

Hans-Dieter Otto
Lexikon der militärischen Irrtümer

Von Salamis bis zum Irak-Krieg

Die Menschheitsgeschichte aus einem anderen Blickwinkel: Dieses Buch ist ein Kaleidoskop militärischer Irrungen und Wirrungen und gleichzeitig ein Rückblick auf vergangene Epochen und auf Personen, die sie herausragend bestimmten.

In 46 Fallstudien berichtet Hans-Dieter Otto von kleinen und großen Irrtümern, die eine Schlacht oder einen Krieg beeinflusst oder gewendet haben. Er fand Kurioses und Verblüffendes heraus und stellte fest: Irrtümer gleichen einander in ihren Ursachen und Auswirkungen und legen die Annahme nahe, dass die Menschen nichts aus ihnen gelernt haben.

368 Seiten, ISBN 3-7766-2369-1
Herbig

Lesetipp

BUCHVERLAGE
LANGENMÜLLER HERBIG NYMPHENBURGER
WWW.HERBIG.NET